如何使用本书

1 多角度呈现
全书从风光、文化时尚、美食、建筑等多个角度呈现北京之美，发现不一样的北京。

分色标签 每个城市都有一个特定的检索色，便于翻阅。

2 专题知识
对于认识北京具有重要意义的关键词条，书中特设专题，图文并茂，让读者迅速读懂词条。

3 精华景点
三维立体图更深度地引导读者鉴赏那些特别重要的必游景点。

4 攻略
大部分景点配有位置、交通、门票、链接等丰富的实用攻略。

5 资讯
每个城市都包括交通、美食、住宿、购物、娱乐等资讯。

发现者旅行指南

北京（第3版）

北京·旅游教育出版社

目录 CONTENTS

最美北京	4
印象北京	16
自驾北京	26
解读北京	30
地理/历史/文化	
行走北京	62
带什么/何时去/吃什么/住哪儿/怎么走/有用信息	

■■ 北京市区 …… 70

概览	72
天安门周边	74
故宫博物院	86
什刹海周边	96
东四周边	107
雍和宫周边	110
北京动物园周边	114
军事博物馆周边	118
右安门周边	123
天坛周边	127
三里屯周边	133
奥林匹克公园周边	136
颐和园周边	143
欢乐谷周边	149
酒仙桥周边	153

■■ 北京近郊 …… 156

概览	158
香山公园附近	160
石景山旅游区	167
卢沟桥附近	171

■■ 房山 …… 178

概览	180
区域解读	182
周口店附近	184
十渡风景区	188
石花洞附近	194
白草畔附近	197
良乡附近	201

■■ 门头沟 …… 206

概览	208
区域解读	210
潭柘寺周边	213
妙峰山周边	217
斋堂镇周边	222
清水镇周边	227

■■ 昌平·延庆 …… 232

概览	234
区域解读	236
小汤山附近	239
明十三陵风景区	243
阳坊一流村周边	248
居庸关—八达岭	250
龙庆峡周边	257
仓米古道	261

■■ 怀柔·密云 …… 268

概览	270
区域解读	272
怀柔城区周边	275
慕田峪长城周边	280
喇叭沟门风景区	286

云蒙风情大道	289
密云城区周边	298
司马台长城附近	302

■■ **顺义·平谷** …… 310
- 概览 … 312
- 区域解读 … 314
- 潮白河沿线景点 … 317
- 平谷百里桃花走廊 … 325
- 金海湖周边景点 … 329

■■ **通州·大兴** …… 340
- 概览 … 342
- 区域解读 … 344
- 通州旅游区 … 346
- 大兴旅游区 … 353

■■ **旅游资讯** ……… 362
- 北京交通 … 364
- 北京住宿 … 368
- 北京美食 … 369
- 北京购物 … 375
- 北京娱乐 … 380

■■ **景点索引** ……… 382

地图目录

天安门周边	75
故宫	87
南锣鼓巷	101
北海公园	102
雍和宫周边	111
天坛公园	128
奥林匹克公园	138
颐和园	144
圆明园	146
欢乐谷	150
798艺术区	154
香山公园	161
卢沟桥	173
周口店北京人遗址	185
十渡	189
潭柘寺	214
八达岭	251
龙庆峡	258
雁栖湖	278
慕田峪长城	281
箭扣长城	285
喇叭沟门	287
金海湖	330
宋庄艺术区	350

专题目录

北京的长城	32
九坛八庙	40
三山五园	44
清朝北京城	46
四合院	54
京剧	56
故宫三大殿	89
故宫御花园	94

北海白塔	103
北海公园小西天	104
雍和宫万福阁	111
天坛祈年殿	129
颐和园须弥灵境	145
颐和园佛香阁	145
香山碧云寺	162
云居寺	187
戒台寺	215
长陵	244
定陵地宫	245
三教庙	348

新北京里的繁华璀璨

首都北京是中国的政治、文化、科技创新中心，这里大都市高速发展的现代繁华让人眼花缭乱，繁华时尚的CBD，夜色如虹的长安街，动感魅力的三里屯，热闹时尚的工体，人文现代的奥体公园，都处处彰显它动人的魅力，前进的脉搏。

最美
北 京

六朝古都里的皇家气派

作为六朝古都的北京，即便是到了现代，也依旧有一种尊贵的皇家气息，它们飘荡在紫禁城内森严的桂殿兰宫中，它们游散于颐和园秀美绝伦的昆明湖畔，那是一种庄严尊贵、属于历史的印记，是北京最为闪亮夺目的符号。

最美 北京

京剧舞台上的戏剧人生

关于京剧,大家都知道它是"国粹",是高雅文化的象征,那华丽的行头、多变的脸谱、优美的唱腔,都让人着迷不已。在京剧的小舞台上,是在演绎别人的故事,可是这小舞台的故事也是人生大格局的某个片段,戏里戏外,都是人生。

最美
北 京

新旧交织
什刹海

美丽的什刹海像一条玉带前海、后海、西海连缀起来。每个老北京人都曾在什刹海上滑过冰、赏过景；现代的什刹海，荷花市场旁酒吧林立，灯光璀璨，烟袋斜街小店里，"宝贝"云集，在这新与旧的碰撞之中，什刹海不急不缓，依旧展现着它最美的姿态。

最美
北 京

**望长城内外，惟余莽莽** 来北京最重要的一件事便是游长城，中国人说"不到长城非好汉"，对长城总是寄托了很多情感——长城便是故乡，是中华民族的象征。

最美
北京

老北京的胡同生活

除了现代化的车水马龙之外,北京城内那片宁静的老胡同也格外引人注目,灰瓦红柱的四合院,巷子口的古银杏树,啁啾的笼中鸟,下棋的大爷,咬着糖葫芦的垂髫小儿,每家窗外飘远的饭菜香,是北京胡同特有的烟火生活。

印象北京

文化符号

长城
民族精神文化符号

历史悠久的万里长城是中国古代重要的军事防御工程，也是中华民族精神的象征。

故宫
皇家建筑文化符号

故宫又称紫禁城，是中国现存的规模最大的古代建筑群，是明清两代的政治中心。

文化符号　17

中关村
科技文化符号
是中国的科技前沿和人才资源最为密集的区域,被誉为"中国的硅谷"。

胡同
城市格局文化符号
北京的胡同有上千条,它们历经数百年风雨,是北京传统文化的象征。

京剧
戏曲文化符号
京剧是中国影响面最广的戏剧,被誉为"国粹",深受京城老百姓的喜爱。

北漂
社会文化符号
北京是许多怀揣梦想的年轻人的漂泊地,他们在拥挤的人群中寻找着自己的归宿。

印象
北 京

时尚北京

时尚北京 19

王府井
北京最有名的商业街，各种商品琳琅满目，中外游人如织，是"日进斗金"的寸金之地。

798艺术区
由一座座老厂房发展而成的艺术基地，历史与现实、工业与艺术在这里完美地融合在了一起。

南锣鼓巷
是北京最古老的街区之一，也是最富有老北京风情的街巷，胡同里分布着众多名人故居。

三里屯
三里屯是北京中西文化的交汇点，也是北京这座古城的时尚最前沿。

CBD
北京对外开放的第一站，是众多高端企业所在地，代表着财富的聚焦地。

五道口
五道口一带是高等学府的聚集地，是潮流的发祥地，拥有着一种独特的文化氛围。

印象北京

文化北京

老舍
老舍是地道的北京人，其作品将老北京的风土人情、京腔京韵描绘得淋漓尽致。

北京大学
是中国第一所国立综合性大学，自建校以来就一直享有崇高的地位。

文化北京　21

国家博物馆
是一座系统展示中华民族悠久文化历史的综合性博物馆，收藏着众多珍贵文物。

潘家园
北京民间古玩艺术品交易中心，古文物、珠宝玉石、工艺品等应有尽有。

国家图书馆
担负着国家总书库的职能，是亚洲规模最大的图书馆，藏书众多。

琉璃厂
是北京一条著名的文化街，聚集着众多书籍和古玩字画的店铺，充满艺术气息。

印象北京

北京美食

驴打滚
盛行于北京的一种风味小吃,其外层粘满豆面,呈金黄色,豆香馅甜,别具风味。

烤鸭
以色泽红艳、肉质细嫩、味道醇厚、肥而不腻的特色,被誉为"天下美味"。

北京美食 23

爆肚
很有老北京地方特色的一味小吃，北京有"要吃秋，有爆肚"的说法。

炸酱面
源起于北京特色面食，面之韧与酱之香完全融合在一起，筋道爽滑、酱香浓郁。

涮羊肉
正宗的涮羊肉一般用传统的大铜锅、旺炭火，羊肉蘸上五味调和的小料，入口鲜嫩醇香。

炒肝
北京地区传统名吃，具有汤汁油亮酱红、肝香肠肥、味浓不腻、稀而不澥的特色。

印象北京

北京建筑

天安门

中华人民共和国成立的见证地，是中国的象征，也是无数中国人心目中的神圣殿堂。

中央电视台

建筑外形前卫，设计复杂，入选美国《时代》周刊评出的"世界十大建筑奇迹"。

北京建筑

鸟巢

　　2008年北京奥运会的主体育场，现已成为地标性的体育建筑和奥运遗产。

天坛祈年殿

　　天坛的主体建筑，是一座鎏金宝顶、蓝瓦红柱、金碧辉煌的彩绘三层重檐圆形大殿。

国家大剧院

　　亚洲最大的剧院综合体，造型新颖、前卫，是传统与现代、浪漫与现实的结合。

水立方

　　北京奥运会的主游泳馆，根据细胞排列和肥皂泡模型设计而成，是北京的标志性建筑之一。

自驾北京

线路 1
北京
首行四日经典之旅

北京是中国的首都，世界四大古都之一，古迹众多，文化灿烂，既具有浓郁的皇家气息，也拥有现代化大都市的风范。

第一天 ▋ 早晨到北京的中心天安门广场看升旗仪式，游览天安门广场，然后去代表北京皇家气息的故宫细细品味。晚上可逛一下王府井步行街，看看长安街夜景。

第二天 ▋ 游览郊区的明十三陵和八达岭长城。回北京城区后，晚上可逛大栅栏购物、挤海鲜市场寻美食，抑或吃北京烤鸭、听德云社相声。

第三天 ▋ 游览代表现代北京的奥林匹克公园，另外还可参观水立方、中华民族园、中国科技馆等景点。晚上则可去南锣鼓巷体验北京夜生活。

第四天 ▋ 游览代表北京市民生活的什刹海风景区，可荡舟摇橹，可品尝北京传统小吃，可逛著名的烟袋斜街，更可钻胡同访四合院。下午可去北海公园游览，或者在附近的南锣鼓巷淘自己喜欢的宝贝。

城区 故宫

昌平 明十三陵

延庆 八达岭长城

城区 奥林匹克公园

城区 什刹海

线路2　27

线路 2

平谷
百里桃花走廊之旅

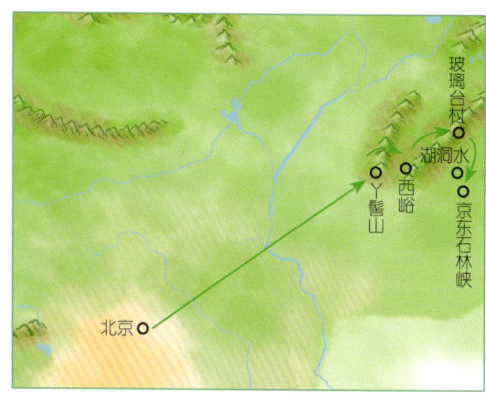

平谷　丫髻山

平谷　老象峰

平谷　西峪水上乐园

平谷　玻璃台村

平谷　飞龙谷

平谷　京东石林峡

这是一条可以让你充分领略平谷山水魅力的线路。平谷的山水犹如一条迷人的风景画廊。驾车游弋于这里的水村山郭之间，聆听着农家的鸡鸣狗吠，绝对是都市人梦寐以求的场景。

第一天 ▍上午游览丫髻山森林公园，下午到大华山镇参观老象峰，夜宿大华山镇。

第二天 ▍上午到西峪水上乐园游玩，下午参观玻璃台村，夜宿玻璃台村。

第三天 ▍上午游览飞龙谷景区，下午游览附近的湖洞水自然风景区和京东石林峡风景区。

自驾北京

线路 3
密云
云蒙风情大道之旅

此线景点集中在密云水库周边，汇聚了密云一个个纳凉避暑、游山戏水的度假天堂。可以登高远眺五座楼森林公园，有"一湖六瀑十三潭"的桃源仙谷，京都第一瀑以及世外高人鬼谷子隐居、修道、教徒、授艺的地方——云梦仙境。

密云 五座楼

第一天 上午参观五座楼森林公园，这里长城关楼雄踞峰巅，飞瀑流泉直挂云天，还可俯瞰密云水库。下午游览桃源仙谷景区。夜宿石城镇。

密云 黑龙潭

第二天 上午到黑龙潭游览，在轱辘峪里探幽。下午参观菁菁顶，或者去京郊流水量最大的瀑布——京都第一瀑。夜宿石城镇。

第三天 上午游览清凉谷景区，下午可以游览距离较近的怀柔景点云梦仙境，体验京北第一漂。

密云 京都第一瀑

怀柔 云梦仙境

线路4

线路 4

房山
十渡山水寻欢之旅

房山 周口店遗址

房山 云居寺

房山 张坊古战道

房山 孤山寨

房山 拒马乐园

房山 东湖港

房山位于北京西南，历史悠久，文化古迹众多，自然风光优美，是个郊游的好地方。行走在十渡山间水旁，沉醉在美丽的风景中，忘掉城市的喧嚣与浮躁。

第一天 早上参观周口店北京人遗址，之后去上方山，体验其山奇、林密、洞幽、寺古。下午去参观"北京的敦煌"——云居寺。晚上可品尝寺内素斋，住在附近的农家院。

第二天 早上去张坊古战道参观，之后去三渡南方大峡谷。午饭后前往七渡孤山寨，是十渡景区最著名的一条大峡谷，步步皆景，四季如画。晚上可住在景区内的宾馆。

第三天 上午先去九渡拒马乐园，中午吃完饭可去有"幽谷叠瀑，檀林氧吧"美誉之称的十五渡东湖港，然后去十五渡西湖港，游览"北方小桂林"。

解读北京

地理

香山红叶

北京位于华北平原北部,地势是西北高、东南低。北京总体地势诚如古人所言:"幽州之地,左环沧海,右拥太行,北枕居庸,南襟河济,诚天府之国。"

✚ 北京的气候

北京市属典型的暖温带半湿润大陆性季风气候。四季分明,风向、气温、降雨有明显的季节变化,夏季炎热多雨,冬季寒冷干燥,春、秋季较短。

北京春季多晴少雨,干燥有风沙。夏季6—9月为高温季节,前一阶段雨水少,天气干热,后一阶段进入雨季,相对湿度迅速升高,闷热天气较常见。秋季不冷不热,是全年最好的季节,但也较短;冬季严冬期将近3个月。

北京降水的季节分布很不均匀,其中75%集中在夏季,七八月常有暴雨。北京地区降水的特点,决定了河流的水文特征,主要表现便是河水暴涨暴落,流量极不稳定。

玩家 攻略

在北京旅游,夏秋季节比较适宜,但夏季下午比较闷热,因此要注意防暑,并及时补充水分。秋季是最佳旅游季节,10月的北京一片火红,香山红叶中外闻名。10月初国庆黄金周期间,是北京旅游高峰期。如果想清静一点,可避开国庆黄金周出行。

颐和园

山川相绕北京城

北京的西、北和东北,群山环绕,东南是缓缓向渤海倾斜的大平原。北京平原的海拔高度在20~60米,山地一般海拔1000~1500米,西北高,东南低。西部是太行山余脉的西山,北部是燕山山脉的军都山。与河北交界的东灵山(位于门头沟区)海拔2303米,为北京最高峰。

北京地区共有大小河流80多条,主要河流有属于海河水系的永定河、潮白河、北运河、拒马河及泃河五大河流。这些河流都发源于西北山地,乃至内蒙古草原。它们在穿过崇山峻岭之后,便流向东南,蜿蜒于华北平原之上。

军都山

北京北部的主要山脉,属燕山山脉。西起昌平区关沟、东到密云区境内,北接冀北中部山地,南临北京小平原。面积7000多平方千米,约占全市面积的43%。大致呈东西向延伸,长100多千米,宽数十千米。

军都山主体由两支山脉构成,北支为海坨山—佛爷岭—卯镇山,其中延庆境内的海坨山海拔2241米,是北京第二高峰。南支为燕羽山—凤蛇梁—云蒙山。山间镶嵌着一系列断陷盆地。以低山为主,山体分散,相对高差较小,山势略缓。

山体植被主要为次生落独林及灌木丛,部分山地有人工油松林。海坨山、云蒙山的自然植被保存较好,已划为自然保护区。南麓低山丘陵区有著名的板栗产地。

长城沿山脊蜿蜒分布,在八达岭、慕田峪、古北口等处保存较好,为长城的游览地段。十三陵盆地周围有明陵环列,为重要旅游区。

西山

北京西部山地的总称,属太行山山脉。北以南口附近的昌平区关沟为界,南抵房山区拒马河谷,西至市界,东邻北京小平原。面

西山森林公园

积3000多平方千米，约占全市面积的17%。走向东北，长约90千米，宽约60千米。

西山地势由西北向东南逐级下降，依次有东灵山—黄草梁—笔架山；百花山—髽髻山—妙峰山；其中百花山海拔1991米，最高峰白花畔海拔2050米，为北京第三高峰，围绕这一区域现已建立百花山国家自然保护区。九龙山—香峪大梁—大洼尖—猫耳山等4列山脉，永定河横切山体，为泥石流多发区。

西山山体植被多为灌木丛，局部地区有人工针叶林，海拔1900米以上出现山地草甸。百花山、东灵山、龙门涧等地已划为北京市自然保护区。低山及山麓一带多名胜古迹，上方山、香山、八大处、潭柘寺、戒台寺、石花洞、云居寺、十渡等地为京西著名游览地。

潮白河

潮白河位于北京市东郊，是北京地区的第二条大河。潮白河流经密云、怀柔、顺义、通州，于通州大沙务出市境流入河北省香河县。在北京市全长84.5千米，为北京市的五大水系之一，也是海河水系的主要支流。

潮白河上游分为潮河、白河两支流。其中潮河发源于河北丰宁，自密云古北口入北京市境内；白河发源于河北省沽源县，向南流至赤城县，折向东流，经延庆、怀柔、密云等区县。两河在密云的河槽村附近汇合以后，始称潮白河。

潮白河在历史上也是一条经常淤、决、徙的河流。20世纪50年代末60年代初，在

北京的长城

北京境内现存的长城主要为明代所建，蜿蜒于首都北部的燕山山脉之上，总长度约为629千米，沿途分布有敌台1501座，烽火台165座，城堡141座，关口31座，其中大部分已经处于残破的历史遗址状态。著名的古长城有八达岭长城、慕田峪长城、金山岭长城、司马台长城、箭扣长城、古北口长城等。

长城的主要建筑包括城墙和城楼。城台包括三类：烽火台、空心敌台、实心敌台，功能各异。

城墙

城墙是长城的基本组成部分，包括夯土墙（多见于西北地区）、砖包墙（多见于京冀地区）、石砌墙（多见于山地长城）三类。

垛口墙：是长城墙体顶部外侧有凸凹豁口的矮墙，也称雉堞。顶部的三角尖砖可扩大观望视角和对城下敌人的打击面。

墙顶海墁：长城墙体顶面铺设的砖砌防水，用以保护墙体不渗水损坏，一般以二至数层城砖、海墁砖铺砌。

空心敌台

空心敌台也称"敌楼"或"虚台",由明代军事家戚继光创建,主要分布在今河北、北京一带的长城上。此类敌台多骑墙而建,台中空,四面开有箭窗。登台梯道一般设在台内,台顶建有铺房。

铺房:也称望楼、楼橹,建于敌楼顶部,供守城士兵巡逻放哨、遮风避雨之用。建筑形式多为一间或三开间的硬山顶房屋,也有比较精美的歇山式屋顶。

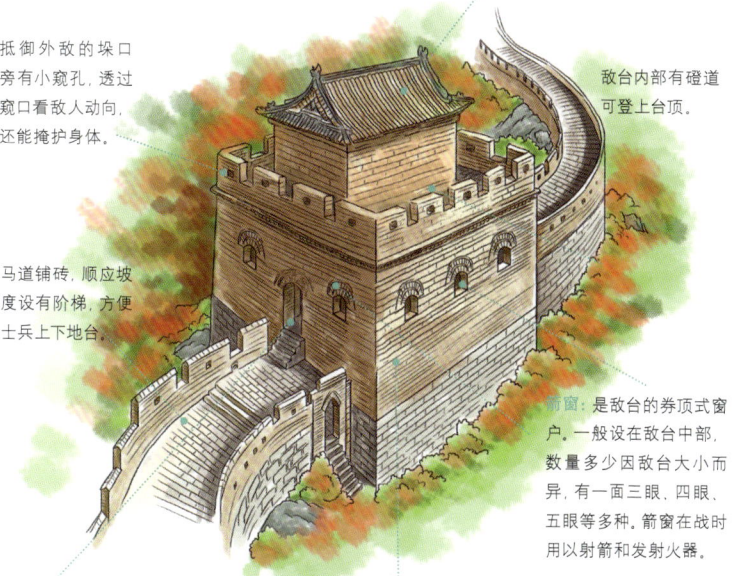

抵御外敌的垛口旁有小窥孔,透过窥口看敌人动向,还能掩护身体。

敌台内部有磴道可登上台顶。

马道铺砖,顺应坡度设有阶梯,方便士兵上下地台。

箭窗:是敌台的券顶式窗户,一般设在敌台中部,数量多少因敌台大小而异,有一面三眼、四眼、五眼等多种。箭窗在战时用以射箭和发射火器。

券门:进出敌台的门户通道,券门外口常见以石材雕琢的券形门额及两侧门柱组成,有的券门还雕刻装饰有图案纹饰。

券室:空心敌台内部的空间。结构形式多种多样,最多见的是砖券而成的"田"字形券室空间,是供驻守士卒生活、战守、存放粮秣武器的地方。

障墙:筑在位于陡峭段的横向短墙,可减少守城将士的暴露。

磴道:是供士卒登城或城墙陡峭处的楼梯通道。

排水:包括阻水立砖、泄水凹槽、排水口等结构。

射孔:一般位于垛口墙中部,发射弓箭或火器之用。

望孔:一般位于垛口墙下部,观望敌情之用。

墙基:一般以修凿平整的大条石或大形石块砌筑。

女墙是长城墙体顶部内侧的矮墙,作用是防止巡城的士兵失足跌落城下,起防护作用。

烽火台

燃放烽火的墩台,一般建在长城的外侧,多不与长城相连。台体常见为实心砌筑或夯筑,登台由台外设绳梯,台顶设有燃放烽燧的平台,烽火白天用烟,夜间用火。

实心敌台

也称"实台",此类敌台也骑墙而建,台体为实心砌筑或夯筑,登台多由台外设绳梯,台顶多建有铺房。

实心敌台

密云区中部的燕落盆地建成了密云水库，且于1962年在顺义区、通州区、朝阳区3区潮白河沿岸建有1120公顷的潮白河林场，如今，水文环境已经得到明显改善。

✚ 龙盘虎踞的万里长城

万里长城像一条巨龙般蜿蜒在中国北方。其北京段主要位于密云、怀柔、平谷、延庆、昌平、门头沟境内，北京地区长城以明代长城为主，呈半环形分布。自北京城东北绕至西北，绵延629千米（其中明代以前长城73千米）。

这段长城主要由东西向和东北西南向两大体系组成，二者在怀柔旧水坑西南汇合。全线共有城台800余座，关口71个，营盘8座。沿线较著名的有八达岭、慕田峪、古北口、司马台、箭扣、神堂峪、沿河城等。其中八达岭长城是北京的象征之一。

内外长城

当初明王朝为了加强京师的防御能力，保护北京的安全，在北京北方修筑了两道长城防线，即内外长城。内外长城由北京怀柔区境内的火药山分岔，内长城向西南经河北省易县、涞源县、阜平县而入山西省界，经灵丘县、繁峙县至偏关县老营堡柏羊岭，并在此处与外长城相接。外长城西北行经河北省赤城县、张家口市、怀安县而入山西省界，又经天镇县、大同市至偏关县老营营堡柏羊岭，同内长城相连。

金山岭长城

● 内外三关

内三关、外三关是设在内长城线上的六座著名关隘，靠东侧的居庸关、紫荆关、倒马关称为内三关，靠西侧的雁门关、宁武关、偏头关为外三关。这六座关隘彼此互为联动，构成一个整体，成为拱卫京都的牢固屏障。

内外长城在北京的交会处现称"北京结"。由明代北京地图看，交会处应该是在居庸关东，怀柔和延庆交界的地方，现在公认的是怀柔区西栅子村箭扣长城段的一座烽火台，也有人认为是延庆的九眼楼。

燕长城遗址

位于昌平区流村镇，老峪沟和高崖口交界处。此段长城始建于战国末年燕昭王二十九年（公元前283年）。当时燕国北方常受东胡人入侵，俘去大将秦开作为人质。秦开回燕以后，在北部边境线上，修筑了防御墙，秦统一六国后，长城防御工程北移，有些沿用原长城的走向和基础，其余废弃不用。这段长城荒废之后，自然坍塌严重。城墙大部分残高1.5米，宽2米左右。这也是北京地区最古老的长城。

军都陉

军都陉又名关沟、居庸陉。起于南口，经居庸关至八达岭、岔道城。纵向的居庸关是由四道关组成的，从南往北，依次是南口关、关城、上关、八达岭关（北口）。四关纵列在一条大峡谷里的居庸关，形成了它独有的特色。狭义上的军都陉不长，从南口到北口八达岭关城，广义的军都陉出八达岭关口，在北边的大海坨山和南边的老虎嘴山之间的怀来谷地西行。

这里有八达岭关城的前哨阵地岔道城以及古驿站榆林驿。明代明英宗和宦官王振指挥的50万军队被蒙古瓦剌贵族也先的2万人马打败的"土木之变"事件便发生在河北怀来东的土木堡。

居庸关

位于昌平区南口镇的关沟古道，是万里长城的一个重要关口。居庸关得名，始于秦代，相传秦始皇修筑长城时，将囚犯、士卒和强征来的民夫徙居于此，取"徙居庸徒"之意。明代，朱元璋派大将徐达对居庸关进行修缮，并把它与长城连接在一起，派重兵把守，成为京师北面的军事要地。现在的关城和边墙为明初所建，关城内存有云台。著名的八达岭便是居庸关的前哨。

➕ 湖卧皇城添锦秀色

北京城区的主要湖泊有：内三海（南海、中海、北海）、什刹海（前海、后海、西海）、昆明湖、福海、奥海、水碓湖、龙潭湖、莲花池、玉渊潭等。

北京内三海

北海、中海、南海位于北京城内故宫和景山的西侧，合称三海。它是中国现存历史悠久、规模宏大、布置精美的宫苑之一。

三海的历史可溯源到10世纪的辽代，辽统治者选中了这里作为游玩之地，于是对水池进行了开拓，引玉泉山泉水灌入，名之为"太液池"。

金代，这里作为皇帝的离宫，周围修建了不少宫殿、园苑，被称为"西苑太液池"。

元朝建大都都城时对三海进行了大规模挖掘，开阔水面，挖出的土堆成了景山。

明代，在元代禁苑基础上进行了扩建，奠定了现在三海的规模。明初对广寒殿、清暑殿和琼华岛上的一些建筑稍加修葺。到了清代，统治者又对三海大加拓建，现在建筑就多属清代遗存，中南海被列为皇家专用的禁苑。

三海的规模自明代开辟了南海以后，就形成了一个纵贯皇城南北的袋状水域。以太液池上的两座石桥划分为三个水面：金鳌玉虹桥以北为北海，蜈蚣桥以南为南海，两桥之间为中海。几百年来，三海和西海两个名称一直并用，而中海和南海紧密相依，常常合称为中南海。

中华人民共和国成立后，中南海一直是中共中央和国务院所在地，许多重要的历史性会议都曾在这里召开。

什刹海

过去三海是禁地，炎夏季节，城内居民想找一处消夏游赏之地，实在不易。而什刹海地处闹市，民居密布，消暑纳凉，的确是京城不可多得的避暑休闲之地。久而久之，商业丛集，就变成消夏的集市了。元时统称什刹海整个水域为海子。前部紧靠北海宫墙，东傍地安门，是什刹海集市所在地。中部称后海，这部分风景绝佳，有大量宅邸。早在13世纪，蒙古灭金，被称作金中都的金代北京城（在现在北京城区的西南一带）的宫殿毁于大火，元世祖忽必烈决定另建一座新的都城。什刹海是元大都规划设计的最基本的依据之一，建城时全城自北向南的中轴线是紧傍积水潭而选定的；大都城四面的城墙位置是依积水潭东南岸的距离而建的。因此可以说，"先有什刹海，后有北京城"。

北海公园五亭桥

什刹海

什刹海

众多名人府邸分布在什刹海周围。保存至今的王府花园有恭亲王府、醇亲王府等，这里曾是北京达官显贵、文人墨客、僧侣道徒、茶肆酒家的福地，也是历史上老北京主要的商业活动区和民俗乐园。每逢传统节日，什刹海是京城最热闹的地方，放花灯、做买卖等民间活动无所不有。这美丽的地方也留下了众多历史人物的足迹。比如，近代著名人物宋庆龄、郭沫若等都先后居住在这里。历史上又有谁与这什刹海有着最为重要的关系呢？这个人就是元代著名的科学家——郭守敬。

郭守敬，在天文、地理及水利等方面有着卓越的才能和成就，是元代杰出的科学家。他的一些想法受到元世祖忽必烈的赏识与支持，在兴建大都城时，忽必烈在很多方面都听从他的意见。连接北京老城和通州的通惠河就是他提议开凿的（终点码头就在什刹海）。

链接

为什么称北京的湖为"海"？

北京的湖之所以称为"海"，这还得从京城的水系变迁说起。如今的积水潭、后海、前海，以及德胜门外原有的一片水域太平湖，在古时候是连成一体的很大一片水域，水量非常充沛。元朝蒙古人习惯把水面非常开阔的水泊称为海子，比如大兴南苑一带原有一大片水域被他们称为南海子，通州东边曾有一片水域被称为柳林海子，元大都城内北部的这片辽阔的水域也就称为北海子或西海子，所以，"海"这一名称也就保留至今了。

✚ 永定流水，卢沟晓月

永定河

永定河斜贯北京西南部，是最大的过境河流，被称为北京的母亲河。它发源于山西省北部宁武县的管涔岭，全长650千米，总流域面积为50 800平方千米。石景山区内河段长约11.6千米，河宽100~1500米，砂卵石河床，最高水位达7米，境内流域面积80平方千米。

由于受上游降水季节分配不均匀影响，其流量极不稳定，加之上游经黄土区，河水含沙量较多，平原地区的河道不断发生淤决，迁徙无定，历史上曾有"小黄河"之称和"无定河"的别名。历史上常常水患连连，对北京城野造成了极大的威胁。永定河流域百姓们为了能够避免灾患，安稳生活，于是产生了许多关于永定河的传说。在诸多传说中，最有代表性的有：河挡挡河的传说、石经山和湿经山的传说、永定河镇水牛的传说、王老汉栽种河堤柳的传说、冯将军严惩老兵痞的传说、麻峪村由来的传说、刘娘府的传说。目前，永定河传说已成为国家级非物质文化遗产。

卢沟桥

卢沟桥横跨于永定河之上，是北京市现存最古老的石造联拱桥。始建于金大定二十九年（1189年），明正统九年（1444年）重修。

清康熙时毁于洪水，康熙三十七年（1698年）重建。

早在13世纪，卢沟桥就闻名世界。历史上著名的意大利旅行家马可·波罗曾在他的游记里十分推崇卢沟桥，说它"是世界独一无二的"，并且特别欣赏桥栏柱上刻的狮子，说它们"共同构成美丽的奇观"。

除了狮子，卢沟晓月也是著名的"燕京八景"之一。当年乾隆皇帝曾于秋日路过卢沟桥，看到眼前如此美好的良辰美景，遂赋诗"半钩留照三秋淡，一练分波平镜明"于此，并题"卢沟晓月"，立碑于桥头。但随着时代变迁，北京的水资源相对匮乏，"卢沟晓月"的美景也因为晓月湖的干涸而消失长达20多年。2008年5月，丰台区政府启动永定河的蓄水工程，恢复晓月湖水面。将南水北调工程中用来冲管道的废弃水注入晓月湖中。2010年中秋，消失了20多年的卢沟晓月奇观终于成功再现。

自1937年7月7日在卢沟桥发生"七七事变"后，卢沟桥更为天下所知。

链接

卢沟桥的狮子数不清

卢沟桥两侧石雕护栏各有140条望柱，柱头上均雕有石狮，形态各异，据记载原有627个，现存501个。但这一数字还有待商榷，因为北京有句歇后语：卢沟桥的狮子——数不清。因为800多年以来没有人能数清桥上到底有多少尊石狮。据说早在明代《帝京景物略》也有卢沟桥的石狮子"数之辄不尽"的记载。此话是否当真？千百年来前有古人，后有来者，但始终没有一个定数。

如果身临其境，亲眼观赏石栏望柱头上那千姿百态、栩栩如生、呼之欲出的石狮子，你就能真正体味到为什么说"卢沟桥的狮子数不清了"。虽然每根望柱上有一只大狮子，总数是288只大狮子，可大狮子身上或现或隐、神出鬼没的小狮子，的确难以数清，那一只只小狮子，大的约10厘米，小的仅几厘米，有的互抱一团，亲昵而滑稽；有的爬在大狮背上或伏在大狮背后，或躲在大狮胸前；有的仅露出眼睛，有的只伸出一张嘴，千奇百怪，什么形状的都有。据说当年康熙帝也亲自去数了数，但结果同样是没能数清。

历 史

千年古都的风华至尊，挥不散的古韵悠悠，从雄伟巍峨的万里长城到举世无双的紫禁城，从川流不息的永定河到人文荟萃的大运河，从豪华的王府建筑到风格迥异的东交民巷，无处不包含着浓厚的历史。

北京古观象台

➕ 从燕国到幽州

历史上的燕国

燕国是中国历史上从西周到春秋战国时期中国北方的一个重要诸侯国。在中华人民共和国成立以后，燕国与中原各地来往甚少，文化较中原落后，在春秋初年的外族入侵中更是险些亡国，后凭借齐国"尊王攘夷"的军事帮助才得以避免亡国的厄运。站稳脚跟后，燕昭王礼贤下士，筑黄金台，以乐毅、邹衍、剧辛为代表的贤士在这期间先后来到燕国。经过28年励精图治，原本弱小的燕国成为一时之强，随后破齐伐胡，达到鼎盛时期。

燕昭王死后，太子燕惠王即位期间，燕国统治集团内部发生斗争，国势一落千丈。在燕武成王、燕孝王、燕王喜三代，常年混战，燕国屡战屡败。随着秦国的一步步崛起，燕国局势越来越充满危机。

秦王政二十一年（公元前226年），秦军攻破燕都蓟城，燕王喜及太子丹率精兵退守辽东，秦将李信率军尾追。燕王杀太子丹，献首级以求和，秦在燕故地设渔阳郡、右北平郡、辽西郡。第二年，又设上谷郡、广阳郡。

秦王政二十五年（公元前222年），秦再遣王贲攻燕辽东，燕军战败，燕王喜被俘，燕国灭亡。秦军回师攻代，代王嘉被俘。燕辽东故地和代地被秦分别设为辽东郡和代郡。

荆轲刺秦王

公元前230年，秦国大将王翦打败赵国，俘虏赵王，占领了赵国所有的土地，派兵向北侵占土地，燕国危在旦夕。

➕ 历史大事记

远古时期 ▶

约70万年前，北京直立人生活在今北京西南郊周口店地区。他们生活的时代为旧石器时代中期。
约1万年前，东胡林人生活在今北京门头沟地区，他们生活的时代为新石器时代早期。

先秦时期

周武王封召公于燕（今北京琉璃河一带），又封尧之后人于蓟（今北京鸭子桥一带）。
春秋战国时期，蓟国在北京地区建城，后燕国打败蓟国，迁都蓟，称燕都或燕京。

长城

前门城楼

此时,在秦国当人质的燕国太子丹偷偷逃回燕国,寻找抗秦对策。他找到一个名叫荆轲的勇士,派他去刺杀秦王。

公元前227年,太子丹和部分宾客穿上白衣白帽,到易水边送行荆轲,临别的时候,荆轲唱道:"风萧萧兮易水寒,壮士一去兮不复返。"这句充满了悲壮气息的歌词一直流传至今。之后,荆轲刺秦王嬴政未遂被杀。这一事件也给了秦国一个进攻燕国的借口。

安史之乱

安史之乱是指唐将安禄山、史思明发动的叛乱。唐天宝十四年(755年),身兼平卢、范阳、河东三镇节度使的安禄山,以讨伐杨国忠为名,发动所部兵将及同罗、奚、契丹、室韦共15万人从幽州(今北京)起兵,一直打到洛阳、长安,并将两京御府珍宝运回幽州。后安史集团发生内讧,安禄山被其子安庆绪所杀,安庆绪又被曾任平卢兵马使的史思明所杀,最后,史思明被其子史朝义所杀。唐广德元年(763年)史朝义穷蹙自杀。历时近8年的安史之乱终告平息。

石敬瑭割让幽云十六州

后唐清泰三年(936年),后唐河东节度使石敬瑭,称契丹主耶律德光为义父,割让幽云十六州给契丹,联合契丹攻打后唐。契丹出兵大败太原守将张敬达。同年十一月,石敬瑭称帝,为大晋皇帝。天福三年(938年),后晋石敬瑭向契丹正式割让幽云十六州。其中幽州(今北京)、顺州(今顺义)、儒州(今延庆)、檀州(今密云)为北京区划州。耶律德光占十六州后,建立辽国。

➕ 从中都到大都

金建中都

北京在金以前的燕都前城,当时还只是一个封国,不是全国政权中心,而辽的陪都有很多,北京只是其中的一个。到了金代,北京才开始真正成为中国北方的一个政治中心,并建成了象征封建统治政权的宫殿等。

▶ **秦汉时期**

秦代为蓟县,为广阳郡守驻地。秦修筑驰道直通蓟城。秦始皇曾下令把战国时秦、赵、燕分别修筑的北长城连接为万里长城。

▶ **秦汉时期**

汉高祖九年(公元前198年),被划为燕国辖地。元凤元年(公元前80年)复为广阳郡蓟县,属幽州。本始元年(公元前73年)更为广阳国首府。

▶ **秦汉时期**

东汉光武改制时,置幽州刺史部于蓟县。永元八年(96年)复为广阳郡驻所。三国时期,蓟城为幽州属地,是曹魏北部地区的军事重镇。

▶ **两晋至隋唐**

五代西晋时,朝廷改广阳郡为燕国,而幽州迁治范阳。十六国后赵时,幽州驻所迁回蓟县,燕国改设为燕郡。

九坛八庙

北京作为中国封建王朝元、明、清三代国都皇城,皇家祭祀场所修建得相当齐全讲究,民间有"京华九坛八庙"之说。其中九坛是指天坛、地坛、祈谷坛、朝日坛、夕月坛、太岁坛、先农坛、先蚕坛和社稷坛;八庙是指太庙、奉先殿、传心殿、寿皇殿、雍和宫、堂子、文庙和历代帝王庙。

文庙: 是元明清三代中央政府官方祭祀孔子的场所。

地坛: 为北京第二大坛,是明、清两朝祭祀"皇地祇神"之场所。

先蚕坛: 位于北海公园的东北角,是清朝皇帝的后妃们祭祀蚕神的地方。

历代帝王庙: 是明清两代皇帝崇祀历代开业帝王和历代开国功臣的场所。

月坛: 是明、清两代皇帝祭祀夜明神(月亮)和天上诸星神的场所。

社稷坛: 按左祖右社之规制建于天安门之西一侧,为明清两代祭祀社、稷神祇的祭坛。

太岁坛: 是祭祀太岁神及十二月将神的院落。

先农坛: 是古代帝王祭祀先农的地方,历经400余年,整体布局基本完整。

▶ **两晋至隋唐** ▶ **两晋至隋唐** ▶ **辽朝和金朝** ▶ **辽朝和金朝**

隋开皇三年(583年)废除燕郡。大业三年(607年),隋朝改幽州为涿郡。唐初武德年间,涿郡复称为幽州。贞观元年(627年),幽州划归河北道管辖。后北京成为范阳节度使的驻地。

安史之乱期间,安禄山曾经在这里称雄武皇帝(756年),国号燕。唐朝平乱后,复置幽州,属卢龙节度使节制。
五代初期,军阀刘仁恭在这里建立割据政权,自称燕王,后被后唐消灭。

会同元年(938年),在北京地区建立了南京,改幽州为南京析津府,开泰元年(1012年)改号燕京。

金贞元元年(1153年),金朝皇帝海陵王完颜亮正式建都于北京,称为中都,在今北京市西南。现鸭子桥地区建有北京建都纪念阙。仿照北宋都城东京规划建设金中都城。

雍和宫：是北京市内最大的藏传佛教寺院，距今已有300年历史。

寿皇殿：是位于景山正北面的一组建筑，是清代皇家祭祖的庙堂。

奉先殿：位于紫禁城内廷东侧，是明清皇室祭祀祖先的家庙。

传心殿：位于紫禁城文华殿东侧，是一组由长方形院落组成的祭祀性建筑。

日坛：是明清两代皇帝祭祀太阳大明之神的地点，现坛台早已无存。

太庙：现为劳动人民文化宫，是中国古代皇帝的宗庙，平面呈长方形。

堂子：为满洲神庙的称呼，位于现北京饭店贵宾楼所在地。

祈谷坛：特指天坛祈年殿，是举行孟春祈谷大典的场所。

天坛：是明、清两朝帝王冬至日时祭皇天上帝的地方。

完颜亮，金太祖完颜阿骨打之孙。金贞元元年（1153年），完颜亮下诏将金朝国都自会宁府（今黑龙江阿城区）迁至燕京，初名圣都，不久改称中都。据《金史·海陵本纪》记载，金贞元元年三月乙卯为建都日。也就是说，1153年4月21日便是金正式建都燕京的日子，这也成了北京建都的起始日。

元建大都

元至元元年（1264年），元世祖忽必烈采纳汉族大臣刘秉忠的建议，决定迁都燕京，改燕京为"中都"，并建新城。新城选址在旧城的东北，以金代琼华岛离宫为中心。而北京城的中轴线概念也正式形成于元大都规划之际。至元四年（1267年）新城开始营建；至元五年（1268年）十月宫城建成；至元九年（1272年）改中都为大都；至元十一年（1274年）正月，宫阙告成；至元十三年（1276年）元大都建成；至元三十年（1293年）通惠河工程完成，使大都与大运河相连接，整个大都的营建才最后完成。元大都是

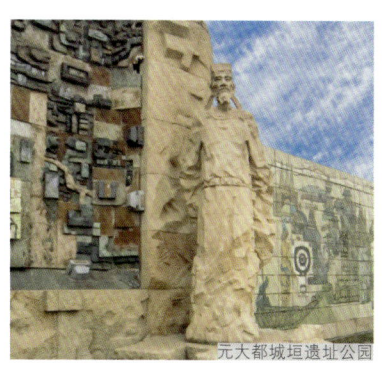

元大都城垣遗址公园

▶ **辽朝和金朝** ▶ **元朝** ▶ **明朝**

金世宗大定十九年（1179年），兴建大宁宫（今北海公园一带），叠筑琼华岛，环湖为琼林苑，在中都西北郊建造行宫别苑和完颜亮行宫（今颐和园）。

1215年，成吉思汗攻下北京，遂设置燕京路大兴府。元世祖至元元年（1264年），改为中都路大兴府。至元四年（1267年），开始在金中都东北郊修建元大都。元大都格局宏大，规划严整，设有城门11座。至元九年（1272年），中都大兴府正式改名为大都路。后陆续兴建国子监等庙宇道观。

洪武元年（1368年）八月改大都路为北平府，同年十月划归山东行省。洪武二年（1369年）三月，改为北平承宣布政使司驻地。建文元年（1399年），燕王朱棣发动"靖难之役"，夺得皇位后，称北京为"行在"。

北京正式成为全国首都的开始。

✚ 故宫中的历史烟波

故宫始建于明永乐四年（1406年），由明朝皇帝朱棣主持修建。故宫南北长961米，东西宽753米，面积约为72.5万平方米。建筑面积15.5万平方米。故宫有大小宫殿，用房近万间。宫城周围环绕着高12米、长3420米的宫墙，形式为一长方形城池，墙外有52米宽的护城河环绕，形成一个森严壁垒的城堡。故宫宫殿建筑均为木结构、黄琉璃瓦顶、青白石底座，饰以金碧辉煌的彩画。故宫有4个门：正门名午门、东门名东华门、西门名西华门、北门名神武门。

城内分为"外朝"和"内廷"两部分。"外朝"以太和殿等三大殿为中心，是皇帝处理政事的地方。"内廷"包括乾清宫等"三宫六院"和御花园，为皇帝和后妃们起居生活之所。

明成祖迁都北京

明成祖朱棣于建文四年（1402年）从侄子建文帝朱允炆手中夺取了帝位。这位曾经长年镇守北方重镇的皇帝，比任何人都更能体会到北方的战略地位。因此，他的夺位成功使北迁国都之事重提上日程。

永乐七年（1409年）是明成祖夺位登基后第一次返回北京，他除经营北征外，还在北京北郊昌平境内为自己修建了长陵。不将

故宫皇极殿

自己的陵墓修到南京而是建到北京，这实际上就是个迁都的信号。永乐八年（1410年）明成祖第一次率师亲征回师后，第二年便命工部尚书宋礼、都督周长开会通河，决心打通南北漕运之路。通浚运河的工程先后用了5年时间，直到永乐十三年（1415年）完成。后来又造浅船3000余艘，实现南粮北调。南粮北调的成功，为明成祖迁都提供了物质保证。永乐十四年（1416年），明成祖正式下诏"文武群臣集议营建北京"，迁都计划公之于众。永乐十八年（1420年）九月，正式颁布迁都诏，将国都由南京迁到了北京。从永乐十九年（1421年）正月开始，明朝正式以北京为都城。

嘉靖建外城

明嘉靖二十九年（1550年），蒙古汗俺答曾率鞑靼兵攻到北京城下。明廷为加强京师城防，仿"城必有郭，城以卫民，郭以卫城"之制，于嘉靖三十二年（1553年）修筑外城。

本来原计划是想把内城整个围住，但因财力不足，只修了环抱南郊的外城，外城长

▶ 明朝

永乐十九年（1421年）正月，明朝政府正式迁都，以顺天府北京为京师，南京作为留都。北京城含宫城（今故宫）、皇城、内城三重，明嘉靖时又增设外城。内城周长22.5千米，设置9门。

▶ 清朝

顺治元年（1644年），清军入关后随即占领北京，亦称京师顺天府，属直隶省。清朝定都北京后，沿用明朝城池，实行旗民分居政策，建设皇家"三山五园"。清末，外国人在城内兴建教堂及使馆。

▶ 近现代

1911年辛亥革命后，"中华民国"定都南京，1912年3月都北京，直至1928年北洋政府垮台。北伐战争后，中国的首都迁到南京，北京被改名为北平特别市，同时撤销京兆地方。

14千米，共有七门。至嘉靖四十三年（1564年）又修筑了外城的门楼和瓮城，绕外城挖了护城河，东便门和西便门各设水关和铁栅栏。于是，北京城平面也就成了"凸"字形。

于谦保卫北京城

"土木之变"明英宗朱祁镇被俘后，朝廷分为两派，一派主张议和，放弃北京南迁；另一派以于谦为首，主张保卫城。

于谦提出"社稷为重，君为轻"的口号，积极备战保北京。正统十四年（1449年）十月蒙古瓦剌也先部队挟持英宗，攻打北京。在于谦的指挥下，兵分几路，击败也先部队。也先失败后，景泰元年（1450年）把英宗送回北京。天顺元年（1457年）英宗以"谋逆罪"将于谦杀害。

北京的百姓听到于谦受冤被害，不论男女老少，个个伤心痛哭。人们传诵着于谦年轻时候写的一首《咏石灰》的诗："千锤万凿出深山，烈火焚烧若等闲。粉骨碎身浑不怕，要留清白在人间！"这也正是于谦一生的写照。

李自成攻占北京

明崇祯十七年（1644年）正月，李自成在陕西建立大顺政权（年号永昌）。二月进兵山西，三月十六日，包围北京城。十八日傍晚，攻克彰义门。崇祯逼周皇后自杀，又杀嫔妃、公主等人，在煤山（今景山）寿皇亭槐树下自

故宫太和殿

缢身亡。十九日清晨，李自成率农民军从德胜门进城，入承天门（今天安门），穿端门，过午门，登上皇极殿（今太和殿）。

李自成进入北京的目的是夺取崇祯的皇冠，并获得巨额银饷，然后富贵归乡，他认为"十个燕京也比不上一个西安"。在与吴三桂的山海关一战中失利后，退回北京城，于四月二十九日在武英殿即皇帝位，三十日率大顺军退出北京。这位"闯王"李自成在北京一共居住了43天。

➕ 历史长卷上的北平风云

北京最早于隋朝（581—618年）称北平（《隋唐演义》中有记载）。洪武元年（1368年）九月十二日，明太祖朱元璋命大将徐达北征，攻占元朝都城大都，即北京城，并将大都改名为北平府。永乐元年（1403年）朱棣夺得皇位，后于明永乐十九年（1421年），将都城从南京迁到北平，并将北平改为北京。

近现代

1937年七七事变后，北平被日本占领，并成立傀儡政权"中华民国临时政府"，将北平改名为北京。
1945年8月21日，国民党收复北京，并重新更名北平。
1949年1月31日，北平和平解放。同年北平重新更名为北京。

近现代

10月1日，中华人民共和国在北京天安门城楼宣告成立。
1981年9月15日，北京地铁第一期工程正式交付运营，北京正式拥有地下轨道交通。

近现代

1988年1月1日，北京天安门城楼首次对中外游客正式开放。
1995年12月1日，北京西客站建成，逐渐成为亚洲最大的火车站。
2008年8月8日，第29届夏季奥林匹克运动会在北京举行，这也是中国首次举办的奥运会。

三山五园

"三山五园"中的三山是指香山、玉泉山和万寿山,这三座山上分别有静宜园、静明园、清漪园(颐和园),再加上东边的畅春园和圆明园,便构成所谓的五园,它们兴盛于乾隆时期,大多在1860年第二次鸦片战争中被焚毁。

香山:香山位于北京西北郊,是一座具有山林特色的皇家园林,每到深秋时节漫山红叶层林尽染,是观赏红叶的胜地。

玉泉山:山中奇岩幽洞,小溪潺潺,流泉活水,是元、明、清三代皇帝游幸避暑之地。

万寿山:矗立在颐和园中的昆明湖畔,前山以八面三层四重檐的佛香阁为中心。

圆明园:建于清康熙年间,于1860年遭英法联军焚毁,园内文物被洗劫一空,现仅存被烧毁的建筑废墟。

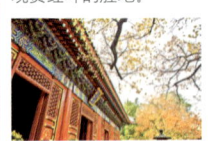

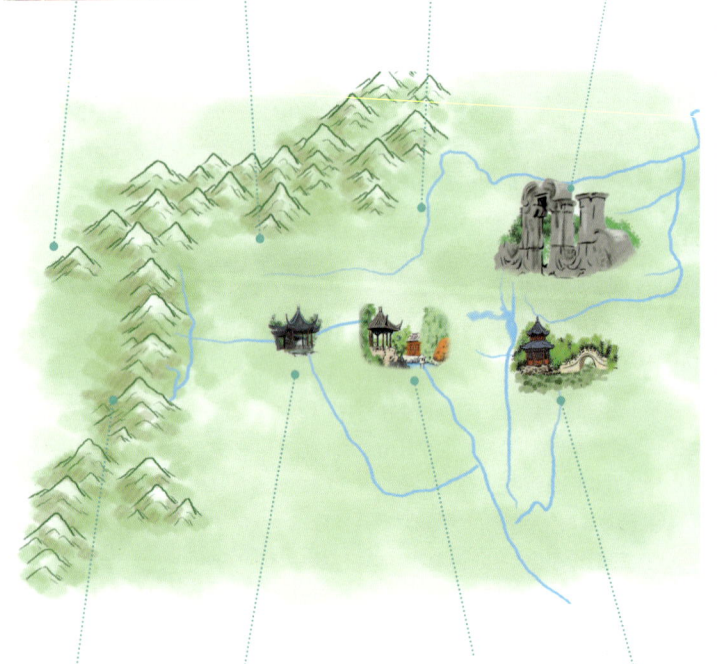

静宜园:位于香山景区内,全园结构沿山坡而下,是一座完全的山地园,分为内垣、外垣和别垣三部分。

静明园:位于玉泉山上,近代遭英法联军、八国联军两次焚毁,现存玉峰塔、华藏塔等遗迹。

颐和园:前身为清漪园,是保存最完整的一座皇家行宫御苑,被誉为"皇家园林博物馆"。

畅春园:清代曾是帝王郊外避暑听政的离宫,现仅有恩佑寺及恩慕寺两座琉璃山门残存。

以顺天府北京为京师，南京作为留都。

清朝时北京亦称京师顺天府。清兵进关，又在北京定都，于是，长达800多年之久，全国的政治中心一直是北京。

民国时于1930年又改为北平市。日伪政府于1937年10月12日又将北平改为北京，但实际上并未得到中国政府和广大人民的承认，北平的名称在此阶段仍在沿用。1945年日寇投降后，又改为北平。

1949年9月27日将中华人民共和国的首都定在北平后，才又将北平改为北京市。因此，1930年到1949年9月26日这段时间，称北京为北平比较准确。

五四运动

1919年春，在巴黎和会上，中国从德国手中收回青岛的正义要求遭到拒绝，"二十一条"不但没有取消，反而将德国在山东的权利转让给日本。消息传来，激起了中国人民的无比愤怒。

5月3日晚，北京大学学生举行大会，其他高校也有代表参加。以北师高学生匡互生为代表的学生发言，情绪激昂，号召大家奋起救国。他据理力争，感情激烈，在群情激昂的情况下，他的提议得到通过，并决定以参与签订合约的曹汝霖、章宗祥、陆宗舆为目标。

5月4日，北京高校的3000多名学生代表冲破军警阻挠，云集天安门，打出"誓死力争，还我青岛""收回山东权利""拒绝在巴黎和会上签字"等口号，游行队伍到达东交民巷使馆区时，受到军警的阻拦，多次交涉毫无结果。随后，事态逐渐由学生罢课，演变为除学生罢课外又有工人罢工、商人罢市。五四运动是中国旧民主主义革命的结束和新民主主义革命的开端。

卢沟桥事变

1937年7月7日下午，日本华北驻屯军在未通知中国地方当局的情况下，径自在中国驻军阵地附近举行所谓军事演习。22时40分，日军演习地带传来枪声，随后日方谎称丢失一名士兵，立即要求进入中国守军驻地宛平城搜查。中国第29军37师110旅219团严正拒绝。日方称如果中方不允许，日军将以武力强行进城搜查并同时对宛平城形成了包围进攻态势。7月8日晨5时左右，日军发动炮击，守卫卢沟桥和宛平城的第219团第3营奋起还击，由此掀开了全民族抗日的序幕。

中华人民共和国定都北京

北平和平解放

1949年1月15日，驻守北平的傅作义派邓宝珊、周北峰出城前往解放军平津前线司令部与罗荣桓政委、聂荣臻司令员等商谈和平解放北平有关问题，表示愿令所部出城听候改编。1月16日，傅作义在中南海宴请北平院校10余位教授，大家一致主张和平解放。1月22日下午公告和平解放北平协议，正式宣布北平和平解放。1月31日清晨，担负北平城防警备任务的中国人民解放军入城接防。这座将近千年的古城避免了战争的破坏，完好地保留了下来。

清朝北京城

北京城的城址数千年来变化不大,其设计充分考虑了当地的地理和气候状况,同时把中国数千年的造城经验,以及儒家思想、周易的玄妙融合在一起,成为建筑史上的经典之作。

中轴线:中轴线是北京的生命线,这条线从南向北串起了北京最美丽且古老的紫禁城宫殿,其两面均匀分布着诸多园林和建筑。

紫禁城:即今故宫,位于内城中部偏南地区,清代紫禁城的建筑物多有重建,名称也有变迁,但基本上维持了明代的规模。

钟楼和鼓楼:位于北京中轴线北部的什刹海东侧,两楼前后纵置,气势雄伟,巍峨壮观。

内城:由元大都城改建而成,清代时期,主要为王府、八旗子弟和各类庙宇的分布地,正阳门一带则是中央重要机构的汇集地。

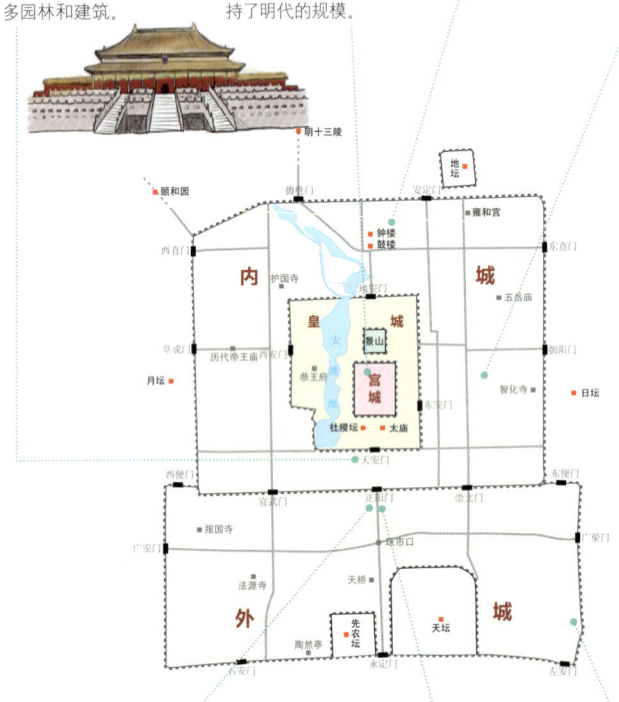

大栅栏:是前门外一条著名的商业区,如今,作为一个有着数百年历史的老商业街,在大栅栏有不少国内外闻名的老字号。

正阳门:即前门,位于北京中轴线南部,为砖砌堡垒式建筑,是内城九门中唯一箭楼开门洞的城门。

外城:明嘉靖年间,为保护天坛和人口密集、商业繁荣的商业区,北京加筑外城,开城门7座,清代时期,外城主要是汉人聚集区。

天安门城楼

中央电视台新址

开国大典

1949年10月1日下午3时，在北京天安门举行中华人民共和国开国大典。中央人民政府秘书长林伯渠宣布典礼开始。30万人集合在天安门广场。毛泽东主席庄严宣布："中华人民共和国中央人民政府今天成立了！"在国歌声中，毛泽东按动电钮，升起五星红旗，54门礼炮齐鸣28响。接着，毛泽东宣读了政府公告、中央人民政府组成名单等。之后举行阅兵式，中国人民解放军总司令朱德乘车检阅队伍。

这是中华人民共和国成立最动情的一刻。无数人民涌到天安门广场载歌载舞，庆祝中华人民共和国的诞生。

天安门广场

天安门广场，南北长880米，东西宽500米，面积达44万平方米，为世界上最大的城市广场。广场上的天安门原为明、清两代皇城的正门，始建于明永乐十五年（1417年），由城基、城台和城楼三部分组成。

1911年辛亥革命以后，宫廷广场两侧紧闭的大门自然而倒，东西长安街变成交通畅行的要道。自此以后，这里发生了彪炳中国革命史册的五四运动、"一二·九"运动及开国大典等重大历史事件。

1949年10月1日，在此举行中华人民共和国开国大典，北京作为新生的共和国首都。

➕ 新北京，新地标

北京奥运会期间，建立了一系列以鸟巢为代表的城市新建筑。CBD、国家大剧院、中央电视台新台址。这些各具特色的建筑如今已成为北京的城市新地标。

国家体育场（"鸟巢"）是2008年北京奥运会主体育场。这个由一系列钢架围绕碗状座席区编制而成的巨型体育场，形态如同一个孕育生命的"巢"，像一个摇篮，寄托着人类对未来的希望。

奥运会后，鸟巢和水立方成为北京的著名旅游景点。鸟巢已成为新北京的地标。每天都会有大量游客前来旅游观光。

国家大剧院中心建筑为独特的壳体造型，高46.68米，地下最深32.50米，周长达600余米。壳体周围是面积达3.55万平方米的人工湖及由大片绿植组成的文化休闲广场，不仅美化了大剧院外部景观，也体现了人与自然和谐共融的理念。

中央电视台新台址位于北京东三环路的中央商务区内，由中央电视台主楼、服务楼、电视文化中心及室外工程组成。主楼的两座塔楼双向内倾斜6度，在163米以上由"L"形悬臂结构连为一体，建筑外表面的玻璃幕墙由强烈的不规则几何图案组成。北京日新月异发展，现代化程度不断提高和国际商务活动日益增多，使得北京CBD应运而生。CBD西起东大桥路、东至西大望路，南起通惠河、北至朝阳路。在这4平方千米的区域里有惠普、三星、德意志银行等众多世界

500强企业中国总部,也是中央电视台、北京电视台传媒企业的新址。

➕ 北京历史名人

北京的历史文化名人多为剧作家、作家或者艺术大师,这和北京浓厚的文化气氛是分不开的。如元代剧作家关汉卿、京剧大师梅兰芳、京剧名旦程砚秋、现代小说家老舍、相声大师刘宝瑞等。

关汉卿(约生于金末,卒于元):金末元初人,元代杂剧作家,元曲四大家之一。由于身处朝廷更替的动荡年代,关汉卿的杂剧内容具有强烈的现实性和弥漫着昂扬的战斗精神。有著名代表作《窦娥冤》等。

梅兰芳(1894—1961年):名澜,字畹华,原籍江苏泰州,出生在北京并长期寓居北京,京剧大师,中国最负盛名的表演艺术家。表演过程中形成自己独特的艺术风格,世称"梅派"。代表作品有京剧《贵妃醉酒》《霸王别姬》,昆曲《思凡》《游园惊梦》等。

老舍(1899—1966年):原名舒庆春,字舍予,满族正红旗人,早年居住于北京西直门内,其父曾为清军低级军官,在八国联军入北京时战死。老舍一生忘我工作,发表了大量影响后人的文学作品,有"人民艺术家"称号。他的作品多以北京市民背景为题材,如《骆驼祥子》《茶馆》《龙须沟》《我这一辈子》《念北平》《四世同堂》等。

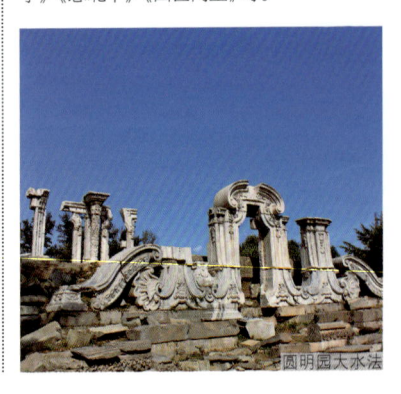

圆明园大水法

➕ 北京的人文景观

▼ 全国重点文物保护单位

东城区:北京大学红楼、天安门、人民英雄纪念碑、故宫、天坛、智化寺、国子监、雍和宫、皇史宬、古观象台、北京城东南角楼、正阳门、太庙、社稷坛、北京孔庙、崇礼住宅、北京鼓楼、钟楼、可园、孚王府、东交民巷使馆建筑群(淳亲王府、英国使馆旧址、花旗银行旧址、东方汇理银行旧址、日本使馆旧址、意大利使馆旧址、正金银行旧址、日本公使馆旧址、法国使馆旧址、奥匈使馆旧址、国际俱乐部旧址、法国兵营旧址、比利时使馆旧址)、袁崇焕墓和祠、地坛、柏林寺、京师大学堂分科大学旧址、清陆军部和海军部旧址、亚斯立堂、协和医学院旧址、孙中山行馆、明北京城城墙遗存(东便门段、左安门值房)、文天祥祠、普度寺、东堂、基督教中华圣经会北京分会旧址、北京大学地质学馆旧址。

西城区:妙应寺白塔、北海及团城、北京宋庆龄故居、恭王府及花园、郭沫若故居、牛街礼拜寺、天宁寺塔、大高玄殿、历代帝王庙、南堂、景山、白云观、法源寺、先农坛、利玛窦和外国传教士墓地、德胜门箭楼、月坛、中南海、关岳庙、醇亲王府、广济寺、安徽会馆、报国寺、清农事试验场旧址、西什库教堂、国立蒙藏学校旧址、北京国会旧址、京师女子师范学堂旧址、国民政府财政部印刷局旧址、大栅栏商业建筑(瑞蚨祥旧址门面、谦祥益旧址门面、祥义号旧址门面、劝业场旧址)、北平图书馆旧址、北京鲁迅旧居、万松老人塔、明北京城城墙遗存(西便门段)、克勤郡王府、基督教中华圣公会教堂、西交民巷近代银行建筑群

（中央银行旧址、大陆银行旧址、保商银行旧址、中国农工银行旧址、户部银行旧址）、辅仁大学本部旧址、盛新中学与佑贞女中旧址、李大钊旧居、梅兰芳旧居。

朝阳区： 北京东岳庙、清净化城塔、元大都城墙遗址、日坛、四九一电台旧址。

海淀区： 真觉寺金刚宝座塔、颐和园、圆明园遗址、觉生寺、景泰陵、碧云寺、大慧寺、十方普觉寺、未名湖燕园建筑、清华大学早期建筑、元大都城墙遗址、大觉寺、静明园、健锐营演武厅、万寿寺、辛亥滦州起义纪念园、摩诃庵、慈寿寺塔。

丰台区： 卢沟桥、金中都水关遗址、镇岗塔、长辛店"二七"大罢工旧址（劳动补习学校旧址、长辛店工人俱乐部旧址、长辛店留法勤工俭学预备班旧址、警察局驻地旧址、二七机车厂近代建筑遗存、工人夜班通俗学校旧址、"二七"烈士墓）。

石景山区： 法海寺、承恩寺、北京市八宝山革命公墓。

房山区： 房山云居寺塔及石经（含房山大白玉塘采石场遗址）、周口店遗址、琉璃河遗址、万佛堂、孔水洞石刻及塔、十字寺遗址、金陵、良乡多宝佛塔、姚广孝墓塔、琉璃河大桥。

昌平区： 居庸关云台、十三陵、银山塔林、京张铁路南口段至八达岭段。

门头沟区： 戒台寺、潭柘寺、爨底下村古建筑群、灵岳寺。

延庆区： 延庆古崖居、京张铁路南口段至八达岭段。

通州区： 通州近代学校建筑群（潞河中学、富育女校、华美学校）。

顺义区： 焦庄户地道战遗址。

平谷区： 上宅遗址

跨省市区： 大运河（北京段11处：高粱闸、什刹海、玉河故道注、白浮泉遗址、黑龙潭及龙王庙、广源闸、平津闸、庆丰闸、永通桥及石道碑、张家湾城墙及通运桥、南新仓）、长城。

▼ 国家历史文化名城

北京

▼ 中国历史文化名镇

密云区·古北口镇

▼ 中国历史文化名村

门头沟区斋堂镇·爨底下村
门头沟区龙泉镇·琉璃渠村
门头沟区斋堂镇·灵水村
顺义区龙湾屯镇·焦庄户村
房山区南窖乡·水峪村

颐和园

文 化

古老的寺庙、精致的会馆、纵横密布的胡同、规整的四合院、大栅栏的老字号、琉璃厂的古墨香，都是北京著名的文化符号，无声地传播着古老中国文化的神韵。

➕ "京味儿"天桥与文化民俗

提起老北京，就不得不提天桥。天桥地区大致范围是珠市口以南，永定河以北，东临天坛，西濒先农坛。因明清两代皇帝祭天坛时必经之路而命名天桥。"酒旗戏鼓天桥市，多少游人不忆家"，清末民初的著名诗人顾顺鼎在《天桥曲》写下了如此脍炙人口的诗句。在民国初年，真正成为繁荣的平民市场，被视为老北京平民社会的典型区域，是最具京味儿的地方。

元代天桥处在大都城的南郊。明嘉靖年间增筑外城后，成为外城的中心。清代的前三门外是会馆、旅店、商业集中之地，天桥一带逐渐出现了茶馆、酒肆、饭馆和卖艺、说书、唱曲娱乐场子，形成天桥市场的雏形。

天桥是个看热闹、玩耍和寻开心的地方。中华人民共和国成立前，许多江湖艺人在天桥"撂地"。所谓"撂地"，也就是在地上画个白圈儿，作为演出场子进行表演。天桥市场的杂耍表演是一大特色，不但项目繁多，而且技艺高超。提起天桥，一些上了年纪的老北京人也许还记得掼跤耍幡的宝三儿，玩杠子的"云里飞"，拉洋片的"大金牙"，说相声的焦德海，还有各式各样的北京小吃，稀奇古怪的旧货玩意儿。

由于历史原因，20世纪六七十年代，曾经盛极一时的天桥市场被取消，各种文艺演出被禁止，天桥表演也随之消灭。"北京可以没有三大殿，但是不能没有天桥。"这是老北京人说起天桥的一句老话。

如今，在老天桥旧址已经建成了天桥市民广场，天桥街道办事处为了复兴天桥也已经做了大量的工作。找回天桥的老艺人及其传人，组建天桥民俗艺术团，对天桥民俗文化进行发

北京面人

北京卷轴

《城南旧事》林海音：全书透过英子童稚的双眼，观看大人世界的喜怒哀乐、悲欢离合，描写了北京城南一座四合院里普通人家的命运悲欢。

《正红旗下》老舍：是一部老舍先生倾注了极大心血却没有完成的作品，以清末北京社会为背景的家传性质的历史小说，描写了他们赖以支柱的大清王朝摇摇欲坠破碎飘零时他们的命运。

《胡同文化》汪曾祺：作者以温暖怀旧的文字描写了老京胡同的前世今生，以及居住在胡同里的居民的处世态度，里面有大量京味十足的语言。

《故都的秋》郁达夫：作者以沉郁顿挫的语言风格细腻描写了北京浓烈美好的秋天，深刻地诠释了"故都"的内涵。

北京老天桥

掘、收集、整理，传徒教子，以使这份具有浓郁京味的文化遗产，在改良之后能得以保护和传承。

北京评书

北京评书是北方评书的主体，形成于北京，盛行于京、津、冀和东三省等地。北京评书的表演形式，早期为一人坐在桌子后面，以折扇和醒木为道具，身着长衫。

评书艺术结构严整，一部长篇评书常常包括几个大段落，俗称"柁子"。每个柁子围绕一个中心事件讲述，如《三国》的"赤壁之战"。一个柁子又分为几个"梁子"，每个梁子都有一个故事高潮，如"赤壁之战"中的"借东风"。一个梁子又分为若干个"扣子"，也便是扣人心弦的悬念。

说评书时，以说书人口气叙述的，叫"表"；模仿书中人物言谈和音容笑貌的，叫"白"；评论书中人物思想和行为的，叫"评"。评书贵在"评"，精在"评"。

北京面人

在20世纪70年代，北京路边经常能看到捏面人的，推辆自行车，后座上立着个草靶子，靶子上插了用竹签挑着的面人。五彩缤纷，形象逼真的北京面人是一代人童年的记忆。

北京影像

《钟鼓楼》刘心武：叙述了1982年某一天发生在北京钟鼓楼一带的故事，通过不同人不同心态和不同的言行，反映了20世纪80年代初北京市民的社会生活面貌。

《皇城根儿》（1992年）：讲述了住在北京一条闹中取静的胡同里金家大院，老中医金一趟一家的事情。

《霸王别姬》（1993年）：叙述伶人程蝶衣对国粹艺术的执着，进而投影出历史与文化在大时代的演变下，对人生造成的激荡影响。影片蕴含深厚的文化内涵，气势恢宏，感情强烈，情节细腻而深远。

《阳光灿烂的日子》（1994年）：讲述20世纪六七十年代大院孩子的成长历程，相对于普通老百姓来讲可能稍显神秘，但对于本身就是部队大院长大的姜文来说，对于这部电影的驾驭可谓炉火纯青恰到好处。

在北京，靠捏面人捏成大家的，并且把捏面人提升到面塑艺术层面的，要数"面人郎"郎绍安了。作家冰心曾在《面人郎采访记》中这样描写"面人郎"的技艺："捏什么像什么……我看得入了迷，一天也舍不得离开。""面人郎"过世后，他的徒弟张宝琳成为郎派面塑艺术的代表人物。

做一个面塑造型，细说起来要有上百道工序。从面的制作到颜色的调配到人物形象、服装服饰的搭配，甚至要注意到哪个年代该用什么样的发型这种非常细致的活儿，每一步都非常烦琐。这种北京特有的民俗产品博得了世界的喝彩。

抖空竹

空竹是北京的民间玩具之一。空竹，以竹木为材料制成，中空，因而得名。空竹为圆盘状，中有木轴，以竹棍系线绳缠绕木轴拽拉抖动。空竹分为单轮和双轮两种。圆盘四周有哨口，以一个大哨口为低音孔，若干小哨口为高音孔，分为双响、四响、六响，直至三十六响。拽拉抖动空竹时，各哨同时发音，高亢雄浑，声入云表。

北京皮影

北京皮影，老北京人称它为"驴皮影"。千百年来，这门古老的艺术，自明朝传入京城后，伴随着祖祖辈辈的先人们，度过了许多欢乐的时光。它不仅属于傀儡艺术，还是一种地道的工艺品。

以驴皮、羊皮等材料制成各种人物、景物、动物、道具等，用灯光在幕布后衬出这些影像，配上音乐、唱词，由皮影演员操纵表演。表演起来生趣盎然，活灵活现，深受北京人，特别是老人和小朋友的喜爱。

➕ 人间百态老胡同

在北京，胡同是一种特有的、古老的城市小巷，常言道："有名胡同三百六，无名胡同似牛毛。"它们浩繁密布地围绕在紫禁城周围，大部分形成于中国历史上的元、明、清三个朝代，有700余年的悠久历史。胡同里的王宫府邸、名人故居、会馆、寺庙道观，以及市井风情、人文典故，都蕴藏着传统文化的精华。

北京历史上最早的胡同，是朝阳门内大街和东四之间的一片胡同，规划相当整齐，胡同与胡同之间的距离大致相同。如今，北京市有街巷名称4000多个，名称也是包罗万象。为保持北京的古都风貌，许多著名的胡同已被当作文物遗址保留下来了，如南锣鼓巷、北锣鼓巷、东四、西四、国子监及什刹海地区等，它们为新兴的首都保留了一丝古老

胡同

北京天籁

《有话好好说》（1997年）：这是一部带有浓重北京色彩的喜剧片。开场不久的北京大鼓以及随着主人不断穿行而变换的胡同镜头，暗示这部电影讲述的正是关于一个小人物的北京故事。

《正阳门下》（2013年）：讲述北京普通百姓在波澜壮阔的时代背景下面对社会变迁而艰苦创业的故事。

《前门情思大碗茶》：是一首京味儿十足的戏歌，这首歌由词作家阎肃作词，作曲家姚明作曲，并由歌唱家杭天琪演唱，流传甚广，深受人们喜爱。

《北京欢迎你》：是以"同一个世界，同一个梦想"为主题，以北京普通人家的视角，采用民谣形式，用热情的音符表达北京奥运即将到来时人们喜悦的心情和对北京奥运客人的欢迎之意。

的色彩。

四合院

四合院与北京的宫殿、衙署、街区、坊巷和胡同同时出现，是老北京的传统民居。"天棚、鱼缸、石榴树"是老北京人对四合院最深刻的记忆。

四合院就是东南西北四面建房，合围出一个院子，院子的外墙又组成了胡同的边墙。院内北房为正房，东西两侧为厢房，除大门外，没有窗户或通道与胡同相连。从门口的照壁、对联、精美门檐、石门墩，到影壁、砖雕、垂花门、彩绘，都洋溢着浓郁的民族文化气息。由于院落宽敞，可在院内植树栽花，饲鸟养鱼，叠石造景。居住者不仅享有舒适的住房，还可分享大自然赐予的一片美好天地。

历史上，作为六朝古都和中国近代的首都，北京诸多的胡同和四合院里曾经留下了大量名人的踪迹。这里拥有灿若星辰的名人故居。其中比较有影响的有宋庆龄故居、鲁迅故居、郭沫若故居、梅兰芳故居、茅盾故居、老舍故居等。其中有些已经开发为纪念馆。

➕ 悠久传承的京城老字号

北京是我国六朝古都之一，全国的政治、经济、文化都在此融合。皇城根下雍容、典雅、细致的生活方式，使得中华多民族文化在这里碰撞、融合。老字号商贸也逐步延续至今。

和平门全聚德

全聚德

在京城民间，流传着"不到长城非好汉，不吃烤鸭真遗憾"的俗语。因此全聚德也就成了北京的象征之一。全聚德创始于清同治三年（1864年），创始人杨寿山最开始在北京前门经营鸡鸭买卖。后赚钱买下店铺"德聚全"，经风水先生测算之后改名为全聚德。他的店铺买卖兴隆，生意非常好。后来，在和伙计的共同研究下，独创了全聚德挂炉烤鸭。从此，全聚德烤鸭开始誉满京城，成为京城著名的老字号。

东来顺

提起东来顺，北京人都称赞道："东来顺的涮羊肉最嫩。"东来顺创建于1903年，创始人是回民丁德山，最早是出售羊肉、杂面的，后在东安市场摆了个摊位，并增添了粥和贴饼子。由于生意兴隆，他便正式挂起了"东来顺"的招牌，寓顺利之意。战乱后重新开张，改名"东来顺羊肉馆"。此后，东来顺的涮羊肉驰名京城，成为著名老字号。

《钟鼓楼》：借用京剧中的三弦二胡，充满了浓浓的京韵人文味，温暖怀日，但又将对钟鼓楼命运担忧的矛盾心理淋漓尽致地表现出来。

《北京我的家》：从北京人的视角出发，流露出浓郁的乡土情怀和人文气息，力求展现出这个北京女孩最真实本色的一面。

《在北京的金山上》：这首歌充满了对党、对毛主席的感激爱戴之情，表达了西藏翻身农奴和全国各兄弟民族的共同心声，歌词朗朗上口，流传广泛。

四合院

四合院是北京传统民居形式,辽代时已初成规模,经金、元,至明、清,逐渐完善,最终成为北京最有特点的居住形式。经过数百年的营建,北京四合院从平面布局到内部结构、细部装修都形成了京城特有的京味风格。

北京正规四合院一般以东西方向的胡同而坐北朝南,基本形制是分居四面的北房(正房)、南房(倒座房)和东、西厢房,四周再围以高墙形成四合,开一个门。四合院由于院落宽敞,可在院内植树栽花,饲鸟养鱼,叠石造景。

东、西耳房:正方旁边加盖的小房屋,进深、高度都偏小,多用来做库房或厨房。

后罩房:是汉族四合院建筑中正房后面与正房平行的一排房屋,位于四合院中最后一进院子里,比较隐秘,一般是女儿和女佣等女眷居住之地。

正房:位于四合院的中心位置,房屋的开间进深都较大,台基较高,一般为四合院主人的居住场所。

东、西厢房:厢房开间进深较小,台基也较矮,在古代是房主儿子居住的地方,长子住东厢,次子住西厢。

内院:内院属于私密区域,外人一般不得入内,多配置有荷花缸、盆花等,构成了一幅有趣的庭院图景。

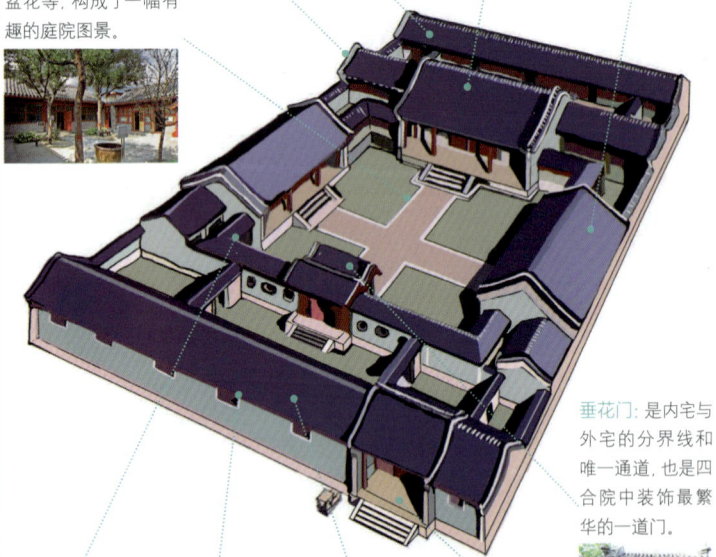

垂花门:是内宅与外宅的分界线和唯一通道,也是四合院中装饰最繁华的一道门。

游廊:既可供人行走,又可供人休憩小坐,观赏院内景致。

倒座:是四合院里跟正房相对的房屋,是用人居住的地方。

四合院的建筑色彩:多采用材料本身的颜色,青砖灰瓦,玉阶丹楹,墙体磨砖对缝,工艺考究。

宅门:整个四合院的大门,临街而建,平时宅门一关,四合院便处于一种完全封闭状态。

同仁堂

提起中药，首先就能想到"同仁堂"三个字。这个创建于康熙八年（1669年）的老药铺是中国最负盛名的老字号招牌之一，从创建人乐显扬开始，历代同仁堂人始终恪守"炮制虽繁必不敢省人工，品味虽贵必不敢减物力"的古训，兢兢小心、精益求精，仁行天下，生产出了众多疗效显著的中成药。在许多老北京人眼里，同仁堂的命脉就体现在这个"仁"上。

吴裕泰

原名吴裕泰茶栈，创建于光绪十三年（1887年），创办人安徽歙县人吴锡卿。这个创建于北新桥大街路东的一个门洞里的茶铺，经过100多年的风雨历程不断发展壮大。吴裕泰以销售自拼茉莉花茶为主要特色，其特点是："香气鲜灵持久，滋味醇厚回甘，汤色清澈明亮，耐泡。"被人们亲切地称为"裕泰香"。

➕ 国粹京剧

京剧是地地道道的中国国粹，由昆曲、梆子和评剧繁衍而来，因形成于北京而得名，深受京城老百姓的喜爱。

京剧历史

京剧的源头还要追溯到几种古老的地方戏剧，1790年，安徽的四大地方戏班——三庆班、四喜班、春公班、和春班——先后进京献艺，获得空前成功。徽班常与来自湖北的汉调艺人合作演出，于是，一种以徽调"二黄"和汉调"西皮"为主，兼收昆曲、秦腔、梆子等地方戏精华的新剧种诞生了，这就是京剧。在200年的发展历程中，京剧在唱词、念白及字韵上越来越北京化，使用的二胡、京胡等乐器，也融合了多个民族的特色，终于成为一种成熟的艺术。京剧融歌唱、舞蹈、武打、音乐、美术、文学为一体，与西方歌剧有类似之处，所以被西方人称为"Peking Opera"。现在走在北京街头，经常还可听到路边传来抑扬顿挫的京剧段子。

玩家 解说

四大名旦：京剧从号称"前三鼎甲"的程长庚、余三胜、张二奎，到"后三鼎甲"的汪桂芬、谭鑫培、孙菊仙，都一直由老生担任首席演员，但自王瑶卿之后，四大名旦梅兰芳（1894—1961年）、尚小云（1900—1976年）、荀慧生（1900—1968年）、程砚秋（1904—1958年）崛起于京剧舞台，一变旧日之规，改由旦行挑班，旦行取代老生领衔，是京剧由古典艺术走向近代的一个标志。

京剧脸谱

京剧表演时，一大特点便是在人脸上涂上某种颜色象征这个人的性格和品质、角色和命运，即经常说到的脸谱。京剧脸谱是一种写意和夸张的艺术，常以蝙蝠、燕翼、蝶翅等为图案勾画眉眼面颊，结合夸张的鼻窝、嘴窝来刻画面部的表情。红脸代表忠勇者，如关羽、常遇春等；黑脸代表猛智者，性格刚烈正直，如包拯、张飞、李逵等；蓝脸和绿脸代表着草莽英雄，如窦尔敦、马武等；黄脸象征凶诈者，如宇文成都、典韦等；白色的脸谱一般表示奸臣、坏人，如曹操、赵高等；金脸和银脸则代表着神妖。

京剧角色

京剧的角色按照男女老少、俊丑正邪分成生、旦、净、丑四大行当。"生"是除了花脸及丑角以外的男性角色的统称。"旦"是女性角色的统称。具体的艺术角色还有更细的划

京剧

北京戏曲博物馆

分。不同的艺术角色，表现出不同性格、身份和年龄的不同人物类型。

京剧剧目主要以出演中国历代神话故事、历史重大事件、帝王将相以及才子佳人为主。京剧分为"西皮"和"二黄"两大类，乐队"吹、打、弹、拉"伴奏演出。主要乐器有京胡、月琴、三弦、唢呐、笛子鼓、大锣、小锣、铙钹等。京剧服饰雍容华贵、高贵典雅、色彩鲜明，服装大多为手工刺绣，非常漂亮。

经典剧目

《霸王别姬》：脱胎于旧本《楚汉争》。梅兰芳、杨小楼编演。讲述了西楚霸王项羽垓下之围兵败逃至乌江，自刎泪别爱姬虞姬的故事。梅兰芳出演此剧，歌舞并重，唱腔流行，服装化妆等都有所改革与突破，是梅派代表作品之一。

《贵妃醉酒》：另名《百花亭》。唱四平调，歌舞并重。经梅兰芳整理加工，突出地表现了杨贵妃心中的哀怨，也是梅派的重要代表作之一。

《四郎探母》：清代京剧作品，取材于杨家将的故事。余三胜、张二奎等都擅长此剧。是京剧史上一出著名的唱功戏。

京剧

京剧有着厚重文化底蕴，它经历了几代大师发展、改革、创新，最终发展成为"国粹"，它有着"唱、念、坐、打"的表演方式，"生、旦、净、丑"的行当分类，"皮、黄、锣、鼓"的伴奏结构，它是一种动人的综合表演艺术。

基本信息

中文名称：京剧

行　　当：生，旦，末，净，丑，武行，龙套

发 源 地：安徽省安庆市

起　　源：徽剧，昆曲及汉剧

起源时间：距今200多年

别　　名：评剧，京戏

梅兰芳：是近代杰出的京剧表演艺术大师，擅长表演旦角（男扮女装），为"四大名旦"之首，代表剧目有《贵妃醉酒》《霸王别姬》等。

京剧乐器：分打击乐器与管弦乐器。打击乐器主要有板，单皮鼓，大锣，铙，钹等，称为"武场"；管弦乐器则有京胡，京二胡，月琴，三弦，称为"文场"。配图：京剧乐器——月琴。

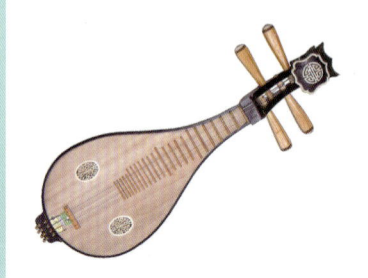

文 化

旦：旦角全为女性，分青衣、花旦、武旦、刀马旦、老旦、贴旦、闺旦等角色。青衣以唱为主，扮演贤妻良母型角色；花旦亦叫花衫，以服装花艳为特色；武旦和刀马旦为演武功见长的女性；老旦则多为中老年妇女。

丑：是京剧中的滑稽角色，又分文丑、武丑，大多能说能跳、活泼伶俐，是善演武功武技的角色。

生：是京剧中的男子，为京剧中的重要行当之一，分为须生（长胡须的老生）、红生、小生、武生、娃娃生等。

京剧脸谱：红脸含有褒义，代表忠勇；黑脸为中性，代表猛智；蓝脸和绿脸也为中性，代表草莽英雄；黄脸和白脸含贬义，代表凶诈凶恶；金脸和银脸是神秘，代表神妖。

净：指脸画彩图的花脸角色，有以唱为主的铜锤花脸与黑头花脸，以工架为主的架子花脸，另外还有武花脸与摔打花脸等。

地坛春节庙会

《赵氏孤儿》：取材于《史记·赵世家》，有同名元杂剧。京剧为王雁作，马连良扮演程婴，为马派代表作之一。

➕ 热闹繁盛的北京庙会

北京的庙会起源于辽代的护国寺庙会，当时还没有形成太大的规模。到了元、明、清时期，北京已经有了很多达到一定规模的庙会。比如阴历正月初一的大钟寺庙会，初二的财神庙庙会，初三的蟠桃宫庙会，十七、十八的白云观庙会等庙会。

久而久之，庙会期间的宗教活动便是次要的了，而主要成了老百姓的购货市场，以满足一般市民的生活需要。庙会上不仅有烛、香等祭祀类商品，还有春联、窗花等年货，最常见的还有一些民间工艺品，如风车、空竹、木刀、木陀螺、小鼓、布老虎、竹蜻蜓等。庙会期间还有各种风味独特的小吃和民间舞蹈、杂耍、武术等，还有各种不同形式的游艺活动，给京城老百姓带去了无限欢乐。那个时候，有城隍庙庙会、护国寺庙会、隆福寺庙会、厂甸庙会等几个比较典型的庙会。后来由于历史原因，这些庙会渐渐退出历史舞台。如今，北京地区逐渐恢复了部分春节庙会，其中最出名的便是地坛庙会。

地坛庙会始办于1985年春节，而后每年一届。作为京城恢复最早的庙会，地坛春节文化庙会以地道民俗、传统民间特色闻名于京城。庙会艺术品位高、民族特色鲜明，声名远播，享誉海内外，热闹的胜景被誉为现代版《清明上河图》和中国的狂欢节。春节逛地坛庙会是京城老百姓沿袭多年的习俗。每年地坛春节庙会人山人海，热闹非凡。一届比一届精彩，一届比一届热闹。

地坛庙会每年正月初一至初七举行，主要有祭地，置办年货，特色小吃，娱乐节目等主题活动。庙会以老百姓喜闻乐见的文化活动形式和内容，将百戏名曲、民间花会、天桥绝活、祭地礼仪、茶艺书画等不同文化系列汇于一场，将民族、民俗、传统、现代、乡村、城市等多种文化形式复合为一体，集杂艺百货于一身。在庙会上还可以尝到各种老北京传统小吃及各地美食名吃，热闹的氛围为京城老百姓营造了一个"欢乐、喜庆、祥和"并具有浓郁民族、民俗、民间特色的春节。

➕ 海淀——大学荟萃地

元代初年，海淀镇附近是一片浅湖云淀，故称"海店"，即今日的海淀区。如今的海淀区高校云集，著名的北京大学、清华大学等均位于海淀区。

以清华大学和北京大学为代表，北京的教育区和艺术区集中分布在海淀学院路和西三环周边。除了清华和北大，海淀区内还有中国人民大学、中国地质大学、中国农业大学、中央财经大学、北京外国语大学、北京航空航天大学等一大批高等院校。

清华大学

清华大学前身是清华学堂，始建于1911年。清华大学于"七七事变"后南迁，1938年与北京大学、南开大学一起在昆明组成西南联合大学。1946年迁回原址复校。

清华大学占地面积400多公顷，地处皇家园林清华园，清朝康熙年间称熙春园。雍正、乾隆、咸丰先后居住于此，咸丰年间熙春园改名为清华园。清华大学是世界上最美丽的大学，2010年《福布斯》评出14所世界上最美丽的大学，清华是亚洲唯一一所上榜的大学。

文 化

清华文科早年有被称为国学院四大导师的王国维、梁启超、赵元任、陈寅恪，以及闻一多、朱自清、冯友兰、张奚若、金岳霖等著名学者；理科有叶企孙、周培源、熊庆来、华罗庚等自然科学家；工科有刘仙洲、梁思成等工程学家。其中很多人在清华大学毕业后，赴美留学，学成后先后归国回校任教，东西文化荟萃一堂，推动了清华大学的大发展。

如今的清华大学已是亚洲最重要的大学之一。清华大学全体师生在"自强不息，厚德载物"的校训下奋发图强，为争创世界一流大学而努力。

北京大学

北京大学是我国享有世界声誉的重点大学之一，它开创了中国近现代高等教育。创立于1898年的北京大学初名京师大学堂，是中国近代史上正式设立的第一所综合性大学。1912年学校改名为北京大学。

1917年蔡元培出任北大校长，他提出聘请教师要以"造诣为主"，"兼容并包"，提倡学术自由，科学民主，并以学与术分校，文与理通科为原则设文、理、法3科和研究所。先后聘请陈独秀、李大钊、鲁迅、李四光、胡适等学者、专家到校任教，形成了北大学术自由的传统。1937年北大南迁，1938年与清华大学、南开大学共同组建西南联合大学。1946年迁回北平。陈独秀等人曾在北大创办《每周评论》，成为最早宣传新文化思想的刊物，1919年，北大学生最先发起了反对"二十一条"的游行示威，成为五四运动的发端。

北大历史上拥有许多著名学者，如马寅初、翦伯赞、王力、朱光潜、陈岱孙、季羡林等。

北大传承着中华数千年来国家最高学府"太学"的学统，自建校以来一直享有崇高的名声和地位。

三里屯——中西文化交汇点

三里屯在京城无人不晓，在国际上闻名遐迩。这片位于朝阳区东二三环之间的3平方千米的土地上，驻集了80余家大使馆、500多个企事业单位、北京工人体育场、涉外宾馆饭店、外交人员公寓、外国驻华商社及三里屯酒吧街，成为中西文化的交汇点、文化艺术人士的联络处、白领人士忙里偷闲的消遣乐土，这里华洋共处，络绎不绝，为中外人士熟悉的北京时尚生活文化社区。

其中的酒吧街位于三里屯北路东侧，全长260米，占地1648平方米，经过多年发展，如今已成为在国内、国际知名度颇高的饮食文化特色街。

三里屯酒吧是北京"夜晚经济"的符号，是北京夜生活最"繁华"的娱乐街之一。从这里制造出的时尚，被追逐非主流的都市白领和新新人类广为效仿。到北京，夜晚总要去三里屯酒吧街一游。

✚ 798——先锋艺术区

北京前卫艺术的聚集地。位于北京东北方向大山子地区,是原国营798厂等电子工业的老厂区所在地。

从2002年开始,一批艺术家和文化机构开始进驻这里,他们以艺术家独有的眼光,充分利用原有厂房的风格,稍做装修和装饰,逐渐发展成为集画廊、艺术中心、艺术家工作室、动漫、设计公司、餐饮酒吧等游览区,形成了具有国际化色彩的"SOHO式艺术聚落"和"LOFT生活方式",引起了世人的关注。经由当代艺术、建筑空间、文化产业与历史文脉及城市生活环境的有机结合,798已经演化为一个文化概念,这里所形成的文化现象成为展现北京迈向国际化大都市的窗口。

现今,798已经引起了国内外媒体和大众的广泛关注,并已成为北京都市文化的新地标。每年9月底的798艺术节会经常举办重要的国际艺术展览、艺术活动和时尚活动,吸引了众多世界政要、影视明星、社会名流。

✚ 南锣鼓巷——时尚坐标

南锣鼓巷,北京最古老的街区之一,是胡同文化保留相对较完整的传统居住区。南锣鼓巷曾叫罗锅巷,乾隆十五年(1750年)绘制的《全城全图》改称为南锣鼓巷。胡同南北走向,以长约800米的南锣鼓巷为轴线,两侧各分布着8条平行胡同。从南向北,西面的8条胡同分别是福祥胡同、蓑衣胡同、雨儿胡同、帽儿胡同、南下洼子胡同、沙井胡同、黑芝麻胡同、前鼓楼苑胡同;东边的8条胡同是炒豆胡同、板厂胡同、东棉花胡同、北兵马司胡同、秦老胡同、前圆恩寺胡同、后圆恩寺胡同、菊儿胡同。这些胡同在元朝时还没有名称,名称是明朝以后逐渐演变来的。看上去,整个街区犹如一条大蜈蚣,所以又称蜈蚣街。

明清以来,这里就一直是"富人区",居住过许多达官贵人、社会名流。这里的每一条胡同都留下了历史的痕迹,有炒豆胡同的僧格林沁王府、段祺瑞旧宅,雨儿胡同的齐白石故居、文煜私家园林"可园",后圆恩寺胡同的茅盾故居、蒋介石行辕等。完整格局

南锣鼓巷帽儿胡同

的胡同，形制多样的府邸宅院，是北京城保存较好的古民居之一。

现在的南锣鼓巷街区北边是鼓楼东大街，南边是地安门东大街，西边是地安门外大街，东边是交道口南大街。从2000年开始，不经意间，这条被视为时尚人士和国外旅游者关注的小巷出现了很多酒吧。现在这里已经成为继三里屯、什刹海之后，北京又一条著名酒吧街。

南锣鼓巷

➕ 北京的文化景观

▼ 世界非物质文化遗产

| 京剧 | 中医针灸 |

▼ 国家级非物质文化遗产

民间文学：八达岭长城传说、永定河传说、杨家将传说、天坛传说、曹雪芹传说、卢沟桥传说等。

传统音乐：智化寺京音乐、白庙村音乐会、古琴艺术等。

传统舞蹈：京西太平鼓、花钹大鼓、白纸坊太狮、小红门地秧歌、太子务武吵子、秧歌（延庆旱船）等。

曲艺：相声、京韵大鼓、单弦牌子曲（含岔曲）、数来宝等。

传统戏剧：京剧、昆曲、河北梆子、评剧、北京皮影戏等。

杂技与竞技：天桥中幡、抖空竹、围棋、象棋、天桥摔跤、口技、八卦掌、通背拳、幻术（傅氏幻术、周化一魔术）、吴氏太极拳等。

传统美术：象牙雕刻、北京面人郎、北京玉雕、北京绢花、传统插花、北京内画鼻烟壶、北京灯彩、面人（面人汤）、料器（葡萄常料器）、京绣、北京兔儿爷等。

传统手工技艺：景泰蓝制作技艺、聚元号弓箭制作技艺、雕漆技艺、木版水艺技艺、琉璃烧制技艺、北京宫毯织造技艺、盛锡福皮帽制作技艺、内联升千层底布鞋制作技艺、花丝镶嵌制作技艺、金漆镶嵌髹饰技艺、古字画装裱修复技艺、古籍修复技艺、北京二锅头酒传统酿造技艺、菊花白酒传统酿造技艺、张一元茉莉花茶制作技艺、王致和腐乳酿造技艺、六必居酱菜制作技艺、全聚德挂炉烤鸭技艺、便宜坊焖炉烤鸭技艺、牛羊肉烹制技艺、天福号酱肘子制作技艺、都一处烧卖制作技艺、官式古建筑营造技艺、王麻子剪刀锻制技艺、京作硬木家具制作技艺、戏装戏具制作技艺、北京风筝哈制作技艺、青铜器修复及复制技艺（故宫博物院）、古书画临摹复制技艺（故宫博物院）、仿膳（清廷御膳）制作技艺、北京四合院传统营造技艺（中国艺术研究院）、宏音斋笙管制作技艺、药香制作技艺、一得阁墨汁制作技艺等。

传统医药：同仁堂中医药文化、鹤年堂中医药养生文化、中医正骨疗法、葛氏捏筋拍打疗法、王氏脊椎疗法、清华池传统修脚术等。

民俗：厂甸庙会、妙峰山庙会、东岳庙庙会、敛巧饭习俗、九曲黄河阵灯俗、千军台庄户幡会等。

行走 北京

带什么

行李

来北京旅游，要想把一些著名景点全部游览完，也是需要好几天时间的。虽然北京的景点大多开发得比较完善，并不需要特别带很多东西，但是对一些户外爱好者要到比较偏僻的地方，还是需要做好充分的准备。

➕ 常规必带

服装、背包、鞋袜

北京的气候为典型的暖温带半湿润大陆性季风气候，夏季高温多雨，冬季寒冷干燥，春、秋短促。北京的降水季节分配很不均匀，全年降水的80%集中在夏季6月、7月、8月三个月，所以这时候旅游一定要带雨伞或雨衣。秋冬季节寒潮较多，降温幅度较大，需注意保暖。

在北京周边的山上徒步旅行，一双结实耐用的运动鞋是必不可少的。袜子方面，选择弹性较好、排汗良好的运动袜即可。

药品、食品

常规旅游准备一些感冒药品、胃肠类药品和一些去热止痛的药品就可以了，如感冒片剂、感冒冲剂、泻痢停、复方阿司匹林、氯苯那敏、抗生素。

在北京市区旅游，各大景区都备有餐厅或小卖部，也备有一些常规药品，不用担心。但是在郊区或较为偏远的地方，需要准备纯净水、红牛、功能饮料等饮品，可以随时补充能量。

CBD夜景

洗漱用品

毛巾、牙膏、牙刷、香皂、护肤霜、洗发水、梳子、剃须刀、手纸、湿纸巾等。

防护用品

户外旅行,拥有一双始终保持双手干爽的手套,可大大加强旅行的安全性。爬长城或去郊外的山区旅游,防晒霜可以削弱紫外线的影响,避免被晒得脱皮;一副好的太阳镜和一顶带有边沿的帽子也起着相同的作用。

➕ 特殊选带

药品、食品

对于完全背包客、徒步、探险之类的自助旅游,要备一些以下药品:

常备药物:牛黄解毒片、小檗碱、牙周宁、阿司咪唑、茶苯海明;

外用药:云南白药、万花油、创可贴、清凉油、风油精、伤湿止痛膏、眼药水、药棉、纱布、绷带、白胶布;

维生素类:金施尔康、善存片、其他维生素片;

驱蚊药水:北京多地比较潮湿,夏天蚊虫也较多,应自备驱蚊药水。

食物方面:首选巧克力、牛肉干、水果糖、榨菜、饼干等高热量的食物。

帐篷、睡袋、旅行水壶、指南针

若是去爬长城,打算在野外露营的话,需要携带防雨帐篷和睡袋。户外探险随身带个水壶对于饮水来说十分方便;万一迷了路,指南针能够给你指引前进的方向。

摄影器材

旅游和摄影向来是不分家的。前往风情多彩的北京也是如此,相机是一件必不可少的装备。普通旅游需求下,家用卡片机基本满足需要。若是想拍摄高质量的自然美景和少数民族的风土人情,带上一支广角镜头和一支中焦变焦镜头基本满足需要,一支轻便的三脚架也十分有必要。多带几颗电池和几张容量大点的SD卡是明智之选,此外,偏振镜、UV镜、清洁套装、防尘防雨塑料袋等设备也十分有用。

何时去

北京是个四季分明的城市,夏季炎热,冬季寒冷,春、秋季气候适中,但是往往会有风沙。秋季是北京一年中最美丽的季节,此时秋高气爽,气候宜人,空气质量最佳。尤其是10月下旬(霜降前后)至11月上旬,是红叶层林尽染的时候,著名的香山"红叶节"也在此期间举行。

冬天的北京也别有韵味,在北海滑冰,上西山观雪,到地坛逛庙会,再来上一锅热气腾腾的涮羊肉,别是一番风味。当然选择这个季节来北京,可别忘了带上厚厚的防寒衣物。

每年12月初至次年2月中旬,这个时候来北京就一定要去北京的庙会逛一逛。正月是举办庙会最为集中的日子,厂甸、五显财神庙、白云观、雍和宫、东岳庙、龙潭湖等都会举办规模盛大的庙会,处处人山人海。

北京旅游四季皆宜,不同季节有着各自独特的游览景观。

花海

▼ 北京旅游月历

月份	节日活动
1	厂甸文化庙会 东岳庙庙会(祈福) 北京迎春洋庙会 大观园迎春会
2	地坛庙会 元宵灯会 五显财神庙会 昌平草莓节(每四年一次)
3	南宫地热科普节
4	世界名花博览月
5	平谷国际桃花节
6	通州大樱桃采摘季
7	圆明园荷花节
8	十渡漂流
9	"卢沟晓月"中秋庙会 颐和秋韵桂花展
10	北京重阳登高节
11	香山红叶文化节
12	龙庆峡冰灯艺术节 国际冰雪风情节

吃什么

北京烤鸭

北京烤鸭
北京烤鸭是具有世界声誉的北京著名菜式,果木炭火烤制,色泽红润,肉质肥而不腻。

老北京涮羊肉
老北京火锅也称"涮羊肉"。比较有名的涮羊肉餐馆有东来顺、口福居、宏源南门涮肉城等。

炸酱面
炸酱面是北京富有特色的食物,由菜码、炸酱拌面条而成。炸酱浓郁的香味配上筋道的面条,实实在在的老北京美食。

豆汁儿
北京人爱喝豆汁儿,并把喝豆汁儿当作一种享受。可第一次喝豆汁儿,那犹如泔水般的气味使人难以下咽,捏着鼻子喝两次,感受就不同一般了。有些人竟能上瘾,满处寻觅,排队也非喝不可。

炒肝儿
炒肝儿不是真的炒肝儿,而是以猪的肝脏、大肠等为主料,以蒜等为辅料,以淀粉勾芡做成。最初吃炒肝时讲究沿碗周围抿并要求搭配着小包子一块吃。

驴打滚
驴打滚是北京名小吃,口感软糯,不粘牙,深受老北京的欢迎。

爆肚
爆肚是北京风味小吃中的名吃,又脆又鲜,不油不腻,据说还可治胃病。

豆汁、焦圈

住哪儿

北京盘古大观酒店

北京作为首都，住宿种类繁多，选择非常丰富，分布在城区各处，各档次的都有。北京囊括了全球连锁的各种高档豪华酒店，当然还有很多富有老北京特色的四合院酒店。另外，各种富有特色的青年旅舍，以及便宜实惠的各种招待所等，能够满足不同消费层次人群的住宿需求。在北京挑选酒店，主要根据自己的经济能力，再依据酒店的地理位置和交通情况来选择。总体来说，选择住在地铁沿线是最方便出行的，因为北京的交通很拥堵，靠近地铁出行时间上会比较有保障。

星级酒店

北京的星级酒店不胜枚举，主要集中在燕莎、CBD及王府井区域，这里是商旅人士和外籍人员集中的地方，一般情况下不需提前预订。

普通宾馆及客栈

北京的宾馆遍布全城各个角落，各种类型的都有，丰俭由人，服务也十分周到，可以满足各类游客的需求。

青年旅舍

北京最有特色的便是具有历史神秘色彩、最迷人的四合院旅舍，南锣鼓巷及东单附近有很多由传统四合院改造的旅舍，住在这里不仅能结交很多志同道合的朋友，还能近距离感受皇城根下老北京人的生活状态。

野外露营

现在在北京背上帐篷、带上烧烤架，去郊外露营成为一件时尚的事。十三陵水库、翡翠岛、九谷口自然风景区、灵山、云蒙山自然风景区及喇叭沟门都是露营的好地方，相对而言，这些地方野营的条件还是有保障的。

北京国际饭店

怎么走

北京南站

前往北京的交通方式有多种,方式也较为简单。在北京旅行时,选择不同的交通方式,看到的北京风貌有所不同,带给我们的人生体验与感受更大不相同。

坐火车旅行是最为经济安全的选择,而且普通列车价格诱人,而高铁动车速度也较为理想,北京的铁路交通还是比较便利的。

北京经济发达,机场众多,游客可通过首都国际机场和大兴国际机场进出。

乘坐汽车或自驾游北京也较为便利,游客可根据实际情况做选择。北京辖区内的公路交通中,中东部地区便捷,但总体发展较为成熟。

金秋时节的门头沟公路

有用信息

➕ 常用北京话

北京方言	普通话
底儿掉	知道对方的老底
张着神	留心留意
消停	踏实
逗牙签子	开玩笑
刷夜	有家不回，夜里在外闲荡
拿大顶	倒立
发小儿	从小一块长大的
翻扯	发急，发火
老家儿	父母
把不住边	说话没谱儿，爱吹善侃

旅游通信

➕ 通信

北京全市基本都通手机，信号覆盖全面广泛，从信号强度上来说，三家运营商的信号均表现良好，偏远地区则是移动最强，电信次之，联通最弱。一般除非是在房屋密集的地方或进入深山老林之中，否则无须担心通信问题。

➕ 银行

北京全市银行网点众多，遍布大街小巷，即便是到郊区农村也不用担心取款问题，北京的基础设施建设在全国都是名列前茅的。不过，现在绝大多数商家都支持通过微信、支付宝等支付，无须现金。

➕ 节约技巧

（1）选择入住品牌连锁酒店时，除订房网站外，不妨到团购网站和酒店官网看看，往往有更多惊喜。

（2）要善于利用淘宝、大众点评及各种团购App应用，不仅能吃到美味，还能得到众多优惠。

（3）合理安排行程，不仅可节省时间，又能减少交通费用，可参考第一步等网站的行程攻略。

（4）在城市内，尽量选择公共交通。

（5）淡季出行是省钱的撒手锏。淡季不仅门票价格减半，避开众多的游人，也可以欣赏到别样的风光。

（6）在北京购买旅行纪念品，大可不必非去商业街区的各种店铺。在当地人开的店铺或是从村民手中，不仅能买到理想的纪念品，而且对当地人的生活有实际的帮助。

➕ 风俗禁忌

北京是一个国际性大都市，正向世人展示它的包容性。在日常交往中，没有什么特定的礼节，只需因人、场合注意即可。

➕ 突发状况

旅途中总是会出现一些不期待发生的情况，但只要做到"事前认真准备，事后冷静处理"，一切都会迎刃而解。

汽车抛锚：开车自驾游之前您应当掌握一些简单基本的维修技术，若是途中出现汽车抛锚，先依据经验，判断是否可以自己解决。不能解决或无法判断，则要打电话给保险公司。

钱物丢失：这在旅途中是一件十分重要的事，无论损失大小，总会给美好的旅行蒙上一层阴影。为避免财务损失，应以预防为主。最好做到少携带现金，把现金放到贴身衣物中，只把零钱放在包里；银行卡不要与身份证放在一起。若是钱物丢失，马上联系可以联系的朋友及时求助，切不可拖拉；并准确找到丢失地点，对相关人员进行调查以期获得合适的数据资料。

水土不服、食物中毒或生病：因为水土不服、食物不洁或者天气因素，生病也是会发生的事情。特别是一个人的话，更是需要时刻注意。因此，旅途中应带足相关药品（如感冒类、胃肠类药品等），出行时要保护自己，不随便吃东西，避免在太阳下暴晒，少在雨里蹚行等。不幸生病的话，要及时吃药或到医院就诊，若是严重的话要联系朋友及家人。

➕ 美在北京，带走美丽回忆

北京是一个山清水秀的地方，我们前往北京获得了旅行带来的快乐，也有义务承担相关责任。每个人都应做到不随便破坏或是占有当地的动植物资源，旅途中尽量减少垃圾的产生，更不能乱丢垃圾，尤其是在偏远地区，应将其带回城市中，进行回收处理。美丽的北京，我们在带走回忆的同时，也应带走垃圾。

颐和园

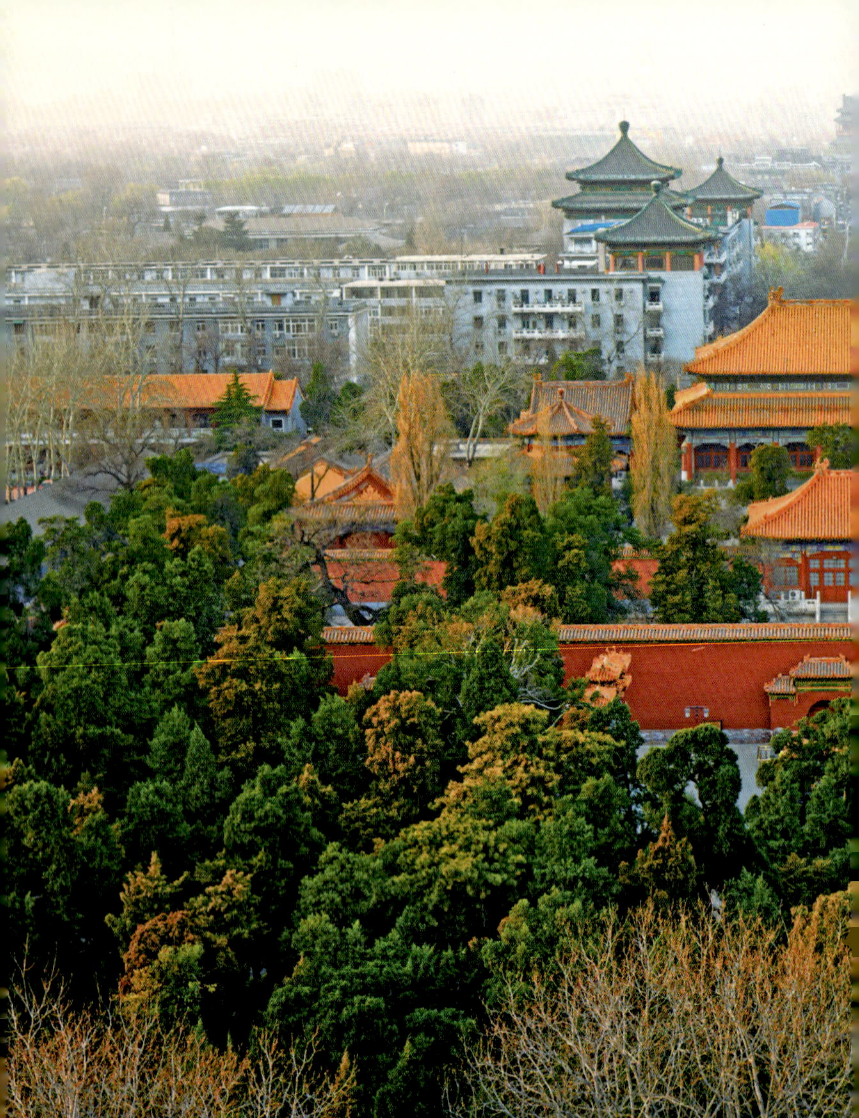

发现者旅行指南

北京市区

概览

♡ 亮点

■ **故宫博物院**

世界最宏伟的宫殿建筑群、中国藏品最丰富的博物馆,你可以用两小时走马观花看古建筑,也可以花一天时间细细品味。

■ **天安门广场**

北京的标志性建筑,广场上的升旗仪式是都市清晨亮丽的一道风景。广场两侧有中国国家博物馆、人民大会堂等建筑。

■ **天坛公园**

天坛公园是世界上最大的祭天建筑群,居京城诸坛之首,祈年殿为北京的标志之一,四大妙音妙趣横生。

■ **颐和园**

颐和园是世界上建筑规模最大的皇家园林,佛香阁集"三山五园"之妙,昆明湖是北方难得一见的大湖。

■ **鸟巢和水立方**

鸟巢和水立方分别位于北京城市中轴线北端的两侧,是2008年北京奥运会的两座标志性建筑,其建筑技术拥有多项世界之最。

■ **必逛街道**

王府井步行街:号称"金街",拥有东方广场、百货大楼、新东安市场等众多大型商场、专卖店和老字号,是北京最有名的商业区。

西单商业街:北京具有活力的商业街区,街区遍布时下流行的新兴货品,是年轻人购物的天堂。体验新鲜购物,不妨来此一逛。

前门步行街:京味十足的传统商业街,不仅有月盛斋、全聚德等传统老字号,也云集众多富有时尚感的国际品牌。

线路

■ **天安门、故宫一日游**

上午早起去天安门看升国旗,然后可以去参观毛主席纪念堂和英雄纪念碑,之后开始游览故宫。傍晚登上景山,看故宫日落。

■ **天坛附近一日游**

早上早起可以先去前门大街,作为一个有着数百年历史的老商业街,在大栅栏有不少国内外闻名的老字号,可以买些特产回去。之后去天坛,可以按照圜丘坛、皇穹宇、丹陛桥、祈谷坛顺序来走。

■ **什刹海附近一日游**

上午先去北海公园。随后去什刹海钓鱼、游泳,还可以看下棋、听弹唱。下午逛老北京胡同——南锣鼓巷,这里是老北京传统与文艺生活的完美结合地,到处都是音乐、美食和各种创意小店。

■ **奥林匹克公园附近一日游**

上午可以参观鸟巢、水立方等体育场馆,感受2008年北京奥运会的盛况和体育的激情与魅力。下午可参观周边的中华民族博物院。

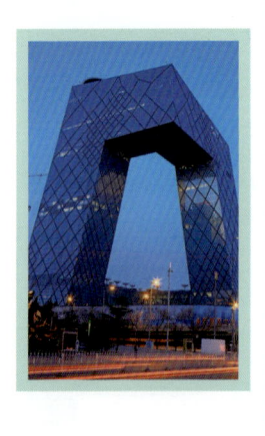

为何去

故宫完美体现了中国传统的古典风格和东方格调,天坛以其布局合理、构筑精妙而扬名中外,皇家园林圆明园山清水秀,被誉为"万园之园"……眼前的每一处风景都曾见证京华烟云。而今日,北京已发展成为一座现代化的国际大都市:金融街早已是中国名副其实的金融管理中心,CBD是北京对外开放和经济实力的象征,王府井步行街霓虹闪烁,三里屯酒吧风情摇曳,"中国硅谷"中关村飞速发展,"鸟巢"成了新北京的现代符号,北京特有的大气和包容吸引了无数慕名而来的游人。

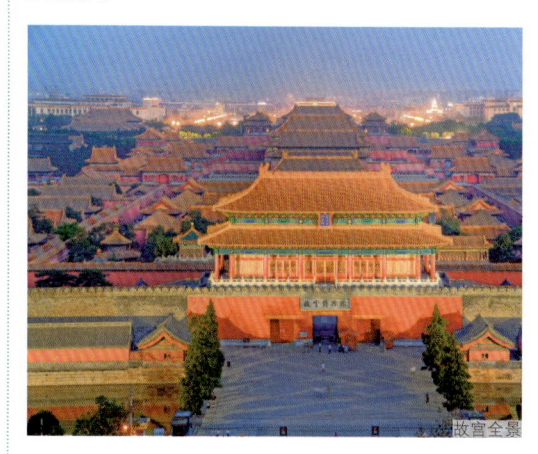

故宫全景

何时去

北京的最佳旅游时间为每年的5月、9月、10月。5月是北京赏花的好季节,也是北京文艺生活最丰富的时节之一,经常有国际水准的演出。7月和8月正值暑假,虽然天气炎热,并不适宜旅游但却是北京游客最多的季节,郊区的山里有很多避暑胜地。9月和10月秋高气爽、气候宜人,是北京的黄金旅游季节。冬天的北京也别有韵味,在北海滑冰,上西山观雪,再来上一锅热气腾腾的涮羊肉,其乐无穷。

中山公园郁金香

景点推荐

天安门周边

天安门位于北京的正中心,是首都北京的心脏,其附近景点很多,高度浓缩了中华古代文明和现代文明,是北京旅游的首选地。天安门面对长安街,再往南是天安门广场和前门,其东面是国家博物馆,西面是人民大会堂。天安门两侧是劳动人民文化宫和中山公园,往北则是著名的故宫博物院。下面从前门开始,按由南向北的顺序介绍天安门周边景点。

玩家 攻略

一般来说,天安门广场和故宫需要游览一天,两地方各占半天。上午游览天安门广场可这样安排:早起看升国旗—前门大街用早餐—前门城楼—毛主席纪念堂—人民英雄纪念碑—人民大会堂—天安门城楼,然后就到了故宫门口。

前门大街
全新而传统的商业街

- 北京市东城区前门大街
- 乘地铁2号线到前门站下

前门大街是北京著名的老牌商业街,它位于北京城中轴线,北起前门月亮湾,南至天桥路口,与天桥南大街相连。前门大街悠久的历史,造就了这里的许多中华老字号。悠久的商业文化,老北京的胡同风情在这里一日看尽。

玩家 解说

实际上,前门附近的老字号多集中在大栅栏,前门大街主要是一个仿古性质的商业街。大栅栏位于前门大街西侧,从东口至西口全长275

天安门周边 75

米。大栅栏街区至今保存着明末清初的"三纵九横"的格局,"三纵"指的是煤市街、珠宝市街及粮食店街,"九横"指的是大栅栏的九条东西向的胡同。

作为一个有着数百年历史的老商业街,在大栅栏有不少国内外闻名的老字号,如经营中药的同仁堂,经营布匹绸缎的瑞蚨祥,经营帽子的马聚源,经营布鞋的内联升,经营茶叶的张一元,经营酱菜的六必居。曾经在京城流传顺口溜:"头顶马聚源,脚踩内联升,身穿八大祥,腰缠四大恒。"以此作为有身份、有地位的象征,其中提到的马聚源、内联升、八大祥、四大恒都曾是大栅栏的商号。

此外,大栅栏还曾经是京城首屈一指的娱乐中心,历史上曾经有过五个大戏楼:庆乐园、三庆园、广德楼、和园、同乐园;北京历史上最早的一座电影院大观楼也是坐落在大栅栏,中国首部电影《定军山》就是在这里上映的。

天安门广场
世界最大的城市广场

📍 北京市东城区长安街

🚇 乘地铁1号线到天安门东站或天安门西站下;乘地铁2号线到前门站下

天安门广场是当今世界上最大的城市中心广场,是共和国举行重大庆典、盛大集会和外事迎宾的神圣重地。它南北长880米,东西宽500米,相当于62个足球场那么大。广场两侧分别是人民大会堂和中国国家博物馆。毛主席纪念堂和正阳门城楼矗立在广场的南部。人民英雄纪念碑和国旗杆位于广场的北部,隔长安街与天安门遥遥相对。

玩家 攻略

1.天安门是北京城的"眼睛",是中华人民共和国的象征,可赶在节日期间参观,这里总是装扮一新,花团锦簇,彩旗飞扬,洋溢着吉祥、喜庆的气氛。另外,可观看由96名国旗护卫队员进行的升降旗仪式。

2.如果想用DV摄像,可先拍城楼和广场的全景,然后分别拍左右两边的人民大会堂和人民英雄纪念碑及中国国家博物馆。再用特写拍摄城楼、大会堂、纪念碑、国旗、哨兵、人群等,录像

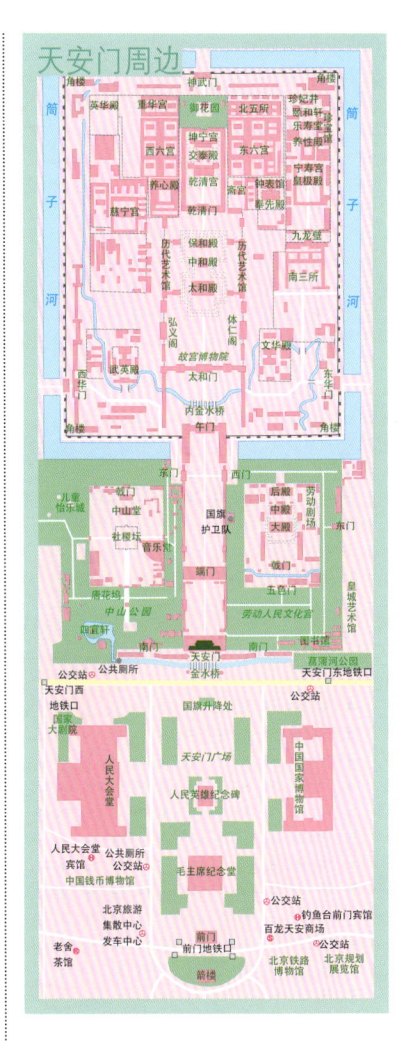

的内容就更为丰富生动了。

3.每年五一和十一期间,广场上会摆放花坛,几十万盆花摆放成各种精美的造型,每年主题不同,是摄影的好题材。

4.天安门广场上没有卫生间,需要到人民大会堂东南侧、天安门城楼东侧。另外,从天安门广场到四周的天安门、前门,都要走地下通道。

5.参观须提前预约。

🔲 前门和箭楼

正阳门俗称前门,原名丽正门,是明、清北京内城的正南门,始建于明永乐十七年

（1419年），是中国典型的城防建筑，为全国重点文物保护单位。

正阳门箭楼一直被视为老北京的象征，为一座砖砌壁垒式建筑，形制独特。顶为灰筒瓦绿琉璃剪边、重檐歇山顶；上下4层，南楼北厦；南侧面阔7间，宽62米，进深12米；楼高26米，连城台通高38米，是北京最高大的箭楼。正阳门城楼和箭楼均设有展厅，正阳门前有中国公路"零千米"标志。

毛主席纪念堂

■ 毛主席纪念堂

毛主席纪念堂位于天安门广场南部,安放着毛主席的遗体。纪念堂主体呈正方形,四周有44根黄色花岗明柱。建筑分两层:一层有北大厅、瞻仰厅、南大厅;二层有毛泽东、周恩来、刘少奇、朱德、邓小平、陈云革命业绩纪念室和电影厅。

北大厅是举行纪念活动的场所,中央为3米高的汉白玉毛主席坐像,坐像后为长23.74米、宽6.6米、用绒绣制成的《祖国大地》壁画。瞻仰厅是纪念堂的核心部分,正中砌有黑色花岗岩棺床,四周鲜花簇拥。棺床上的水晶棺中安放着毛主席的遗体，遗体上覆盖中国共产党党旗。纪念堂的南、北出入口处各矗立着两组大型群雕。

玩家 攻略

1.进入毛主席纪念堂，都是从北门进南门出。通常要围绕纪念堂东侧排很长的队，注意找到队尾，不要把南门当入口。

2.进入瞻仰，参观须凭有效证件排队入场，不允许带包、照相机、水杯、饮料等物品入场，可寄存到广场东侧路东侧的天安门地区管理委员会存包处。

3.注意衣着整洁、得体，脱帽瞻仰。穿背心、拖鞋者谢绝入内。注意保持安静。请关闭手机或将手机调至静音状态。不要大声喧哗，嬉笑打闹。

4.二楼纪念室不对个人开放，参观团体请持单位介绍信和有效证件联系参观。电话：010-65132277-2253。

5.开放时间：每星期二至星期日8:00—12:00（国家法定节假日，有关纪念日开放时间另行通知）。瞻仰参观毛主席纪念堂，请提前1—6天预约。

▢ 人民英雄纪念碑

人民英雄纪念碑矗立在天安门广场中央，通高37.94米，比天安门城楼还高3.24米，是我国历史上最大的纪念碑。纪念碑采用17 000多块花岗岩和汉白玉砌成，由两层月台、两层须弥座、碑身和碑顶组成。

碑座有8幅浮雕：虎门销烟、金田起义、武昌起义、五四运动、五卅运动、南昌起义、抗日游击战争、胜利渡长江，总长40.68米，共有170多个人物形象。碑身是一块长14.7米、宽2.9米、厚1米、重达60多吨的巨型条石。碑身正面（北面）镌刻有毛泽东题词——"人民英雄永垂不朽"八个镏金大字；背面是毛泽东起草、周恩来题写的碑文。

▢ 升旗和降旗仪式

现在竖立在天安门广场的国旗杆是1991年5月1日重新修建的，高32.6米，重7吨。基座分为三层。内层四周是高80厘米的汉白玉栏杆，第二层是环绕基座的2米多宽的赭石色花岗岩带，第三层是5米宽的绿化带。基座四周是用56个黄色铜墩连成的护栏。

每天，伴随着日出与日落，国旗卫队在天安门广场举行庄严的升旗和降旗仪式，是北京的一大人文景观。升旗时间以太阳从中国东海海平线升起的时刻为准，降旗则按日落时间而定。

玩家 攻略

1.升旗具体时间以北京日出日落时间为准，天安门城楼前的电子显示牌上，会标示出下一次升、降旗的标准时间，您也可参看报纸查看升旗的具体时间，还可拨打电话查询。除了冬天，每天看升旗的人都非常多。如果想近距离观看，最好是住在天安门附近，在升旗前半小时到达广场等待。

2.拍摄升旗、降旗的最佳位置是国旗警戒区的东南、西南两个角，因为国旗护卫队是从天安门正中的门洞出来，走过金水桥，到达升旗区域。如果在广场的北侧边缘、长安街畔，拍摄国旗护卫队出来会得天独厚，但升旗的过程会被遮挡；如果站在广场的中轴线上，升旗过程会拍得很全面，但旗杆正好遮挡住国旗护卫队来的方向。

玩家 解说

国旗护卫队由96名中国人民解放军官兵组

人民英雄纪念碑

天安门周边

中国国家博物馆
国家级特大型博物馆

- 北京市东城区长安街（天安门广场东侧）
- 乘地铁1号线到天安门东站下；乘地铁2号线到前门站下 免费 9:00—17:00
- 010-65116400

天安门广场

成。卫队的排列顺序：护旗仪仗队36人；升旗仪式乐队60人。升（降）旗仪式分为节日和平日两种。节日（国家庆典和每月1日、11日、21日）升旗由军乐队现场演奏国歌；平日升旗播放国歌录音（乐队不参加）；降旗时不奏国歌。升（降）旗时，国旗卫队由天安门正门出，行至旗杆处，正步走刚好138步。升旗速度由计算机控制，从国歌开始的第一个音符到结束的最后一个音符，共2分07秒。

中国国家博物馆是以历史与艺术并重，集收藏、展览、研究、考古、公共教育、文化交流于一体的综合性博物馆，是我国文物收藏量最丰富的博物馆，也是世界上建筑面积最大的博物馆之一。博物馆高42.5米，地上5层，地下2层，共有展厅48个，藏品数量120余万件。目前，它的基本陈列有《古代中国》等；专题陈列有《中国古代青铜器艺术》《中国古代佛造像艺术》等，还有若干临时展览。中国国家博物馆记载着中华民族五千年

国家博物馆四大镇馆之宝

后母戊鼎：是中国商代后期（约公元前16世纪至公元前11世纪）王室祭祀用的青铜方鼎，是商王武丁的儿子为祭祀母亲而铸造的，于1939年3月19日在河南省安阳市的一片农田中出土，因其鼎内部铸有"后母戊"三字而得名。鼎身呈长方形，口沿很厚，轮廓方直，显现出不可动摇的气势。后母戊鼎立耳、方腹、四足中空，除鼎身四面中央是无纹饰的长方形素面外，其余各处皆有纹饰。上竖两只直耳（发现时仅剩一耳，该缺失之耳是后来据另一耳复制补上），下有四根圆柱形鼎足，是目前世界上发现的最大的青铜器。

四羊方尊：中国现存商代青铜器中最大的方尊，高58.3厘米，重近34.5千克，1938年出土于湖南省宁乡市黄材月山铺转耳仑的山腰上。它的造型以动静结合，寓雄奇于秀美之间，可谓巧夺天工。尊的四肩、腹部及圈足设计成四个大卷角羊，增加了变化，在宁静中突出威严的感觉。方尊的边角及每一面的中心线的合范处都是长棱脊，其作用是以此来掩盖合范时可能产生的对合不正的纹饰，同时也用以改善器物边角的单调感，增强了造型的气势。

金缕玉衣：为汉代遗物，1973年出土于河北定州西汉中山怀王墓。金缕玉衣呈黄色，包括头罩、脸盖、上衣前后片、左右袖筒、左右手套、左右裤筒、左右足套及遮裆等部分。各部分别用玉片和金丝连缀而成，共用玉片1203块，金丝约2.567千克。玉片多为梯形和长方形，少数为三角形和不规则的四边形，正面抛光，色泽协调一致。金丝较粗，断面为圆形，两端细锐便于穿孔。金缕玉衣是汉代最高规格的丧葬殓服，所谓"金缕"是指黄金丝线，所谓"玉衣"是指埋葬时穿在死者身上的用玉片制成的衣服。

唐三彩骑驼乐舞俑：唐三彩中的珍品，于1957年出土于陕西西安，驼高58.4厘米，首尾长43.4厘米。高大雄健的骆驼四肢强劲有力地立于长方形底板上，驼首上扬仰望长空，四个乐俑分坐两侧，前乐俑左手托琵琶，后乐俑则双手做吹笛状，右侧前乐俑着圆领长衣，中间一舞俑亦为胡人，正随乐曲旋律节拍翩翩起舞。唐三彩骑驼乐舞俑饱含着浓郁的"异域情调"，体现出了各民族间交往的空前盛况。

门洞各有两扇朱漆大门,门上布有"纵横各九"的镏金铜钉。现在正中门洞上方悬挂着巨大的毛泽东画像(高6.4米),两边分别是"中华人民共和国万岁"和"全世界人民大团结万岁"的大幅标语。天安门城楼大殿为重檐歇山式屋顶,60根红漆木柱极为壮观。天安门前有1条玉带般的金水河,河上建有7座秀丽的汉白玉石桥,城门前后的两侧各有1对雕刻精美的华表和石狮,这些精心的设计装饰和天安门融为一体。

国家博物馆

文明足迹,是中华儿女传承历史、开拓未来的精神家园。

天安门城楼
中国的象征性建筑物

- 北京市东城区长安街
- 乘地铁1号线到天安门西站下

天安门,初名"承天门",寓意"承天启运""受命于天",始建于明永乐十五年(1417年)。其后曾毁于大火。清顺治八年(1651年)重修,改名为"天安门",取"受命于天,安邦治国"之意。明清时期,这里是帝国统治机构的中枢。六部及各院即设于天安门到大清门之间占地几万平方米的"T"字形宫廷广场上。这里也是明清帝王颁布重要诏令(金凤颁诏)、大婚、派将出征、刑部"秋审"、殿试公布"三甲"("金殿传胪")时举行重大仪式的地方。中华人民共和国成立后,天安门经过多次整修,又重换新颜,风采依旧,并焕发出新的魅力。1988年,城楼对外开放。

玩家 解说

天安门主体建筑分两部分,通高34.7米。下层是巨大的城台,上层是巍峨的城楼。城台的台基为汉白玉基座。城台下部有5个券形门洞,每个

人民大会堂
国家机关重要办公场所

- 北京市西城区长安街,天安门广场西侧
- 乘地铁1号线到天安门西站下
- 30元

人民大会堂主要由三个部分组成:北部的宴会厅,中部的万人大礼堂,南部的全国人大常委会机关办公楼,建筑平面呈"山"字形,整个建筑庄严雄伟、朴素大方且具有中华民族的特色和风格。其中有34个会议厅是以中国各省、自治区、直辖市和中国香港、澳门特别行政区命名的,而且各厅布置也是根据当地的风光特色、民族习俗及特种工艺品等进行精心装修与布置的,多姿多彩,各具特色,无不引人入胜,流连忘返。

玩家 攻略

1. 参观人民大会堂,不能带大包进入,也不能带水和饮料,大会堂南东侧设有存包处。开放的地方厅包括湖南厅、上海厅、广东厅、四川厅、辽宁厅。

2. 宴会厅10:30—13:30开设快餐,经济实惠。

玩家 解说

人民大会堂是中华人民共和国成立10周年首都十大建筑之首,完全由中国工程技术人员自行设计、施工,1958年10月动工,1959年9月建成,仅用了10个多月的时间,成为中国建筑史上的一大创举。人民大会堂初建时称"万人礼堂"。1959年9月24日落成后,周恩来总理邀请一批专家进行参观视察,请大家给起个名字。著名的桥梁专家茅以升在纸上写下"人民大会堂",成为现在的称谓,准确而又响亮。

天安门周边 81

国家大剧院

国家大剧院
我国目前最高档的剧院
- 北京市西城区西长安街路2号
- 乘地铁1号线到天安门西站下
- 30元 010-66550000

国家大剧院位于北京人民大会堂西侧，其是由国家大剧院主体建筑及南北两侧的水下长廊、人工湖、绿地等组成的一处建筑群落。大剧院主体建筑屋面呈半椭圆形，由具有柔和色调和光泽的钛金属覆盖，前后两侧还有两个近似三角形的玻璃幕墙切面。建筑的四周是人工水面，各种通道和入口都设在水下，整个建筑仿佛漂浮在水面上，以一颗超越想象的"湖中明珠"的奇异姿态呈现在世人面前。国家大剧院内有4个剧场，中间为歌剧院，东侧为音乐厅，西侧为戏剧场，南门西侧是小剧场，四个剧场既完全独立又可以通过空中走廊相互连通。歌剧院是大剧院内最宏伟的建筑，以华丽辉煌的金色为主色调，主要演出歌剧、芭蕾、舞剧等；音乐厅主要演出交响乐、民族乐、演唱会等；戏剧场是国家大剧院最具民族特色的剧场，营造出颇具中国特色的剧场氛围。

玩家 攻略

国家大剧院经常会为艺术爱好者和广大公众提供丰富多样的艺术服务和产品。每周末都会举行的"周末音乐会""经典艺术讲堂""大师面对面""公开排练""走进唱片里的世界"等系列活动均是大剧院的品牌项目，观众都可以前往参加。

1. 艺术展览：常年举办各种丰富多彩的艺术展览，为您带来美轮美奂的艺术感受。

2. 主题活动：定期举办丰富多彩的主题活动，公共空间演出、主题表演等让您充分感受艺术氛围。

3. 餐饮和购物：大剧院内有充满艺术和浪漫氛围的用餐和品茗环境，游客可在剧院恢宏的穹顶下聆听曼妙的乐音；大剧院内设有艺术精品长廊、CD店。

4. 大剧院的奇特之处在于建筑屋面呈半椭圆形，各种通道和入口都设在水面下。

长安街
"神州第一街"，沿街多优秀近代建筑

长安街是北京市的东西轴线，是明朝与皇城一起建设的，被称为"神州第一街"。长安街以天安门城楼为界分东西两段，东至东单牌楼，西至西单牌楼，全长3.7千米，有"十里长街"之称。如今的长安街向东延伸到建国门、通州区，向西延伸至复兴门、石景山区，很多路段拥有十车道，是我国最宽的街道，全长46千米，号称百里长街。

长安街上的多处古建名胜在世界上享有盛名。从天安门向东，路南依次是中国国家博物馆、公安部、纺织工业总会、长安大厦、商务部，路北依次是劳动人民文化宫、北京饭店、东方广场。从天安门向西，路南依次是人民大会堂、国家大剧院、国家电网公司、时代广场，路北依次是新华门、北京电报大楼、民航营业大厅、西单图书大厦和西单文化广场。

玩家 解说

从前的长安街上有四座牌楼，其中东长安街东头，有一座，称为东单牌楼，在今北京饭店前还有一座，西长安街西头有一座，称为西单牌楼，在今府右街南口还有一座。这四座牌楼，一座是在光绪二十六年（1900年）八国联军入侵北京时被放火烧掉了，一座在修有轨电车时拆掉了，另两座是中华人民共和国成立后，为展宽马路而拆除，移到陶然亭公园去了。

东西长安街的终端，过去就是东单牌楼和西单牌楼，往东、往西均无大道可通，也没有城门可过。"民国"二十九年（1940年）为适应东西郊城市工业建设的交通需要，便在两端的城墙上扒了两个豁口，东面的豁口，当时叫启明门，后改称为建国门；西面的豁口，当时叫长安门，后改称为复兴门。

中山公园 AAAA
明、清两代的社稷坛

北京市东城区中华路4号（天安门西侧）
乘地铁1号线到天安门西站下　010-66055431

中山公园原是明清时期的社稷坛，也是中国现存的唯一封建帝王祭祀社稷神的祭坛。它位于天安门西侧，与故宫仅一墙之隔，原址是辽、金时代的兴国寺，元代改称万寿兴国寺，明永乐十八年（1420年）改建为社稷坛，成为以后历代皇帝祭祀土地神和五谷神的地方。1914年被辟为中央公园。1928年，为纪念伟大的革命先行者孙中山先生，将其改名为中山公园。中华人民共和国成立后，人民政府在保留原建筑的基础上，对其进行了大规模建设，使得园内面貌焕然一新。如今古木参天，环境幽美的中山公园成了首都人民娱乐休闲和举行重大文化活动的场所。

玩家 攻略

1.每年四五月时，公园都会举办郁金香游园会，郁金香种类繁多，花色多样，包括重瓣的"荷兰公主""复瓣公主"，黑色的"黑钻石""咖啡馆"，淡粉色的"天使"等。

2.公园里有一座音乐堂，经常会有表演在这

中山公园

社稷坛拜殿

里进行，感兴趣的可以查询购票前去欣赏。

3.园内有碰碰车、怡乐城等简单的游乐设施，可以带小朋友前来娱乐。

4.公园后面的河上可以泛舟划船，船费根据船的不同平日每船每小时不等，一般可乘4～6人，节假日每船每小时要贵些。

玩家 解说

中山公园初称中央公园，是北京市第一个公共园林，其地理位置优越，景色十分幽美，因此成为最受欢迎的旅游景点，是京城各阶层人士和社会团体的聚集地，就连李大钊、巴金、鲁迅等名人都在此聚会品茗。1925年，孙中山先生逝世，园内拜殿停灵公祭，为了纪念孙中山先生，公园正式改为中山公园。之后，公园又建设了水榭、松柏交翠亭、格言亭、唐花坞等，中华人民共和国成立后又新建了愉园、来今雨轩等景区。

□ **孙中山铜像**

铜像为孙中山站立姿势，气势雄伟，神态非凡，栩栩如生，形象逼真地表现了孙中山先生作为伟大民主革命家的领袖风度。位于"保卫和平坊"正北处，铜像高3.4米，重1.8吨。基座高1.6米，为黑色大理石贴面。正面镌刻着邓小平同志书写的"伟大革命先行者孙中山先生永垂不朽"镏金题字。纪念铜像是1983年3月由54位北京市政协委员提案，为纪念孙中山逝世六十周年而立。

□ **唐花坞**

唐花坞始建于1915年，1936年就原址重建。"唐"本作煻，为用火烘焙之意。"坞"指水边建筑。唐花坞即为邻水的花卉温室。重建后的唐花坞为钢筋混凝土结构，琉璃瓦檐，顶平面为燕翅形，当中部分做成重檐八方亭形式。整个建筑古朴庄重典雅。唐花坞是中山公园一年四季陈列各种名贵花卉，举办专题花展的地方。

□ **社稷坛**

社稷坛俗称五色土。建于明永乐十九年（1421年）。社稷坛是按《周礼》"左祖右社"的制度建造的，它的内外坛垣与故宫东侧的太庙（现劳动人民文化宫）左右对称。社代表土神，稷代表谷神，坛身为汉白玉砌筑的三层方台，上铺的五色土按中黄、东青、南红、西白、北黑五个方位填实，作为"普天之下，莫非王土"的象征。土台中央方形石柱，称为"社主石"或"江山石"，表示皇帝"江山永固"。明、清两代皇帝每年二月、八月都在这里举行祭祀仪式。

北京古观象台
中国古代天文学光辉成就的历史见证

北京市东城区建国门桥西南侧（东裱褙胡同2号）

乘地铁2号线到建国门站下，出C口即达；或乘1路公交车到北京站下　20元　010-65265010

北京古观象台是世界上古老的天文台之一。台体高约14米，台顶南北长20.4米，东西长23.9米。上设8架清制天文仪器。清代康熙和乾隆年间，天文台上先后增设了8件铜制的大型天文仪器，均采用欧洲天文学度量制和仪器结构。从明正统初年到1929年止，古观象台从事天文观测近500年，是现存古观象台中保持连续观测最悠久的。它还以建筑完整和仪器配套齐全，在国际上久负盛名。

观象台上的8件仪器分别是天体仪、赤道经纬仪、黄道经纬仪、地平经仪、象限仪、纪限仪、玑衡抚辰仪、地平经纬仪，除了造型、花饰、工艺等方面具有中国的传统特色外，在刻度、游表、结构等方面，还反映了欧洲文艺复兴时代以后，大型天文仪器的进展和成就。

玩家 解说

北京古观象台建于明正统七年（1442年），是我国明、清两代的皇家天文台。明朝建立后，在元大都城墙东南角楼旧址上修建观星台，放置了浑仪、简仪、浑象等天文仪器。顺治元年（1644年）清政权建立之后，改观星台为观象台。随后在康熙和乾隆年间建造了一批仪器置于台上，乾隆九年（1744年），我们今天所看到的8架古仪都已装备完毕。

清光绪二十六年（1900年）八国联军侵入北京，德、法两国侵略者曾把这8件仪器连同台下的浑仪、简仪平分，各劫走5件。法国将仪器运至法国驻华大使馆，后在光绪二十八年（1902年）归还。德国则将仪器运至波茨坦离宫展出，在第一次世界大战后，根据凡尔赛和约规定，于1921年装运回国，重新安置在观象台上。

1911年辛亥革命后，观象台改名为中央观象台，1927年，紫金山天文台筹建后，古观象台不再作观测研究，于1929年改为国立天文陈列馆。1931年"九一八"事变后，日本侵略者进逼北京，为保护文物，将置于台下的浑仪、简仪、漏壶等7件仪器运往南京。现这7架仪器分别陈列于紫金山天文台和南京博物院。

明城墙遗址公园 AAAA
我国现存规模最大的城垣转角角楼

- 北京市东城区崇文门东大街9号
- 乘地铁2号线、5号线到崇文门站下车步行可至
- 公园免费，城东南角楼10元 010-65270574

明城墙遗址公园位于北京崇文门大街旁，紧邻北京火车站，是一座以北京保存最完整的明代城墙为主体的城市公园。公园内有一条长1千多米的明代城墙，围绕着城墙周围则有草坪绿地和树木花草等。历史上明城墙全长40千米，始建于明永乐十七年（1419年），距今已有600多年的历史。由于战火和人为毁坏，明城墙只保留正阳门、正阳门箭楼、德胜门箭楼、东南城角楼、内城的南城垣和西城垣残段。

现存的崇文门至城东南角楼一线的城墙遗址是原北京内城城垣的组成部分，是仅存的一段，也是北京城的标志。其城东南角楼是全国仅存的规模最大的城垣转角角楼，属于全国重点文物保护单位。

玩家 攻略

1. 遗址公园的城墙外围绿地是不收费的，登上城墙才收取门票10元。

2. 背靠着城墙处种植了很多树木花草，环境十分优美。其中最为著名的是城墙脚下的一圈梅花树，每到3月，梅花背靠城墙盛开，十分漂亮，很多游客会来此摄影、写生。另外，这里还有京奉铁路信号所、火车券洞等，可以看到古老的铁路和车站遗址。

北京古观象台

明城墙遗址公园

3.公园内的城墙可以购票进入,这一段城墙是北京保存最完整的明代城墙,其中主要游玩的区域是位于东约200米长的范围和北京东南角楼东,西侧是未经修整的城墙,上面已裸露出了夯土地基的黄土地,看起来原始古朴,仅可以简单参观。

4.在东侧的城墙上,可以看到旗杆石、古火炮等明代古迹,还有八国联军侵占北京时在城墙上的刻字等,都很有历史价值。东南角楼内,有一些古迹展览,其中有老火炮、城楼照片等,还有一些关于现代北京的摄影绘画等艺术展,可以参观了解北京城的历史与今天。

玩家 解说

公园运用简洁的设计手法,突出展现城墙的残缺之美,漫步公园内,古树掩映,绿草茵茵,绵延古朴的明城墙及深沉凝重的角楼仿佛在向人们诉说民族的沧桑。公园内"老树明墙""残垣漫步""古楼新韵""雉堞铺翠"等景观历史悠久,内涵丰富,展现崇文深厚之文化积淀,令人平添无限的遐思。

链接

梅花文化节

春风拂面,草木返青,明城墙遗址公园内具有现代艺术气息的梅花小品及千株梅树竞放。梅花的高雅清淡更能与城墙凝重、古朴的氛围交相辉映。2003年,公园开始进行梅花的引种栽培研究,2007年年初步形成梅花景观。遗址公园共种植了绿萼、宫粉、朱砂等50多个品种的近千株梅花,每到春风送暖,明城墙成为首都市民踏青赏梅的胜地,游客纷至沓来。公园每逢3月梅花节便会配合花期开展"赏梅、画梅、摄梅、咏梅、品梅"系列特色文化活动,包括梅花科普知识宣传、主题画展、摄影比赛、文艺表演等精彩项目,全方位展示梅花的形态、品质,弘扬源远流长的梅花文化,打造寓教于乐、休闲旅游、文化交流的和谐氛围。

更多本旅游区景点

北京规划展览馆:共四层,展示内容包括北京城的悠久历史,以及未来北京在绿化美化、改善交通状况、实现市政基础设施现代化等方面的规划蓝图。该馆被命名为北京市爱国主义教育基地。🚇 北京市东城区前门东大街20号

东交民巷使馆建筑群:形成于1901年至1912年,是一个集使馆、教堂、银行、官邸、俱乐部为一体的欧式风格街区。它是北京仅存的20世纪初的西洋风格建筑群,为全国重点文物保护单位。🚇 北京市东城区东交民巷

劳动人民文化宫:全国重点文物保护单位,原为太庙,明、清两代皇帝祭祀祖先之所,以古柏著称,是现存最为完整的明代建筑群。大殿是皇帝举行祭祖典礼的地方,大殿两侧各有配殿15间。🚇 北京市东城区,天安门东侧

京师女子师范学堂旧址:学堂共6栋二层楼房,由南向北依次安排,二号楼西侧是"文化苑"。建筑是西洋古典折中主义作品。现旧址地曾由鲁迅中学使用,校内建有刘和珍、杨德群烈士纪念碑,三一八纪念室。现为全国重点文物保护单位。🚇 北京市西城区新文化街45号

安徽会馆:是旧京著名会馆。原为明末清初学者孙承泽寓所"孙公园"的一部分。此后,清代曾有许多名人在此居住。同治八年,李鸿章等购得孙公园建安徽会馆,现为全国重点文物保护单位。🚇 北京市西城区后孙公园胡同

智化寺:为全国重点文物保护单位,明代古刹,其庄重典雅、用料独特的黑琉璃瓦顶,素雅清新的装饰彩绘,精美古朴的佛教艺术,有"中国古音乐活化石"美誉的"智化寺京音乐",都是不可多得的瑰宝。智化寺藏殿内的转轮藏,是目前北京唯一的一具明代原木结构转轮藏。智化寺已被开辟为北京文博交流馆。🚇 北京市东城区禄米仓胡同5号

景点推荐 故宫博物院 AAAAA

故宫位于北京市中心,也称"紫禁城"。这里曾居住过24个皇帝,是明、清两代(1368—1911年)的皇宫,现辟为"故宫博物院"。它始建于明朝永乐四年(1406年),永乐十八年(1420年)建成,前后历时14年。故宫的整个建筑金碧辉煌、庄严绚丽,被誉为世界五大宫之一(北京故宫、法国凡尔赛宫、英国白金汉宫、美国白宫、俄罗斯克里姆林宫)。

故宫共有宫殿8700多间,多是木结构、黄琉璃瓦顶、青白石底座,饰以金碧辉煌的彩画。现存建筑物,绝大部分是清朝前期重建的。它总体上是根据《周礼·考工记》中"前朝、后市、左祖、右社"的原则设计的。现在,故宫的一些宫殿中设立了综合性的历史艺术馆、绘画馆、分类的陶瓷馆、青铜器馆、明清工艺美术馆、铭刻馆、玩具馆、文房四宝馆、玩物馆、珍宝馆、钟表馆和清代宫廷典章文物展览等,收藏有大量古代艺术珍品,占中国文物总数的1/6,是中国收藏文物最丰富的博物馆,也是世界著名的古代文化艺术博物馆,其中很多文物是绝无仅有的无价国宝。

📧 北京市东城区,从天安门往北经端门可走到故宫南门(午门),故宫北门(神武门)在景山前街4号

🚇 乘地铁1号线到天安门(东、西)站下

🕐 旺季8:30—17:00,淡季8:30—16:30,周一闭馆

🎫 旺季(4月1日至10月31日)60元,淡季(11月1日至次年3月31日)40元。钟表馆10元,珍宝馆10元

玩家 攻略

　　游览故宫，至少要保证有参观中路和西路的时间，因为中路最能体现皇家建筑的宏伟、壮观，而西路则是明清后妃们居住和生活的区域，在此可参观到帝后妃嫔的实物，慈禧太后垂帘听政处，以及三希堂法帖等精美展品。如果时间足够，要参观外东路，因为故宫各种各样的珍宝均在这里轮流展出。另外，故宫的历史悠久，若想充分感受故宫深厚的文化积淀，最好在故宫午门外右侧的导游讲解处请个导游或租借导游讲解器。此外，故宫内无大型餐店，只有少量小卖部，因此最好自备食物和水。

玩家 解说

　　一条中轴贯通着整个故宫，这条中轴又在北京城的中轴线上。三大殿、后三宫、御花园都位于这条中轴线上。在中轴宫殿两旁，还对称分布着许多殿宇，也都宏伟华丽。这些宫殿可分为外朝和内廷两大部分。外朝以太和、中和、保和三大殿为中心，文华、武英殿为两翼。内廷以乾清宫、交泰殿、坤宁宫为中心，东西六宫为两翼，布局严谨有序。故宫的四个城角都有精巧玲珑的角楼，建造精巧美观。宫城周围环绕着高10米，长3400米的宫墙，墙外有52米宽的护城河。

链接

故宫四门

　　故宫有四个大门，正门名为午门。其平面为"凹"字形，宏伟壮丽。午门后有5座精巧的汉白玉拱桥通往太和门。东门名东华门，西门名西华门，北门名神武门。故宫的四个城角都有精巧玲珑的角楼，角楼

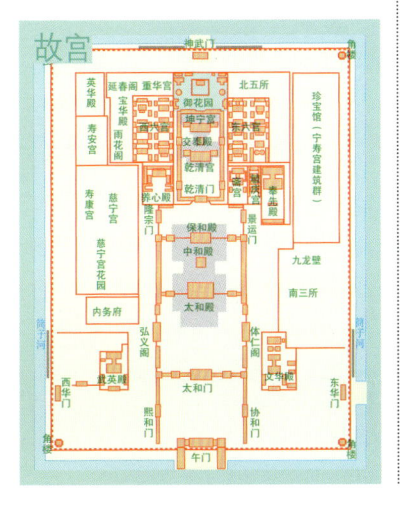

高27.5米，十字屋脊，三重檐迭出，四面亮山，多角交错，是结构奇丽的建筑。

　　后门"神武门"，明朝时为"玄武门"，玄武为古代四神兽之一，从方位上讲，左青龙，右白虎，前朱雀，后玄武，玄武主北方，所以帝王宫殿的北宫门多取名"玄武"。清康熙年间因避讳改称"神武门"。神武门也是一座城门楼形式，用的是最高等级的重檐庑殿式屋顶，但它的大殿只有五开间加围廊，没有左右向前伸展的两翼，所以在形制上要比午门低一个等级。神武门是宫内日常出入的门禁。现神武门为故宫博物院正门。

　　东华门与西华门遥相对应，门外设有下马碑石，门内金水河南北流向，上架石桥1座，桥北为3座门。东华门与西华门形制相同，平面矩形，红色城台，白玉须弥座，当中辟3座券门，券洞外方内圆。城台上建有城楼，黄琉璃瓦重檐庑殿顶，城楼面阔5间，进深3间，四周回廊。

　　在正门午门以内，有广阔的大庭院，当中有弧形的内金水河横亘东西，北面就是外朝宫殿大门——太和门，左右各有朝房、廊庑。金水河上有5座桥梁，装有白色汉白玉栏杆，随河宛转，形似玉带。

端门
清代皇城正门

　　端门位于天安门和午门之间，是明代紫禁城的正门之一，也是清代皇城的正门，在明、清两代主要是存放皇帝仪仗用品的地方。登上端门城楼，太庙和社稷坛明清园林景观一目了然。现城楼大殿陈列有《百位帝王展》《名人书画展》。御道两侧共有朝房100间，现用作举办各类临时展览，阙门两侧陈列着清乾隆年间嘉量和日晷（均免费开放）。

午门
故宫的正门

　　午门又名五凤楼，建成于明永乐十八年（1420年）。午门平面呈"凹"字形，墩台有五个门洞（中门为皇帝专用），门楼为重檐庑殿顶（楼内常有展览）。墩台两翼各有廊庑13间（雁翅楼），正楼两侧有钟鼓亭各3间。

　　日常午门是颁发皇帝诏书的地方。遇

有重大战争，大军凯旋，要在午门举行向皇帝敬献战俘的"献俘礼"。每逢重大典礼及重要节日，都要在这里陈设体现皇帝威严的仪仗。

午门当中的正门平时只有皇帝才可以出入，皇帝大婚时皇后可以进一次，殿试考中状元、榜眼、探花的三人可以从此门走出一次。文武大臣按文东武西由两侧门出入。

武英殿和文华殿
皇帝便殿和太子读书的地方

武英殿位于故宫西南部，含正殿武英殿、后殿敬思殿。明初用于帝王斋居、召见大臣；清初用作皇帝便殿，举行小型朝贺、赏赐、祭祀等仪典。殿内曾藏有《永乐大典》。明末李自成在此举行过即位仪式。武英殿东有一断虹桥，石质上佳，为宫内诸桥之冠，桥上狮子雕刻精美绝伦。桥北有"十八槐"。武英殿现在是故宫博物院的书画馆。其东西配殿为典籍馆。

文华殿与武英殿东西遥对，主殿为"工"字形平面，含文华殿和主敬殿两部分。殿前有文华门，殿后有著名的文渊阁（专贮《四库全书》），东西向有配殿。文华殿为明代太子读书之处，皇帝讲学处、殿试阅卷处，还在此举办经筵之礼。文华殿往东的传心殿内，有大庖井，有"玉泉第一，大庖井第二"之说。

玩家 解说

1.明太祖朱元璋废掉丞相一职后，由于工作分量实在过于庞大，不得不设殿阁大学士，相当于皇帝顾问，一开始大学士并无实权，类似今日的秘书职。明中叶后逐渐参与机要，实为内阁长官，起草诏令，代皇帝批答奏章，实际掌握宰相之权，大学士中居首者，号称首辅，其权最大，有票拟之权。明世宗嘉靖以后，内阁权力急速发展，首辅大学士的职权如同以往的丞相，但必须与宦官合作，才能执掌大政，如张居正结合冯保。

2.清朝初期沿袭明制，设四殿二阁，即保和殿、中和殿、文华殿、武英殿、文渊阁和东阁，但内阁在康熙朝之前受制于议政王大臣会议听后又受制于军机处，只是转达表彰的机构，大学士并不入阁办事。

3.1889年11月，清政府于故宫武英殿设立激桶处，以苏拉200名为激桶兵，作为宫廷的消防队。激桶是一种人工灭火的器具，早在宋代就有了，当时叫作唧筒，灭火时，唧筒的水射出，如一条白色的水龙，因此这种灭火器具也叫"水龙"，由于是以人力作为动力，所以也叫"人力龙"。为何要在武英殿南设立防火机构——激桶处？因为，武英殿在清代为宫廷的修书之所，是皇室文化事业的核心。在这里修书、编书、校书最多时有上千人，因此建激桶处很有必要。

太和门
曾经的皇帝听政之处

太和门外朝宫殿的正门，上覆重檐歇山顶，下为汉白玉基座，梁枋等构件施以和玺彩画。门前列铜狮一对，是故宫六对铜狮中最大的一对。门前有面积约26 000平方米的广场，内金水河自西向东蜿蜒流过，河上横架五座内金水桥。广场两侧是东、西朝房。太和门在明代曾是皇帝"御门听政"之处。皇帝在此接受臣下的朝拜和上奏，颁发诏令，处理政事。清代初年的皇帝也曾在太和门听政、赐宴，后来"御门听政"改在乾清门。

武英殿

三大殿

明、清帝王行使权力、举行盛典的地方

故宫是我国封建皇城建造格局的代表，前朝后寝是故宫最典型的特征。三大殿便是"前朝"，包括太和殿、中和殿、保和殿，三座大殿均建在高约5米的汉白玉台基上，汉白玉石基呈阶梯式，气势非凡。明清时三大殿是封建帝王行使权力、举行盛典的地方。

▢ 太和殿

太和殿俗称"金銮殿"，位于故宫的中心部位，是皇帝举行大典的地方。太和殿红墙黄瓦、朱楹金扉，在阳光下金碧辉煌，是故宫最壮观的建筑，也是中国最大的木构殿宇。殿内有沥粉金漆木柱和精致的蟠龙藻井，上挂"建极绥猷"匾，殿中间是封建皇权的象征——金漆雕龙宝座。御座设在殿内高2米的台上，前有造型美观的仙鹤、炉、鼎，后面有精雕细刻的围屏。整个大殿装饰得金碧辉煌，庄严绚丽。

皇帝的登基、大婚、册立皇后和每年的春节、冬至节、皇帝生日，以及公布进士黄榜、派将出征、宴会等大型的庆典活动都在这里举行。

玩家 解说

1.太和殿内的中央，金柱之间，高台之上，安设着象征统御万民、无上权威的皇帝宝座——雕龙髹金大椅。

2.这把"天下第一"的龙椅气势非凡，首先在于它高高在上的态势，龙椅本身就形体高大，其又高踞在三面出陛（宫殿中的台阶）的高台上，再结合太和殿外层层升起的崇高气势，有力地显示出天子皇位的至尊无上。

3.其次是龙椅周身雕龙髹金，在装饰上神圣化。宝座上部采用圈椅式椅背，下部承托以宽阔的"须弥座"式椅座和脚踏，设计均采用最尊贵的形式。13条金龙分布盘绕于椅背上，其余各部位又雕火珠纹、云纹、卷草纹等，通体罩金箔并镶红蓝宝石作装饰，极显其尊贵。

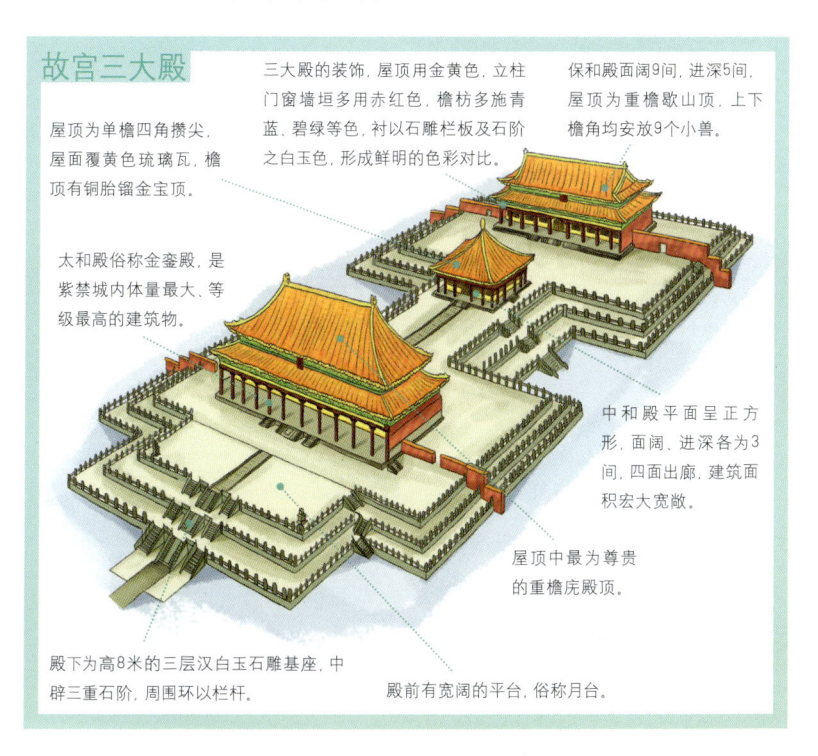

故宫三大殿

屋顶为单檐四角攒尖，屋面覆黄色琉璃瓦，檐顶有铜胎镏金宝顶。

三大殿的装饰，屋顶用金黄色，立柱门窗墙垣多用赤红色，檐枋多施青蓝、碧绿等色，衬以石雕栏板及石阶之白玉色，形成鲜明的色彩对比。

保和殿面阔9间，进深5间，屋顶为重檐歇山顶，上下檐角均安放9个小兽。

太和殿俗称金銮殿，是紫禁城内体量最大、等级最高的建筑物。

中和殿平面呈正方形，面阔、进深各为3间，四面出廊，建筑面积宏大宽敞。

屋顶中最为尊贵的重檐庑殿顶。

殿下为高8米的三层汉白玉石雕基座，中辟三重石阶，周围环以栏杆。

殿前有宽阔的平台，俗称月台。

然而，随着大清王朝的衰亡，这把尽享尊荣的宝座也曾被丢弃沦落。1915年，幻想称帝的袁世凯用一把中西式结合的高背大椅替换掉了原来的宝座。1959年，朱家溍先生根据旧照片在存放破旧家具的库房重新找到了这把龙椅。1963—1964年，故宫博物院集能工巧匠，用了1年多的时间将其修复完整，宝座才又在太和殿上放射出灿烂的光彩。

◻ 中和殿

中和殿在太和殿后，平面呈方形，四面出廊。

中和殿明永乐十八年（1420年）建成。曾历经三次火灾，现存为明天启七年（1627年）重建。殿初名华盖殿，后改中极殿，清顺治二年（1645年）始称中和殿。每逢皇帝在太和殿举行典礼前，先在此休息，接受官员的跪拜礼。每年春季祭先农坛，也先在这里阅视祭文。祭祀地坛、太庙、社稷坛的祝版，也在此阅视。

◻ 保和殿

保和殿于明永乐十八年（1420年）建成。清乾隆时重修。原名谨身殿，明嘉靖时改名建极殿，清顺治时始称保和殿。保和殿在中和殿后，平面呈长方形，殿内金砖铺地，坐北向南设雕镂金漆宝座，建筑装修与彩绘精细绚丽，由于采用了减柱造做法更显得宽敞舒适。这里是皇帝召见新科进士的地方。

每年除夕，皇帝在此宴请少数民族王公大臣。自乾隆后期，这里便成为举行"殿试"的场所。"殿试"是科举制度最高一级的考试，每三年举行一次，被录取者称"进士"，前三名为"状元""榜眼""探花"。

玩家 解说

乾清门西边的一排小房子便是军机处，清雍正七年（1729年），清军在西北与准噶尔蒙古激战，为及时处理军报，始设军机房，清乾隆即位后，改称总理处，乾隆三年（1738年）始名军机处。设军机大臣，军机章京，无定额，均为兼职。

清朝时规定，其他人员不得靠近军机处，皇帝与军机大臣议事时无关人员不得在旁，宫内人路过军机处时，都是快步走过。

后三宫
皇帝与皇后的寝宫

后三宫是故宫内廷的核心，包括乾清宫、交泰殿、坤宁宫等。乾清门为外朝与内廷的分界线。

◻ 乾清宫

乾清宫为内廷之首，面阔9间，进深5间，

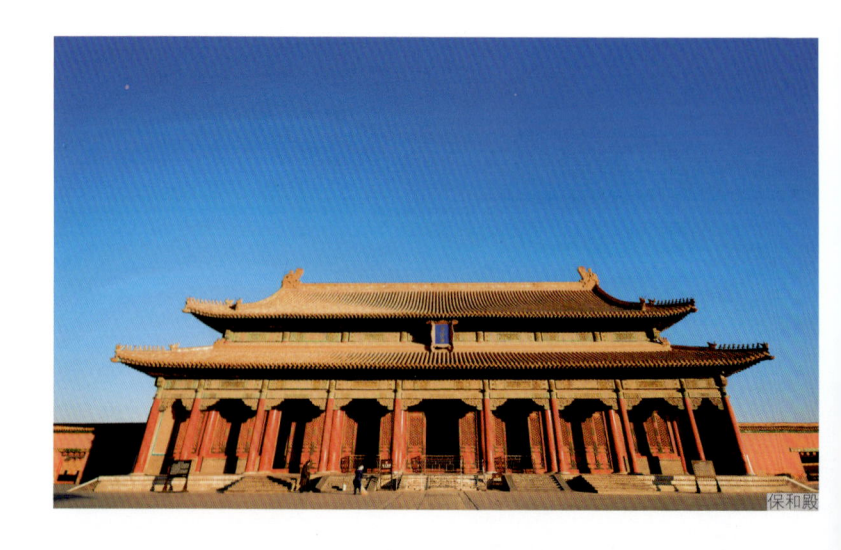

保和殿

高20米，重檐庑殿顶。殿的正中有宝座，两头有暖阁。宝座上方悬"正大光明"匾一方，是清雍正之后安放传位诏书的地方，颇有神秘色彩。乾清宫是明、清两代皇帝的寝宫及平时处理政事的地方，共有14个皇帝曾在此居住。雍正皇帝即位后将寝宫移至养心殿，这里就成为举行内廷典礼活动和引见官员、接见外国使臣的场所。自雍正以后采取秘密建储的方式，即将选定的皇位继承人名封存在建储匣内，置于乾清宫"正大光明"匾的后面，待皇帝死后，取下匣子由秘密指定的皇子即位。

玩家 解说

乾清宫明间皇帝屏风宝座上悬挂的"正大光明"是故宫中最有名气的匾，这不仅是因为其蕴含的伟大意义，也不仅是因为其出自顺治皇帝罕见的御笔，更因为清中期以后历代皇帝遵循密建皇储制度，都把心中选定的继承人的名字封于匣中，然后高置于此匾后面，只有等他临终时才能由近臣奉旨取下宣布。

这块匾不同于紫禁城大多匾额的另一特征是匾文为摹下来的拓本，墨底金字，显得分外珍异。原来是康熙朝将此四字刻石，乾隆朝修缮乾清宫后以拓本制成此匾。

▢ 交泰殿

交泰殿在乾清宫后，平面呈方形，是皇后每逢大典及生日受贺的地方，每年春季还在此举行亲蚕仪式。宫内有一座高约6米的自鸣钟，为中国现存最大的古代座钟。

凡遇元旦、千秋（皇后生日）等重大节日，皇后在这里接受朝贺。乾隆十三年（1748年），乾隆皇帝把象征皇权的二十五宝玺收存于此，遂为储印场所。现殿内宝座前两侧分别排列着用来储放皇帝宝玺的宝盝。宝座上方高悬康熙帝御笔"无为"匾，宝座后板屏上书乾隆帝御制《交泰殿铭》。

玩家 解说

清代康熙以前，乾清宫沿袭明制，自雍正皇帝移住养心殿以后，这里即作为皇帝召见廷臣，批阅奏章，处理日常政务，接见外藩属国陪臣和岁时受贺，举行宴筵的重要场所。一些日常办事机构，包括皇子读书的上书房，也都迁入乾清宫周围的房房，乾清宫的使用功能大大加强。康熙六十一年春和乾隆五十年各举行一次千叟宴。雍正元年曾下诏，密建皇储的建储匣存放乾清宫"正大光明"匾后。

清朝在交泰殿贮清二十五宝玺，每方玉玺都有专门的用途，这些玉玺由内阁掌握，由宫殿监的监正管理，用时须请示皇帝，经许可后方可使用。存放在这里的每方宝玺各有不同的用途："皇帝之宝"用于颁发诏书，录取进士时公布黄榜；"制法之宝"和"命德之宝"用于谕旨臣僚和奖励官吏；"制驭六师之宝"用于军事，宝玺置于宝盒内，上面覆盖着黄绫。现在，宝盒仍按原来的位置陈设在交泰殿。

☐ 坤宁宫

坤宁宫在交泰殿后，面阔9间，进深3间，黄琉璃瓦重檐庑殿顶。明代是皇后的寝宫，东暖阁三间为皇帝大婚之所，年幼登基的康熙、同治、光绪三位皇帝均在此成婚。房间内设龙凤喜床，床上挂"百子帐"，铺"百子被"，鲜艳夺目。清顺治十二年（1655年）改建后，为清宫萨满祭祀的主要场所。在后三宫东西庑，还有为皇帝存储冠、袍、带、履的端凝殿，放置图书翰墨的懋勤殿。南庑有皇子读书的上书房，有翰林学士承值的南书房，以及管理宫廷日常生活的处所。

养心殿
雍正之后皇帝的寝宫

养心殿于明代嘉靖年建，位于内廷乾清宫西侧。清初顺治皇帝病逝于此地。康熙年间，这里曾经作为宫中造办处的作坊，专门制作宫廷御用物品。自雍正皇帝居住养心殿后，造办处的各作坊逐渐迁出内廷，这里就一直作为清代皇帝的寝宫，至乾隆年加以改造、添建，成为一组融召见群臣、处理政务、皇帝读书、学习及居住为一体的多功能建筑群。

养心殿的名字出自孟子的"存其心，养其性，所以事天也"，意思就是涵养天性。为了改善采光，养心殿成为紫禁城中第一个装上玻璃的宫殿。皇帝的宝座设在明间正中，上悬雍正御笔"中正仁和"匾。明间东侧的"东暖阁"内设宝座，向西，这里曾经是慈禧、慈安两太后垂帘听政处。明间西侧的西暖阁则分隔为数室，有皇帝看阅奏折、与大臣密谈的小室，曰"勤政亲贤"，有乾隆皇帝的读书处三希堂，还有小佛堂、梅坞，是专为皇帝供佛、休息的地方。

玩家 解说

明代和清代初期，乾清宫是皇帝的寝宫。据说康熙皇帝死后，雍正为了表示守孝，没有入住乾清宫，而是居住于养心殿。后来，雍正皇帝就把养心殿作为他的寝宫，没有再搬到乾清宫。另外，雍正入住当时陈设朴素的养心殿，是想为天下人做一个节俭的表率，但毕竟变成了皇帝寝宫，养心殿的陈设也越来越奢华。到了晚清，殿内陈设品竟达780余件。从雍正到宣统为止，清代共有8个皇帝居住于养心殿。顺治、乾隆和同治3个皇帝死于养心殿。

坤宁宫内部

故宫养心殿

钟表馆
明、清皇室祭祀祖先的家庙

钟表馆位于奉先门南侧的南群房区域，共展出18世纪中外制造的各式钟表200余件。钟表馆收藏的各式钟表，主要是乾隆和嘉庆年间在广州、苏州和宫内做钟处制造，部分系英、法、瑞士等国出产。中国制造的钟表多以黄金、珠玉、宝石为装饰，造型模拟楼阁、宝塔、花果、盆景等。英、法等国出产的钟表则模拟西洋建筑、车、马、人物等。这些钟表报时报刻的方式多种多样，有的自动开门关门，机器人出来敲钟；有的到时琴鼓齐鸣，奏出优美的曲子；有的花开、蝶舞、水注流动、飞鸟啼鸣，都以鲜艳的色彩、悦耳的音乐和吉祥的寓意取悦帝后。

宁寿宫（珍宝馆）
乾隆为做太上皇而建的"小紫禁城"

处于外东路的宁寿宫是一组规模很大的建筑群，长406米，宽115米，其布局恰如一个"小紫禁城"。乾隆皇帝为了归政后有颐养天年之所，花费5年改扩建成这组建筑，分为前面的宫殿和后面的寝居两部分，现开辟为珍宝馆。

玩家 解说

乾隆六十年（1795年），为了不逾越祖父康熙在位61年的纪录，乾隆禅位于嘉庆，自己成为清朝唯一的太上皇。按照清代礼制，太上皇应移居其他宫里去颐养天年，但乾隆以"训政"为由，坚持住在养心殿。嘉庆只能继续住在被立为皇太子时毓庆宫，并改名为继德堂。

嘉庆四年（1799年），实际掌控清朝长达63年的乾隆在紫禁城养心殿病逝，享年89岁，嘉庆亲政。光绪十五年（1889年），光绪帝亲政以后，本应移居慈宁宫养老的慈禧，却偏偏选中了宁寿宫，以昭示她虽为皇太后却犹如太上皇。她有资格循乾隆帝至死归政不归权的先例。慈禧太后以乐寿堂为卧室，在养心殿东暖阁进早、晚膳。

慈宁宫
为太后举行重大典礼的殿堂

慈宁宫，始建于明嘉靖十五年（1536年），明朝慈宁宫为前代皇贵妃所居。清朝的前期和中期是慈宁宫的兴盛时期，当时的孝庄文皇后、孝圣宪皇后都先后在这里居住过。顺治、康熙、乾隆三帝以孝出名，慈宁宫经常举行太后庆寿大典。慈宁宫门前有一东西向狭长的广场，两端分别是永康左门、永康右门，南侧为长信门。

玩家 解说

慈宁宫门前有一东西向狭长的广场，两端分别是永康左门、永康右门，南侧为长信门。慈宁门位于广场北侧，内有高台甬道与正殿慈宁宫相通。院内东西两侧为廊庑，折向南与慈宁门相接，北向直抵后寝殿（大佛堂）之东西耳房。前院东西庑正中各开一门，东曰徽音左门，西曰徽音右门。

正殿慈宁宫居中，前后出廊，黄琉璃瓦重檐歇山顶。面阔7间，当中5间各开4扇双交四菱花隔扇门。两梢间为砖砌坎墙，各开4扇双交四菱花隔扇窗。殿前出月台，正面出三阶，左右各出一阶，台上陈镏金铜香炉4座，东西两山设卡墙，各开垂花门，可通后院。

清代慈宁宫正殿悬挂着乾隆皇帝的御笔"宝骈禧"和"庆隆尊养"两副横匾，对联是"爱日舒长，兰殿春晖凝彩仗；慈云环阴，萱庭佳气接蓬山"。

按照封建礼仪，皇帝不能与前朝妃嫔同居东西六宫。为了安置业已归天的老皇帝的妃嫔，特地建造了慈宁宫供她们居住。

故宫御花园

位育斋为单檐硬山式建筑，斋前有鱼池一座。

延晖阁外观为上下两层，其内部两层之间还有一暗层，阁上回廊环绕，玲珑轻盈。

钦安殿为重檐盝顶，坐落在汉白玉石单层须弥座上，南向，面阔5间，进深3间。

摛藻堂位于御花园东北部堆秀山的东侧，"摛藻"为施展文才之意。

浮碧亭为方形，亭南伸出抱厦一座，亭形精美简约，古朴幽然。

澄瑞亭造型奇特，建在一座单孔石桥上，石桥下是一池碧水。

万春亭是一间重檐攒尖顶的优雅亭台，周围有苍天古木环抱，景色清幽。

千秋亭

养性斋为两层楼阁式建筑，坐西面东，斋前叠石环抱。

绛雪轩位于御花园东南，后依宫墙，坐东面西，其建筑平面为"凸"字形。

御花园
故宫最大的花园

宫中最大的花园，为帝王后妃休息、游赏而建。园内以钦安殿为中心，有分别象征春、夏、秋、冬四季的四个亭子：万春亭、浮碧亭、千秋亭、澄瑞亭。

角楼、城墙和筒子河
保护紫禁城的城防系统

故宫四面环有高10米的城墙，四面各设城门一座（午门、神武门、东华门、西华门），四角各有角楼一座。

角楼坐落在须弥座之上，面阔进深各3间，由多个歇山式组成复合式屋顶，覆黄琉璃瓦，有九梁十八柱七十二条脊，建筑和装饰灵活多变，精美绝伦。

紫禁城外护城河俗称筒子河，又称外筒子河。紫禁城在明代时只有北、东、西三面被筒子河水环绕。到了清乾隆时，才将午门右边的紫禁城河水，从西阙门外右板桥下面的暗沟引入西阙门，由午门前面石板道下的暗沟引向东流，经东阙门石板道下面暗沟流入太庙。这条长70丈9尺9寸的暗沟定名为午门暗筒子河。至此，紫禁城护城河才形成今天的模样。

外筒子河的水流入紫禁城内形成了内筒子河。内筒子河的水源来自神武门西靠近西北角楼城墙根下面的进水闸，由一条南北直长的地道穿过城墙转道紫禁城里改为明沟。筒子河除了防卫之外，还有防火和为故宫提供用水水源之用。

景山公园 AAAA
俯瞰故宫绝佳处，欣赏牡丹好去处

北京市西城区景山西街44号
乘5路、58路公交车可到　6:30—21:00
2元，牡丹花节10元　010-64038098

景山是我国历史最悠久、保存最完整的宫苑园林之一，曾经是皇宫的重要组成部分，1928年景山被辟为公园。景山公园位于北京城的中心，始终保留着辽代的山；金代的围墙和宫门；元、明、清三代的古建筑群落保持完整，登上景山，俯瞰北京，古都风貌尽收眼底，美不胜收。景山园林特色之一是有牡丹、芍药等花卉几万株，景山春天有牡丹展、夏天有荷花展、秋天有秋实秋菊展，三季花团锦簇，四季松柏常青。

玩家 解说

景山公园是一座幽美别致的皇家花园，挖筒子河所积之土堆成的景山（高43米），是眺望故宫的最佳处。景山公园有三座园门，园内有寿皇殿（供奉皇室祖先遗像）、绮望楼（祭祀孔子）、兴庆阁等建筑，山顶有万春亭等五亭。景山公园还是全市最大的牡丹观赏园，有近3万株牡丹。景山东麓，原有一株向东倾斜的低矮老槐树，据说是明崇祯帝朱由检自缢的地方。

▣ 绮望楼

绮望楼是祭孔夫子及其弟子的地方，清代为景山官学堂学生祭拜先师而设立。绮望楼依山而建，金龙各墨彩绘，它就像一缕彩云滞留在山间。绮望楼分上下两层，高15米，建筑面积1000平方米。楼前的宽敞月台是为祭祀活动中的表演八佾舞而设置的，八佾舞需要由64人进行表演，是周代流传下来的一种古老舞蹈。

▣ 崇祯皇帝自缢处

明末，李自成起义军于崇祯十七年（1644年）三月攻入北京，崇祯三月十九日逃到景山，自觉有愧于祖先基业，以腰带自尽

景山辑芳亭

于观妙亭下的歪脖槐树之上。"十年动乱"期间，老槐树被当作"四旧"砍掉，1981年在原址新移栽了一棵古槐。

更多本旅游区景点

西六宫：位于故宫中轴线东侧，指储秀宫、翊坤宫、永寿宫、启祥宫（太极殿）、长春宫、咸福宫。西六宫在明、清两朝皆作为皇帝妻妾之居所，现在大多为原样陈设。西六宫因是慈禧太后在主政时所居住的宫区，在清末多有改建。

东六宫：位于故宫中轴线东侧，是一组由6个相同形式的院落组成的建筑，含景仁宫、承乾宫、钟粹宫、景阳宫、永和宫、延禧宫（现为水晶宫——故宫中第一座钢筋水泥建筑）。

乾清门：为紫禁城内廷的正宫门。建于明永乐十八年（1420年），清顺治十二年（1655年）重修。它在清代是皇帝"御门听政"的地方。

大高玄殿：明朝嘉靖皇帝修建的斋宫，建于1542年。清朝时期，大高玄殿继续被用作皇家道观。它为明、清规格最高的皇家道教建筑群。北京市西城区三座门大街23号

景点推荐 — 什刹海周边 AAAA

什刹海风景区是最具京味儿的平民乐园。以银锭桥为核心,由什刹海(又名前海)、后海和西海(积水潭)3个相连的湖泊组成,景区内有古迹名胜40余处、文物保护单位37处,被北京市划为25片历史文化保护区之一,被誉为"北方的水乡"。

什刹海也叫"十刹海",因四周原有十座佛寺而得名。元代名海子,为一宽而长的水面,明初缩小,后逐渐形成三海水道相通的景致。自清代起就成为游乐消夏之所。三海碧波荡漾,岸边垂柳毵毵,远山秀色如黛,风光绮丽,为燕京胜景之一。其与中南海水域一脉相连,是北京内城唯一一处具有开阔水面的开放型景区,也是北京城内面积最大、风貌保存最完整的一片历史街区,在北京城规划建设史上占有独特的地位。

📍 北京市西城区
🚇 乘坐地铁8号线到什刹海站下

玩家 攻略

1.什刹海滑冰场:一般在每年12月末到第二年元旦前后开放,这儿由于地处繁华地段,人比较多,特别是周末、节假日如果人多,会限制人数。平time门票10元,节假日15元。

2.逛胡同:北京胡同游是必不可少的行程,自行车则是最好的交通工具。在前海南沿有自行车出租点,单人车每小时10元,双人车每小时20元,三人车每小时30元,押金200~400元。营业时间9:00—21:00。

什刹海胡同三轮车

玩家 解说

什刹海景区每年举办一届什刹海文化旅游节。"游王府、逛老街、访古刹、观故居、登城楼、转胡同、尝宴宴、泛轻舟、泡酒吧、住四合院"等旅游项目,为游客提供了地道京味文化的体验。在这里,可以乘坐三轮车游览老北京的胡同、古迹;可以乘坐橹船观赏迷人的三海风光;也可以骑上双人自行车细细品味这里的文化。

恭王府及花园 AAAAA
一座恭王府,半部清代史

- 北京市西城区前海西街17号
- 乘地铁6号线到北海北门站下出B口,走三座桥胡同前行约200米可到 旺季8:00—17:00,淡季9:00—16:00(周一关闭) 40元 010-83288149

恭王府始建于清乾隆四十一年(1776年),是清代规模最大的一座王府,最早为和珅的宅第,称"和第"。和珅死后,为嘉庆皇帝胞弟庆僖亲王永璘所有。咸丰元年(1851年),宅邸三易主人,属恭亲王奕䜣所有,自此称"恭王府"。20世纪90年代,恭王府对外开放,现为国家重点文物保护单位。历史学家侯仁之说:"一座恭王府,半部清朝史。"它由多个四合院组成,分东、中、西3路:中路有3座建筑,即大殿、后殿、延楼,是王府的主体建筑;东、西路各有3个院落;最后面是花园。

玩家 解说

府邸建筑分东、中、西3路,每路由南自北都是以严格的中轴线贯穿着的多进四合院落组成。中路最主要的建筑是银安殿和嘉乐堂,殿堂屋顶采用绿琉璃瓦,显示了中路的威严气派,同时也是亲王身份的体现。东路的前院正房名为多福轩,厅前有一架长了两百多年的藤萝,至今仍长势良好,在京城极为罕见。东路的后进院落正房名为"乐道堂",是当年恭亲王奕䜣的起居处。西路的四合院落较为小巧精致,主体建筑为葆光室和锡晋斋。精品之作当属高大气派的锡晋斋,大厅内有雕饰精美的楠木隔断,为和珅仿紫禁城宁寿宫式样(此为和珅僭侈逾制,是其被赐死的"二十大罪"之一)。府邸最深处横有一座两层的后罩楼，东西长达156米，后墙共开88扇窗户，内有108间房，俗称"99间半"，取道教"届满即盈"之意。

◻ 银安殿

银安殿俗呼银銮殿，是恭王府最主要的建筑之一。作为王府的正殿，只有逢重大事件、重要节日时方打开，起到礼仪的作用。银安殿东西有配楼，各广九间，覆灰瓦。

◻ 嘉乐堂

嘉乐堂是和珅时期之建筑，也是王府中路的最后一间正厅，大门正上方悬挂"嘉乐堂"匾额。在恭亲王时期，嘉乐堂主要作为王府的祭祀场所，内供有祖先、诸神等的牌位，以萨满教仪式为主。

◻ 多福轩

多福轩是王府的穿堂客厅，主要用于主人日常接待来客、亲友或前来回禀公事的下属，兼用作存放皇帝送来的礼物。

恭王府夜景

钟楼
楼上有"古钟之王"

- 北京市东城区钟楼湾临字9号
- 乘坐地铁8号线在什刹海站下
- 9:00～17:00 20元

钟楼筑于高大的砖石城台上，通高47.9米，为中国现存唯一的无梁拱券式全砖石结构的大型单体建筑，是中国古代建筑中将建筑与传声巧妙结合的杰作。在钟楼的正中立有八角形的钟架，悬挂"大明永乐吉日"铸的大铜钟一口，钟高7.02米，重63吨，是中国现存体量最大、分量最重的古代铜钟之一，有"钟王"之称。

链接

钟楼湾胡同晨

钟楼湾胡同地处西城区，北起豆腐池胡同，南有两个出口分别通鼓楼西大街、鼓楼东大街，东与草厂北巷相通，西与钟库胡同、铃铛胡同、汤公胡同相通，全长700多米，因位于钟楼周围而得名。老北京（小福星）、黄河流域（玩意）、蒙古草原（苏鲁锭）、西藏高原（天堂之约）等特色风情小店统统在这里聚集，闪耀着它们各自的光彩。

鼓楼
现存鼓楼建筑之最

- 北京市东城区钟楼湾临字9号，钟楼南100多米处
- 9:00—17:00 20元

鼓楼是古代城市的报时台，鼓楼通高46米多，坐落在高4米的砖砌台基上，红墙朱栏、雕梁画栋，非常雄伟壮丽。北京城内的钟楼和鼓楼位于京城中轴线上，由于其类似城楼的建筑形式，飞檐翼角的独特形态，因此具有很高的艺术价值和审美情趣，而成为著名的人文景观。如今的钟楼、鼓楼已失去司时的作用，但每到年节，依然能听到浑厚有力的钟鼓声，成为京城著名的一景。

玩家 攻略

1.更鼓表演：身着盛装的鼓手共同奏响二十

什刹海周边

四节令鼓（春、夏、秋、冬四乐章）和定更鼓"一百零八声"，雄浑激荡的鼓声带穿越历史，为天下祈福。击鼓表演时间9：30—11：30，13：30—17：00每半小时一次。

2．铜刻漏演示：铜刻漏由"天池""平水""万分""收水"四级漏壶和饶神组成。在水的动力下，箭尺浮升显时，每刻钟饶神击饶八下报时。

3．鼓楼商业街为北京老城区的商业中心，有著名的内联升等百年老店，还有许多古色古香的小店，不妨去那里淘一些自己喜爱的纪念品。

链接
晨钟暮鼓报时

在中国古代，一些大的城市都会建有钟鼓楼，为每日的报时定更之用。北京钟鼓楼的晨钟暮鼓流传了600多年，为古代都城报时，每日始于暮鼓，止于晨钟，依时定更，依更报时，是有严格规定的。常有"钟楼报时、鼓楼定更""晨钟暮鼓"的说法。

钟楼

什刹海烟袋斜街

斜街内，曾有龙王庙及广福观等古迹，现在龙王庙已经被拆除，广福观保存尚完好，但已经很变成民居兼酒吧。胡同里陆续出现了很多以外国游客为主要目标客户的民族工艺品商店和各色酒吧，各式各样光怪陆离颇具"文化气息"的装饰冲击着烟袋斜街这条古老的胡同。

玩家 解说

清代的时候，住在北城一带的旗人都有抽旱烟的嗜好，抽烟就得用烟袋，于是就有住在斜街上的人家看准行情开起了烟袋铺，生意特好。后来，大家伙儿都跟着在这街上做烟袋生意，就形成了烟袋一条街。此外，烟袋斜街本身就宛如一只烟袋：细长的街道好似烟袋杆儿，东头入口像烟袋嘴儿，西头入口折向南边，通往银锭桥，看上去活像烟袋锅儿。

烟袋斜街
北京最古老的商业街
🚇 北京市西城区地安门西大街，鼓楼前
🚌 乘地铁2号线、6号线、8号线可达，或乘5、107、124等路公交车到鼓楼站下

烟袋斜街是北京历史最悠久的斜街之一，为东北—西南走向，胡同的东口通向地安门外大街，西口则守着银锭桥头。在烟袋

银锭桥
银锭观山、观赏荷花、品尝烤肉
🚇 北京市西城区什刹海

银锭桥是连接前海与后海，是一座形似银元锭宝的石桥，南北横跨在连接两海的细脖处，长12米、宽7米、高8米、跨径5米，有镂空云花栏板5块、翠瓶卷花望柱6根，因桥形

似元宝，取名"银锭桥"。

银锭桥是什刹海景区的中心景点，以"三绝"著称：眺望西山，观赏荷花，品尝烤肉。"银锭观山"是燕京小八景之一，享有很高的知名度，而且这里是往来恭王府、宋庆龄同志故居、火神庙和荷花市场等地的"中转站"。

玩家 攻略

"三绝"之首是眺望西山。人们站在北京城内的任何一块平地上，都看不到郊外的西山。唯独站在与地面等高的银锭桥上，却可引颈西望，领略西山浮烟晴翠的绰约风姿。这是因为宽阔颀长的后海，构成了一个扇面形的视角，又兼过去新街口一带没有高大建筑，西山便呈现在人们的视野里。"银锭观山"是旧燕京十六景之一，明代史籍已有明确记载。

"三绝"之雅是观赏荷花。清代竹枝诗吟道："地安门外赏荷时，数里红莲映碧池。好是天香楼上座，酒阑人醉雨丝丝。"在什刹海，每当赤日炎炎的盛夏，正是那"出淤泥而不染，濯清涟而不妖"的"花中君子"竞相吐艳之时。

"三绝"之美是品尝烤肉。"客旅京华，问道季家何处？香浮什刹，引来银锭桥边。"这副对联告诉我们，距银锭桥数十步处，便是百年老字号"烤肉季"。烤肉，在炙条下燃烧着松木，炙条上翻烤着鲜嫩的羊肉，松烟的香味与羊肉的香味混在一起，四处飘散，使你食欲大增。欣赏着赏桥畔的荷花，一边执壶抿酒，一边吃肉，体味"炙味香飘清清烟"的美韵和意境。

宋庆龄同志故居
建筑中西合璧，青少年教育基地

- 北京市西城区后海北沿46号
- 乘5路公交车到果子市站下
- 4月至10月 9：00—18：00；11月至次年3月 9：00—16：30
- 20元
- 010-64044205

宋庆龄同志故居原为醇亲王府的后花园，占地3公顷，古树名木众多，园内建筑堪称中西合璧的典范。故居内有文物藏品1万余件，庭院和主要陈设均保持着宋庆龄生前的原状，室内日历翻到1981年5月29日，即宋

宋庆龄像

庆龄逝世之日。挂钟指针停在20：18，是她心脏停止跳动的时刻。

玩家 解说

旅评网网友"一片哗然"：这是一处很安静，很惬意的场所。在后海的那许多的巷子里，总有着这样那样的惊喜。很难想象这样看似很小的地方，竟然隐藏着如此大院落。里面也许景致一般，也许建筑一般，但那种安逸的氛围特别招人喜欢，是理想的居所。

梅兰芳纪念馆
典型的北京四合院，缅怀梅兰芳之地

- 北京市西城区护国寺街9号，邻近庆王府
- 乘坐地铁6号线可到
- 9：00—16：00（周一闭馆） 10元
- 010-83223598

梅兰芳纪念馆是一座典型的北京四合院。此院原为清末庆亲王奕劻王府的一部分，中华人民共和国成立后经过修缮，梅兰芳搬到这里居住，并在此度过了他人生的最后10年。纪念馆开设了正院北房、外院南房、内院东房、西房四个展览室：正院北房为"故居陈

什刹海周边

列室",保持了梅兰芳在世时的客厅、书房、卧室、起居室的各项陈设原貌;外院南房为"第一陈列室",展出了关于梅兰芳主要艺术生活和社会活动的精选图片和资料;内院东房为"第二陈列室",陈列着梅兰芳使用过的部分戏装、道具及一些馆藏资料,另一内室为专题展览,不定期更换内容;西房为"第三陈列室",陈列着国内外友人赠予梅兰芳的书法、绘画等纪念品。

茅盾故居
二进式四合院

- 北京市东城区交道口后圆恩寺胡同13号
- 乘104、108路公交到交道口南站下车往西即到
- 010-64040520

茅盾故居位于东城区交道口南大街后圆恩寺胡同,是茅盾1974—1981年年初逝世前居住的地方,现为北京市文物保护单位。茅盾故居坐北朝南,是一座二进式四合院,分前后两进院落,共有大小房间22间。故居内有3个常设展厅,前院西厢房是会客厅,室内的沙发、案头的花瓶、壁上的对联都保持着原貌;北房的陈列介绍了茅盾先生的生平及其文学创作的道路;东厢房展出图片和实物,呈现出茅盾先生在中华人民共和国成立后为祖国文化建设和世界和平所做的不懈努力,展品中包括委任状、代表证、创作原稿、记录手札以及他使用过的钢笔、录音机、印章等。后院是茅盾先生的书房和卧室,这里藏有诸多历史名著和先生自己的著作,已集中建成"茅盾文库"。

南锣鼓巷
时尚与传统交汇地,创意文化街区

- 北京市东城区
- 乘坐地铁8号线到什刹海站下

南锣鼓巷是北京最古老的街区之一,有着北京保护最完整的四合院区。南锣鼓巷北起鼓楼东大街,南止地安门东大街,全长786米、宽8米,是我国规模最大、品级最高、资源最丰富的棋盘式传统民居区,而且极为完整地保存着元大都里坊的历史遗存。

南锣鼓巷是北京胡同的代表,精致的院落、静谧的街巷都在诠释着其独特风情。南锣鼓巷东西各有8条胡同整齐排列着,呈鱼骨状,又如同一条"蜈蚣",因此它也被称为"蜈蚣巷"。巷内沿街鳞次栉比地分布着各具特色的商铺小店,酒吧、咖啡馆、餐厅、旅店林立,使得这条元朝古巷新旧混血,独具魅力,吸引了大批的中外游客。此外,南锣鼓巷还是一条酒吧街,但这里的酒吧大多比较安静、和谐,亲近自然,贴近于生活。

玩家 攻略

美食小吃:南锣鼓巷的美食最出名的要数文宇奶酪店(南锣鼓巷49号),原味奶酪、双皮奶和酸梅汤是它的特色,过客(南锣鼓巷108号)和咂摸(南锣鼓巷106号)都有创意十足的风味比萨。

特色小店:创可贴8(南锣鼓巷61号)是必逛的,店中出售印着搪瓷红脸盆、老铁皮玩具等代表老北京市井文化图案的T恤。

周边景点:对外开放的有齐白石故居(雨儿胡同13号)、茅盾故居(后圆恩寺胡同13号)等。

另外，中央戏剧学院（东棉花胡同39号）也坐落在南锣鼓巷。南锣鼓巷西边紧邻什刹海，南边距离景山公园、故宫、天安门广场也不远。

北海公园 AAAA
历史悠久、保存完整的皇家园林

- 北京市西城区文津街1号
- 乘坐地铁6号线到北海北站下
- 11月、12月、1—3月：6：30—20：00，19：30止票；4—10月：6：30—21：00，20：30止票
- 旺季10元，淡季5元 010-64033225

北海公园位于故宫西北角，与景山公园仅一路之隔。最初这里是永定河故道，其开发始于辽代。金大定（1161—1189年）建琼华岛，基本奠定了今天北海公园皇家宫苑的格局。后经元世祖忽必烈、明宣宗朱瞻基多次扩建和修缮，将此处建成我国现存最古老、最完整、最具综合性和代表性的古典园林之一。它布局之新颖，风格之别致，文物之浩繁，让世人为之慨叹。遗憾的是，1900年八国联军侵入北京时，北海也惨遭践踏。

1925年，北海被开放为公园，经大规模整修后，北海公园呈现出一派诗情画意的旖旎风光。

玩家 解说

北海是中国历史园林的艺术杰作。全园占地69万平方米，主要由琼华岛、东岸、北岸景区组成。琼华岛上树木苍郁，殿宇栉比，亭台楼阁，错落有致，白塔耸立山巅，成为公园的标志。环湖垂柳掩映着濠濮间、画舫斋、静心斋、天王殿、快雪堂、九龙壁、五龙亭、小西天等众多著名景点。北海园林博采众长，有北方园林的宏阔气势和江南私家园林婉约多姿的风韵，并蓄帝王宫苑的富丽堂皇及宗教寺院的庄严肃穆，气象万千而又浑然一体，是中国园林艺术的瑰宝。

九龙壁

北海的九龙壁是我国现有3座九龙壁中最有特色的一座，两面有龙，升降各异，互不雷同。该壁建于乾隆二十一年（1756年），高5米，厚1.2米，长27米。两面有由琉璃砖烧制的红、黄、蓝、白、青、绿、紫七色蟠龙18条。九龙壁为五脊四坡顶，正脊上两面各有9条龙，垂脊两侧各1条，正脊两吻身上前后各1条，吞脊兽下，东西各有1块盖筒瓦，上面各有龙1条，5条脊共有龙32条。筒瓦、陇陲、斗拱下面的龙砖上都各有1条龙（四周筒瓦252块，陇陲251块、龙砖82块）。如此算来，九龙壁上共计有龙635条。

白塔

白塔是北海的标志性建筑，由塔基、塔身、相轮、华盖、塔刹5部分组成。它是一座覆钵式塔，外形与妙应寺白塔颇为相似，但更为秀丽。现白塔为清雍正时期所建，从塔的表面只能看到砖和石料而见不到木构架，但可见到塔的通身有306个方形青砖透雕通风孔，这是为塔木构架通风之用，以防塔内木料潮湿糟朽。塔身正面的眼光门，周围用钳子土烧制的西番莲花饰，中间为木质红底金字的"时轮咒"，即所谓"十相自在图"，

北海白塔

- 塔顶是由仰月和鎏金火焰宝珠组成，设有宝盖、宝顶，并装饰有日、月及火焰花纹。
- 鎏金宝盖分为天盘、地盘两层，下层悬14个铜铃。
- 塔身正面有一盾形小龛，内塑红底黄字的藏文图案，含"吉祥如意"之意。
- 刹身由十三重相轮组成，为细长的"十三天"刹身。
- 善因殿位于白塔前，上檐为圆亭式顶，铜质筒瓦鎏金宝顶。
- 塔身基座上置覆钵式塔身，直径最大达14米，主要为实心。
- "大威德金刚"像。
- 塔基是十字折角形的高大石砌须弥座，基座部分安有角柱石、压面石和挑檐石。
- 幡杆用来接引佛教使者的旗帜。
- 平台白塔下面为两层方形台座，下层高0.7米，有四个上下台阶。

系7个字组成，译音"杭、恰、嘛、拉、哇、日、呀"，有"吉祥如意"的意思。

▢ 团城

团城原是太液池中的一个小岛，金代为大宁宫一部分。元代称圆坻，亦称瀛洲。岛四周砌圆形城墙。城高4.6米，面积约4500平方米，周长276米。团城上殿宇堂皇别致，松柏苍劲挺拔。1961年国务院将团城列为全国重点文物保护单位。

▢ 小西天

小西天是乾隆皇帝为其母孝圣皇后祝寿祈福而修建的。大殿面积1260平方米，四面环水，有桥可通；殿四面各有琉璃牌坊一座，四角置方亭，整个建筑气势磅礴，雄伟壮观。它是中国最大的方亭式大殿。

历代帝王庙
祭祀历代帝王的皇家坛庙

✉ 北京市西城区阜成门大街131号
🚌 乘3、7等路公交车到白塔寺站下
💰 20元
📞 010-66517739

历代帝王庙主体建筑景德崇圣殿供奉历代帝王167位、功臣79位。建筑布局分三路，有琉璃影壁、钟楼、神厨、神库等建筑。其政治地位与太庙和孔庙相齐，合称为明清北京三大皇家庙宇。

历代帝王庙始建于明代嘉靖九年（1530年），是明、清两代皇帝祭祀先祖的地方，是我国现存唯一的祭祀中华三皇五帝、历代帝王和文臣武将的明清皇家庙宇。

大殿中共分七龛供奉了188个中国历代帝王的牌位，位居正中一龛的是伏羲、黄帝、炎帝的牌位，左右分列的六龛中，供奉了夏

北海公园小西天

- 中国现存最大的方形攒尖殿堂，柱位布局工整，殿中央设木制彩塑的须弥山，外加大大小小五百多尊罗汉，观音坐像屹立于山顶，模仿南海普陀山胜景。
- 大殿四面由水池环绕。
- 主体建筑四面建有四柱三间琉璃牌楼各一座。
- 四面正中均有石平桥一座，桥上及水池两侧都装有汉白玉石栏板和龙凤柱头望柱。
- 正门之前凿半月池，并架拱桥。
- 四隅各建造一座攒尖重檐角亭拱卫，象征佛教的四大部洲。

商两周、强汉盛唐、五代十国、金宋元明等历朝历代的185个帝王牌位。景德崇圣殿东西两侧的配殿中，还祭祀着伯夷、姜尚、萧何、诸葛亮、房玄龄、范仲淹、岳飞、文天祥等79个历代贤相名将的牌位。

玩家 解说

封建统治者自古以来就有祭祀祖先的传统，"三皇"一直被视为中国人的祖先，为历代帝王所景仰；而先代帝王则是后代借鉴和效法的榜样，所以也要祭祀。最初，明朝开国皇帝朱元璋确定祭祀的帝王是18位，清朝顺治皇帝定都北京后定为25位。康熙、雍正、乾隆三代皇帝对历代帝王庙都非常重视。康熙曾经留下谕旨：除了因无道被杀和亡国之君外，所有曾经在位的历代皇帝，庙中均应为其立牌位。乾隆更是提出了"中华统绪，绝不断线"的观点，把庙中没有涉及的朝代，也选出皇帝入祀。乾隆几经调整，最后才将祭祀的帝王确定为188位。从明嘉靖十一年至清末的380年间，在历代帝王庙共举行过662次祭祀大典。

北京历代帝王庙

鉴园
清恭亲王的别邸

北京市西城区小翔凤胡同5号

沿后海南沿漫步，从好望角酒吧旁的胡同拐弯顺路即可游览鉴园

鉴园北临什刹海后海，风景优美，宁静宜人。相传恭亲王奕訢为避府内喧嚣另建别邸，称"鉴园"，民国时曾名"止园"。中华人民共和国成立后，当时的全国人大常委会委员长叶剑英曾寓此。

鉴园坐北朝南，大门外有照壁，两侧为八

字门墙。东部有三进院落,各有北房、左右抄手游廊。每一进院落地基都高于前一进地基,最后一进房屋已高过后墙。室内以楠木装修,间隔有花罩和栏杆罩。碧纱橱将5间屋隔为前后间。中间北面的落地罩木床上镶有一面与墙同大的玻璃镜,卧床可以从镜中看到湖光山色,为鉴园主景,也为园名含义所在。园西半部的假山以青石叠成,主山上有六角攒尖亭,平地部分周围叠石,假山前有花厅。

链接
恭亲王奕䜣

爱新觉罗·奕䜣(1833—1898年),清道光帝第六子,清末洋务派首领,绰号鬼子六。道光三十年(1850年)以宣宗遗诏封恭亲王。咸丰朝期间,奕䜣的政治地位并不很重要,他只有在1853年到1855年担任领班军机大臣。1860年,在第二次鸦片战争中,奕䜣授命为全权钦差大臣,负责与英、法、俄谈判,并且签订了《北京条约》。1861年,咸丰帝过世,奕䜣与慈禧太后合谋发动辛酉政变,成功夺取了政权,被授予议政王之衔。然而他命运坎坷,他支持慈禧太后北京政变,得到了委以重任的报答,但随即而至的是慈禧太后的不安和打击。后期他在统治集团内部浮浮沉沉,意志消沉,无所建树。

奕䜣是咸丰、同治、光绪三朝名王重臣,洋务运动的首领,为中国近代工业创始和中国教育的进步做出了贡献。他是晚清新式外交的开拓者,建议并创办了中国第一个正式外交机关,使清朝外交开始步入正

轨并打开新局面。他积极出谋献策镇压太平天国起义,挽救清朝的危局,迎来同治中兴。

徐悲鸿纪念馆
展示徐悲鸿画作及其收藏作品
- 北京市西城区新街口北大街53号
- 乘地铁2号线到积水潭下有徐悲鸿纪念馆出口
- 9:30—17:00,周一闭馆 ¥5元
- 010-62276936

徐悲鸿纪念馆是一座展示徐悲鸿先生生平活动、作品及收藏品的社科类专题人物纪念馆,拥有1个序厅和7个展室。纪念馆现藏徐悲鸿国画、油画、素描、水彩、粉画、书法作品1286幅,徐悲鸿收藏的唐、宋、元、明、清及现代名家书画1134幅,中外美术书籍、碑帖、画册、图片约万件。其中,唐画《八十七神仙卷》、宋画《朱云折槛图》、明画《王右军书扇图》、金农《风雨归舟》均为稀世精品。

更多本旅游区景点

广化寺:什刹海地区规模最大的佛寺,现为北京市佛教协会所在地。 北京市西城

鉴园

区后海鸦儿胡同31号（偶尔开放）

汇通祠：旧称法华寺，有山门一间，前殿及东西配殿各三间。内有鸡狮石（仿制）、石亭、小岛、郭守敬塑像、剑碑等，其中最引人注目的就是元大都水利系统模型沙盘。📍北京市西城区德胜门西大街甲60号

德胜门箭楼：北京仅存的古箭楼之一。德胜门箭楼同瓮城一起，构成保护城门的军事堡垒，始建于明正统二年（1437年）。此后，历代都对城门和箭楼进行维修。瓮城内有真武庙。现为全国重点文物保护单位。📍北京市西城区德胜门东大街

庆王府：清末再封庆亲王奕劻的王邸。现只余后寝1座，东部亦已改建，西部尚基本保存完整，是王府的生活居住区。📍北京市西城区厂桥定阜街3号

关岳庙：清代寺庙古建筑。原为清醇亲王宅地依例改建的醇亲王庙，1914年改祀关羽、岳飞，遂称关岳庙，又称武庙。现为全国重点文物保护单位。📍北京市西城区鼓楼西大街北侧

广济寺：始建于金代，又名西刘村寺。明天顺年间重建。现存建筑保持明代格局，分中、西、东三路，寺内珍藏汉白玉戒台等许多珍贵文物。现为中国佛教协会所在地，是全国重点文物保护单位。📍北京市西城区阜成门内大街25号

妙应寺白塔：原位于妙应寺内，现在仅存白塔。白塔始建于元代，是全国重点文物保护单位。📍北京市阜成门内大街路北

鲁迅博物馆：原为鲁迅故居，是鲁迅先生于1923年年底购买，1924年春天亲自设计改建的一座四合院，1924年5月至1926年8月鲁迅在此居住。1956年辟为北京鲁迅博物馆。馆藏文物、图书等藏品97 602件余。现为全国重点文物保护单位。📍北京市西城区阜成门内大街宫门口二条19号

西什库教堂：也称北堂，1703年开堂；曾经长期作为天主教北京教区的主教堂，是目前北京最大最古老的教堂之一，为第六批全国重点文物保护单位。📍北京市西城区西什库大街

利玛窦和外国传教士墓地：利玛窦墓墓穴为长方形，墓前建有西式拱顶六角亭，墓前立有石门"钦赐"牌坊1座，故后人又称为石门墓地。此后，由明及清的一些外国传教士相继葬于此墓地中。现为全国重点文物保护单位。📍北京市西城区车公庄大街

中国地质博物馆：建于1916年，是中国成立最早的国家级地质学博物馆。博物馆收藏地质标本20余万件，其中有蜚声海内外的巨型山东龙、中华龙鸟等恐龙系列化石，北京人、元谋人、山顶洞人等著名古人类化石。📍北京市西城区西四羊肉胡同15号

德胜门

东四周边

景点推荐

中国美术馆
中国唯一的国家艺术博物馆

- 北京市东城区五四大街1号
- 乘地铁6号线到东四站下，出站向西行约300米可到
- 9:00—17:00（16:00停止入馆） 免费
- 010-64006326

中国美术馆是以收藏、研究、展示中国近现代艺术家的作品为重点的国家造型艺术博物馆，也是目前国内最大的美术馆。1963年6月，毛泽东主席为美术馆题写了"中国美术馆"的馆额，从而明确了中国美术馆的国家美术馆地位及办馆性质。中国美术馆的主体大楼为仿古阁楼式建筑，黄色琉璃瓦大屋顶，四周有廊榭围绕，具有鲜明的民族建筑风格。中国美术馆收藏有各类美术作品7万余件，其中以中华人民共和国成立前后时期的作品为主，兼有民国初期、清代和明末的艺术家的杰作。在众多的作品中，仅齐白石的作品就有410件，除此之外，还有一些大家的作品也很丰富。中国美术馆馆内举办的各类活动很多，包括个人画展、群体画展、影展、书法展、儿童绘画、民间美术作品等展览活动。

王府井天主教堂
北京天主教四堂之一
- 北京市东城区王府井大街74号
- 乘坐地铁5号线可到

王府井天主教堂原为北京天主教四堂之一的东堂，由利类思和安文思两位神父于清顺治十二年(1655年)创建。

教堂为意大利式建筑，坐东朝西，坐落在青石基上，堂顶立三座十字架，正面开三个门，两侧各有旁门。堂内18根圆形砖柱支撑，直径65厘米，柱础为方形，堂内两侧挂着《耶稣受难》等多幅油画。东堂正面悬有"庇民大德包中外，尚父宏勋冠古今"的对联，上方有"惠我东方"字样。原院内堂北为惠我女校，堂南、西有教室，东有一院，内有花池、平房、楼房，为神父住处。堂东为一大空地，为惠我女校操场。

老舍故居
老舍在这里成就了他最辉煌的人生
- 北京市东城区灯市口西街丰富胡同19号
- 乘地铁5号线到灯市口站下车，沿灯市口大街向西行约800米

老舍先生在北京中华人民共和国成立前后居住过的地方共有10处，乃兹府丰盛胡同10号（今灯市口西街丰富胡同19号）是其中华人民共和国成立后居住的地方。老舍在这里居住的时间最长，人生成就也最辉煌，他人生的最后一段时光是在这里度过的。老舍纪念馆对外展示内容有：故居原状陈列（北京四合院），老舍的生活与创作展览。四合院内布局紧凑，正门坐西朝东，进门往北是一座三合院，是故居的主体部分。院内正房为三间北房，左右各带一间耳房，西耳房即为老舍的书房，陈列着老舍先生生前使用过的眼镜、钢笔、墨水瓶等物品及其他文物。在这里，老舍曾接待过许多著名艺术家和中外友人，并且写下了《龙须沟》《茶馆》《神拳》等23部著作。小院中有老舍先生当年亲自栽下的两棵柿子树，每逢深秋时节，柿树缀满红柿，别有一番诗情画意。老舍先生"生在北京，长在北京，死在北京，他写了一辈子北京，老舍和北京分不开，没有北京，就没有老舍"。在老舍故居中，可以深切地感受到老舍先生骨子里浓浓的北京情结。

史家胡同
以当地史姓大户而得名
- 北京东城区
- 乘地铁5号线到灯市口站下

史家胡同东起朝阳门南小街，西至东四南大街，南与东、西罗圈胡同相通，北邻内务

老舍故居

部街胡同。整条胡同宽阔宽敞，胡同两侧建筑整齐，多为深宅大院。胡同在明朝属黄华坊，清朝属镶白旗，1965年整顿地名时，将京华、官学大院并入，"文化大革命"中一度改称瑞金路十八条，后恢复原名。

史家胡同不仅历史悠久，胡同里还名人辈出，处处洋溢着浓浓的书香。近代中国许多名家学者如梅贻琦、赵元任、胡适等人皆从史家胡同开始了他们的精彩人生。

隆福寺文化旅游休闲街区
首都文化消费新地标

● 东城区政府南侧
● 乘地铁2号线、6号线皆可到达

隆福寺文化休闲街区位于东城区东四路口西北角，近年来，依托北京已有文化资源，充分挖掘隆福寺区域历史文化，通过艺术赋能新内容与场景，营造出一个全新的首都文化消费新地标。

在这里，可以欣赏意大利文艺复兴时期的绘画作品，可以享受属于自己的阅读时光……更值得一提的是，当你乘电梯来到9层的隆福文化中心时，那开阔、时尚、简约的露天庭院，那4个古朴、依次排列的中式大殿，在红墙和金色琉璃瓦的映照下，古朴典雅、熠熠生辉，不愧为新晋升的、年轻人喜爱的网红打卡地。

更多本旅游区景点

北大红楼：即新文化运动纪念馆，为全国重点文物保护单位。它因其主体由红砖砌成而得名。自1983年前红楼落成伊始，它就成为中国先进思想和文化的策源地。● 北京市东城区沙滩五四大街29号中国美术馆西（北京大学旧址）

皇城根遗址公园：坐落在紫禁城与王府井步行街之间，是历史上明、清皇城根东墙的位置。● 北京市东城区北河沿大街与地安门东大街交叉口

协和医学院旧址：是一组飞檐列脊、起伏错落的建筑群。主楼北连学院附属医院即协和医院。协和医学院旧址是清代至民国时期代表性建筑，属于全国重点文物保护单位。● 北京市东城区东单三条北侧

孙中山行馆：曾是清朝王府，民国时易为外交总长顾维钧私邸。该宅为三进院落，房屋系硬山合瓦清水脊顶、四周绕以回廊，西北部是花园。● 北京市东城区地安门东大街23号

隆福文化中心空中庭院

景点推荐 雍和宫周边

雍和宫
曾为雍正皇帝即位前的府邸

- 北京市东城区雍和宫大街12号
- 乘地铁2号线、5号线到雍和宫站下
- 9:00—17:00
- 25元
- 010-84191919

雍和宫旧址原为明代内官监官房,距今已有300多年历史,是北京市内最大的藏传佛教寺院。

雍和宫由天王殿、雍和宫大殿(大雄宝殿)、永佑殿、法轮殿、万福阁五进宏伟大殿组成,另外还有东西配殿、"四学殿",整个建筑布局院落从南向北渐次缩小,而殿宇则依次升高,形成了"正殿高大而重院深藏"的格局,巍峨壮观。各殿内供有众多的佛像、唐卡及大量珍贵文物,其中有紫檀木雕刻的五百罗汉山、金丝楠木雕刻的佛龛和18米高的白檀香木大佛。

玩家 解说

昭佛楼内的佛龛木雕,法轮殿内的五百罗汉山,万福阁内的强巴大佛(高18米,白檀香木雕成)为雍和宫三绝。

孔庙·国子监博物馆 AAAA
最高等级的文庙、古代最高学府

- 北京市东城区国子监街,雍和宫西面
- 乘地铁2号线、5号线到雍和宫站下
- 孔庙8:30—17:00,国子监8:30—16:30
- 30元
- 010-64075259

孔庙则是皇家祭孔之地,而国子监是中国元、明、清三代国家管理教育的最高行政机关和国家设立的最高学府,两者相伴,形成

雍和宫周边

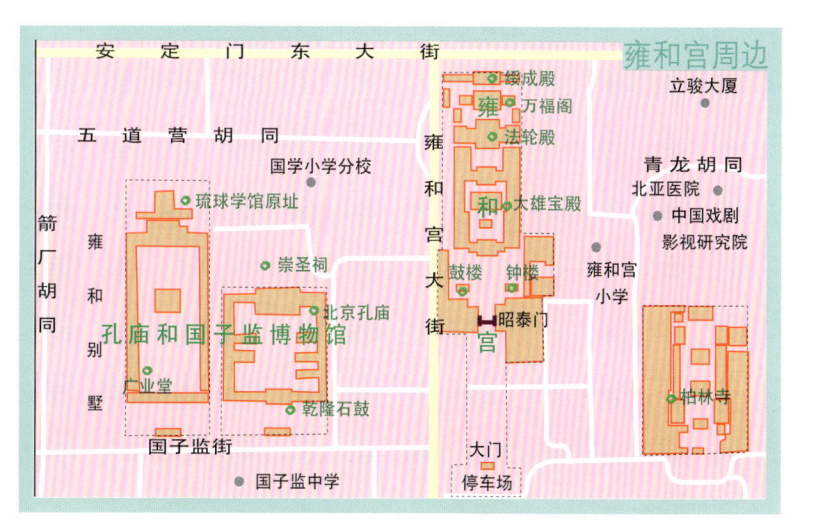

地图标注：安定门东大街、五道营胡同、国学小学分校、箭厂胡同、雍和别墅、琉球学馆原址、崇圣祠、北京孔庙、广业堂、乾隆石鼓、孔庙和国子监博物馆、国子监街、国子监中学、雍和宫大街、绥成殿、雍和宫、万福阁、法轮殿、大雄宝殿、鼓楼、钟楼、昭泰门、大门、停车场、雍和宫小学、立骏大厦、青龙胡同、北亚医院、中国戏剧影视研究院、柏林寺

"左庙右学"。北京孔庙是元、明、清三代祭祀孔子的地方，为我国最高等级的文庙。主体建筑都覆以黄色琉璃瓦，是封建社会的最高建筑规制。整座孔庙建筑布局科学，规模宏大，凸显皇家气派。北京孔庙与其他地方不同，因为它有碑林，其实就是一部石刻的功名簿。

元、明、清三代的读书人，凡中了举人的就在此立一块石碑，"一举成名天下闻"。国子监是中国古代教育体系中的最高学府，又称国子学或国子寺。中轴线上依次排列着集贤门（大门）、太学门（二门）、琉璃牌坊、辟

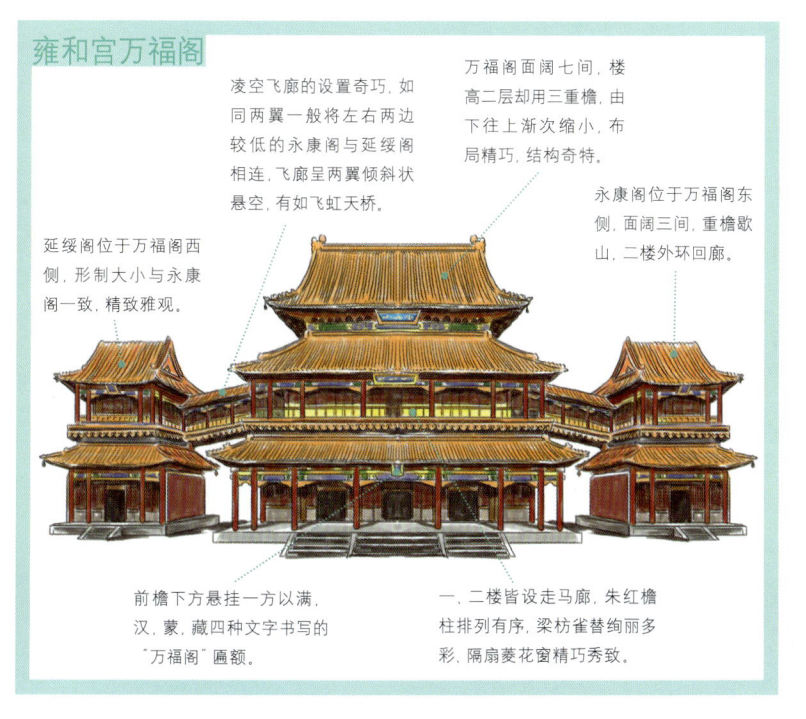

雍和宫万福阁

凌空飞廊的设置奇巧，如同两翼一般将左右两边较低的永康阁与延绥阁相连，飞廊呈两翼倾斜状悬空，有如飞虹天桥。

万福阁面阔七间，楼高二层却用三重檐，由下往上渐次缩小，布局精巧，结构奇特。

永康阁位于万福阁东侧，面阔三间，重檐歇山，二楼外环回廊。

延绥阁位于万福阁西侧，形制大小与永康阁一致，精致雅观。

前檐下方悬挂一方以满、汉、蒙、藏四种文字书写的"万福阁"匾额。

一、二楼皆设走马廊，朱红檐柱排列有序，梁枋雀替绚丽多彩，隔扇菱花窗精巧秀致。

雍殿、彝伦堂、敬一堂。古代在国子监读书的称为"监生",国子监不仅接受国内学生,还接受国外留学生。

经修缮的孔庙和国子监博物馆对外开放,包括"大哉孔子展""孔庙历史沿革展""中国科举展""国子监复原陈列展"4个基本展及2个复原展。

玩家 攻略

1.在北京孔庙一带,保留有很多老北京特色胡同,值得一逛。

2.国子监大学堂隔周周六开课,感兴趣者可通过电话提前预约并免费领票。上课地点在国子监彝伦堂。

玩家 解说

国子监街原名成贤街,位于安定门,两端入口有牌楼,是北京唯一的牌楼街,街上有孔庙、国子监和著名的十三经刻石,附近有雍和宫,与之相连的戏楼胡同有柏林寺。

柏林寺
京师八大寺庙之一

北京市东城区雍和宫街

柏林寺主要建筑位于南北中轴线上,自南而北依次为:山门殿、天王殿、圆俱行觉殿、大雄宝殿和维摩阁共五进院落。

大雄宝殿是全寺的主体建筑,檐下正中悬挂有巨额横匾,上书"万古柏林",是康熙60寿辰时的亲笔题书。殿内有明代塑造的三世佛和七尊木制漆金佛像。寺内还有著名的七叶槐、白皮松和千年银杏。

玩家 解说

柏林寺内曾保存中国唯一存留的龙藏经版。佛教经典从唐代起称为"藏"。龙藏就是指清朝御制镌刻的佛学大丛书,其内容收集了元、明、清三朝著名高僧以及佛学研究的著作,很多为史书所不载的史料,多可从这里探源溯流找到答案。这部龙藏刊刻于清雍正十一年(1733年),成于乾隆三年(1738年),经版有78 230块,经书7240卷,经版系选用上好的梨木雕造,刀法洗练,字体浑厚端秀,由于印刷量极少,因此经版至今字口锋棱俱在,完整如新。经版于1982年移至智化寺保存。

地坛公园
这里的庙会很出名

北京市东城区安定门外大街 乘地铁2号线、5号线到雍和宫站下,北行约200米可到南门 地坛公园6:00—21:00,祭坛8:00—18:00 地坛公园2元,祭坛5元,地坛庙会10元 010-64214657

地坛也称方泽坛,始建于明嘉靖九年

地坛公园

地坛钟楼

（1530年）。它位于安定门外东侧，与天坛遥相对应，是"北京五坛"中的第二大坛。作为一座庄严、古朴的皇家坛庙，它是明、清两朝祭祀"皇地祇神"的场所，也是我国现存最大的"祭地"之坛。中华人民共和国成立以来，先后修缮了已有建筑，重建了牌楼、钟楼，新建了牡丹园、月季园、集芳囿、银杏路等景点。每年春节期间，这里都会举办迎春文化庙会，届时有大规模仿清祭地表演以及民俗文化展演等民俗活动。

玩家 攻略

地坛庙会是京城最早的春节庙会，也是京城"园林派庙会"代表，首次举办于1985年，是最富有京味儿民俗的活动。地坛庙会皇家民俗交相辉映，有民间花会，杂技曲艺，时装表演，儿童木偶剧等活动，尤其是"仿清祭地"表演是整个庙会的压轴戏和品牌节目，表演从年三十到年初七，上午10时准时上演。听着京味儿十足的叫卖声，品着色香味俱佳的八方小吃，欣赏着传统工艺品，不禁感叹惊心动魄的民间绝活。

五道营胡同
被称作"下一站南锣"

- 北京市东城区安定门桥东
- 乘地铁5号线到雍和宫站下

五道营胡同明朝叫武德卫营，清代讹称。在这条胡同里有很多有意思、有情调的特色餐厅、咖啡馆、精品小店。五道营胡同，有着和南锣鼓巷一样的氛围，却没有拥挤的人群，是盛夏夜去泡吧或情侣散步的不二之选。青砖灰瓦，斑驳的院墙，间或夹杂着几家透着古典风韵或者西方风情的小店铺，从里面传出乐耳的唱片声，兼具各国特色的创意餐厅，骑着自行车的外国人则时不时地从狭长的胡同呼啸而过。

玩家 解说

午后或夜色迷离中走在胡同里感觉惬意，这里的小店比南锣鼓巷更有特色一些。店大半都是外国人和海归开的，许多店主还是导演或文艺工作者。五道营客流量相对较少，但好在氛围好，文化多元，让人喜欢这里的味道和气氛，多了几分当年休闲、慵懒的感觉，五道营属于国子监的"文化产业生态区"，商家和老住户共存，时尚和京味儿"混搭"，历史与现代气息融合，艺术与平民生活接壤，别有一番趣味在其中。如今的五道营已有60余家特色店铺进驻，如特色餐厅、咖啡馆、服装定制店、创意小店等，五道营变得越来越迷人。

景点推荐：北京动物园周边

紫竹院公园 AAAA
华北最大的竹园

- 北京市海淀区中关村南大街35号
- 乘坐地铁4号线、9号线可到

紫竹院公园因园内西北部有明清时期的庙宇——"福荫紫竹院"而得名。全园占地47.35公顷，水面约占1/3，南长河、双紫渠穿园而过。园中有三湖两岛一堤，可以说这里是一座以竹为景、以竹取胜的自然式山水园林公园。园中造景模山范水、求其自然，假山怪石都经过精心的安置，亭、廊、轩、馆错落有致，修竹花木巧布其间，"举目皆如画，四时景宜人"，是夏季游玩的好去处。

玩家 攻略

紫竹院为免费开放公园，前来游玩参观的人很多。夏季时，紫竹院公园温度较外面低，是一个避暑的好去处，所以夏季是公园的游玩旺季，前来划船、戏水的游客很多，游客要注意防暑防晒，以防身体不适，同时还要注意游玩安全。

玩家 解说

公园造景模山范水求其自然，缀石嶙峋精心安置，亭、廊、轩、馆错落有致，修竹花木巧布其间，举目皆如画，四时景宜人。春风暖筱百花舒，夏霭轻舟翠盖浮，秋雨润芦枫叶艳，冬云瑞雪映松竹。中部青莲岛上有"八宜轩""竹韵景石"；

明月岛上有"问月楼""箫声醉月";西部有"跨海东征""紫竹垂钓";南部有"澄碧山房"及儿童乐园;长河北部是独具江南园林特色的"筠石苑",那里山势蜿蜒高低,水体聚散潆洄。植物配置精细,构筑轻巧,淡雅、清秀、幽静而别致。有"清凉罨秀""江南竹韵""竹深荷静""友贤山馆""绿云轩""斑竹麓""知弈庐"诸景。

北京动物园 AAAA
中国开放最早多的动物园

北京市西城区西直门外大街137号　乘坐地铁4号线到北京动物园站下　10元　旺季7:30—18:00,淡季7:30—17:00

010-68390274

　　北京动物园占地面积约86公顷,水面面积8.6公顷,是我国最大的城市动物园,从清光绪三十二年(1906年)建园至今已有逾百年的历史。动物园中的动物品类丰富,有我国特产的珍贵动物大熊猫、金丝猴、东北虎、白唇鹿、麋鹿("四不像")、矮种马、丹顶鹤等,也有来自世界各地的代表性的动物,如非洲的黑猩猩、澳洲的袋鼠、美洲豹、墨西哥海牛、无毛狗、欧洲野牛等。动物园还建有两栖爬虫馆,内有大小展箱90个,展出世界各地的爬行动物100多种,其中有一种世界上最大的鳄鱼——湾鳄。

玩家 攻略

　　去动物园游览一年四季皆可,以春、秋季最为适宜。夏季较为炎热,前去游玩的游客要注意防晒、防暑。4月动物处于生长发育期,比较好动,此时去最好。

　　最好避免冬天寒冷的时候去动物园,这时候很多动物都在窝里不出来,出来的动物也是懒洋洋的。

　　每逢节假日,这里游客的数量会猛增,园内会出现人头攒动的景象,最好能够错峰前往。

　　动物园有饲养员按时给动物喂食,游客不要随意将食物抛给动物。

　　园内还修建了儿童游乐园和游船码头,方便儿童游玩。

　　这里交通非常便利,从动物园里面坐船可以直接去颐和园。

北京动物园大熊猫

玩家 解说

　　在北京动物园的百年历史上,曾开创了多项城市动物园"之最"。

　　中国开放最早的动物园:光绪三十三年(1907年),农事试验场内附设的"万牲园"(动物园前身)开放售票接待游人。

　　全世界参观游览人数最多的动物园:1984年接待游客量达1200万人次;北京动物园在第一个五一假期最多一天就接待游客达25万人次。

　　大熊猫科研与繁育史上一连创下3个"最先":1963年在世界上首次在人工饲养环境下实现大熊猫的繁殖;1978年首次应用人工采精和人工授精技术繁殖大熊猫获得成功;1992年首次全人工育幼成活。

北京海洋馆 AAAA
亚洲第一、世界内陆最大的海洋馆

北京市海淀区高梁桥斜街乙18号

乘地铁4号线到动物园站下

175元(不含动物园)

　　北京海洋馆位于北京动物园内,是亚洲第一、世界内陆最大的海洋馆。海洋馆整体呈"海螺"状，色彩以蓝和橘红为基调，分别代表神秘的海洋和海洋生物无尽的生命力。其内部设计独特，屋顶均为网架结构，以蓝色和黄色作为主装饰色，别具特色。馆内首创全馆使用人工海水，其人工海水量是当今世界之最。馆内安排了"雨林奇观""风情海滩"等七个主题展示区，馆内的海洋鱼类及生物达1000余种、数万尾，吸引众多游客前往观光。

玩家 解说

北京海洋馆建筑造型独特，恢宏壮观，犹如一只蓝色的大海螺，躺在绿树环抱、花团簇拥的沙滩上。北京海洋馆拥有世界先进的维生系统，使用人工海水，总水量达18 000吨。馆内为游客巧妙安排了"雨林奇观""风情海滩""海底环游""白令小镇""国宝中华鲟鱼馆""鲸豚湾""海洋剧院"七个主题的展示区域，馆内饲养和展示的海洋鱼类及生物达千余种、数万尾。北京海洋馆通过丰富的鱼类展示、珍贵濒危物种的保护宣传、精彩的海洋动物表演和各种科普活动，向游客介绍水生物的知识，讲述海的故事，倡导环保意识。

▢ 雨林奇观

步入其中，蜿蜒曲折的小道、飞流直下的瀑布、淙淙流淌的小溪、神秘的塑像、古老的小桥、耳边的虫鸣鸟吟，使游人仿佛置身于神秘的亚马孙原始森林。随着自然地势的变化起伏，22个大小不一的展示缸像粒粒散落的珍珠巧妙地镶嵌在森林与岩缝中间。浓郁的热带雨林风光，让人流连忘返。主要展品：七彩神仙鱼、玻璃鲇、非洲王子、红龙、锦鲤、巨骨舌鱼、蓝鲨、蝙蝠鲳、琵琶鱼、青鱼、雀鳝、射水鱼、神仙鱼、食人鱼、嗅线鲈。

▢ 海洋剧院

巨大的海洋剧院展现了浓郁、浪漫的夏威夷海滨风光，可容纳3000多位观众的大型室内动物表演剧场，是最受游客喜爱的地方。碧波荡漾的动物表演池宛如一颗璀璨

海洋剧院

的蓝宝石熠熠生辉，精彩绝伦的海洋动物表演，在如潮的掌声中开始，在快乐的欢呼中沸腾。表演项目有：火箭飞人表演、海狮、海豚展示、海豚顶球表演等。

▢ 鲨鱼码头

在亚洲最长的亚克力胶整体展窗前，幽暗的海底环境中，令人生畏的大鲨鱼与你擦肩而过。不同于传统的平面或隧道等展示形式，它将以立体全视野方式进行展示，达到远看是幅画，近看处处有惊喜的效果。主要展品：白边真鲨、沙虎鲨、大白鲨、乌翅真鲨。还有"潜水体验""互动投喂""人鲨共舞"等多项惊险刺激的互动项目。

▢ 触摸池

金色的阳光、白色的沙滩，在阵阵的海浪声中，栖息着浅水海域的潮间生物。模拟生机勃勃的仿真海岸线长达48米，可听到轻柔的海浪声，可以亲手触摸形态各异的海洋软体动物，能体验海水的感觉和与大海龟嬉戏的乐趣。主要展品：海胆、海葵、海星、寄居蟹、中华鲎。

北京动物园周边 117

中国古动物馆
以古生物化石为载体的博物馆

- 北京市西城区西直门外大街142号
- 乘地铁4号线可到
- 9:00—16:30（周一闭馆）
- 20元
- 010-88369280

中国古动物馆是由中国科学院古脊椎动物与古人类研究所创建的一座系统介绍脊椎动物起源和系统发育的国家级博物馆，也是我国第一家以古生物化石为载体，系统普及古生物学、古生态学、古人类学及进化论知识的国家级自然科学类专题博物馆，同时也是目前亚洲最大的古动物博物馆。1995年12月，中国古动物馆正式对公众开放。

大钟寺
寺内保存的大钟有"钟王"之称

- 北京市海淀区北三环西路甲31号
- 乘坐地铁13号线可到 20元

大钟寺原名觉生寺，因永乐大钟而得名。曾是皇家祈雨、举行佛事活动的重要场所，现辟为古钟博物馆，有古钟600余件，其中战国编钟共有65个，东边是清代的钟，西边是明朝的钟。

至今大钟寺山门高悬一块青石匾大钟寺额，上刻9条穿云飞龙，正中为雍正帝御笔"敕建觉生寺"。

玩家 攻略

每年的正月初一到十五，大钟寺有庙会，其中，最吸引人的庙会项目是"打金钱眼"，其活动内容是：在大钟内悬挂一个铜钹，用铜元击中并使其作响，就会一年顺利。

更多本旅游区景点

北京天文馆（西馆）：是中国第一座综合性天文馆。馆体主要建筑有天象厅、讲演厅、展览厅、天文台等。 北京市海淀区西直门外大街138号

清农事试验场旧址：原为清康亲王赐园，乾隆时收为御园，后为乐善园（三贝子花园）。现存建筑有畅观楼、鬯春堂、大门、门内正楼及侧楼。 北京市西城区西直门外大街137号

北京展览馆：建立于1954年，是毛泽东主席亲笔题字、周恩来总理主持剪彩的北京第一座大型综合性展览馆。 北京市西城区西外大街135号

万寿寺：建于明万历五年，清代两次扩建，中路有大雄宝殿、万寿阁、大禅堂、无量寿佛堂、万寿楼等七重殿。万寿寺是全国重点文物保护单位，现辟为北京艺术博物馆。 北京市海淀区西三环路紫竹桥东北

真觉寺金刚宝座塔：是在一个高台上建有五座小型石塔，俗称五塔寺塔，属全国重点文物保护单位。 北京市海淀区五塔寺村

大慧寺：是佛教寺院，因寺内有大佛，俗称大佛寺。大慧寺始建于明正德八年（1513年），明嘉靖年间增建了一座佑胜观，明世宗在寺后增建一座真武祠。现为全国重点文物保护单位。 北京市海淀区大慧寺路附近

景点推荐：军事博物馆周边

军事博物馆
中国唯一的综合性军事博物馆

- 北京市海淀区复兴路9号
- 乘地铁1号线到军事博物馆站下
- 8:30—16:00
- 免费（需提前预约）
- 010-66866244

中国人民革命军事博物馆占地8万多平方米，主楼高94.7米，7层，规模宏伟，是20世纪50年代首都十大建筑之一。高达4.9米的铜门，是用抗美援朝战争中志愿军参战部队送来的炮弹壳熔铸而成的。大门两侧竖立着"陆海空"和"全民皆兵"两组汉白玉石雕。

基本陈列展示了中华民族5000年的军事历史与军事文化，主要由古代战争馆、近代战争馆、土地革命战争馆、抗日战争馆、全国解放战争馆和兵器馆等组成。

兵器馆位于中央北大厅，陈列了世界上20多个国家生产的近2000件各种武器，其中有"功臣号"坦克、东风一号导弹、歼5歼击机、五九式中型坦克等许多功勋兵器，被誉为"兵器的王国"。

玩家攻略

军事博物馆离中华世纪坛只有300米的距离，游览军事博物馆时，可以顺便游览中华世纪坛，远眺中央电视台。此外，这里离北京西客站也很近，向南步行20分钟可到。

军事博物馆周边 119

首都博物馆 AAAA
国内一流、国际先进的综合性博物馆

- 北京市西城区复兴门外大街16号 乘地铁1号线到木樨地站下 9:00—17:00（16:00停止入馆，周一闭馆） 免费 010-63370491

首都博物馆，是北京地区的大型综合性博物馆，位于"中华第一街"——长安街西向的延长线上。博物馆于1953年开始筹备，1981年正式对外开放，原馆址在北京孔庙。2001年，新馆开始兴建。并于2005年12月开始试运行，2006年5月18日正式开馆。首都博物馆的展览主要有：基本陈列、精品陈列和临时展览。目前，博物馆馆藏文物已达25万件，包括青铜、陶瓷、玉器、玺印、竹木牙角器、民间工艺品等，藏品中还不乏享誉海内外的孤品与珍品。博物馆的展览陈列表现了恢宏壮丽的北京文化，以及不断递升并走向辉煌的都城发展史，其内容之丰富、展品之精美均处于国内一流水平。

玩家 攻略

1. 一层的互动厅有所有展厅中重要文物的介绍，如果看完这些资料再去看文物的时候，就会有的放矢，也更有乐趣。一层的数字放映厅会滚动播放极具视觉冲击力的数字电影或短片。

2. 方厅和圆厅是两栋独立的建筑，只有1~4层以条状长廊连接，第5层不相通，而且方厅没有第6层，笔者提醒，最好是整栋整栋地游览，如果是圆厅和方厅一起游览，会走很多冤枉路。圆厅的自动扶梯是单向的，只上不下，在东南角有供残疾人上下的专用电梯。

3. 博物馆的服务设施还非常人性化。每层都有自动饮水处和一次性杯子；方厅每层还有育婴室；展厅内外有很多可供休息的座椅，参观时要注意，在展览厅里拍照禁止用闪光灯，不要在展览厅里喝水、吃东西，如果走累了，可到各厅外的休息区小憩。

玩家 解说

基本陈列是首都博物馆的核心陈列，包括《古都北京——历史文化篇》和《京城旧事——老北京民俗展》两部分。《古都北京——历史文化篇》位于博物馆方形展厅二层，使用文物和图片，展示了北京从一个北方边塞发展成王朝的都城，直至成为中华人民共和国首都的漫漫道路。《京城旧事——老北京民俗展》位于方形展厅的五层，该展览采用最具北京民俗特色的元素符号——胡同和四合院来反映展览的主题。通过展示胡同邻里的婚育、节庆等活动，表现清末民初老北京人的生活习俗和各种礼仪。

白云观
北京最大的道观

- 北京市西城区白云路白云观街9号
- 乘26、45等路公交车到白云观下
- 10元

北京白云观始建于唐朝，是道教全真三大祖庭之一，藏有《大金玄都宝藏》。白云

首都博物馆

观是北京最大的道观建筑,共有50多座大小殿堂,占地约2万平方米。其设计吸取南北宫观、园林特点建成,殿宇宏丽,景色幽雅,殿内全用道教图案装饰,具有较高的历史与艺术价值。观内的建筑分中、东、西三路及后院,中路以山门外的照壁为起点,依次有照壁、牌楼、华表、山门、窝风桥、灵官殿、钟鼓楼、三官殿、财神殿、玉皇殿、救苦殿、药王殿、老律堂、邱祖殿和三清四御殿。白云观经多次重修,现存建筑多为明清遗构,观内保存有大量碑刻,记述观址建筑变迁。

玩家 解说

山门为石砌的三券拱门,三个门洞象征着"三界",跨进山门就意味着跳出"三界",进入神仙洞府。山门石壁上雕刻着流云、仙鹤、花卉等图案,其刀法浑厚,造型精美。中间券门东侧浮雕中隐藏着一个巴掌大小的石猴,已被游人摸得锃亮。老北京有这样的传说:"神仙本无踪,只留石猴在观中。"这石猴便成了神仙的化身,来白云观的游人都要用手摸摸它,讨个吉利。观内共有小石猴三只,分别藏在不同的地方,若不诚心寻找,难以见到,故有"三猴不见面"之说。

中华世纪坛
主体建筑如同日晷

北京市西城区复兴路甲9号　乘地铁1号线、9号线到军事博物馆站下　9:00~17:00　免费,需预约　010-84187900

中华世纪坛是为迎接21世纪而建的纪念性建筑,它浓缩了中华民族5000年的文明史。主体建筑如同放大的日晷,主要由旋转的"乾"和不动的"坤"组成。主体包括青铜甬道、世纪大厅、东西方艺术馆、现代艺术馆和多媒体艺术馆等建筑。中华世纪坛春节文化庙会热闹非凡,民族年俗文化原生态节目是该庙会的重要组成部分,深受市民喜爱。

玩家 解说

中华世纪坛静止的回廊与旋转的坛面寓意着中国古老"乾""坤"的哲学思想,整体寓意为"天地合一",世纪坛上的圆形旋转坛体,可每3~12小时转一周,它象征"乾",寓"天行健,君子以自强不息"之意,再现中华民族5000多年来生生不息的追求和任何环境下不屈不挠,勇于进取的精神。环抱旋转坛体的下半部分包括两侧静

中华世纪坛

止的回廊象征为"坤",表现"地势坤,君子以厚德载物""有容乃大"之意,"乾",指天体永恒运动,从不停息。寓努力向上,自强不息,不断进取之意。"坤",为大地能包容万物,兼容博大,寓意和为贵的精神,体现了中华民族吸收一切先进科技发展成果的精神。

玉渊潭公园 AAAA
京城早春赏樱花的绝佳去处

- 北京市海淀区西三环中路（军事博物馆北侧）
- 乘地铁1号线到木樨地站下,向北步行可到
- 2元

玉渊潭公园,是北京市市属11大公园之一,占地面积137公顷,其中一半为水面。公园主要由西面的樱花园、北面的引水湖景区、南面的中山岛、东面的留春园等组成,湖水荡漾、绿树成荫。早在800多年前,玉渊潭一带就有泉水自地下涌出,冬夏不竭,有许多封建士大夫追求隐逸的生活,便在这里修建了"养尊林泉""钓鱼河曲"等名胜。在金代时,这里就是金中都有名的游览胜地。清乾隆三十八年（1773年）,香山引河治水工程兴建,就将水池扩大成湖,奠定了今天玉渊潭的基础。来到玉渊潭的游客可以在林中漫步、休闲健身,也可以泛舟湖上,愉悦身心,在这里回归自然,感受绿色,尽享美好风光。

玩家 攻略

近年来每逢春季,玉渊潭公园都会举办"樱花赏花会",游客可观赏到2000余株樱花盛开的景象,每年3月底至4月底赏花最佳。此外,春天的海棠园也值得游客前去观赏。

天气晴朗的时候游客可选择去划船。园内现有电瓶船、脚踏船、手划船、老爷车等十三个船种。公园目前共有3个码头,手划船码头位于西湖南岸,从南门入园比较近。公园樱花码头和东湖南码头,分别从西门和东门、南门入园比较近。

游客服务中心提供租借轮椅的服务,方便行动不便的老人游园。

玩家 解说

1973年,象征中日友谊的大山樱苗在玉渊潭湖畔扎根,这是公园最早成景的樱花林。近年来,公园不断将品种推陈出新,目前共拥有近20个品种,2000株樱花。北京的早樱花期在3月下旬至4月上旬,花瓣多为单瓣或半重瓣,花形娟秀,树型高大。公园展览区的代表种有杭州早樱、大山樱、山樱、染井吉野等,樱花的盛开寓意着春天的到来。晚开品种数量繁多,名称雅致,色彩鲜艳,观赏性也各具风韵。在北京花期大多在4月中下旬。花瓣多为半重瓣（5~15枚）和重瓣（30~50枚）,常见品种有关山、一叶、普贤象等。

中央电视塔 AAAA
北京的标志之一

- 北京市海淀区西三环中路11号
- 乘300、336、特8等路公交车到航天桥站下
- 010-88416232

中央电视塔,塔高400多米,是北京最为独特的高空观景旅游胜地。塔上有世界上最大的环形露天观景平台之一,可以360度俯瞰全景北京的壮丽风貌,感受鸟巢、故宫、国家大剧院、颐和园、央视新大楼,以及奥运会场馆星罗棋布的震撼景观！位于塔内

中央电视塔

221米的空中观景旋转餐厅是京城最具特色的中西自助餐餐厅，在星光璀璨的12星座图的穹顶下，体味温馨、浪漫、时尚、优雅，已经成为京城情侣、友人聚集的首选之地，被网民评为"北京十大浪漫之地"。

玩家攻略

露天瞭望平台：位于二十二层（238米），是北京的最高点，设有高倍望远镜，可俯瞰首都无限风光。

室内观景厅：位于十九层（225米），室内观景厅设有舒适座椅，可从各个方向瞭望首都胜景。

旋转餐厅：位于十八层（221米），是名副其实的"京城最高食府"。餐厅旋转一圈用时90分钟。

更多本旅游区景点

太平洋海底世界博览馆：是集海洋科普、娱乐、观赏于一身的综合性博览馆。太平洋海底世界由触摸池（可以亲手抚摸海底生物）、企鹅馆、海豹表演区、人鲨共舞表演区等部分组成。 北京市海淀区西三环中路，中央电视塔塔下

万事达中心：即五棵松文化体育中心，位于长安街沿线和西四环交会处，包含体育馆、棒球场、文化体育及公共服务设施，以及大型文化休闲广场。 北京市海淀区复兴路69号

北京国际雕塑公园：以收藏、展示国内外雕塑艺术品为主，现已有200余件来自40多个国家和地区的优秀雕塑、浮雕、壁画作品收藏于园中。 北京市石景山区石景山路2号

莲花池公园：是北京的"摇篮"。公元前1045年，周武王封黄帝之后于蓟，北京城的开端。"蓟城"就是以莲花池为水源发展起来的。1153年，金代迁都燕京，改名金中都，并对都城进行了大规模扩建，把莲花池的下游莲花河包入城中。 北京市丰台区西三环中路

天宁寺塔：是中国辽代佛教建筑，为八角十三层密檐式实心砖塔，通高57.8米。砖塔修建在一座巨大的四方平台上，大平台上是两层八角形平台塔基，塔基上为雕有莲花、狮头、坐佛、力士等雕刻的莲花座。现为全国重点文物保护单位。 北京市西城区广安门外天宁寺内

北京国际雕塑公园

景点推荐 **右安门周边**

金中都水关遗址
我国古代都城最大的水关遗址

- 北京市丰台区右安门外玉林小区甲40号
- 乘19路、48路公交可到
- 9:00—16:00,周一闭馆
- 免费,团体参观需提前两天预约

金中都水关遗址是北京考古遗址博物馆的一部分,是以金中都南城垣水关遗址为基础兴建的,是地下遗址与历史陈列相结合的专业性考古博物馆,也是目前国内唯一集中收藏、展示辽金两代历史文化的遗址型博物馆,其外形恰似一座巍峨的古代城堡。

地下部分是迄今我国最大的古代都城水关遗址(全国重点文物保护单位),是研究我国古代建筑和水利设施的重要实例。地上一层的展馆分五个单元,分别为水关遗址的发现和发掘过程,水关建筑结构与价值,我国城市水关建筑的演变过程等。

玩家 攻略

水关又称为"水门""水津门"或"水窦",是河道沟渠穿越城墙的通水口。大致可分为两种:一种是供水渠道的进出水关,另一种是排水系统的出水关。它是保证城市供排水畅通的咽喉。

法源寺

北京城内最古老的寺庙建筑群

- 北京市西城区法源寺前街7号
- 乘坐地铁4号线、7号线可到

法源寺位于北京宣武门外教子胡同南端东侧,是北京城内现存历史最悠久的古刹,也是中国佛学院、中国佛教图书文物馆所在地。

法源寺建于唐太宗贞观十九年(645年),占地面积6700平方米,建筑规模宏大,结构严谨,采用中轴对称格局,由南至北依次有山门、钟鼓楼、天王殿、大雄宝殿、悯忠台、净业堂、无量殿、大悲坛、藏经阁、大遍觉堂、东西廊庑等,共七进六院。

陶然亭公园 AAAA

陶然亭为中国古代四大名亭之一

- 北京市西城区太平街19号
- 乘地铁4号线到陶然亭站下
- 2元 010-63511596

公园因陶然亭而出名,康熙年间工部侍郎江藻建亭,为亭题名"陶然",名字源自唐代诗人白居易"更待菊黄家酝熟,与君一醉一陶然"诗意。陶然亭公园有陶然亭、云绘楼、清音阁、慈悲庵(园史及文物陈列室)等古建。新景有胜春山房、望春浴德、历史名亭、九州方圆等景区。

陶然亭现为中国的四大历史名亭之一。亭上有苏式彩绘,屋内梁栋饰有山水花鸟彩画。两根大梁上绘《彩菊》《八仙过海》等,亭上有三大匾。亭间分别悬挂着许多名人题写的对联。陶然亭建成后,江藻常邀请一些文人墨客、同僚好友到陶然亭上饮宴、赋诗,这里成了文人雅集的地方,因此留下很多诗文,秋瑾、龚自珍等都曾在陶然亭上留下诗文。

玩家 解说

华夏名亭园是陶然亭公园的"园中之园",精选国内名亭仿建而成。有"醉翁亭""兰亭""鹅池碑亭""少陵草堂碑亭""沧浪亭""独醒亭""二泉亭""吹台""浸月亭""百坡亭"等10余座。这些名亭都是以1:1的比例仿建而成,亭景结合,相得益彰,流连园内,有如历巴山楚水之间,或游吴越锦绣之乡的感觉,历史文化内涵更加深邃。

陶然亭公园云绘楼

右安门周边 125

大观园

大观园
《红楼梦》中元妃省亲所住的"别墅"

- 北京市西城区南菜园街12号 40元
- 010-63582011

大观园是一座再现中国古典文学名著《红楼梦》中"大观园"景观的仿古园林。它的原址是明清两代皇家菜园,明代曾在此设"嘉疏署"。1984年,为了拍摄电视剧《红楼梦》,经红学家、古建筑家、园林学家和清史专家共同商讨,按作者在书中的描述,采用中国古典建筑的技法和传统的造园艺术手法,将文学作品中的大观园付诸现实。园中的园林建筑、山形水系、植物造景、小景点缀等,均力图还原原著的时代风尚和细节描写。大观园中最雍容华贵、富丽堂皇的院落是剧中贾宝玉的住所,建造精巧、景色别致。《红楼梦》中的大观园是为贾府大小姐元春而建的省亲别墅,因此在大观园中也会定期举办"元妃省亲"古装表演。

玩家 攻略

大观园在每年阴历春节初一至初六举办红楼庙会,庙会内容包括文艺演出、民间花会、风味小吃、民俗活动等,其中"元妃省亲"古装巡游是大观园文化庙会的传统项目和独有的特色。每年阴历八月十五还举办"北京大观园中秋之夜",活动以文艺演出、赏月团聚、观赏夜景为内容,每届举办3~4天,是京城中秋活动的传统品牌项目。

湖广会馆
两湖人士联络乡谊的所在

- 北京市西城区虎坊桥3号(虎坊桥西南侧)

湖广会馆始建于清嘉庆十二年(1807年),是湖南、湖北两省旅京人士为联络乡谊而创建的同乡会馆,主要用于同乡寄寓或届时聚会,已有200年历史。

会馆内部装修典雅,古色古香。会馆总体分为正厅、客厅、戏楼,三部分皆由游廊连为一体。主要建筑包括:戏楼、文昌阁、乡贤祠、楚畹堂等。

大戏楼分上下两层,二层由包厢式看楼环拱,有12个包厢。舞台天幕是用黄色金丝缎绣制的,五彩龙凤戏珠、牡丹、蝙蝠、如意吉祥图案,极具特色。现在戏楼恢复演出功能，以演出京剧经典剧目为主。会馆内还设有北京市戏曲博物馆。

玩家 解说

湖广会馆曾为一处京城名流会聚的地方。民国以后，谭鑫培、余叔岩、梅兰芳等诸名伶皆曾在此演出过。湖广会馆最具有历史意义的政治活动，当数1912年8月25日至9月15日，孙中山先生先后5次莅临湖广会馆，并发表了激动人心的演说，受到与会者的热烈欢迎，盛况空前。而且，孙中山先生在此主持了中国同盟会等5个团体的合并大会，宣告中国国民党成立，在中国近代史上写下了重要的一页。湖广会馆不仅是国民党的诞生地，也是孙中山先生建党的重要纪念地之一。

牛街礼拜寺
北京四大清真寺之首

📍 北京市西城区牛街东侧

牛街礼拜寺是北京规模最大、历史最悠久的一座清真寺。牛街礼拜寺创建于辽统和十四年（996年），初为辽代入仕的阿拉伯学者纳苏鲁丁所建，其整体布局集中、严谨、对称。全寺占地面积6000平方米，现存主要为明、清时代建筑，主要有礼拜大殿、宣礼楼、望月楼、南北碑亭、大影壁等，规模宏伟、肃穆幽深，是中国式古代宫殿和阿拉伯式清真寺相结合的产物，为我国古建筑之精品。礼拜寺总平面布局很有特点，寺院平面用中轴线布局，寺门朝西、门前有砖石照壁。礼拜大殿宏伟宽敞，可同时容纳1000多人做礼拜。南讲堂东面的两座墓为元代遗物，埋葬着两位来中国布道的阿拉伯长老，碑文字迹清晰，保存完好。每年伊斯兰教历开斋节时，穆斯林都要到牛街礼拜寺"会礼"，礼拜结束后，人们互致"开斋节"好，互赠油香，一派热闹的节日景象。

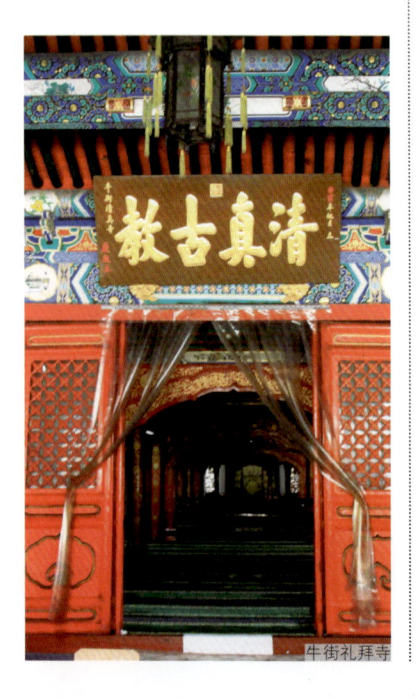

更多本旅游区景点

南堂： 是一座历史悠久的天主堂。1605年，利玛窦神父曾于该处建起第一座教堂，但规模较小，后由德国耶稣会士汤若望神父于1650年建造了北京城内的第一座大教堂，是中国天主教北京教区主教座堂。📍 北京市西城区前门西大街141号

万芳亭公园： 是一座占地10.6公顷的综合性公园。目前，园内设有网球馆、羽毛球馆、足球场、篮球场、乒乓球及多功能健身场地等。📍 北京市丰台区洋桥西里2号

国民政府财政部印刷局旧址： 全国重点文物保护单位。其前身为清度支部印刷局，是中国采用雕刻版凹版设备印钞的第一家印钞厂。📍 北京市西城区白纸坊街23号

报国寺： 始建于辽代，明成化二年（1466年）重修，改名慈仁寺，清乾隆十九年（1754年）重修，改名大报国慈仁寺，皆存御碑。如今，报国寺秉承百年之文脉，成为以经营书籍、邮票、钱币为主的文化市场。📍 北京市西城区报国寺前街1号

牛街礼拜寺

天坛周边

景点推荐

天坛公园 🎧 AAAAA
世界上最大的祭天建筑群

- 北京市东城区天坛内东里7号
- 走东门可乘地铁5号线到天坛东门下
- 旺季8:00—17:30，淡季8:00—17:00
- 大门票旺季15元，淡季10元；旺季联票35元，淡季联票30元 010-67012402

天坛始建于明成祖永乐十八年（1420年），原名"天地坛"，是我国现存最大的古代祭祀性建筑群。天坛被双层围墙分为内外两坛。内坛主要由圜丘坛、祈谷坛两大建筑群组成，二者分列于南北两端，中间由丹陛桥相连，并由此形成了天坛的建筑轴线。以这条轴线为基准，其东建有七十二长廊、七星石，以及南北各一座的神厨院；其西建有祭天大典前皇帝进行斋戒仪式时暂居的斋宫。另外，天坛外坛西北角建有神乐署，是唯一一处外坛建筑。巍峨壮美的祈年殿、圣洁神秘的圜丘、优雅庄重的斋宫、历史悠久的千年古树，形成了天坛独特的坛庙园林景观。

玩家 攻略

1.各大门区8:00—17:00有电子导游出租，租金10元（中文），押金100元。另外，各景点殿堂每20分

天坛公园

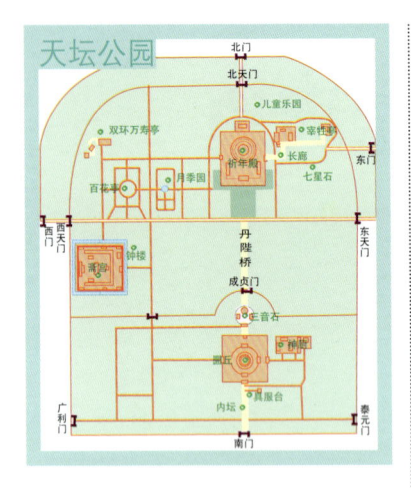

钟免费讲解一次，并视游客量增加讲解次数。

2.天坛公园电瓶车（未成年人及老、弱、体残人员，须由监护人带领乘坐）：5元路线为公园西大门至公园主要景区，20元路线为公园主要景区外环线一周（夏季8：30—16：30，冬季9：00—16：00）。

3.神乐署凝禧殿中和韶乐展演厅每天有6场表演，用现场演奏的方式介绍中和韶乐及中国古代八音乐器。每场15分钟，表演开始时间分别为9：00、10：00、11：00、13：30、14：30、15：30，周一无表演。

4.祈年殿西侧古柏林中，成片的二月兰在古树之间绵延不绝，显得生机勃勃，西北外坛的二月兰分布更广，也更富有大自然气息。一簇簇小花汇成了一片花海，空气中弥漫着二月兰特有的幽香。二月兰最佳观赏时间为3~5月，4月中下旬有丁香展。

玩家 解说

天坛整体风格庄严神圣，各建筑在形制、布局、结构、色彩、装饰、使用材料、象征寓意等许多方面，都有着各自鲜明的特点。中轴线上的建筑最能体现天坛恢宏、壮观的气势。尤其祈谷坛上的祈年殿，是天坛和北京的标志性建筑。此外，天坛建筑很好地融合了声学效应，回音壁、三音石及天心石这三个建筑物更是其中的杰出代表。

链接

天坛四大妙音

回音壁的回音：皇穹宇殿外四周有一座正圆形围墙，这就是著名的回音壁，两个人分别站在东西两侧墙边，一人对墙低声细语，另一人将耳朵贴近墙面，清晰得如同在打电话一般。想知道为什么吗？因为这座围墙的弧度很有规则，内侧又极为光滑平整，所以声波能够沿墙的内弧传递，到达另一个人的耳朵。

对话石的对音：如果您站在皇穹宇殿前甬道第18块青石上说话，声音会清晰地传到36米远的东配殿的东北角和西配殿的西北角，而在这座配殿的角落说话，在青石上同样听得很清楚，这就是"对话石"的对音。

三音石的叠音：而在皇穹宇殿台阶前的"三音石"，如果您站在第一块石板上击掌或呼喊，就可听见一声回音，站在第二或第三块石板上就能听到两声或三声回音。这是因为声波从圆壁折射回来的距离不同，所以听到的回音次数也不同。哪一块石板是回音壁的圆心呢？是第三块。回音的次数其实不止三声，只是第四声以后减弱听不到罢了。

天心石的空音：在圜丘坛的中心有一块石板叫"天心石"，站在上面大喊一声，随之而来的是回荡久远的回声。这是音波折射的缘故。

圜丘坛

圜丘坛是举行冬至祭天大典的场所，主要建筑有圜丘、皇穹宇及配殿、神厨、三库及宰牲亭，附属建筑有具服台、望灯等。圜丘形圆像天，三层石制，高5.17米，下层直径54.92米，上层直径23.65米，上层中心为一块圆石，外铺扇面形石块九圈，内圈九块，以九的倍数依次向外延展，栏板、望柱也都用九或九的倍数，象征"天"数。

皇穹宇院落位于圜丘坛外北侧，坐北朝南，圆形围墙，主要建筑有皇穹宇和东西配殿，是供奉圜丘坛祭祀神位的场所。

圜丘坛

天坛祈年殿

- 殿顶端附有镏金宝顶，与青色琉璃瓦顶搭配显得富丽堂皇。
- 上檐为伞状圆形尖顶，弧度颇高，檐下斗拱繁密，附有精美彩绘。
- 中檐呈环状，与上檐间安置着"祈年殿"三个大字的直额。
- 弧形大梁。
- 内圆柱四根，代表一年不同的四季，柱身通体为沥粉镏金，盘龙彩绘，华丽非凡。
- 下檐与中檐的间距小于上、中檐的间距。
- 殿内地面，宽广宏大，直径达32.7米，地面铺精致的黑色金砖。
- 宝座，供奉昊天上帝牌位，背后立云龙雕刻的大屏风。
- 外圆柱共十二根，象征着一天十二个时辰。
- 中圆柱十二根圆柱代表一年十二个月。

皇穹宇院落周围的圆形围墙高约3.72米，厚0.9米，墙身用山东临清砖磨砖对缝，蓝琉璃筒瓦顶，这就是著名的"回音壁"。当人们分别站在东西配殿的后面靠近墙壁轻声讲话时，虽然双方相距很远，但是可以非常清楚地听见对方讲话的声音，并且有立体声效果。这是因为圆形十分光滑，对音波的折射达到了这种效果，证明了500年前的中国人已经能够运用声学原理。

◻ 祈谷坛

祈谷坛是举行孟春祈谷大典的场所，主要建筑有祈年殿、皇乾殿、东西配殿、祈年门、神厨、宰牲亭、长廊，附属建筑有内外垣墙、具服台、丹陛桥。祈谷坛的祭坛为坛殿结合的圆形建筑，是根据古代"屋下祭帝"的说法建立的。

皇乾殿坐落在祈年殿以北，是专为平时供奉"皇天上帝"和皇帝列祖列宗神牌的殿宇。神牌均供奉在形状像屋宇的神龛里，每逢阴历初一、十五，管理祀祭的衙署定时派官员扫尘、上香。

◻ 神乐署

神乐署位于天坛西外坛，为明清时期演习祭祀礼乐的场所，被誉为明清两朝最高的礼乐学府。神乐署始建于明永乐十八年（1420年），初称神乐观；清乾隆八年（1743年）改名为神乐所；乾隆十九年（1754年）定名为神乐署。

神乐署的正殿原为明清两朝演习祭祀礼乐的殿宇，为歇山顶单檐古建筑，坐西向东，六檩五开间，东西向设穿堂门，殿内面积达600平方米。现开辟为"中和韶乐"展演区，举办古代祭祀乐舞展演，同时作为中和韶乐乐器钟、磬的主要展馆。

国家自然博物馆
中国唯一的国家级、综合性自然博物馆

东城区天桥南大街126号

可乘地铁8号线或乘公交105路、106路、110路、120路等至天桥站下，步行可达

010-67027702

国家自然博物馆是中国唯一的国家级、综合性自然博物馆。1962年1月定名为北京自然博物馆，2023年1月更名为国家自然博物馆。

国家自然博物馆主要从事古生物、动物、植物和人类学等地球科学、生命科学领域的标本收藏、科学研究和科学普及工作。其馆藏藏品37万余件，珍稀标本数量在国内自然博物馆居于首位，基本陈列有古爬行动物、古哺乳动物、无脊椎动物、神奇的非洲等常设展览，展示了生物多样性，以及与环境的关系，构筑起一个地球上生命演化发展的全景图。

国家自然博物馆

先农坛
祭祀神农、太岁等神祇之处

北京市西城区永定门内大街路西　乘2、7路公交车到先农坛下　9:00—16:00（周一不开放）

50元

先农坛是明清两代皇帝祭祀神农、太岁等神祇的地方。现有建筑群可分为三组：先农坛（含先农神坛、神仓院、俱服殿、观耕台、庆成宫等），太岁殿（辟为北京古代建筑博物馆）和天神地祇坛。

神厨院是存放先农诸神神位和准备牺牲祭品的院落，位于先农神坛的正北。俱服殿和观耕台为同一轴线上的建筑，俱服殿在观耕台之北，是明清两代帝王祭先农时更衣并行借耕之典的场所。观耕台为皇帝亲耕完毕，观看王公大臣们耕作的高台。一亩三分地是皇帝祭祀先农神后亲耕的田地，位于观礼台的南方。我们平常所说的"一亩三分地"就是由此而来。

玩家 解说

祭祀先农和亲耕的传统，可以追溯到周朝，但不是每年举行。明清两代，成为国家重要的祭祀典礼，每年仲春亥日皇帝率百官到先农坛祭祀先农神并亲耕（称为借田礼）。皇帝在先农神坛祭拜过先农神后，在俱服殿更换亲耕礼服，随后到亲耕田举行亲耕礼。亲耕礼毕后，皇帝在观耕台观看王公大臣耕作。秋天，亲耕田收获后，将谷物存放在神仓院，供北京九坛八庙祭祀使用。

龙潭湖公园 AAAA
水景为主突出龙和潭的公园

北京市东城区龙潭路8号

龙潭湖公园是一处碧波荡漾、绿树成荫的园林，它主要以水景为主，突出龙和潭的特点，湖边有龙山、龙字碑林、百龙亭、古典建筑龙吟阁、龙形石雕和龙桥等，其中龙吟阁是北方园林独有的水上阁楼。东湖的中心岛上建有滨香园，南边是茗香水榭，是一座民族形式的庑殿式厅堂，有一条长廊伸入水

中，尽头是大理石茗香亭。

玩家 攻略

在公园的树木建筑之间，散落了很多儿童游乐项目，每项10~20元。湖中可以喂鱼，鱼食大约2元一份，湖上还可以泛舟划船，根据船的不同每小时40~80元。

每年的春节期间，公园内会有盛大的庙会活动，可以购买到各种传统的老北京物件，还有盛大的表演可以观看，也是很多北京市民赶庙会的必去之地。

玩家 解说

龙潭湖公园位于北京市二环内的东南角，天坛公园东侧约1千米处，是一处以湖水、树木和众多儿童游乐项目为主的城市公园。公园内环境优美，有假山亭台、湖水和众多的树木，十分适合前来放松观赏，还可以带小朋友前来娱乐游玩。另外，这里还有袁崇焕庙、龙字石林等人文景观，可以来此漫步参观。

公园的面积很大，长约900米，宽500米左右。进入公园后步行游玩即可，同时可以游玩游乐项目，在湖上划船娱乐等，一般以2~3小时为宜。

公园是依湖而建，中心的大湖面积很大，园内的建筑围绕在湖边，假山、仿古建筑和湖水一起构成了园林般的景色，可以坐在湖边放空自己，感觉非常惬意。公园的西北侧是一处袁崇焕庙，这里有袁崇焕广场、龙亭等建筑，是纪念民族英雄袁崇焕而建立的，可以前去观看其画像和康有为等人撰写的挽词手迹。园中的湖心岛上有飞龙阁、茗香亭等建筑，古色古香，其间建立的龙字石林十分不错，是用古代至今的各种字体（从甲骨文、金文、篆体直到近现代文字）写在石头上的"龙"字，可以参观一下。

龙潭西湖公园
龙的世界

📍 北京市东城区龙潭路甲1号　🚍 乘6、12路公交车到龙潭湖公园下

龙潭西湖原为龙潭湖公园的一部分，始建于1986年。公园由三个相连的水域组成，因与龙须沟形成首尾之势，故取名龙潭湖。整个景区以龙为主题，形成了龙吟阁景区、

龙潭西湖公园

龙潭景区、龙字石林景区、龙门景区和莲塘花屿景区等五处景区，主要景点有龙的世界和袁督师庙。龙潭湖庙会是最热闹的，彩子戏楼人气极旺。园内还有民俗一条街。

玩家 攻略

龙潭西湖公园有蹦极项目，而且有一项别处没有的项目——蹦极轰炸机，它由三个40米高，呈三角形布置的桅杆组成，可以同时由三个人参加，他们背面朝下并排绑在一起，脚部用一根钢缆与独立的桅杆连接，卷扬机把钢缆收紧，他们即被提升到40米的高度。当钢缆松开时，他们头朝下向地面俯冲，从空中感觉马上就要与大地"亲吻"之时，又被固定在另两根桅杆上的钢索牵引，向对面的上空冲去，这样反复多次，让他们体会到失重和近乎撞地的感觉。

天桥
老北京平民的乐园

📍 北京市西城区　🚇 乘地铁2号线或20、59、93、120、观光1线等路车可到达

提起北京，就不得不提天桥。"酒旗戏鼓天桥市，多少游人不忆家"，清末民初的著名诗人顾顺鼎在《天桥曲》写下了脍炙人口的诗句。在民国初年，真正成为繁荣的平民市场，被视为老北京平民社会的典型区域。正如著名学者齐如山在《天桥一览序》

中所述："天桥者，因北平下级民众会合憩息之所也。入其中，而北平之社会风俗，一斑可见。"

如今，天桥的那种原汁原味的市井文化已无处觅得，一个焕然一新的天桥市民文化广场呈现在人们面前。广场的东端复原了老天桥的标志性建筑——欧式风格的四面钟，曾经的天桥艺人"赛活驴""穷不怕""大兵黄"等著名的老天桥"八大怪"的群体雕塑分布于广场，人们似乎也就只能从这些雕塑上去联想当年天桥艺人的艰辛。此外，广场还建有现代化的音乐喷泉和舞台，银杏、洒金柏等名贵树木给广场增添了不少绿意。

玩家 解说

历史上，天桥地区原有一座汉白玉石桥，位于西城区东部正阳门外。这座桥是供天子到天坛、先农坛祭祀时使用的，故称之为天桥。据记载，大约在元代建的天桥，南北方向，两边有汉白玉栏杆。桥北边东西各有一个亭子，桥身很高。光绪三十二年（1906年），天桥的高桥身被拆掉了，改成了一座低矮的石板桥，后经多次改建，至1934年全部拆除，桥址不复存在，但是天桥作为一个地名一直保留了下来。

更多本旅游区景点

永定门城楼：为原北京城的正门。永定门城楼为三重檐歇山顶，面阔七间，进深三间，城楼通高33.1米，两侧各有15.9米长的城墙。原城楼已于20世纪50年代拆除，现在的城楼为2004年重建。 北京市西城区永定门西街

袁崇焕墓和祠：原是广东义园旧址，为全国重点文物保护单位。祠有正房五间，祠堂后为袁崇焕墓，葬着袁崇焕的头颅，墓前立有清道光十一年（1831年）湖南巡抚吴荣光题写的"明袁大将军之墓"石碑及石供桌，坟侧小丘为佘义士之墓。 北京市东城区东花市斜街

永定门

三里屯周边

景点推荐

朝阳公园 AAAA
奥运场馆沙滩排球场

- 北京市朝阳区朝阳公园南路1号
- 010-65953490

朝阳公园原称水碓子公园，是亚洲第二大城市花园。朝阳公园始建于1984年，2004年实现全园向社会开放。它北起亮马桥路，南到朝阳公园南路，西起朝阳公园路，东到东四环路；南北长约2.8千米，东西宽约1.5千米。其总面积为2.78平方千米，绿地占有率达87%，是北京市四环以内最大的城市公园。

朝阳公园融中外园林艺术、建筑风格为一体，具有休闲娱乐、文化交流和科技教育的多功能特征。公园南部景区有21项大型娱乐项目，包括体育园、超级飞船、宠物乐园、七彩乐园、激流勇进、宇宙旅行、翻滚过山车、"索尼探梦"科普乐园等。

玩家 攻略

1. 朝阳公园的面积很大，长大约2~3千米，宽有1千多米，公园有多处入口，可以从各个方向进出。游玩整个景区耗时较长，需要半天左右。如果仅是想放松娱乐，游玩其中部分区域即可，以2小时左右为宜。

2. 朝阳公园的北侧区域是以树木和开阔的草坪为主，适合来此放松野餐，漫步观景，很多情侣也会在这里的大草坪上拍婚纱照，十分漂亮。公园的中间部分沿湖而建，主要是一些雕像、广场等，中央首长的植树林也在这里，可以观看一下，公园南侧则是以各种各样的游乐项目为主，有简易过山车、勇敢者转盘、旋转木马等多种，每项收费大约几十元，另外也有与门票一起的游乐套票可以了解选购。

3.除了这些游乐项目外，公园内有好几处相连的湖泊，每一处湖边都有游船码头，可以租船游玩。船有多种，价格从几十到一百元一小时不等。划船泛舟湖上，观赏美丽风景，十分惬意。

玩家 解说

朝阳公园先后创办了一系列品牌文化活动，如"北京朝阳国际风情节""五一朝阳流行音乐周""十一欢乐游园"等。此外，它还先后举办过"泰国风情节""欧洲风情街""世界名猫、名犬展""北京朝阳国际商务节——国际商务车展""北京2008奥林匹克文化节、奥运文化广场活动"等大型文化活动。

朝阳公园春节期间的洋庙会与传统的庙会大不一样，这里有精彩的杂艺和美味小吃，有国外的表演花车，有惊险刺激的过山车游戏，有套圈、砸老鼠的小游戏，有国外特色的烧烤，自己手工DIY制作的小玩意儿，嘉年华的鬼屋。

北京CBD
感受都市建筑风光

📍 北京市朝阳区东三环国贸桥周边　🚇 乘地铁1、2号线可到国贸，乘10号线在金台夕照下可到中央电视台新址

北京商务中心区简称北京CBD，地处北京市长安街、建国门、国贸和燕莎使馆区的汇聚区。这里是惠普、三星、德意志银行等诸多世界500强企业中国总部所在地，也是中央电视台、北京电视台的新址，是国内众多金融、保险、地产、网络等高端企业的所在地，是金融工具的汇集之处，代表着时尚的前沿。

CCTV央视新总部大楼、国贸商城、SOHO现代城、世贸天阶、富力广场、赛特购物中心等大量的国际名牌商品、京城一流商场汇聚在这里。位于CBD中心的世贸天阶购物中心，其梦幻天幕为整条商业街带来富于梦幻色彩和时尚品位的声光组合，成为一座吸引人潮的世界级奇观。

CCTV央视新总部大楼地处北京CBD商圈，比邻国贸大厦，主要结构形态是一个由交叉三角形网状表面包裹的菱形圆。被人们形象地称为"扭曲之门"，当地人称其为"大裤衩"。共由三个建筑物组成：位于西南侧的CCTV主楼、位于西北侧的电视文化中心（TVCC），以及位于东北角的能源服务中心。

三里屯酒吧街
酒吧一条街

📍 北京市朝阳区三里屯北路东侧　🕐 全天开放
🚇 乘坐地铁10号线可到

三里屯酒吧街简称三里屯，是位于朝阳区三里屯北路东侧、工人体育场东，一条因为酒吧众多而出名的街。酒吧街的历史可以追溯到1983年，从第一家酒吧开业至今，这里已经发展成为闻名全国的酒吧一条街。因为处在使馆区内，所以酒吧街吸引了很多外

朝阳公园喷泉广场

北京工人体育场

国人来这里放松，来京旅游的外国人几乎都知道这里。因为酒吧街的名气很大，有的外国使馆将门前的门牌号码由三里屯路改为"三里屯酒吧街"。

红领巾公园
以少年儿童爱国教育为主题
北京市朝阳区朝阳北路（后八里庄5号）

红领巾公园始建于1958年，园内主要景区有：红领巾之歌主题广场、银杏广场、垂钓区、游船码头区、植物观赏区、儿童游乐区、未成年人交通安全教育实践基地等。此外，红领巾公园还有两大特色主题活动，即每年六一期间的"北京青少年科普游园会"和十一期间的"北京双胞胎文化节"。

北京工人体育场
规模较大的综合性体育场
北京市朝阳区工人体育场北路

北京工人体育场简称工体，占地35公顷，建筑面积8万平方米。工人体育场建成于1959年8月31日，是著名的北京十大建筑之一，也是当时中国规模最大的综合性体育场。中超联赛俱乐部北京国安以工人体育场作为主场参加各项比赛。随着第一届全国运动会等五届全运会，第11届亚洲运动会开、闭幕式及比赛，第21届世界大学生运动会，第9届亚洲杯足球赛等大型体育赛事的举办，半个世纪来，北京工人体育场目睹了不计其数的体育比赛和各类大型活动，也见证了新中国成立以来的中国体育事业发展历程。

更多本旅游区景点

工体富国海底世界：整体外形像水中扬帆起航的船舶，弯曲透明的水下移动隧道带您漫步海底，亲眼看到近在咫尺的海洋生物、惊险刺激的人鲨共舞表演、婀娜多姿的美人鱼表演。 北京市朝阳区工人体育场南门

团结湖公园：因1958年发动群众改造完成而得名。团结湖公园设计为苏州园林风格，既有北方浑厚庄重的特点，又有江南民居风格。团结湖公园四面环水，有三座造型各异的桥梁通达湖的中心岛。岛上有晚霞逸晚亭，还有壁画和石雕景观。 北京市朝阳区团结湖南里16号

东岳庙：道教正一派在华北的第一座大型道观。庙内以神像、石碑、楹联甚多而享誉海内外，已被辟为北京民俗博物馆。现为全国重点文物保护单位。 北京市朝阳区朝阳门外大街141号

景点推荐 奥林匹克公园周边 AAAAA

奥林匹克公园是为2008年北京奥运会和残奥会而建的奥运公园，公园中设有包括国家体育场在内的10个比赛场馆、奥运村以及相应的配套设施。奥运会期间，有超过一半的金牌是在奥林匹克公园内产生的。赛后公园成了包含体育赛事、会展中心、科教文化、休闲购物等多种功能在内的综合性市民公共活动中心。奥林匹克公园拥有多项世界之最：亚洲最大的城区人工水系、亚洲最大的城市绿化景观、世界最开阔的步行广场、亚洲最长的地下交通环廊，公园还有最大的庆典广场。

北京市朝阳区。国家体育场、国家体育馆、国家游泳中心都位于北京市朝阳区北四环中路北侧，去鸟巢可以从东门（在北辰东路上）进，去国家游泳中心和国家体育馆可从西门（在北辰西路上）进。

乘地铁8号线（奥运支线）到奥林匹克中心下
6:00—22:00　免费；鸟巢50元，水立方30元

玩家攻略

1. 奥林匹克公园中心区拥有大型地下停车场，位于中心区地下9米的下沉花园，其两侧是大型购物中心和地铁的出入口，长达700米的空间由7个庭院（御道宫门、古木花厅、礼乐重门、穿越瀛洲、合院谐趣、水印长天）串联而成，充分展示出中国历史与现代的文化传承。

2. 中心区北部有讲述中国故事的"祥云小屋"，这些"袖珍"的展厅，在不大的空间内主要集中向中外游客展示各自自然风貌、风土人情，

奥林匹克公园周边

推介特产、工艺品等，大部分小屋内都有民间传统艺人的现场制作表演，值得一看。

3.奥林匹克公园建有3个旅游咨询点，分别位于北四环北侧、水立方西侧以及公共区东南侧游客停车场附近，为游客提供信息查询、车票代理、救援帮助等服务。主体建筑风格为灰色，青砖、灰瓦、落地窗户等一应俱全。

玩家 解说

奥林匹克公园是城市传统中轴线的延伸，意喻中国千年历史文化的延续，集中体现了"科技、绿色、人文"三大理念，是融合了办公、商业、酒店、文化、体育、会议、居住多种功能的新型城市区域。区域内有完善的能源基础，四通八达的交通网络。在这片12平方千米的区域内，2008年奥运会比赛期间，有鸟巢、水立方、国家体育馆、国家会议中心击剑馆、奥体中心体育场、奥体中心体育馆、英东游泳馆、奥林匹克公园射箭场、奥林匹克公园网球场、奥林匹克公园曲棍球场等10个奥运会竞赛场馆。此外，这里还包括奥运会主新闻中心（MPC）、国际广播中心（IBC）、奥林匹克接待中心、奥运村（残奥村）等在内的7个非竞赛场馆。奥林匹克公园为全世界观众呈现独具匠心的文化景观，包括一条贯穿南北的龙形水系，琳琅满目的雕塑作品，各式精心设计的花卉图案，景观灯柱等。位于地下9米的下沉花园，将中国的广庭、城门等传统元素与现代建筑结合起来，营造出古今交融的时空意境。

国家体育场（鸟巢）
2008年奥运会的主体育场

鸟巢是北京奥林匹克公园的标志性建筑物之一，也是第29届奥运会的主体育场。场馆主体是由一系列钢桁架围绕碗状座席区编织而成的"鸟巢"外形，空间结构新颖，建筑和结构浑然一体，是目前世界上跨度最大的体育建筑之一。国家体育场在建设中采用了先进的节能设计和环保措施，比如良好的自然通风和自然采光、雨水的全面回收、可再生地热能源的利用、太阳能光伏发电技术的应用等。现在这里成为文化体育、健身购物、餐饮娱乐、旅游展览等综合性的大型场所，并成为具有地标性的体育建筑和奥运遗产。

玩家 攻略

1.鸟巢西北侧基座，共5个售票窗口，由人工售票。场馆的K、L口自动化检票只需几秒，出口为B口、C口。

2.星光大道以少有的留手印的形式来纪念、表彰那些杰出的运动健儿，可以满足人们与心目中的体坛英雄零距离接触的愿望。

3.鸟巢第三层为餐饮区，面积共13500平方米，可划分为4个风味不同的餐厅。面向场地的一侧为大型落地窗，另有延伸至室外的平台。人们可以坐在平台上享受美食和观赏场地内的比赛或表演。另外，鸟巢的北侧有一所超四星标准的豪华酒店，配有专属的餐厅。客房主要集中在体育场的5层、6层，数量约为80套。商业区位于体育场南部地下，面积达到4万平方米，分为上下两层。

国家游泳中心（水立方）
国际先进水平的水上乐园

水立方在奥林匹克公园景观大道西侧，是北京市政府指定的唯一一座由港澳台地区同胞、海外侨胞捐资建设的标志性奥运场馆，具有纷繁自由的结构、简洁纯净的造型、环保节能的功能。它是游泳、跳水、花样游

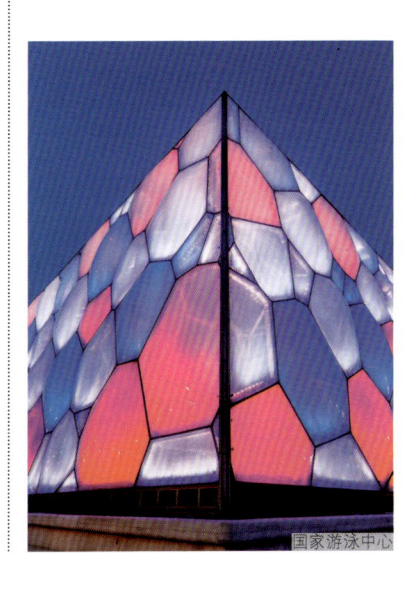

国家游泳中心

泳等奥运赛事场馆,奥运会后成为具有国际先进水平的、集游泳、运动、健身、休闲于一体的水上乐园。

玩家 攻略

1. 奥林匹克公园西南门—水立方约200米;公园南门—水立方约900米;地铁8号线奥林匹克公园出口—水立方约300米。

2. 在水立方内部,直饮水龙头一共有9处,而且每一处都用五彩灯光点缀,极好辨认,观众口渴时,可直接饮用。

3. 水立方热身泳池2009年6月20日起正式对公众开放(14:00—21:00,周一不开放),25元/小时,其水质是按照现行FINA标准设计的,水深两米。去水立方热身泳池游泳的市民需携带洗浴用品、深水合格证。如果没有深水证,游泳者也可以在水立方进行现场考试,通过即可,考试的内容是不限泳姿游200米、踩水30秒,现场考试需要缴纳20元费用,也可以在水立方办理一次性的体检卡。

4. 2009年水立方进行了内部改造,改造后设置比赛大厅、热身区、嬉水乐园三大功能区,同时增加南部、北部商业区。南部商业区以参观游览、服务嬉水乐园为中心,并且增加配套服务设施,如餐厅、小型影院及宣传奥运展区等。

国家体育馆
设施最先进、座席最多的室内馆

国家体育馆由主体建筑和与之相连的热身馆以及室外环境组成,是一座中华民族传统建筑美学与当代建筑风格完美结合的结晶。为2008年奥运会标志性建筑物之一,是北京设施最先进、座席最多的室内运动馆。奥运期间,这里举行了体操比赛、蹦床比赛、手球决赛和轮椅篮球比赛;奥运赛后,这里用于体育比赛、艺术演出、大型展览和全民健身等商业运营,堪称一座具有国际化先进水平的大型综合性体育馆。

玩家 解说

国家体育馆屋顶曲面近似折扇形,如行云流水般飘逸又富于动感,四周竖向分部的钢骨架与大面积晶莹剔透的玻璃幕墙相映衬,犹如一把张开的中国折扇,彰显出中国文化的内涵。波浪造型的"中国折扇"巧妙地连接了与之南北相应的平顶造型"水立方"和单曲面造型的国家会议中心,使得奥林匹克公园内的城市景观达到协调统一。

奥林匹克森林公园
奥林匹克公园的休闲去处

奥林匹克森林公园占地面积11.59平方千米,分为南北两园,中间有一座横跨五环路、种满植物的生态桥连接。南园以大型自然山水景观为主，北园则以小型溪涧景观及自然野趣密林为主。公园有蓬瀛胜境、芦汀花溆、沧浪间想、泓天一水、林泉高致、时鸣夹镜和长虹引练等景区，还有朝花台和夕拾台，让人体会"朝带露折花、夕花香犹在"的意境。

玩家 解说

主峰仰山与北京城中轴线上的景山名称相呼应，暗合了《诗经》中"高山仰止，景行行止"的诗句，并联合构成"景仰"一词，非常符合中国传统文化对称、平衡、和谐的意蕴；主湖奥海，一是借北京传统地名中的湖泊多以"海"为名，二是借"奥林匹克"之"奥"字，既有奥秘、奥妙之意，又有奥运之海之妙。仰山、奥海，意为"山高水长"，寓指奥运精神长存不息，中国文化传统发扬光大。

主湖区奥海是奥运场馆中心区龙形水系的"龙头"，在这条水系中，龙的身体蜿蜒穿越森林公园，张开的龙嘴对着清河，其尾巴则环绕着国家体育场。如此巧妙的设计，正是暗合了中国传统文化中的方位学和神话寓意。

玩家 攻略

1. 公园周六人最多，周日稍微好一些，周一到周五人很少。公园不允许带轮滑等代步工具，也不允许带帐篷。

不过，南门可以租双人电瓶车（100元/小时，押金300元）。双人自行车和四人自行车，但周末去很难租上电瓶车，要是想玩也要排队等候，还有，电瓶车、双人自行车和四人自行车只能游览园区的一半，如果想游览全园还是要步行（一圈走下来大约要一个半小时）或是乘坐那种大电瓶车。

2. 森林公园的东侧和西侧各设有服务中心，游客可以在这里买到各种食品和饮料。其中不仅有热狗、烤肠等西式快餐，而且有售价20元的盒饭和售价10元的鲜果捞和爆米花等。

3. 天境位于仰山峰顶，为森林公园最高点。登临天境可以看到奥海全景，可以俯瞰鸟巢、水立方，远眺燕山山脉，是全园的最佳观景地点。

4. 奥海露天演艺广场位于公园的南入口北侧，奥海南岸（距地铁奥运支线步行仅5分钟），与奥林匹克景观大道连为一体，可同时容纳2万名观众。在广场北侧，有一套大型的音乐激光喷泉，主喷高80米，壮观的喷泉水景，独一无二的山水舞台使这里成为北京最为壮观的户外表演场所。

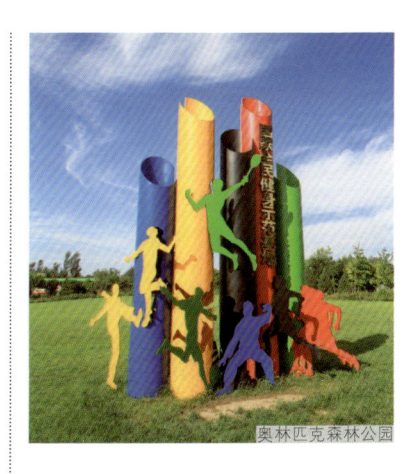

奥林匹克森林公园

奥林匹克公园网球场
（莲花）网球活动中心

🚌 乘81、510路公交车到倚林家园东门下

奥林匹克公园网球中心的3块主赛场外形宛如盛开的莲花。奥运会网球比赛和残奥会的轮椅网球比赛在这里举行；奥运会后，这里承担国内外重大网球赛事，在非赛事期间变成京城市民的网球活动中心。

玩家 解说

1. 奥林匹克公园网球赛场有三大亮点：大面积的混凝土组构的网球中心表面不做任何修饰，体现了建筑与自然和谐的设计理念；在国际上首次引进赛场自然通风的设计理念，有效降低赛场地面的温度；采用膜生物处理法处理污水，实现污水零排放，用地热能为场馆供冷暖，节能环保。

2. 奥林匹克公园网球中心的三块主赛场都采用正十二边形造型，12个边就是12个看台，再配以清水混凝土的灰白色外墙，宛如12片花瓣向空中伸展，酷似三朵盛开的"莲花"。中心赛场也是网球比赛的决赛赛场，它是三朵花里最大的一朵，48根倾角达到42度的现浇钢筋混凝土悬挑斜梁，斜长约17米，单根自重达到62吨，正是这48根巨大的悬挑斜梁撑起了12片花瓣。

3. 陡峭的看台保证观众有最好的观赛效果：普通的座席前后排高度差为6厘米，而这里则为9厘米。

4. 网球场内无障碍通道遍布场地，轮椅运动员可自由"走动"。

中国科技馆新馆
互动体验项目多

北京市朝阳区北辰东路5号，国家奥林匹克公园中心区东北部，鸟巢往北约1千米处　9:00—16:30。周一闭馆，法定黄金周、暑期（7月10日至8月20日）逢周一不休息　30元　010-59041000

中国科技馆新馆于2009年9月正式开馆，它是国家级大型科普教育基地。其主体形状既像一个巨型魔方，又像一个鲁班锁，体现了人与自然和科技之间的内在联系，也象征着科学没有绝对的界限，学科之间相互融合、相互促进。

其常设展览包括"科学乐园""华夏之光""探索与发现""科技与生活""挑战与未来"五大主题展厅和公共空间展示区，以及宇宙剧场、巨幕影院、动感影院、4D影院等四个特效影院。

玩家 攻略

1. 中国科技馆新馆建筑为地下一层、地上四层、局部五层。服务台位于一层西大厅，存包柜位于一层西门北侧。餐厅位于地下一层西门北侧，中餐厅营业时间是11:00—15:30（周二至周日）。比格餐厅营业时间是10:30—21:30（周一至周日）。

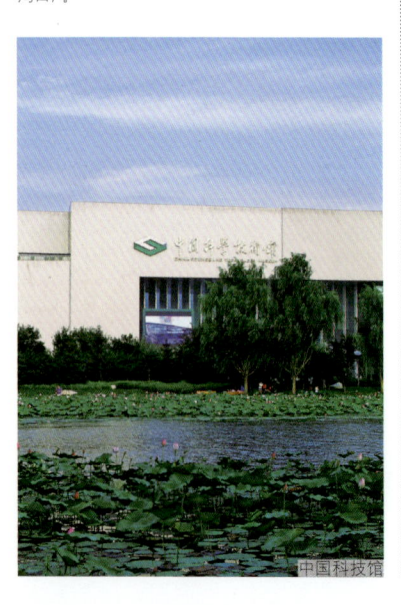

2. 中国科技馆新馆不但能让小观众感觉好奇，成年人参观后也觉得大长见识。一楼的"科学城堡"适合学龄前和小学低年级的儿童，主要是以游戏的形式让孩子们感受生活中的科学知识。二楼及以上的展区是为已经具备一定科学知识的学生和成年人准备的，数学、化学、物理学、生物学、地理学等科学都有涵盖。

3. 第三层健康展示区有一个为了说明人体所含的大量水分的互动项目，十分有趣：首先您要站在一台电子秤上，电脑会计算出你身体里水分的大概重量。然后您要往另一台电子秤上放水桶，直到和自己身体里的水大体相当，在气喘吁吁地忙完一通之后您会惊讶自己"含水量"竟如此之高。

玩家 解说

1. 魔方和鲁班锁都是中国古代的数学玩具，借助结构力学把各种不规则的立体相互连接，咬合在一起。中国科技馆新馆是一个实用的方形建筑，融入了魔方、鲁班锁的元素，代表科技馆寓教于乐的定位，取探秘、解锁的寓意。

2. 新馆约800项的各类互动展品没有一件是从旧馆带过来的，都是新开发的。其中大部分展项可让您动手操作或亲身体验。

国家奥林匹克体育中心
全民运动、健身体育花园

北京市朝阳区安定路1号　乘地铁8号线到奥中心站下

国家奥林匹克体育中心将运动、健身融合在风景独特的体育花园之中。包括奥体中心体育场、奥体中心体育馆、奥体中心英东游泳馆三部分。

奥体中心体育场曾经因为第11届北京亚运会而名噪一时，经全新的设计，在其四周分别改建4个凉亭式的旋转坡道，不仅外观优美，还可发电。

玩家 攻略

奥体中心体育场采用国外进口的阳光板材料作为屋面板，既能达到遮阳、挡雨和隔热的效果，又能最大限度地减少场地在白天比赛时由于屋面投影造成的阴影。

中国科技馆

奥林匹克公园周边 141

中华民族园藏式建筑

中华民族博物院
民族文化大型博物院

- 北京市朝阳区民族园路1号（奥体中心西侧）
- 乘坐地铁8号线至奥体中心站下车
- 旺季90元，淡季60元　010-62063645、62063647

　　北京中华民族博物院，坐落在北京亚运村西南的中华民族园，占地28.2公顷，是集中国少数民族的传统建筑、民俗风情、歌舞表演、工艺制作以及民族美食为一体的大型民族文化基地。园内建有民族村寨36个，并建有民族博物馆、民族展览馆、雕塑广场以及若干自然景观，还建有国内最大的铸铁望以及仿真的热带榕林、水中溶洞、土林、盘龙瀑布、阿里山神木和沧源岩画等景观。这里的少数民族村寨均采用1:1的比例复制，亭楼屋寨依山傍水、错落有致，都是按少数民族风格布置，真实再现了各个民族的文化遗存。

玩家 解说

　　望天树属热带常绿大乔木，产于西双版纳原始森林。本院盘山而上的望天树天梯如巨龙蜿蜒在"怒江峡谷"上。该树全长300多米，最高处30多米。行走在高高的望天树上，感受高原山寨风情，体验热带雨林自然景观，俯瞰湖光山色，远眺奥运公园，别有一番情趣（票价5元，身体不适的游客请勿登树，老人和小孩登树须有健康成年人陪同）。

玩家 攻略

1. 全院有无障碍游园道路；团体售票处可办理免费使用拐杖（押金50元）和轮椅（押金500元并提供有效证件）。

2. 全院有少数民族导游员可以为您服务，费用60~120元（限30人以下）。

3. 北园有朝鲜族酒馆和苗族餐馆供应餐饮服务；南园主展馆餐厅供应民族小吃、快餐、酒水，部分民族村寨中供应民族特色茶饮和土特产品。

4. 建议登录www.emuseum.cn了解中华民族博物院最新参展指南（民族联欢活动时间、各民族博物馆展示内容及时间）。

5. 南园湖面游览船：由纳西村码头起航，游弋在凤湖和天湖之间，途经纳西族景区、摩梭人家，穿过一线天峡谷，天湖瀑布从天而降，在遥望天山南北后，转向毛南族、仡佬族、水族等景区，与壮族刘三姐对歌台擦肩而过，返回码头。游程约1千米，需10余分钟。

6. 游览车：从土家族村寨启程，绕南园平地一周。途经纳西族、回族、鄂温克族、蒙古族、哈萨克族、柯尔克孜族、裕固族、毛南族、仡佬族、水族、壮族等族的生活景区，沿途穿越天险一线天，近距离感受天湖瀑布，观赏天山牧场和丝绸之路上的各种石窟雕像。游程约1千米。

元大都城垣遗址公园 AAAA
城内最大的带状公园

北京市朝阳区、海淀区　乘地铁10号线到西土城下或乘22、38等路公交到牡丹园下

免费　010-84648252

元大都城垣遗址公园俗称土城公园，是在元大都土城遗址上建造起来的，是东起芍药居，到西侧的西土城，再拐向南侧直到明光桥处的一处长约9千米的长条形公园。其中，土城墙最宏伟处高12.5米、宽31米。遗址公园被小月河分为南北两部分。公园围绕着古城墙种植了树木花卉和草坪等，环境幽美。城墙两侧有几处设置了雕塑、浮雕画等文化景观，可以来此漫步参观。

玩家 攻略

1.去元大都城垣遗址公园游览时，可以选择去位于惠新东街的酒吧街，这里的酒吧接连不断，与两岸的林间小路相得益彰。

2.元大都城垣遗址公园内有海棠花溪，位于熊猫环岛东侧，是城区内最大的海棠林，种植了西府海棠、贴梗海棠、金星海棠、垂丝海棠等10多个品种，2500余株海棠树，3月中旬至4月，是海棠花最佳观赏期（免费），盛花期的时间为两周（元大都公园的海棠花节与香山植物园的桃花节、玉渊潭的樱花节并称北京春天的三大花节）。

玩家 解说

1.公园内共有七个主要节点，从西向东分别为双都巡幸、四海宾朋、海棠花溪、安定生辉、大都鼎盛、水街华灯、龙泽鱼跃七个园区，均匀分布在长9千米的长条公园区域内。每个园区都背靠着古色古香的原始城墙，城墙边主要以文化雕塑、浮雕等为主，可以看到元朝皇帝忽必烈等人的雕像，还有很多绘画等。

2.七节点中最值得观看的就是双都巡幸和海棠花溪两处。双都巡幸是一处精彩的浮雕壁画，反映了元朝时皇帝巡幸两都城的情况。海棠花溪处则种植了上千株海棠，每到四月海棠花大片开放，背靠城墙非常漂亮，适合摄影和写生。

更多本旅游区景点

景观大道：从熊猫环岛直至奥林匹克中心区域，位于奥林匹克公园中心区南部，全长1.4千米，两侧植物层次分明，乔木、灌木相结合，植物景观很丰富。2009年北京市第七届全民健身体育节千台万人乒乓球展示活动也在这里举行。

中国体育博物馆：建筑造型独特，呈八角扇形，螺旋式上升状，是我国第一座收藏、陈列体育文物资料的专业博物馆。北京市朝阳区安定路甲3号

炎黄艺术馆：是由著名画家黄胄先生发起创建的我国第一座民办公助的大型艺术馆。旨在收藏和展览中华民族优秀文化艺术品，为海内外艺术家、收藏家提供艺术交流的场地。北京市朝阳区亚运村慧忠路9号

元大都城墙遗址

颐和园周边

景点推荐

颐和园周边

颐和园 AAAAA
保存完整的大型皇家园林

- 北京市海淀区宫门前街
- 旺季6:30—18:00,淡季7:00—17:00
- 旺季30元;淡季20元
- 010-62881144

颐和园的前身是清漪园,建于清乾隆二十九年(1764年),占地约290公顷。光绪十四年(1888年),慈禧太后修复清漪园,并更名为"颐和园"。颐和园是中国现存规模最大、保存最完整的皇家园林,被誉为"皇家园林博物馆",并与承德避暑山庄、苏州拙政园、苏州留园并称"中国四大名园"。其利用昆明湖、万寿山为基址,以杭州西湖风景为蓝本,汲取江南园林的设计手法和意境而建成的一座大型天然山水园。园内主要景点有万寿山、昆明湖、东宫门、乐寿堂等。

玩家 解说

园中主要景点大致分为三个区域:以庄重威严的仁寿殿为代表的政治活动区,是清朝末期慈禧与光绪从事内政、外交活动的主要场所。以乐寿堂、玉澜堂、宜芸馆等庭院为代表的生活区,是慈禧、光绪及后妃居住的地方。以长廊沿线、后山、西区组成的广大区域,是供帝后们澄怀散志、休闲娱乐的苑园游览区。

链接

颐和园与清朝历史

颐和园原名清漪园,始建于公元1750年,时值中国最后一个封建盛世——"康乾盛世"时期;1860年的第二次鸦片战争中,清漪园被英法联军烧毁;1886年,清政府挪用海军军费等款项重修,并于两年后改名颐和园,作为慈禧太后晚年的颐养之地。从此,颐和园成为晚清最高统治者在紫禁城之外最重要的政治和外交活动中心,是中国近代历史的重要见证与诸多重大历史事件的发生地。1898年,光绪帝曾在颐和园仁寿殿接见维新思想家康有为,询问变法事宜;变

法失败后,光绪被长期幽禁在园中的玉澜堂;1900年,八国联军侵入北京,颐和园再遭洗劫,1902年清政府又予重修;清朝末年,颐和园成为中国最高统治者的主要居住地,慈禧和光绪在这里坐朝听政、颁发谕旨、接见外宾。

◻ 佛香阁

佛香阁是颐和园的主体建筑,高41米,八面三层四重檐,建筑在万寿山前山高20米的方形台基上,南对昆明湖,背靠智慧海,以它为中心的各种建筑群严整而对称地向两翼展开,形成众星捧月之势,气派相当宏伟。

◻ 昆明湖

昆明湖是颐和园的主要湖泊,占全园面积的3/4,有220公顷。湖中有一道西堤,堤上桃柳成行;十七孔桥横卧湖上,湖中3岛上也有形式各异的古典建筑。十七孔桥两边栏杆上雕有大小不同、形态各异的石狮500多只。铜牛在昆明湖东岸,十七孔桥东桥头北侧。

◻ 长廊

长廊位于万寿山南麓,面向昆明湖,北依万寿山,东起邀月门,西止石丈亭,全长728米,共273间,廊上的每根枋梁上都有彩绘,共有图画14 000余幅,内容包括山水风景、花鸟鱼虫、人物典故等。

◻ 清晏舫

清晏舫俗称石舫,在长廊西端湖边,是一条大石船,寓"河清海晏"之意,是颐和园唯一带有西洋风格的建筑。石舫长36米,用大理石雕刻堆砌而成。船身上建有两层船楼,船底花砖铺地,窗户为彩色玻璃,顶部砖雕装饰。下雨时,落在船顶的雨水通过四角的空心柱子,由船身的四个龙头口排入湖中,

清晏舫

颐和园须弥灵境

北俱庐洲平面呈长方形,坐落在正方形碉房式的平台之上。

日光殿坐西朝东,坐落在东胜神洲附近的长方形碉房式平台上。

东胜神洲建筑平面呈长方形,坐落在月牙形碉房式平台上。

香岩宗印之阁坐北朝南,面阔5间,前后有廊,殿内正中供奉三世佛。

南瞻部洲为歇山黄色琉璃瓦顶,建筑平面呈长方形,内有哼哈二将泥塑像。

月光殿坐东朝西,黄琉璃瓦庑殿顶,均高4.63米,内供月光佛。

西牛贺洲建筑平面呈长方形,坐落在椭圆形碉房式平台上,高2层。

颐和园佛香阁

二宫门是通往后方排云殿的宫门。

佛香阁是颐和园内的标志性建筑,为八角形四重檐楼阁,内部供奉佛像。

"众香界"琉璃牌楼始建于乾隆年间,是一座黄色琉璃瓦歇山顶牌楼。

智慧海为蓝黄绿三色二层琉璃建筑,也称无量殿。

排云门坐北朝南,面阔5间,黄色琉璃瓦屋面,歇山式顶。

宝云阁铜殿坐落在汉白玉雕须弥座上,全身青铜打造,重约207吨。

昆明湖位于佛香阁建筑群正面,湖水波光粼粼。

云辉玉宇牌四柱七楼,顶覆黄色琉璃瓦,绘金龙和玺彩画。

排云殿原为清漪园时期大报恩延寿寺大雄宝殿。

德辉殿面阔五间,单檐正脊歇山顶,前出廊,两翼有爬山廊与排云殿相连。

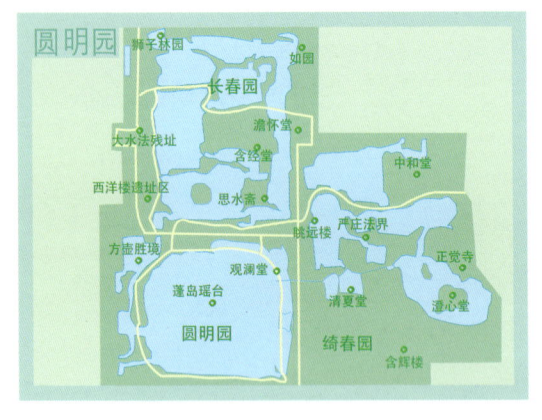

明光普照，完美明智。

圆明园继承了中国3000多年的优秀造园传统，既有宫廷建筑的雍容华贵，又有江南水乡园林的委婉多姿，同时，又吸取了欧洲的园林建筑形式，把不同风格的园林建筑融为一体，在整体布局上使人感到和谐完美，体现了中国古代造园艺术之精华，是当时最出色的一座大型园林。乾隆皇帝说它：
"实天宝地灵之区，帝王豫游之地，无以逾此"。圆明园不仅以园林著称，而且也是一座收藏相当丰富的皇家博物馆。园内各殿堂内装饰有难以计数的紫檀木家具，陈列有许多国内外稀世文物。园中文源阁是全国四大皇家藏书楼之一。园中各处藏有《四库全书》《古今图书集成》《四库全书荟要》等珍贵图书文物。圆明园曾以其886大的地域规模、杰出的营造技艺、精美的建筑景群、丰富的文化收藏和博大精深的民族文化内涵而享誉于世，被誉为"一切造园艺术的典范"和"万园之园"。

圆明园于咸丰十年（1860年）十月，遭到英法联军的洗劫和焚毁。1979年，圆明园遗址被列为北京市重点文物保护单位，于1988年建成圆明园遗址公园。仅存山形水系、园林格局和建筑基址，假山叠石、雕刻残迹仍然可见。在"西洋楼"旧址建有园史展览馆，供人瞻仰凭吊，令人痛定思痛。

设计十分巧妙。

圆明园遗址公园 AAAA
被誉为"一切造园艺术的典范"

🏠 北京市海淀区清华西路28号
🚇 乘地铁4号线可到
💰 10元；遗址景区15元 📞 010-62543673

圆明园占地35万平方米，建筑面积超过16万平方米，始建于清康熙四十六年（1707年）。圆明园遗址公园位于北京西郊，是1988年在圆明园的遗址上建起来的，现为我国著名的爱国主义教育基地。圆明园又称"圆明三园"，是因为它由圆明园、长春园、绮春园三园组成。它还享有"万园之园"的美名，是中西合璧、举世闻名的皇家园林的典范，园内曾陈列着难以计数的紫檀木家具和稀世珍品。1860年，英法联军入侵北京并焚毁圆明园，仅仅存大水法的巨型雕柱、石龛和石屏风等遗迹，成为现在人们所能看到的圆明园的主要标志。

玩家 解说

"圆明园"由康熙皇帝命名。"圆明"是雍正皇帝自皇子时期一直使用的佛号。康熙皇帝在把园林赐给胤禛（后为雍正皇帝）时，亲题园名为"圆明园"正是取意于此。雍正皇帝解释说圆明"二字的含义是："圆而入神，君子之时中也；明而普照，达人之睿智也。"意思是说，"圆"是指个人品德圆满无缺，超越常人，"明"是指政治业绩

清华大学
荷塘月色景色美不胜收

🏠 北京市海淀区清华园，与圆明园相距不远
🚇 乘地铁13号线到五道口站下
💰 免费 📞 010-62793001
🌐 www.tsighua.edu.cn

清华大学简称"清华"，地处北京西北郊繁盛的园林区，是在几处清代皇家园林的遗址上发展而成的。清华大学的前身是清华学堂，成立于1911年，当初是清政府建立的留美预备学校，1928年更名为"国立清华大学"。校园内绿草青青，树木成荫，清华园大礼堂草坪前的日晷上面刻着清华的校风——

"行胜于言"。

西区清华园为老校区，以美式的校园布局和众多西洋风格的砖石结构历史建筑为特色。大礼堂为其中心景观，有工字厅、古月堂、水木清华、荷塘月色等古建筑，展示了中国传统的皇家园林风格。东区以兴建的苏式主楼为主体，雄伟大气，而又安静舒适。有各院系馆、综合体育馆、紫荆公寓等现代风格的建筑。

玩家 解说

1. 著名作家朱自清的《荷塘月色》一文曾打动了不少人，文中提到的荷塘便就是清华园中的荷花塘。当然，时过境迁后，如今的荷花塘不能和当初相比，但如果有兴趣体会文中描写的意境，可以在七八月间，挑一个月圆的晚上，夜游荷花塘，不失为一次美好的经历。

2. 清华园的二校门，也就是白色的清华园牌坊曾在"文革"时被毁，现在看到的是重建的。

3. 清华大学的前身是清华学堂，始建于1911年，曾是用美国退还的部分庚子赔款建立的留美预备学校。1912年，清华学堂更名为清华学校。1925年设立大学部，开始招收四年制大学生。1928年更名为国立清华大学，并于1929年秋开办研究院，开始招收各科研究生。抗战时期，学校南迁长沙，与北京大学、南开大学联合组成长沙临时大学。1946年，返回北京复校。中国台湾也有一所"清华大学"，是梅贻琦（1931—1949年任清华大学校长）所创建。

北京大学
中国最高学府，莘莘学子向往的圣地

- 北京市海淀区颐和园路5号
- 乘地铁4号线可到
- 免费，团体则要10~20元
- www.pku.edu.cn

北京大学初名京师大学堂，是中国近代第一所国立综合性大学，也是中国近代正式设立的第一所大学，其成立标志着中国近代高等教育的开端。北大校园又称燕园，包括淑春园、勺园、朗润园、镜春园、鸣鹤园、畅春园等，在明清两代是著名的皇家园林，数百年来，其基本格局与神韵依然存在。

玩家 攻略

要去北大校园参观，需要持身份证在大门口保安处登记，否则不让进，所以去北大前一定要带好身份证。作为高等学府，北大校园的文化活动特别多，北大百年纪念讲堂不定期会有舞剧、电影等演出。

李大钊烈士陵园
纪念中国共产党的创始人

- 北京市海淀区万安里1号
- 乘地铁西郊线可到
- 8:00—16:00，周二闭馆
- 免费，团体提前一天预约
- 010-62591044

李大钊烈士陵园为仿古式庭院建筑。陵园主体采用了传统的古建筑形式，高廊大檐，雕栋画枋，与墓地建筑相互融合，标准地再现了传统庭院结构的优雅、古朴与和谐的风格。

一座通体洁白的汉白玉雕像矗立在万年青、美人蕉的花圃中间。塑像前鲜花绽放，香气四溢，向英雄表达崇高的敬意和深切的缅怀。

链接
李大钊

李大钊（1889—1927），字守常，河北省乐亭县人，中国共产主义运动的先驱，伟大的马克思主义者，中国共产党的创始人之一。1913年留学日本，1916年回国后积极投入新文化运动和五四运动，任北京大学图书馆主任和经济学教授，参加《新青年》编辑工作，与陈独秀创办《每周评论》，宣传俄国十月革命的胜利，介绍马克思主义，发起和组织马克思学说研究会和共产主义小组。

中国共产党成立后代表中央指导北方革命工作，在中共二大、三大、四大上被选为中央委员。1922年与孙中山谈判，建立了国共第一次合作。1927年4月6日与80多位革命者一起被奉系军阀张作霖逮捕，受尽酷刑折磨，于28日与其他19名志士一起英勇就义。1933年葬于万安公墓。

玉泉山
泉水甘甜，被乾隆封为"天下第一泉"

北京市海淀区玉泉山路

玉泉山位于颐和园以西三四千米处。因这里泉水"水清而碧，澄洁似玉"，故称为"玉泉"。明初王英有诗形容："山下泉流似玉虹，清泠不与众泉同。"这座山也因此称为"玉泉山"。

山中有玉泉池，乾隆赐封"天下第一泉"，并题字"玉泉趵突"，为清代燕京八景之一。今玉泉水虽枯竭，仍为市郊风景胜地。玉泉山上的定光塔（大塔或玉峰塔）是北京地理位置最高的塔，称为"玉峰塔影"。山下有静明园，为全国重点文物保护单位，是北京著名的"三山五园"之一，以山水结合，寺观众多，亭台楼榭依山而筑，融于泉壑、山岩、林木之间，是颐和园的重要借景。玉泉山北麓有一处全国重点文物保护单位——景泰陵，它是明代宗失祁钰之陵园。

玩家 解说

玉泉山的水甘冽醇厚，天下闻名，过去，人们常以水之轻重衡量水质，轻者优，重者劣，历代古人多以江西庐山谷帘水或长江金山水为第一，以惠山虎跑泉水为第二，乾隆为了评判天下各泉名水，令内务府制银斗测量，其结果是：济南珍珠泉斗重一两二厘；长江金山水重一两三厘；惠山虎跑泉水重一两四厘；平山水重一两六厘；凉山、白沙、虎邱、碧云寺诸水重一两一分，只有玉泉、伊逊两地之水重一两，水轻质甘气美。从此，玉泉水定为清宫专门饮用之水。乾隆亲题"天下第一泉"碑，并作诗："功德无双水，名称第一泉。"用玉泉山泉水灌溉的"京西稻"至今都是名贵大米。

更多本旅游区景点

海淀公园：为体验高品质的休闲生活及举办各种大型文艺演出、活动及各类展览的理想场所，以"科技、人文、生态"为公园主题。 北京市海淀区新建宫门路2号

万柳体育公园：位于海淀公园西侧，在自运河以东，万泉河路以西，南起皇苑，北至西苑一带的大片绿地中，建设棒垒球、足球、网球、篮球、门球、高尔夫练习场等设施以及健身路径等，形成中关村西区全民健身、体育训练和体育竞赛基地。 北京市海淀区万泉河路

海淀公园

景点推荐

欢乐谷周边

北京欢乐谷 AAAA
繁华都市游乐园

🏠 北京市朝阳区东四环小武基北路　🚇 乘坐地铁7号线直达欢乐谷　💰 299元　📞 010-67389898

北京欢乐谷是华侨城集团以20年的专业积累,用4年倾心打造的主题生态乐园,它是北京文化产业的区域龙头,是我国现代旅游的经典之作。它以其时尚、动感、欢乐、梦幻的人文魅力,成为北京体验旅游的重要标志。

玩家 攻略

1. 欢乐谷实行一票制,游客可自行选择观看演出、体验游乐项目及参与主题活动,无须另外付费。但以下项目为有偿服务:观光代步工具类(环园小火车、电瓶车、小电动车、花境漂流、水蜜蜂游船等);游戏类(欢乐66有奖游戏、丛林雨季、欢乐水球等)。

2. 去欢乐谷游玩,如果方便最好穿凉鞋和清爽的衣服。因为玩激流勇进时,即使穿了雨衣也会把衣物打湿,玩别的项目时也可以脱了鞋,会比较方便,准备去游玩的前几天,可登录欢乐谷的官网查看设备检修时间,以便合理安排游玩项目。

3. 若想在园区玩得尽兴,建议早点到达,这里足够玩一整天,另外,大多项目要排队,最好提前安排一下游玩项目。

4. 在欢乐谷您可以与专业演员PK舞技,在表演中互动,加入动作大片的拍摄。

5. 来欢乐谷游玩,喜欢设备的朋友,可以选择周一至周五来,因为这几天排队的人相对较少,可以在最短的时间内更多地体验自己喜爱的游乐设备;喜欢观看人文景观和艺术表演的朋

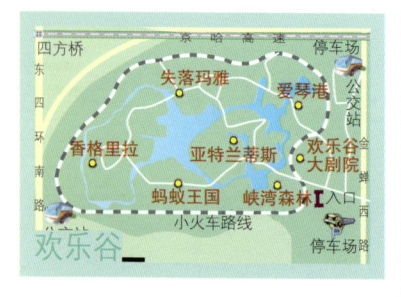

友，建议选择周六或周日，这期间各类表演比较多；喜欢大型活动的朋友，可以选择节假日，特别是黄金周期间进入欢乐谷，可以看到大众狂欢的盛景。

`玩家` 解说

在这里，年轻人可以尽情领略水晶神翼、太阳神车等世界六大顶级娱乐设备的超炫体验，充分感受香格里拉《金面王朝》带来的浪漫与神秘；老年人可以沿着爱琴港湾、玛雅小镇的足迹，登上舒缓的亚特兰蒂斯聚能飞船，寻找历史的遗迹，梳理文明的脉络，感受各大主题分区梦幻般的人文魅力；儿童可以走进蚂蚁王国，了解社会、自然与生态的种种知识，在参与体验中领悟加速度、失重感，感受植被的多样性，艺术的趣味性，可以说，无论是什么年龄段的游客，都可以在欢乐谷感受到快乐。

▢ 峡湾森林

这里是公园重要的交通集散中心：公交车、大巴、私家车都将在这里停靠。进入公园，可以见到代步工具，19世纪的环园小火车让您畅游欢乐谷；电瓶车的长龙，把您带进集体旅游的欢乐。来到峡湾森林，泉水的浪漫、森林的幽静，带来清新的生态环境体验；建筑造型的梦幻、色彩线条的简洁、玻璃金属的时尚，创造出明朗的现代感受。

▢ 失落玛雅

玛雅文明有太多的神秘、太多的联想，在玛雅文明覆灭后的几百年间，文明之上又覆盖了新的土壤植被，将历史的神秘隐藏其中，带给我们丰富的联想。失落玛雅以考古、教育、农业、生态群落知识为背景，项目设置上注重野外教育，通过环境、项目特色，启发、引导我们的好奇心，带我们融入精彩的中美洲文明之中。

▢ 爱琴港

早在古希腊文明兴起之前约800年，爱琴海地区就孕育了灿烂的克里特文明和麦锡尼文明。爱琴港主题区通过古代爱琴海边的故事，展开运动的画卷，弘扬奥林匹克的精神，诠释运动，诠释生命的真谛。爱琴港主题区分成三部分：因火山废弃的城镇、新的海湾和文化古迹。因此在建筑形式上，有古代希腊特色的神庙、大型梁柱，也有反映现代希腊特色的小镇建筑。

蚂蚁王国

香格里拉

香格里拉主题区分为三个部分：一是梦幻中的香格里拉，二是西藏风情小镇，三是安静的茶园休息区。沿着这三个脉络感知古老文明的气息，追寻原始部落族人的履历，走上追求理想历程，体验淳朴生活中的快乐。

蚂蚁王国

蚂蚁王国是欢乐谷最为独特有趣的区域，小蚂蚁会给孩子们讲述它的小动物朋友，它的住所，以及它周围的一切，蚂蚁王国用生动可爱的方式，给孩子们带来关于生态、生物、种群、群落这些听起来有些复杂的知识。

亚特兰蒂斯

亚特兰蒂斯是公园的重点核心区域。它给我们再现了一个沉落海底的远古文明的生活场景，一切都是围绕着亚特兰蒂斯人如何开采、制作、使用水晶而展开。强烈的梦幻感觉，对逝去古老文明的丰富想象，包容了所有角落。

中国紫檀博物馆 AAAA
中国规模最大的紫檀艺术博物馆

北京市朝阳区建国路23号 乘地铁1号线到四惠东下东行500米 9:00—17:00（周一闭馆） 50元 010-85752818

中国紫檀博物馆为仿明清建筑，位于朝阳区高碑店湖畔，是由香港的陈丽华女士投资兴建的。它于1999年9月开馆，目前是中国规模最大的专题类民办博物馆。它集收藏研究、陈列展示紫檀艺术和鉴赏中国传统古典家具为一体，填补了中国博物馆界的一项空白。

中国紫檀博物馆占地25 000平方米，主体建筑即展厅面积为9569平方米，其本身就是一件壮丽、珍贵的工艺品，被业界誉为"活国宝"。博物馆共4层13个展厅，分别设有展品陈列厅、宣教厅、临时展厅、贵宾接待室、多功能会议厅、开放式影视厅、纪念品商店和卫生室等。多年来，中国紫檀博物馆秉承"继承、发展、创新"的宗旨，传承着中国传统的檀雕技艺，全方位高水平地展示了紫檀文化的魅力，已成为北京市一处重要的文化景观。

玩家 攻略

1. 紫檀博物馆是一座明清风格的仿古建筑，建造之初就是由故宫博物院内的木作、瓦作专家亲自指导的，建筑本身就是一件精美的艺术品。这里院落古色古香，可以拍照留念。博物馆内共有五层，其中一、二、三、五层是展厅，四层主要是贵宾室等，进入馆内后逐层参观即可，游玩一圈大约需要2小时。

2. 一层展厅正中央的有一座仿故宫乾清宫宝座，通体金黄，与故宫内的形式一样，十分尊贵。展厅内还有千秋亭、万寿亭、飞云楼、故宫角楼等著名建筑的微缩木雕。清式正厅内完全按照清朝时一般客厅的陈列摆设，架子床展厅则展示了中国古典床铺的样子，都可以一一观看。

3. 二楼以众多的珍贵屏风为主，屏风上的雕花十分精美，可以细致参观一下。这里还有仿故宫养心殿、明式正厅、传统书房、传统喜房等原样陈列。正中央的多媒体展厅可以通过视频形式了

中国紫檀博物馆

解博物馆的建造发展和传统木材加工的内涵知识。另外，纪念品商店也位于二楼，出售一些小型的木雕，可以根据个人兴趣前去选择购买。

4.三层最精华的主要有四合院民宅微缩和清明上河图紫檀雕画两处。四合院的民宅微缩规模很大，高有2~3米，院落、建筑的雕刻都十分精巧，又注重细节，是一件珍贵的艺术品，一定要好好看看。清明上河图也是馆内最著名的展品之一，以木雕的形式复原了清明上河图的盛景，十分精彩。另外，这一层还有金丝楠木展厅、佛教展厅、中共中央政治局原常委李长春自制家具展厅等，都可以一一参观。

5.五层是博物馆的茶吧休息区，可以来此休憩喝茶。在五层的中央也有一座展品，是一座原样微缩的天坛祈年殿木雕，也很繁复精细，可以参观一下。

潘家园
全国知名的旧货市场

- 北京市朝阳区
- 乘地铁10号线潘家园站下可到
- www.panjiayuan.com

潘家园不仅是北京古玩艺术品交易最密集的地区，也是北京一张亮丽的文化名片。这里有两处古玩艺术品爱好者必去的地方——北京古玩城和潘家园旧货市场。北京古玩城是国内目前最大的古玩艺术品交易中心，而潘家园旧货市场则是国内目前规模最大的民间工艺品集散地。

玩家 解说

潘家园旧货市场每周一至周五店铺商户和大棚一区二区、西地摊开放，周六日所有店铺地摊全开放，全年不歇市，人气极旺。有来自全国的24个省市的人在此设摊经营，还有许多少数民族在此经销本民族产品。由于市场地理位置优越，交通快捷便利，民间特色浓郁，交易方式灵活，深受广大中外宾客喜爱。市场被新闻媒体称为"全国人气最旺的古旧物品市场""全国品类最全的收藏品市场""全国规模最大的民间工艺品集散地"。

更多本旅游区景点

窑洼湖公园：被四环路分为东西两部分，全园总占地面积为545亩，其中东园占169亩，西园占76亩。窑洼湖公园是一处公益性的开放式休闲公园，游人可以自由出入。
- 北京市朝阳区南磨房乡窑洼村

观音堂文化大道：是中国第一条画廊街，2006年6月18日正式开街，全长750米。观音堂画廊街是第一个把经营中国当代原创艺术品作为汇聚区发展目标的艺术区，吸引了众多国际国内一线画廊入驻画廊街。
- 北京市朝阳区高碑店路

古塔郊野公园：又称古塔公园，占地面积836亩。园内有一座明代的"十方储佛宝塔"。
- 北京市朝阳区高碑店路

潘家园旧货市场

酒仙桥周边 153

景点推荐

酒仙桥周边

798艺术区
北京最大的SOHO式艺术聚落
📍 北京市朝阳区酒仙路798艺术区

　　798艺术区又称大山子艺术区，是目前国内知名度最高、发展最成熟的艺术区，占地面积60多万平方米。这里原是798厂等电子工业的老厂区，后来逐渐有艺术家和文化机构进驻，经过改造逐渐发展成为画廊、艺术中心、艺术家工作室、设计公司、餐饮酒吧等各种空间的聚合体。穿梭在艺术和工业之间，精致与粗犷并存，从而形成了具有国际化色彩的"SOHO式艺术聚落"和"LOFT生活方式"，在这里人们可以感受到生活与精神的冲撞。如今的798艺术区已经引起了国内外媒体和大众的广泛关注，成了北京都市文化的新地标。整个艺术区大致可分为6个片区，其中798路两侧的D区和E区文化机构最集中。798艺术节于每年9月底在此举行。

玩家 攻略

　　798方圆一平方千米内有100多家文化机构，包括出版、建筑设计、服装设计、室内家居设计、音乐演出、影视播放、艺术家工作室等。

　　除了画廊，还有酒吧、各色餐馆、服装店、书店、瑜伽中心等，应有尽有。游客可以在画廊或酒吧买张艺术区导览图，或自行随意逛。

　　在798艺术区中，有许多大名鼎鼎的艺术家，如刘索拉（作家、音乐人）、洪晃（出刊人、出版家）、李象群（雕塑家）等，他们都很早就进驻了798，他们的许多作品在798都有展示。在798，无论什么时间去，都会有很多展览和讲座，感兴趣的话可以去看一看，听一听。

中国铁道博物馆
见证中国铁道事业的发展
📍 北京市朝阳区酒仙桥北路1号院北侧，与中国电影博物馆隔铁路相望

　　铁道博物馆是由原京奉铁路正阳门东车站改建而成，是近代中国铁路早期车站的代表作，于2010年10月23日正式对外开放。

798艺术区

铁道博物馆主要有主展区、多媒体沙盘展区以及多媒体互动区组成。主展区展线长达526米,内容分为蹒跚起步、步履维艰、奋发图强、长足进步和科学发展的中国铁路5个部分,涵盖了从1876年至今长达148年的历史。多媒体沙盘展区将高清投影与沙盘模型相结合,动态展示京沪、京广高速铁路和青藏铁路全景。其中,青藏铁路沙盘十分引人注目。

中国电影博物馆
世界上最大的国家级电影专业博物馆

北京市朝阳区南影路9号

免费 010-84355858

中国电影博物馆是为了纪念中国电影诞生100周年而建的标志性建筑,也是展示我国电影事业百年发展历程、博览电影科技、传播电影文化和进行学术研究交流的艺术殿堂。博物馆共分为6个厅,其中序厅展示了1905年中国人自己拍摄的第一部影片以来,中国电影历史上的25项第一;自1938年在延安诞生了第一部人民电影以来,人民电影事业的8项"第一";自1949年10月1日中华人民共和国诞生以来,新中国电影的7项"第一"。这40项"第一"记载着中国电影人走过的"百年历程"。第1厅展示的是电影的发明,里面有世界上第一场电影放映时的局部复原场景。第2厅是中国电影的诞生和早期发展,陈列有中国电影的5位开拓者。第3厅是革命战争时期的中国电影,第4厅是新中国电影的创建与发展,第5厅是改革开放新时期的中国电影。

蟹岛度假村 AAAA
以村为特色的生态度假村

北京市朝阳区蟹岛路1号   乘坐418路到蟹岛东门下车   免费

蟹岛度假村始建于1998年,占地面积约3200亩。它是集都市旅游、观光采摘、餐饮、住宿、娱乐、会议于一体的温泉度假村,整个园区分为种植园区、养殖园区、科技园区和旅游度假园区四大板块。

度假村中最富特色的就是生态农业区，它不仅为消费者提供了有机食品原材料，同时还经营农田、果园、蔬菜大棚、农机具站、生态捡蛋场、蜜蜂养殖场和微生物车间，为顾客提供了参观和体验的活动场所。此外，这里每年还举办花卉节庆活动，像"荷花节""菊花节"等，供游客免费赏花、品花。

玩家 解说

北京蟹岛位于朝阳区，占地面积3180亩。以"生态、环保、可持续"为经营理念，旗下七家公司相互依存，互为补充和促进，使集团内部的资源得到了充分利用。蟹岛集团以生态农业为轴心，依据生物链原理，将种植业、养殖业、水产业、微生物工程、再生能源、水资源利用、有机农业技术开发、农产品加工、销售、餐饮住宿、旅游会议等产业构建成为相互依存、相互转化、互为资源的循环闭系统，通过各个公司的资源协调整合，整个蟹岛实现了作物、动物、微生物之间的生态平衡，建立一个比较完善的循环经济产业模式，成为一个环保、高效、和谐的经济生态园区。

□ **蟹泉池**

蟹岛蟹泉池建筑面积11 000平方米，第一层是温泉游泳馆，内设儿童戏水池、练习池、标准池，二层和三层按照老北京头等官堂设计经营。蟹岛蟹泉池是集温泉游泳、桑拿、按摩、美容、特医保健于一体的大型娱乐休闲中心，在这里游客可以感受到中国独特的洗浴文化。

□ **三点钟农业园**

"三点钟"即三小时。"三点钟"农业园是一个面积达3.2万平方米的钢骨结构的玻璃大厅，蟹岛风情菜"浓农记菜园"为餐饮区，其中分布为农家菜与粤菜，可供1800人同时就餐；"农健园"为运动区，其中划有20余片羽毛球场亦可摆放30多张乒乓球台；"蟹宫"为垂钓区，其中分布着各种鱼类的垂钓池和别有情趣的钓蟹池。蟹岛"三点钟"都市生态游为紧张忙碌的都市人开创了一种集旅游观光、健身娱乐、垂钓采摘、休闲购物于一体的全新模式。

更多本旅游区景点

太阳宫公园：位于望京桥旁，环境优美、清幽怡人，是周边人们休闲散步的理想场所。 北京市朝阳区太阳宫中路

望京体育公园：是全免费的体育健身公园，附近居民健身娱乐的场所，园内有小型的儿童游乐设施和体育健身设备。 北京市朝阳区广顺北大街望京西区D5区

草场地艺术区：作品大都具有前卫性，被人们称为"中国当代艺术的精神乐土"，是继798艺术区之后，中国当代艺术的又一圣地。 北京市朝阳区崔各庄村草场地艺术区319号

东坝郊野公园：是北京最大的郊野公园，占地面积3000多亩，有3个故宫那么大。公园规划了以田趣园、艺趣园、情趣园为主要游览区的绿色环境区。园区里种有李子树、杏树、枣树、桃树、樱桃树、梨树等，游客可以免费观赏和采摘。 朝阳区东坝环铁东南东坝路北侧

清河营郊野公园：依托郊野公园的自然林地景观，强调与地域整体文化特色的延续和继承，充分保留和利用现状植物。公园里环境幽静，风光秀美，是烧烤、郊游的好去处。 北京市朝阳区北苑东路4号

草场地

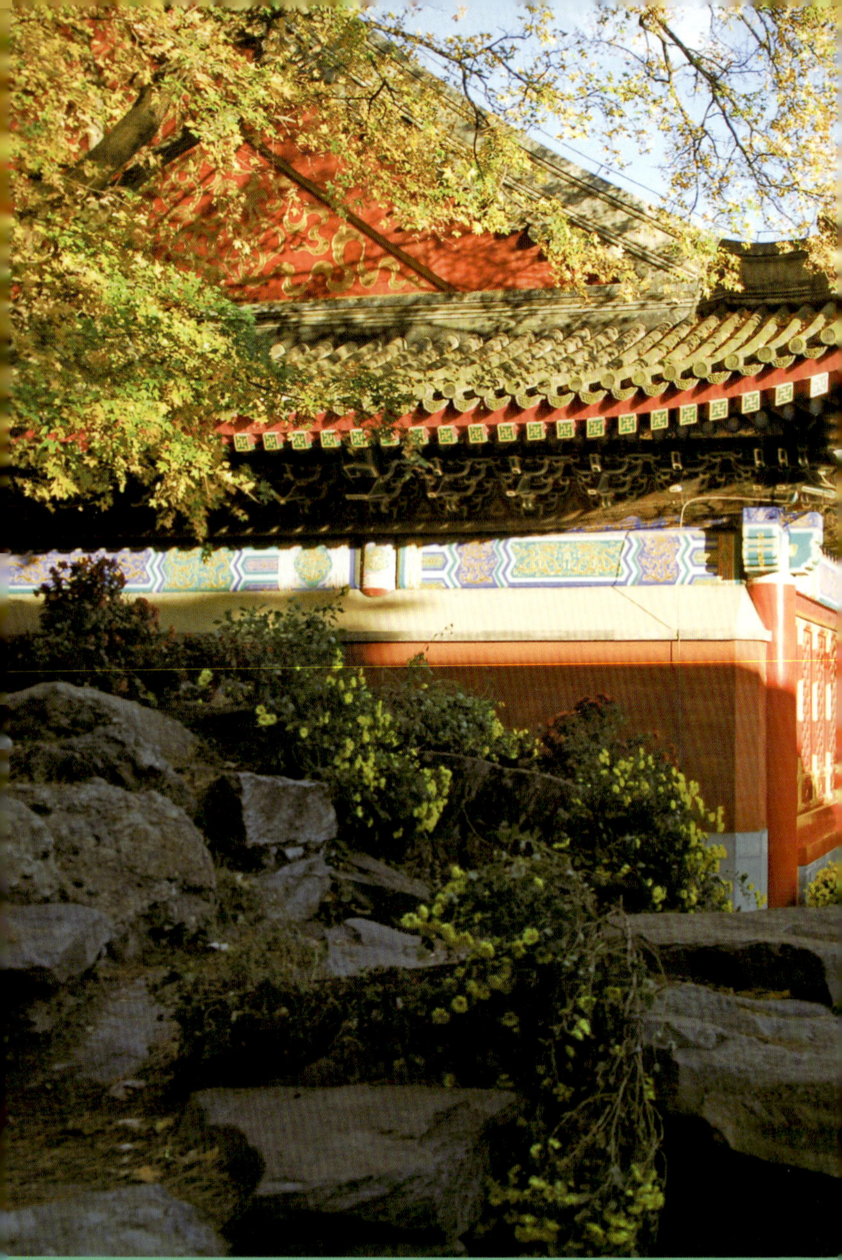

发现者
旅行指南

北京近郊

概览

亮点

- **石景山游乐园**

  石景山游乐园是一座独具欧洲风格的大型现代化游乐园,是亚洲游艺项目最多的欧洲风格园林乐园,被誉为"北京迪士尼"。

- **八大处公园**

  八大处公园是一座历史悠久、风景秀丽的佛教寺庙园林,因有八处寺庙而得名,以"三山、八刹、十二景"著称。

- **香山公园**

  香山公园历史悠久,文物古迹丰富,是一座具有山林特色的大型皇家园林,以香山红叶最为闻名。

- **国家植物园**

  国家植物园位于北京市海淀区,是中国第一个国家植物园。它包括南园和北园两个园区,共收集植物1.5万种(含种及以下单元),国家一级保护植物近40种。

- **世界公园**

  世界公园整体布局以五大洲版图为依据,集世界名胜于一体,是亚洲最大的微缩景观公园。

- **卢沟桥**

  卢沟桥是北京现存最古老的联拱石桥,也是中国抗日军队打响全面抗战第一枪的地方。

线路

- **北京郊区生态一日游**

  上午游览香山公园,下午游览植物园。香山红叶鼎鼎有名,除此之外香山也是访古寻幽的佳处。国家植物园作为中国北方最大的植物园,在这里可以观赏到世界各地各种类型的树木植被以及花卉芳草。

- **北京郊区休闲一日游**

  第一天上午游览百望山森林公园,下午参观大觉寺。

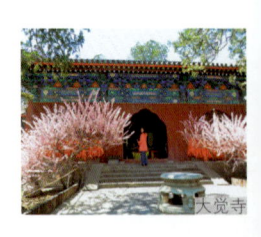

  第二天游览鹫峰森林公园。在这条线路中可以在百望山登山,赏红枫林,大觉寺赏玉兰,品茗茶,在鹫峰国家森林公园观鹫峰,寻古迹。

为何去

香山红叶的美丽多情、卢沟桥蕴藏的红色记忆、八大处壮观秀美的古刹风光、国家植物园的满目青葱以及石景山游乐园欢乐的现代气息，无不吸引着游客的目光，令人流连忘返。

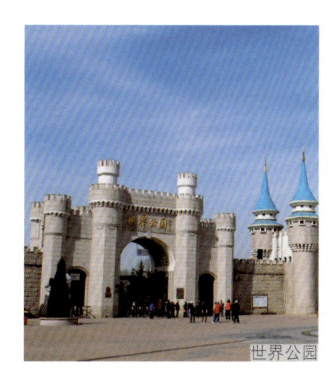

世界公园

何时去

四季皆宜，景致各异。春、夏、秋三个季节气温适宜，风景变幻多姿，是旅游的黄金季节。尤其是9、10月秋高气爽，满山遍布红叶，秀美壮观。

香山红叶

国家植物园

景点推荐

香山公园附近

香山公园 AAAA
香山红叶是北京最浓的秋色

- 北京市海淀区香山买卖街40号
- 乘地铁西郊线可达
- 旺季10元，淡季5元
- 010-62591222

香山最高峰上有一块巨大的乳峰石，状如香炉，故名香炉峰，俗称鬼见愁，海拔557米。因此得名香炉山，简称香山。香山公园以香山命名，位于北京西北郊的小西山东麓，面积160公顷。它始建于1186年，历史悠久，文物古迹丰富，是一座具有山林特色的大型皇家园林。

香山的森林覆盖率高达98%，园内有各类树木26万余株，古树名木众多，其中一、二级古树就达5800多株，约占北京城区的1/4。这里以香山红叶最为闻名，包括黄栌、火炬、元宝枫、三角枫、五角枫、鸡爪槭等30多个品种，被评为"北京新十六景"之一，且每年都会举办"香山红叶文化节"主题活动。

香山公园的主要景点有香山寺、香炉峰、双清别墅、西山晴雪碑、玉华山庄、昭庙、见心斋、眼镜湖、碧云寺、孙中山纪念堂、琉璃塔、踏云亭、玉华岫、璎珞岩、凤栖松等。

玩家 解说

香山红叶主要集中在香山公园的南山区域

是观赏和拍摄红叶的好地方。

　　静翠湖:距离大门最近(进公园东宫门南行5分钟),最节省体力,有山有水,红叶景观效果持续时间最长。最佳观赏时间为10月25日至11月9日。另外,由于静翠湖三面环山,照相容易逆光,需要找好角度。

　　香山寺:是香山文化的发祥地。最佳观赏时间为10月18日至11月2日。另外,这里部分路段台阶较多,要注意行走安全。

　　古御道:是观赏红叶距离红叶最近的,可直接深入红叶林区。最佳观赏时间为10月25日至11月9日。

　　玉华岫:地处全园的中心(从东门顺着中路向上行进约20分钟即达),视野最为开阔。观赏红叶的同时还可品尝纯正的山泉水冲泡的香茶。最佳观赏时间为10月15日至11月4日。另外,东门至玉华岫的道路较为平坦,适合一家老小共同前往。

　　香雾窟:是最具有古典皇家园林特色的观赏点,站在这里赏红叶,可感受到层层叠叠、远远近近的红叶折射出不同的红。最佳观赏时间为10月15日至11月4日。另外,到达香雾窟约需要半小时以上,穿轻便舒适的运动鞋较为适宜。

□ 知松园

　　知松园位于南北主要游览干道西侧,占地2公顷。景区内一、二级古松柏100余株。在景区之东立宽1.5米,长2.5米,高5.5米巨石一块,正面书直径为0.8米的"知松园"三字,石背录陈毅诗"大雪压青松,青松挺且直,欲知松高洁,待到雪化时"。

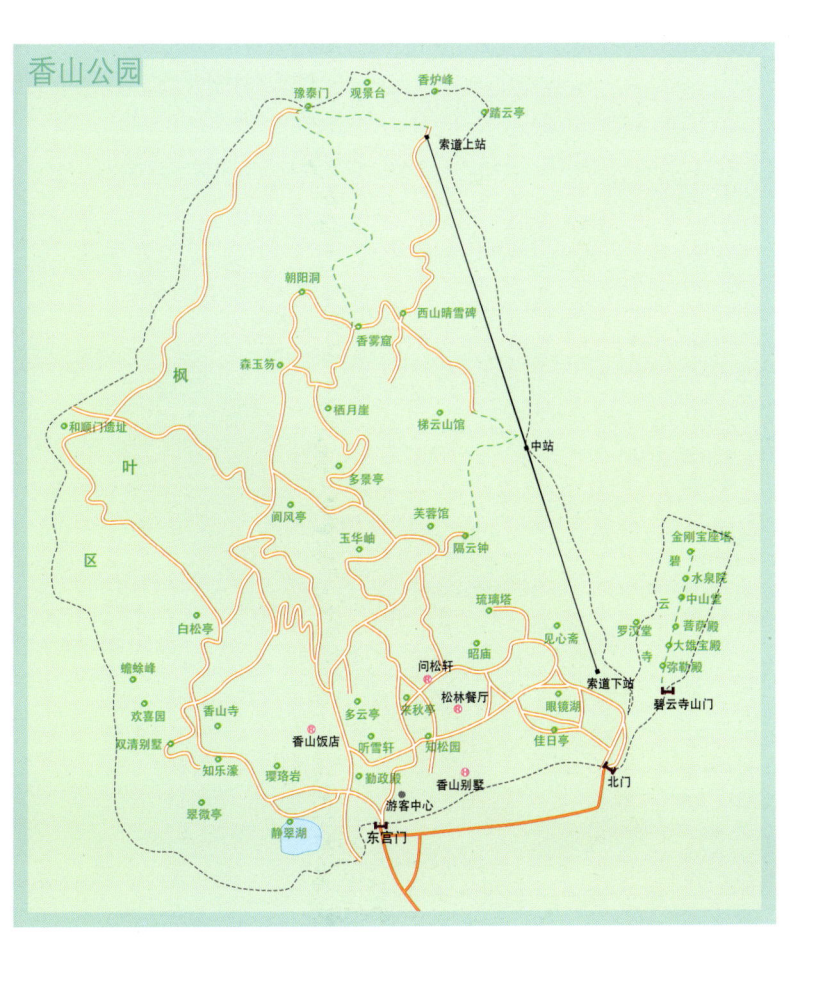

◻ 琉璃塔

位于昭庙后的琉璃塔是园内唯一的一座宝塔,塔高近30米,分为塔顶安放黄色琉璃宝塔,塔身为黄绿琉璃装饰,整个建筑边雕佛像,层层檐檐缀有铜铃,起风时铃声清脆而悠远。

◻ 双清别墅

双清别墅位于东南侧,因院中有两股清泉而得名。1949年3月25日,毛主席率党中央机关由河北平山县西柏坡来北平,住在此处,直到11月才迁居中南海。毛主席在此发出了一系列重要指示。著名的《七律·人民解放军占领南京》即吟成于此处的八角亭内。

◻ 碧云寺

碧云寺是一组布局紧凑、保存完好的园林式寺庙,创建于元至顺二年(1331年),后经明、清扩建。寺院坐西朝东,依山势而建造。整个寺院布置以排列在六进院落为主体,南北各配一组院落,山门前立有一对石狮、哼哈二将,殿中的泥质彩塑以及弥勒佛殿山墙上的壁塑皆为明代艺术珍品。

卧佛寺
存有一尊巨大的铜质释迦牟尼卧像

🚇 北京市海淀区卧佛寺路国家植物园里面　☀ 夏季 8:00—16:00,冬季 8:30—16:00　💰 5元

卧佛寺(十方普觉寺)创建于唐贞观初年。寺内古树参天,花木扶疏。走进卧佛寺,穿过琉璃牌坊、山门殿、天王殿、三世佛殿,便是卧佛殿。殿内卧佛为释迦牟尼像,身长5.3米,重54吨,在铜佛周围,环立着十二尊塑像,是十二圆觉。

香山碧云寺

碧云寺是一组布局紧凑,保存完好的园林式寺庙,创建于元至顺二年(1331年),后经明、清扩建。寺院坐西朝东,依山势而建造。整个寺院布置以排列在六进院落为主体,南北各配一组院落,山门前立有一对石狮、哼哈二将,殿中的泥质彩塑以及弥勒佛殿山墙上的壁塑皆为明代艺术珍品。

- 汉白玉石牌坊为四柱三间三楼冲天柱式牌坊。
- 五百罗汉堂内有508尊木质金漆罗汉,高约1.5米。
- 八角形碑亭碑亭内立有乾隆御笔亲书石碑。
- 山门殿建于明朝,面阔三间,歇山灰瓦顶,檐下饰有斗拱。
- 水泉院内泉水自岩壁间涌出,水味甘甜,是听泉的好地方。
- 金刚宝座塔通高34.7米,是中国现存最高、最大的金刚宝座式塔。
- 孙中山纪念堂正厅中设孙中山半身塑像。
- 菩萨殿面阔三间,匾额上为乾隆御笔"静演三车"。
- 大雄宝殿正中供奉释迦牟尼坐像。
- 弥勒佛殿原有四大天王像,现殿内只剩下铜质弥勒佛像。

此外寺内还种有几株娑罗树，每逢春末夏初之际，百花盛开，花朵如同无数座洁白的小玉塔倒悬枝叶之间，别有情致。

玩家 解说

卧佛寺铜佛呈睡卧式，头西面南侧身躺在一座榻上，左手平放在腿上，右手弯曲托首头部。据说这是释迦牟尼的纪念像。旁边站着12尊小佛像，是他的12个弟子，他们的面部表情沉重悲哀，构成一幅释迦牟尼向12弟子嘱咐后事的景象。殿的正面墙上挂一块"得大自在"的横匾，意思是得到人生真义也就得到最大自由。殿门上方亦有横匾，书有"性月恒明"，意为佛性如月亮，明亮兴辉永照。

国家植物园 AAAA
中国第一个国家植物园

- 海淀区卧佛寺路与香山路交叉口北460米
- 可乘地铁西郊线直达 南园，010-62836180；北园，010-82598771

国家植物园位于北京市海淀区，是中国第一个国家植物园，包括南园（中国科学院植物研究所）和北园（北京市植物园）两个园区。南园建有15个特色专类园，拥有展览温室、康熙御碑等人文景观和菩提树等国礼植物，有亚洲最大的植物标本馆、中国古植物馆等；北园建有14个专类园和中国北方最大的珍稀植物水杉保育区，有卧佛寺、梁启超墓、一二·九运动纪念地和曹雪芹纪念馆。

玩家 攻略

1. 每到赏花时节，园内人山人海，乘公交去赏花的游客需早点前往，在颐和园附近堵车比较严重。打算自驾前往的游客，建议乘公交，以减轻公园附近的交通压力。

2. 北园中的名胜古迹主要有位于园中南部的曹雪芹纪念馆和位于植物园北部的卧佛寺，从南门入园后，沿着中轴路一路向北，就能到达这两个景点。另外，园内西北部的樱桃沟，以野趣而著称。

3. 国家植物园开通有手机导览服务，具有完全免费、信息量大、便捷准确等特点。只要通过联网或者蓝牙下载一部手机应用程序包，就可以轻松体验到景点介绍、植物知识、地图导游、语音服务、餐饮信息、意见建议等贴心服务。

4. 国家植物园可以为中学生提供考察活动。让他们充分利用植物研究所野外台站资源，对森林或草原生态系统进行综合性野外科学考察，通过专家报告、科研小课题研究、课题总结汇报等活动内容，实现在考察中研究、在研究中学习的目的，拓宽中学生科技创新和人才培养渠道。

5. 拍照：植物园拍出的婚纱照是绿色唯美派，成片的浓郁绿色阔叶植物，配上光与影的巧妙搭配，是拍摄婚纱照的好地方。在不同的园区拍摄的效果也不同，典雅、古朴的木质吊桥，漂着落叶的湖面，参天大树，古藤山花等都是很好的背景。每年不同的月份中，植物园还会举办各种花卉节。此外，植物园北园的温室内四季如春，热带、亚热带植物很丰富，取景很美，拍摄环境也更胜一筹，但需提前预约前往。

玩家 解说

国家植物园种植包括郁金香在内的多种球根花卉共20余万株，70多个品种近千株桃花，海棠90余种近千株，80余种千余株丁香，300余种5000余株牡丹等。

曹雪芹纪念馆
曹雪芹晚年居住过的地方

北京市海淀区香山卧佛寺路正白旗村

曹雪芹纪念馆建于1984年，馆舍是一排坐北朝南的清式平房，馆藏主要有与曹雪芹身世相关的文物，曹雪芹一家与正白旗村有关的文物，以及名著《红楼梦》所描述的实物仿制品等。

纪念馆有五个展室，分别陈列有曹雪芹当年居住的地方、写作《红楼梦》的书斋、香山地区美丽的自然环境所给予文学家的灵感、200多年来有关曹雪芹身世的重大发现以及与故居有关的资料。此外还有一些碑刻陈列，反映了曹家与香山地区的关系。

碧云寺
保存完好的园林式寺庙

北京市海淀区香山公园北侧，聚宝山东麓　乘地铁西郊线可达　10元，需要购买香山公园的门票方可上山

碧云寺始建于元至顺二年（1331年），是一组布局紧凑、保存完好的园林式寺庙。整个寺院布置以排列在六进院落为主体，三百多级阶梯式地势而形成的特殊布局。其中立于山门前的一对石狮、哼哈二将，殿中的泥质彩塑以及弥勒佛殿山墙上的壁塑皆为明代艺术珍品。

第五进院落原名为普明妙觉殿，1925年3月12日，民国先驱孙中山在北京逝世，因孙中山灵柩移陵南京前在此设过灵堂而改名为孙中山纪念堂。

第六进院落是金刚宝座塔。罗汉堂是一组独具特色的建筑，殿内共有508尊木质漆金罗汉塑像，具有很高的宗教艺术价值。水泉院是寺内风景清幽的好去处，院内松柏参天，有著名的三代树。

百望山森林公园
京郊最近的登山乐园

北京市海淀区黑山扈北口19号

百望山素有"太行前哨第一峰"的美称，现为北京西山国家森林公园的一部分。民间传说北宋杨六郎与辽兵在山下大战，佘太君登山观战为六郎助威，因此又叫"望儿山"。1991年请张友渔同志题写了匾额"百望山"。百望，百望，百里以外即可望见。百望山公园可欣赏到大面积的红叶林，那里种植的黄栌、元宝枫等，正值壮年时期，生长旺盛。金秋时节，公园内近千亩红叶竞相争艳，漫山呈现出层林尽染的美景。友谊亭、揽枫亭是百望山赏红叶最佳地点。此外，公园内还有文化碑林、画廊、铁血忠魂纪念馆等景点。百望山森林公园草木种类繁多，空气中富含的负氧离子游于其间，可以享受到森林浴的保健功能；并且百望山环境清幽，适宜各年龄段和不同身体条件的人攀爬锻炼，是距京城最近的登山乐园。

玩家 攻略

森林公园内建有欧陆风情的"百望山吧"，内有古朴的木质桌椅，可提供晚间专场服务，供应时令小吃，您可在幽美的环境中品茶座谈，欣赏音乐。

曹雪芹纪念馆

大觉寺
以清泉、古树、玉兰而闻名

- 北京市海淀区苏家坨镇大觉寺路9号
- 旺季20元；淡季10元

大觉寺也称西山大觉寺、大觉禅寺，位于阳台山山麓，坐西朝东，依山而建。它始建于辽咸雍四年（1068年），当时称作"清水院"。金章宗时为"西山八大水院"之一，后更名为灵泉寺。明朝时，对灵泉寺进行了重建，并改名为大觉寺。与"西山八大处"等京西其他风景区相比，大觉寺有三个特点：一是承担博物馆的功能；二是承载文化传播功能；三是常年有文化展览和各类文化讲座。

大觉寺由四进院落组成，即天王殿、大雄宝殿、无量寿佛殿和大悲坛等建筑，此外还有四宜堂、憩云轩、领要亭和龙王堂等。著名的"大觉寺八绝"为古寺兰香、千年银杏、老藤寄柏、鼠李寄柏、灵泉泉水、辽代古碑、松柏抱塔和碧韵清池。其中寺中的明慧茶院是京城最大的茶院，既有茶之王者、水之极品，又有大觉寺之静谧佳境。寺内共有160株古树，以及树龄1000年的银杏（俗名"白果王"，6人方能合抱）和300年左右的玉兰。其中，大觉寺因为玉兰花而著名，并与法源寺的丁香花和崇效寺的牡丹花合称"北京三大花卉寺庙"。每年4月，大觉寺会举办"玉兰文化节"，除玉兰花观赏外，还举办一些其他的展览和文化活动。

凤凰岭 AAAA
拥有北京最大的摩崖刻字

- 北京市海淀区苏家坨镇凤凰岭路19号

凤凰岭自然风景区面积约10.62平方千米，被誉为"远郊的景，近郊的路，北京的自然氧气库"。风景区内生态环境幽美，享有"京西小黄山"和"京城绿肺"的美名，青山绿水映衬着蓝天白云，为人们提供了观光、度假和会议的理想地。此外，景区内还有丰富多彩的人文景观，与自然景观相得益彰，共计构成了40余处景点。每年3月底4月初，凤凰岭南线景区600余亩的成片杏花竞相开放，届时，凤凰岭将举办杏花节活动，游人可前来观花。

玩家 攻略

1.运动装、旅游鞋、汗巾、水及零食自备，在往北线入口的路上会有一些山路能上山，但只能到达凤凰岭摩崖石刻。

2.凤凰岭是石头山，主峰海拔748米，全区分三条线路。其中北线天梯是非常有趣的一段，只能走一个人，安全是有保证的，但若有心脏病、高血压等酌情考虑。

3.为了保存体力建议登山顶前吃点东西。

4.下山如果原路返回时间会省一些，如果从登顶后的另一边下山则要花费2~3小时。另一边的路比较绕远，但山势较缓，如果从这条路走一定要走有石头台阶的路，因为路上有些路口并没有明确路标，游客请按照景区指示牌进行游览。

5.不要丢掉门票，背面有管理处的电话，可供应急之用。

玩家 解说

风景区共分北、中、南三线。北线景区景点密集，以"古、奇、怪、幽"著称，对应了古寺名塔、幽洞秘穴和流泉飞瀑等。主要景点有搁衣庵、上方寺、玲珑塔、飞来石塔、摩崖石塔、观音洞、修仙洞、藏珍洞、古猿洞等、神泉、怡景潭、滴水岩、鲸鱼背、金龙潭、天梯等，中线景区以龙泉寺为起点，主要景点是凿刻于辽金时期的仙人洞、三佛洞、玄元洞和修仙椅等，此四洞是我国迄今发现的规模最大、最为完整的古代养生修炼群。南线景区的主要景点包括黄普院、关帝庙、吕祖洞等。

凤凰岭有4处"北京之最"：北京最神奇的石上塔"金刚石塔"和北京最古老的独体造像"北魏石佛"；北京现存规模最大最为完整的古代养生修炼场和北京最大的摩崖刻字"凤凰岭"，字高约4米，宽约3米，天气晴朗时，数里以外即可看到。

更多本旅游区景点

健锐营演武厅：是清八旗禁卫军中一支具有特种部队性质的部队。健锐营的营房于乾隆年间分四次建成，共9338间，如今遗留下很多遗迹，包括团城演武厅、碉楼、营盘、御制碑等。现为全国重点文物保护单位。
✉ 北京市海淀区香山南路红旗村1号

昌华森林公园：地处小西山东部的昌华森林公园，森林覆盖率为98.5%，有乔木468万株。一条结合山体人工建成的25米高瀑布为公园的标志性景观。✉ 北京市海淀区香山南路南河滩

翠湖湿地公园：国家城市湿地公园是在上庄水库的基础上建设的。园内建有荷花塘、芦苇塘、野生湿地植物展览区、水禽保护区等。✉ 北京市海淀区上庄镇

辛亥滦州起义纪念园：1936年冯玉祥为纪念辛亥革命滦州起义殉难的烈士而建。纪念园由3部分组成。园门北向有纪念碑，半山腰处有八棱形石幢1座，山顶为纪念塔。现为全国重点文物保护单位。✉ 北京市海淀区温泉乡

金仙庵：又称金山寺，据传为金章宗西山八院之金水院。后经历代重修，现有殿三进，分为前、后两院，格局基本完整。
✉ 北京市海淀区北安河乡阳台山麓

鹫峰国家森林公园：山峦上的两座山峰相对而立，宛如一只振翅欲飞的鹫鸟，鹫峰因此而得名。公园由鹫峰中心区、寨儿峪谷壑区和萝芭地山顶区三大旅游景区组成。
✉ 北京市海淀区苏家坨镇秀峰寺路5号

鹫峰国家森林公园

石景山旅游区

景点推荐

石景山旅游区

石景山游乐园 AAAA
欧洲风格园林乐园

北京市石景山区石景山路25号　乘地铁1号线八角游乐园站下　10元　4008003890

北京石景山游乐园位于西山风景区南麓，南临长安街延伸线，东靠北京城，西濒永定河，建造于1986年，占地26.7万平方米。游乐园以模仿欧洲园林为主要特色，被誉为"北京迪士尼"。格林童话中的灰姑娘城堡为游乐园中心，端庄秀丽、栩栩如生的灰姑娘雕像伫立于城堡前的人工湖中，欧式风格古堡、少女塑像与童话中的著名人物匹诺曹、唐老鸭和米老鼠等融为一体。湖水碧波荡漾，疏林宽敞，草坪绿意正浓，俄罗斯式的快餐厅、英格兰式的伦敦塔桥等建筑群具有浓郁欧洲风格，这些情景打造了极富童话色彩的美妙世界，构造了游乐园梦幻般的异国情调，营造了"时尚、新颖、欢乐、刺激"的娱乐氛围。游客在游览参与中体验丰富多彩的娱乐生活，是假日郊游的绝佳去处。

玩家攻略

1.节庆：石景山游乐园每年举办特色品牌文化活动——北京洋庙会、春之韵游园会、环球宝贝庆六一、北京狂欢之夏、欢乐金秋游园会等均深受广大游客喜爱，特别是洋庙会自2001年首创以来，得到了社会各界的肯定和高度评价，成为京城八大庙会之一。另外,"流动的舞台"花车行进表演是石景山游乐园特色品牌活动之一。

2. 时间:游乐园最佳的旅游时间为每年的5月、9月、10月,5月是北京文化生活最丰富的时节之一,经常有国际水准的演出。

3. 拍照:石景山游乐园还是婚纱照的好地方,极富梦幻动感,越来越多的年轻情侣想到游乐场取景,当然去前最好打听清楚,是否要预约和收费。

峡谷漂流

模拟长江三峡漂流探险而建的大型水上娱乐项目。登上站台,乘上皮筏,开始探险的旅程,穿越崇山峻岭,聆听如歌流水,在波涛中奋起,在急流中勇进,在漩涡中飞流直下,在溶洞中历险觅珍,尽享漂流之险,旋转之乐。

冒险世界

主题区将充分利用声、光、电等高科技娱乐手段,建设国际一流的飓风等十多个经典的大型主题项目,以满足青少年追求神秘和惊险刺激的需求。

石景山游乐园

幻想世界

主题区突出家庭游、儿童游特色,充分展现童话世界的梦幻色彩。"幻想世界"主题区新上十几项游艺项目。"冒险世界""幻想世界"两大主题区是中国第一个自主设计、自行建设的精品游乐娱乐主题区。

八大处公园 AAAA
京城香火最旺的佛教寺庙园林

北京市石景山区八大处路　10元
010-88964661

八大处公园是一座历史悠久、风景秀丽的佛教寺庙园林,因有八处寺庙而得名,以"三山、八刹、十二景"著称。公园位于石景山区西山风景区南麓,面积322公顷,最高峰海拔464.8米。园内有八座古寺,即灵光寺、长安寺、三山庵、大悲寺、龙泉庙、香界寺、宝珠洞、证果寺,八座古刹最早建于隋末唐初,历经宋、元、明、清历代修建而成。其中灵光、长安、大悲、香界、证果五寺均为皇帝敕建。

玩家 攻略

1. 八大处公园每年举办两个大型传统文化活动,春季的"北京八大处中国园林茶文化节"和秋季的"八大处重阳游山会"。届时园内的人数比较多,若不是赶着拜佛日去拜佛的游客建议错峰出行。

2. 八大处最值得游览的地方有灵光寺、大悲寺、香界寺三处。

3. 要给寺庙敬香,可以出发前买好,或在公园外面购买,外面的香是可以带入的,寺内的香烛要比外面贵些。

4. 山顶会有人提供骑马下山的服务,不过往往会中途加价或者只送到一半换成黑车等,不建议体验。

5. 进入公园之前可以买一些零食和饮用水,公园内的小卖部和小贩处售卖的价格都比外面贵。

6. 公园分别在各处设有不同档次的餐厅。园门南边的"灵光餐厅"和济桥畔的"柳溪园"餐厅主要经营家常菜肴;映翠湖边的"风味小吃城"和七处宝珠洞院内的快餐厅,经营物美价廉的风味小吃和套餐小炒,灵光寺广场的招仙素斋是老字号,可尽享禅林独有的清幽。

玩家 解说

长安寺建于明弘治十七年(1504年),原名"善应寺",清康熙十年(1671年)改称"长安寺"。寺内有关公殿、大雄宝殿、大士殿等建筑。

灵光寺始建于唐大历年间(766—779年),初称"龙泉寺",明正统年间(1436—1449年)改为"灵光寺",是八大处现存最重要的一座寺院。寺内原有五进庙堂,现仅存大悲院、鱼池院、塔院三处院落。其中,大悲院里有佛牙舍利塔,供奉着佛祖释迦牟尼灵牙一颗。

大悲寺相传建于北宋时期,原名"隐寂寺"。整个院落为三进四合,内有山门殿、大雄宝殿等建筑。

香界寺始建于唐乾元年间(758—760年),时称"平坡大觉寺",清乾隆年间(1736—1795年)改为现名。寺内分五进院落,有钟楼、鼓楼、天王殿、圆雄宝殿、藏经楼等建筑。

证果寺是八大处寺院中最古老的一座寺院。内有天王殿、大雄宝殿、禅堂院、敞轩、秘魔崖、"招止亭""天然幽谷""真武洞"等景点。

三山庵建于金天德三年(1151年),内有大殿五间,供释迦牟尼塑像。

龙泉庵始建于明仁宗洪熙元年(1425年),初名"慧云禅林",又名龙王堂。

宝珠洞建于清乾隆四十六年(1781年),享有"京西小泰山"的美誉,是观赏日出、远眺京城美景的极佳之处。

北京国际雕塑公园
收藏展示国内外雕塑艺术的综合园林

北京市石景山区石景山路2号　乘地铁1号线在玉泉路站下车可到　旺季10元

北京国际雕塑公园位于石景山东部,分为东西两个部分,面积162公顷,2002年对外开放,是国家级的雕塑文化艺术园区,也是北京最大的雕塑主题公园。公园秉持"将绿色的园林生态型公园与高雅的雕塑艺术相融合,以自然环境为本,以人为本的理念,以收藏、展示国内外雕塑艺术品为主,是集雕塑

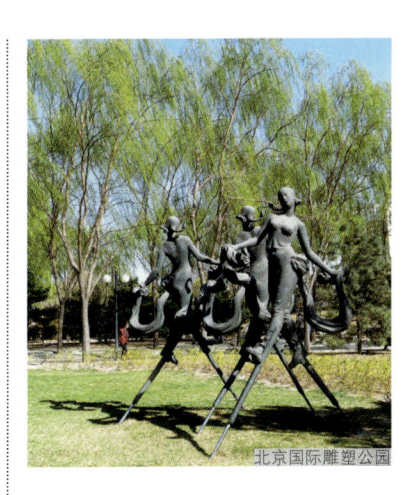

北京国际雕塑公园

艺术欣赏、研究、普及和休闲、娱乐、旅游等功能为一体的综合性园林。目前,这里已收藏了来自40多个国家和地区的180余件优秀的雕塑、浮雕、壁画作品。北京国际雕塑公园已逐渐成为高品位、国际化的雕塑主题公园,是文化观光、休闲的好去处。

法海寺
明代壁画是法海寺的宝贵遗产

北京市石景山区模式口翠微山南麓　乘336、396路公交可到　20元

法海寺创建于明正统四年(1439年),距今已有近600年的历史。寺内有"五绝",即明代壁画、古铜钟、白皮松、藻井曼陀罗和四柏一孔桥。原寺庙规模宏大,明清时多次重修,今仅存大雄宝殿、钟鼓楼、山门等建筑。法海寺占地面积20 000平方米,寺内有大雄宝殿、伽蓝祖师二堂、四天王殿、护法金刚殿、药师殿、选佛场、钟鼓楼、藏经楼、云堂等建筑。寺内藏有具有高度艺术价值的壁画,是本寺的宝贵遗产和主要特色,壁画分布在殿内墙壁上,共有9铺,共绘人物77个,既有男女老幼,又有佛神鬼怪,且姿态各异、神情不一,组成了一幅幅或庄严肃穆,或清新明净的佛国仙境画面。

田义墓
宦官历史陈列馆

北京市石景山区模式口大街80号

田义墓又称慈祥庵、石香炉庵，位于翠微山脚下，建于明万历三十三年（1605年）。它是目前全国范围内唯一保存得最完好、占地面积最大、规格最高、石刻最精美的明代太监墓，也是中国第一座以宦官历史为题材的专题博物馆、全国首座对外开放的明清宦官墓园。

田义墓由三大部分组成，即墓园展区、宦官文化陈列室和田野石刻展区。墓园区内现有田义及其他十几位明清太监的墓群，墓葬地宫多次被盗，现存楠木板两块、墓志一盒。墓主田义为嘉靖、隆庆、万历三朝太监，官阶正四品。

首钢园
首都文化新地标

石景山区石景山路68号　可乘地铁1号线或6号线前往　010-88294331

首钢园区位于长安街西延长线与永定河绿色生态走廊交会处，占地面积8.63平方公里，是著名的打卡胜地。尤其是首钢滑雪大跳台更是吸引了无数旅游者来此参观。从侧面看，大跳台像中国敦煌壁画"飞天"飘带，又酷似西方童话中灰姑娘的水晶鞋，被中国和国外网友亲切地称作"雪飞天"和"水晶鞋"。赛博朋克和工业绿洲的视觉效果则给人带来前所未有的新鲜感和文化震撼。这里遂成为北京冬奥会最美丽的底色和最亮丽的风景。

更多本旅游区景点

慈善寺：慈善寺因坐落在天台之上，故又称"天台寺"，是一座集佛教、道教和民间诸神系统为一体的庙宇。据考证，民国时期爱国将领冯玉祥将军曾三上慈善寺，并留有石刻。北京市石景山区五里坨街道办潭峪村东北天台山

中国第四纪冰川遗迹陈列馆：位于石景山区模式口的第四纪冰川基岩冰溜面遗迹旁，面临永定河，背靠翠微山，是世界上迄今为止唯一的一座冰川遗迹陈列馆。北京市石景山区模式口28号

承恩寺：承恩寺始建于明正德五年（1510年），是一座著名的古代皇家禅林。寺内有山门、天王殿、大雄宝殿、法堂、钟鼓楼等建筑，著名的"三大奇观"即人字柏、古碉楼和大型壁画。北京市石景山区模式口大街东部

首都松林公园：公园内共建成五大景区和多处园林建筑。有丁香、榆叶梅、连翘等多种花木，形成独特的园林景观。北京市石景山区八角村京原路西侧山岗

田义墓

景点推荐

卢沟桥附近

北京园博园
永定河绿色生态发展带上的明珠

北京市丰台区射击场路15号 免费

010-63915561

北京园博园原为鹰山森林公园,属于北宫国家森林公园东区。2013年为第九届中国国际园林博览会的举办地,现在成了园博园的一部分。

园博园位于永定河西岸,占地513公顷(含园博湖246公顷)。这是一个集园林艺术、文化景观、生态休闲、科普教育于一体的大型公益性城市公园。

园区规划布局为"一轴、两点、五园","一轴"即园博轴,是贯穿主展区的景观轴线。"两点"即永定塔和锦绣谷。永定塔为辽金风格的仿古塔,高69.7米,是园博园的标志性建筑;锦绣谷是园博园"化腐朽为神奇"的典范,将一个20多公顷的建筑垃圾填埋坑打造成了花团锦簇的下沉式花谷。"五园"即传统展园、现代展园、创意展园、国际展园和湿地展园,共有展园69个。

北宫国家森林公园 AAAA
赏花、赏红叶的好去处

北京市丰台区辛庄大灰厂东路55号

010-83840830

北宫国家森林公园核心景区廊坡顶,位于西六环西侧,属于丘陵型自然风景区,始建于2002年。公园总面积914.5公顷,划分为旅游观光、登山健身、采摘垂钓、郊野赏花、观赏珍奇、森林沐浴、彩叶欣赏、休闲娱乐、会议餐饮、综合服务十大功能区。公园集生态旅游、观光采摘、科学考察、休闲娱乐等为一体,已发展成为北京地区森林公园中的知名品牌之一。

玩家 攻略

山桃花:花期4月初至4月中旬,主要观赏点在北宫山庄后身,揽翠台下。

杏花:花期为4月中旬至4月底,主要观赏点在杏花坡。

榆叶梅:花期为4月下旬,主要观赏点在售票处至北宫山庄沿路。

青龙湖公园
大面积的沙滩浴场

- 北京市丰台区王佐镇青龙湖郊野休闲区
- 30元

青龙湖公园山清水秀、林木茂盛,生态环境十分优美。园内分为沙滩浴场、观光果园、水上娱乐园、会议餐饮、综合服务等几大区域。

沙滩浴场占地60亩,是具有欧式风格的露天浴场,游人可体验到海滨浴场的乐趣。里面共有三个水池,分浅、中、深池,呈三级台阶状,故而形成了三级迭水景观。水上娱乐园有"水上飞伞"、观景龙舟、高速摩托艇、快艇、自驾艇、陪驾艇等娱乐项目。观光果园占地面积400亩,里面种植着来自国内外的30多个树种、70多个品种的果树。每年6月底到11月,这里均有水果成熟,游人可享受采摘的乐趣。

卢沟桥文化旅游区
古代联拱石桥

- 北京市丰台区卢沟桥城南街
- 乘661、309等路公交车到抗战雕塑园下
- 卢沟桥,20元
- 010-83894614

卢沟桥因横跨卢沟河(今名永定河)而得名,建于金朝,是北京现存最古老的联拱石桥。桥的东头是宛平古城,这是一座建于明末拱京都的拱极卫城,1937年7月7日在这里爆发的"卢沟桥事变"点燃了抗日战争的熊熊烈火,城墙上至今还留着累累弹痕。城内有中国人民抗日战争纪念馆,城南有中国人民抗日战争纪念雕塑园,城东侧辟为"抗日战争烈士陵园"。

玩家 攻略

在卢沟桥看晓月要在黎明时分,站在古桥上,凭栏远眺,西山叠翠,月色妩媚。桥两旁石雕望柱上雕工精巧,神态各异的502尊石狮,或静卧,或嬉戏,或张牙舞爪,更有许多小狮子或爬在雄狮背上,或偎在母狮膝下,若有兴致,不妨自己去数数看。

链接

卢沟桥事变

卢沟桥事变又称七七事变。日本侵略者自1931年九一八事变侵吞我国东北后,到1936年,日军已从东、西、北三面包围了北平。从1937年6月起,驻丰台的日军连续举行挑衅性的军事演习。1937年7月7日驻华日军悍然发动七七事变,日本开始全面侵华,抗日战争爆发。

1937年7月7日夜10时，日军在距北平十余千米的卢沟桥附近进行军事演习，向中国驻军挑衅。日军诡称有一名士兵失踪，要求进入桥边的宛平县城搜查，遭到拒绝后，就向宛平县城和卢沟桥开枪开炮。7月8日早晨，日军包围了宛平县城，并向卢沟桥中国驻军发起进攻。中国驻军第29军37师219团奋起还击，进行了顽强的抵抗，给日本侵略军以沉重的打击。9日凌晨，二十九军收复了永定河东岸的失地。

七七事变的第二天，中共中央通电全国，号召中国军民团结起来，共同抵抗日本侵略者。全国各族各界人民热烈响应，抗日救亡运动空前高涨。在这种形势下，蒋介石于7月17日在庐山发表谈话，宣布对日作战。

◻ 卢沟桥

永定河旧称卢沟河，桥亦以卢沟命名。卢沟桥始建于1189年，到清朝康熙年间毁于洪水，康熙三十七年(1698年)重建，是北京市现存最古老的石造联拱桥。

卢沟桥全长266.5米，宽7.5米，最宽处可达9.3米。有桥墩十座，共11个桥孔，整个桥身都是石体结构，关键部位均有银锭铁榫连接，为华北最长的古代石桥。两侧石雕护栏各有140条望柱，柱头上雕有大小石狮502个(民间歇后语说"卢沟桥的石狮子——数不清"，此处据卢沟桥文物部门数据)，神态各异，栩栩如生。石狮多为明清之物，也有少量的金元遗存。

桥东碑亭内立有清乾隆皇帝题写的"卢沟晓月"汉白玉碑，"卢沟晓月"从金章宗年间就被列为"燕京八景"之一。桥西头有岱王庙。

◻ 宛平古城

宛平城是我国华北地区唯一一座保存完整的两开门卫城。东西长640米，南北长320米，东门为"顺治"，西门为"永昌"，清代改为"威严"。东西城门建有城楼、瓮城和闸楼；南北城墙正中有马道并在台上盖有楼和兵房；城墙周围有垛口、望孔，下有射眼，每个垛口都有盖板，古称"崇墉百雉，严若雄关"。

宛平城城内北侧建有"中国人民抗日战争纪念馆"，城楼上有七七事变纪念馆和中国古桥陈列馆。

◻ 中国人民抗日战争纪念馆　AAAA

中国人民抗日战争纪念馆是一座社会科学类的专题历史纪念馆，也是全国唯一一座全面反映中国人民抗日战争历史的大型综合性专题纪念馆，同时还是全国首批重点红色旅游经典景区、全国首批爱国主义教育示范基地。纪念馆距卢沟桥500米，占地面积40000平方米，于1987年建成开放。纪念馆的全部台基有8级，象征了中国人民的8年抗战，二进台基有14级，象征着东北人民的14年抗战。全国抗战馆、日军暴行馆、人民战

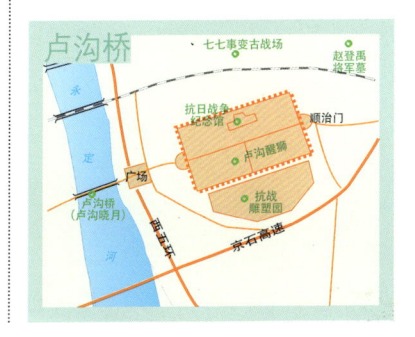

争馆和抗战英烈馆中的大量珍贵文物增加了陈列的吸引力,让人们对这段历史有更深刻的了解。

玩家解说

纪念馆正前方是抗战广场,面积达8600平方米,广场中央矗立着"卢沟醒狮",象征中华民族的觉醒;广场两侧各分布着7块草坪,寓意七七事变和14年抗日战争,馆名由邓小平题写。馆内分为三部分,即序厅、展厅和半景画馆。

序厅中,正面是一座大型铸铜浮雕,长18米、高5米。主题为"把我们的血肉铸成我们新的长城";左右两侧的墙壁上,分别镶着《义勇军进行曲》和《八路军进行曲》的曲谱;顶部悬挂着象征14年抗战、由15个方藻井组成的14口方形古钟,寓意"警钟长鸣"。

展厅分为四部分,即综合厅、日军暴行厅、人民战争厅和抗日英烈厅。里面陈列着3800件照片和资料、5000件文物,都是珍贵的历史文献。书刊、档案资料等,以重大事件、重要历史人物的有关遗物和文稿为主,时间跨度为1931年九一八事变到1945年抗战胜利这14年,陈列形式分别有巨幅照片、形象图表及现场复原等。其中,英烈厅中的主题雕塑达到了逼真的效果,令人震撼。半景画馆的陈列则采用了声光变景技术,再现了七七事变的战斗场面。

中国人民抗日战争纪念雕塑园

雕塑园有中国人民抗日战争纪念碑、雕塑群区、中心广场、宛平城墙、绿林、百名将军石鼓园等主要景区。

中心广场为占地2500平方米的下沉式广场,营造出一种沉静、肃穆,向长眠于地下的抗战英灵表示敬意的氛围。中国人民抗日战争纪念碑碑高15米,宽8米,厚6.6米,由巨大的花岗岩和压碎的侵略者战争机器残骸铸铜雕塑组成,象征着正义必胜,一切侵略者必将失败。

雕塑群区占地22 500平方米,摆放着38尊直径2米、高4.3米、重6吨的柱形铜铸雕塑。群雕以国歌为主线,按中国人民抗日战争历史过程,分为"日寇侵凌""奋起救亡""抗日烽火""正义必胜"四个部分。

长辛店二七纪念馆
"二七"革命斗争的史料、文物

北京市丰台区长辛店花园南里甲15号

长辛店二七纪念馆收藏和保存着京汉铁路工人革命斗争的大量实物,这里既是长辛店"二七"大罢工和工人运动的纪念地,也是对青少年进行革命传统教育的好场所。该馆由四个四合院组成,共有8个展室,室内放置的展柜中,陈列着"二七"革命斗争的史料和文物,柜外陈设着大件文物、油画和模型等。

南宫旅游区 AAAA
中国地热第一村,休闲度假地

北京市丰台区王佐镇南宫村

010-83316030

南宫村是南宫旅游景区的核心,历史悠久、文化底蕴深厚,并享有"中国地热第一村"的美誉。作为集现代农业观光考察、温泉健身养生、地热科普教育、休闲娱乐度假于一体的多功能综合旅游区,南宫旅游景区将和谐的生态环境与花园式旅游小城市融为一体,展示着新型农村的现代风貌。

抗战雕塑

玩家 攻略

南宫旅游区内现在有南宫温泉养生馆、垂钓园、鹦鹉园、地热博览园、八一影视基地等几处景点，还有几家温泉酒店。冬季时这里还会开通冰雪世界。这些景点中以南宫温泉最为著名，很多游客前来主要都是为了泡温泉，顺便游玩一下周围的观光园和影视基地等，可以观赏热带植物、高科技农业，可以采摘、垂钓、游玩游乐项目，观赏鹦鹉和影视城等，适合周末过来放松度假。另外，较远处的青龙湖公园、千灵山等也算在南宫旅游景区的区域，不过大部分游客是分别游玩，感兴趣的游客如果是自驾出游的话，也可以将两处景区和南宫景区一并游玩。

■ 南宫温泉水世界

南宫温泉水世界西有碧波万顷的青龙湖公园，南有驰名中外的世界地热博览园，是北京市较大的室内水上乐园。温泉水世界设有国际标准泳池、造浪池、戏水池、儿童嬉水乐园、温泉按摩池、漂流和大型戏水滑道，还有木板浴、健身区、桑拿等设施，给人营造出一个健康快乐、充满活力一样的休闲场所。

■ 南宫地热博览园

世界地热博览园是南宫村利用地热资源建成的集健身养生、观光采摘、休闲娱乐、科普教育于一身的南宫世界地热博览园。该园占地27.3公顷，主要景点包括地热科普展览中心、地热井及地热水处理站、温室公园、温泉垂钓中心、温泉养生中心、鹦鹉园和南宫苑等。

■ 南宫民族温泉养生园

南宫温泉养生中心占地6000平方米，共设有36个温泉池，分为药浴区、室外泡汤区、冲击浴区、沐浴区、桑拿区、石板浴区、木板浴区、运动休闲区等。中心内景色宜人，风格独特、水质清澈，并富含多种微量元素，可起到美容养颜、强身健体的疗效，是冬季养生的理想场所。

南宫温泉水世界

千灵山
北京近郊远眺视野最佳的山峰

北京市丰台区王佐镇西庄店村北　45元
010-83371803

千灵山史称极乐峰，原为北宫国家森林公园西区。主峰海拔699米，是北京近郊一座最高的山峰。登上山顶，可以俯瞰京城全景。山下有仙人谷，山洼中布满大小十余个洞窟，是北京地区最大的佛教石窟群，其中著名的洞窟有极乐洞、观音洞、三慧洞、孙膑洞、关公洞和药师洞。乘坐长长的观光索道，您可以尽览山峦重叠，千峰竞秀。景区拥有北京独有的怪坡，同时还建有北京市第一家灰窑遗址公园。

世界公园 AAAA
亚洲最大的微缩景观公园

北京市丰台区花乡丰葆路158号　乘坐地铁房山线到大葆台站下车
100元　010-83613685

世界公园位于丰台区丰葆路，1993年建成并对外开放，占地面积46.7公顷。它是集世界名胜于一体的公园，整体布局以五大洲版图为依据，从而划分出17个景区，即东欧、西欧、北欧、北美、南美、非洲、大洋洲、东亚、西亚、南亚等。为了使景观保持原作风貌，看上去逼真，世界公园在建园时选取的建筑材料尽可能仿照了原物，并分别使用了铜雕、铜铸、镏金、镀金、木雕等多种工艺。另外，公园设计的水系也是仿照四大洋的形状连通全园的，可谓是匠心独运。

玩家 攻略

世界公园正门位于东侧的丰葆路旁，进入园区内步行游览即可，游玩时间约为3小时。

从正门进入世界公园后，可以先沿着右侧的路逆时针游玩，右侧的北部区域是以表演和娱乐项目为主。首先会来到泰国大象、鳄鱼表演场，在这里可以看到大象跳舞、人与鳄鱼互动、孔雀开屏等精彩表演，表演每天共有4场，分别是9:30、11:10、14:00和16:00，每场表演持续半小时。观看表演不需要另外付费，不过表演结束后若想要与动物合影则需另付20元左右。

观看完表演后来到露天的艺术剧场，这里有各国风情的歌舞表演，每天两场，分别为11:00和14:30，有欧州风情、波斯风情、澳洲土著风情等特色的舞蹈演出，这两项表演仅在每年的4月底到10月底左右才有。每年的4月底到10月底，每周三到周日的上午10:30左右，在景区内还会有花车大巡游表演，从艺术剧场附近出发，演员们身着各国装扮，巡游演出。这两项表演的费用均包含在门票内，不需另外付费。

经过艺术剧场后，前方为动感地带区域，有峡谷漂流、简易过山车、碰碰车、高空脚踏车等多种项目，适合带小朋友前来游玩，需另外付费，每项10~20元。

走过表演区和动感地带区域后便来到了景区的南部微缩景观区域。区域内按照大洲分段，修筑了国际上著名的100多座建筑的微缩版。著名的美国白宫、埃菲尔铁塔、埃及狮身人面像等都可以在此看到。

玩家 解说

园内有世界上40多个国家的109处景观的微缩景点，如埃及金字塔、法国巴黎圣母院、埃菲尔铁塔、澳大利亚悉尼歌剧院、意大利台地园、印度泰姬陵、美国科罗拉多大峡谷、白宫、国会大厦、林肯纪念堂、中国万里长城等。此外，园内还有近百件精雕细琢、栩栩如生的雕塑、雕刻，包括断臂维纳斯、自由女神、丹麦美人鱼、大卫、肖邦、莫扎特等，以及一些意大利式、日本式民居等。

世界花卉大观园 AAAA
北京四环以内最大的植物园

北京市丰台区南四环中路235号　乘地铁10号线在草桥站下　60元

世界花卉大观园以"揽天下奇花异草，聚世界经典园林"为建园宗旨，总面积41.3公顷。世界花卉大观园景观由七大温室和十五个花园广场组成。各温室内的植物千奇百怪、花团锦簇。室外景观有各具特色的花园、广场及异国风情建筑让世界花卉文化和精美的园林艺术在这里交相辉映，巧妙和谐地融合在一起。

玩家 解说

温室内有各种各样的植物，可谓是花团锦簇、千奇百怪。其中，热带植物馆中有1800多种百年乔木，如佛肚树、重阳木、古榕树等；沙生植物温室中有仙人掌、仙人球百余种；蔬菜瓜果园中有重达150公斤的巨人南瓜；精品花卉厅有生动风趣的植物生肖园、精品盆景园。

各具特色的花园广场也是一道亮丽的风景，像百花广场、花之广场、花之谷、凡尔赛花园、水花园、夜花园、牡丹园等园中之园，以及荷兰、俄罗斯、德国、奥地利花园等。这些广场巧妙和谐地将世界花卉文化和园林艺术融合在一起，交相辉映、相映成趣。其中，百花广场位于主入口广场处，位于广场中心的"天女散花"雕塑最引人注目，它高7米、重达20吨，采用整块汉白玉雕刻而成。广场左边是大门。园名"世界花卉大观园"为全国人大原副委员长陈慕华题写。

■ 凡尔赛花园

园内凡尔赛花园是依据法国的凡尔赛花园而建造的。其中有充满罗马建筑风情的欧式廊架,有用2万株松柏组成的富有中国传统吉祥图案的模纹花坛和可供600人娱乐的夏日文化广场等。花园中还种植近百株动物造型树和具有中国传统特色的数百年以上的银杏、紫薇等古老树种。

■ 水花园

水花园在山谷中心,游人游览山谷小道,会被周围由60多种140万株宿根花草团团围住,仿佛置身于花的海洋之中。花园中心是利用各种建筑造型,生动形象地展现出水的各种状态,从而突出了人与水,花与水动静和谐的亲密关系。

大葆台西汉墓博物馆
中国第一座汉代墓葬博物馆

北京市丰台区花乡郭公庄南　乘地铁房山线在大葆台站下　注 暂停营业

大葆台西汉墓博物馆位于丰台区花乡,是在西汉燕王(或广阳顷王)刘建及其夫人的地下宫殿墓葬原址上建立起来的遗址博物馆。它是中国第一座汉代墓葬博物馆,也是历史类专题性博物馆,1983年建成开放。馆内主体建筑为灰白色仿汉封土造型,占地面积18 000平方米。大葆台西汉墓曾被盗,现已出土文物有陶、铜、铁、玉、玛瑙、漆器、丝织品等千余件。

大葆台西汉墓有东西两座墓葬:东为一号墓,墓主是广阳顷王刘建;西为二号墓,墓主为刘建妻。它是目前北京地区考古发掘出的规模最大、最为豪华的两座汉墓。其中,

大葆台汉墓

一号墓的地宫遗址和车马遗迹,是迄今我国唯一在原址上保存完好的同类大型汉墓。

更多本旅游区景点

中国人民解放军八一电影制片厂影视基地:基地始建于1993年,是全国唯一一家多功能军事影视生产基地,自建立以来已在此拍摄过2400余部(集)电影、电视剧。北京市丰台区六里桥北里

花乡公园:绿树成荫,鲜花繁多。在花卉、绿篱、灌木丛中点缀着百花亭、云花叠翠、绿岛双亭、瀑芳池香、花塔等园林小品,优美别致。北京市丰台乡大葆台

中华文化公园:以弘扬中华民族悠久历史文化为主题,继承了古代皇家园林的特点,又融入了现代园林的风格,是融旅游、文化、教育、休闲、娱乐、度假、会议培训为一体的主题公园。北京市大兴区黄村明春苑春泽院2号

留霞峪生态园:占地约为18公顷,分娱乐互动区、休闲体验区及接待服务区,具有浓厚的民俗气息。北京市丰台区长辛店留霞峪

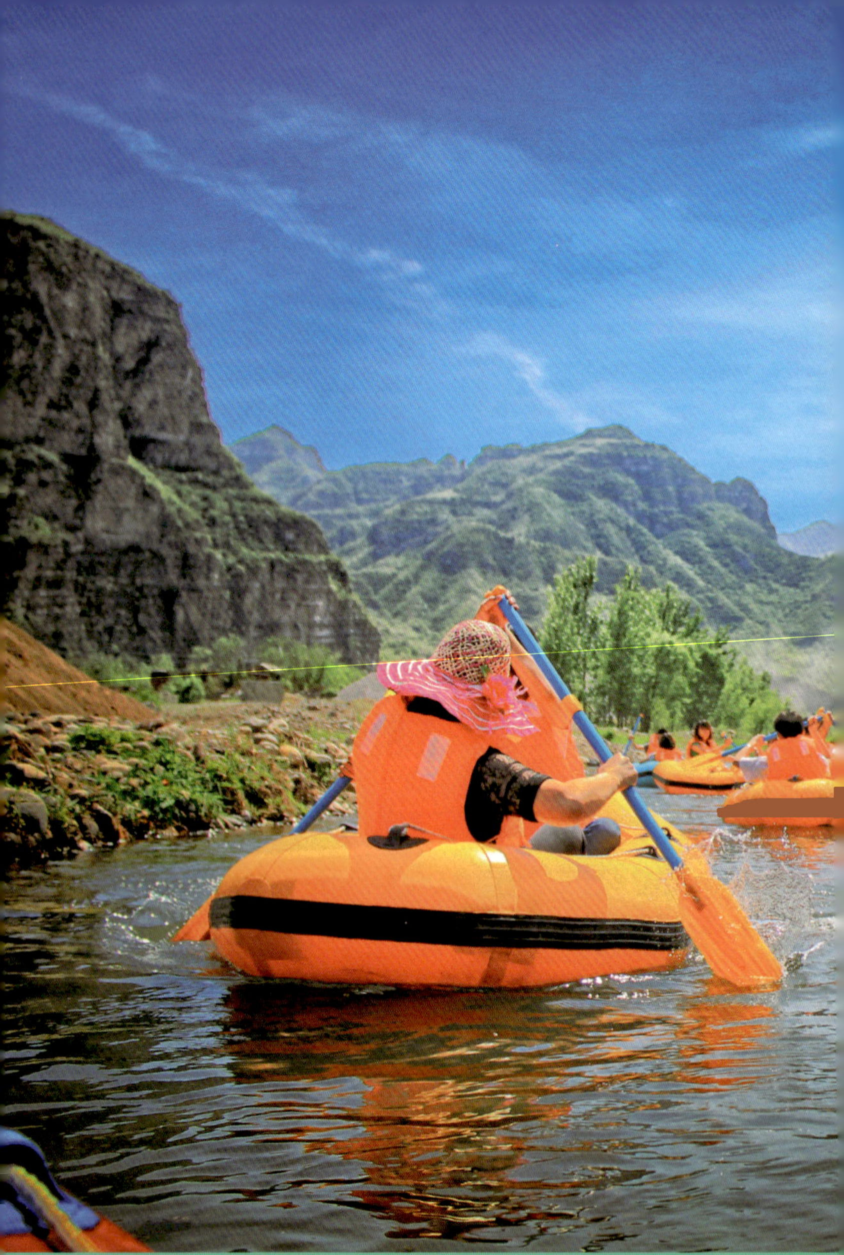

发现者旅行指南

房 山

概览

亮点

- **周口店遗址**

  周口店遗址是世界上发现和保存古人类化石最丰富的遗址,是了解古人类生活以及人类进化的绝佳场所。

- **十渡**

  十渡以奇峰秀水而闻名于世,岩溶峰林和河谷地貌是主要特色,被誉为"北方小桂林"。

- **云居寺**

  云居寺素有"北方巨刹"之称,寺内珍藏的石经、纸经、木版经号称三绝。

云居寺

- **石花洞**

  石花洞堪称我国"第五大溶洞群",洞内有众多的石笋、石柱、石幔、石钟乳景观。

线路

- **北京房山郊区两日游**

  第一天参观石花洞、银狐洞,夜宿石花洞附近。

  第二天前往圣莲山风景度假区,参观悠远道观,游览民国名人别墅群。这条线路最令人难忘的便是幽深莫测的溶洞,在这里你不仅可以看到各种奇形异状的钟乳石,更有流光溢彩的火树银花以及"中华国宝"银狐,让你目不暇接,流连忘返。

- **北京房山郊区三日游**

  第一天先去周口店北京人遗址,感受人类祖先的历史。之后去上方山,体验其山奇、林密、洞幽、古寺。下午去参观"北京的敦煌"——云居寺。晚上可品尝寺内素斋,住在附近的农家院。

水峪民俗旅游村杨家大院

  第二天一早去张坊古战道,之后去三度南方大峡谷,午饭后前往七渡孤山寨,这是十渡景区最著名的一条大峡谷,步步皆景,四季如画。

  第三天上午先去九渡拒马乐园,可以参加其中的蹦极项目。中午吃完饭可去十五渡东、西湖港,游览"北方小桂林"。

概览 181

为何去

房山区旅游资源众多，北京周口店遗址闪耀着古人类智慧的光辉；十渡风景区风光秀丽，美不胜收；石花洞有"火树银花"奇景，岩溶沉积物数量居中国之最。此处人文景观与自然景观有机融合，是"探索自然变迁、欣赏秀美风光、浏览历史画卷、领略现代文明"的旅游胜地。

周口店

何时去

每年春、夏、秋三个季节最适宜于房山旅游。春天可观赏美丽花海，亲近大自然。夏天可到上方山等地避暑休假。秋天秋高气爽，气候宜人，可尽情观赏高山草甸的迷人秋色。

白草畔

十渡

区域解读

区号：010
面积：约2019km²
人口：约131.3万人

地理 GEOGRAPHY

区划

房山下辖8个街道、3个地区、11个镇、6个乡。

地形

房山地理位置优越，是首都北京的西南门户。它处于华北平原与太行山交界地带，地形复杂多变，西部和北部是山地、丘陵，约占全区总面积的2/3。

房山区主要山脉有大房山、大安山、三角山、百花山、西占山等，大房山位于房山区西北部，是太行山余脉，绵亘数十里，支峰十余处，其中最著名的是上房山（今上方山）、石经山。

历史 HISTORY

历史大事记

● 先秦时期

周口店是世界人类的发祥地之一。早在50万年前到20万年前，就有从古猿进化到人的中间环节的原始人类生活在此地。

西周时期，为燕（北燕）地。武王灭商封召公于此，其都城即今琉璃河镇董家林古城。

● 秦至清朝

秦王政二十一年（公元前226年），秦军攻占燕都蓟城，从而一统天下。秦朝在燕地置广阳郡，所辖县在今北京市境有蓟、良乡。

燕国建都：周武王灭商以后，封宗室召公于燕，在今北京及河北中、北部。公元前586年燕昭公建都城在"蓟"（位于今北京房山区琉璃河），也由此揭开了北京城的建城序幕。

修建金陵：金陵是中国少数民族主政的帝王陵寝。1155年，金海陵王完颜亮在云峰寺旧址建3个墓穴，安葬了在他以前的3个皇帝。第二年又将金朝建国之前的10个祖先之灵迁来此地安葬，各立称号。

● 清至近代

1929年中国古生物学家裴文中在周口

张坊古战道

十渡

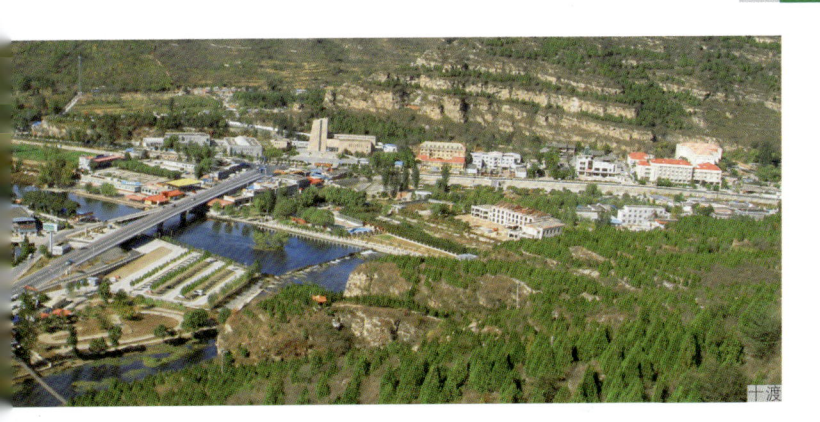

店地区发现原始人类牙齿、骨骼和一块完整的头盖骨。"北京人"的发现,揭开了北京地区人类历史的第一页,也是房山历史古远的见证。

新中国成立后,开始称为周口店区,于1960年周口店区改名房山县。

文化 CULTURE

书画文化恒久远

在房山存世最早的文字是琉璃河商周遗址出土的刻于甲骨片上的甲骨文,反映出房山历史久远的书法文化。出土的堇鼎和复尊等青铜器上的铭文是存量最多的文字形式。房山的书法作品在古刹云居寺中藏存最多,房山主要书法代表人物有董其昌。石经山是房山石经刊刻的起源之处,隋唐时期的4196块就分藏在山上的九个藏经洞里。在第六藏经洞的门楣上,有一方镌刻于明崇祯四年的刻石,上书"宝藏"二字。这是明代大书法家董其昌的真迹,为国家级文物,价值极高。

元代的高克恭是房山绘画的代表人物,当时与赵孟頫、黄公望、吴镇、倪瓒、王蒙合称元六家。他善于画山水,墨竹,初学米芾父子,晚年糅合李成、董源、巨然等多家风格而自成一家。其代表作品有《云横秀岭图》《墨竹坡石图》。

多样化的房山雕塑

石雕、石木经刻、摩崖、景泰蓝以及根雕、泥雕等皆为房山形式多样化的雕塑艺术的代表。

汉白玉石雕是石雕艺术方面最具代表性的。紫禁城的宫廷、京城的王府、四合院等使用的雕刻精美的石料,大都采自北京房山西郊的大石窝。房山的寺庙如云居寺中多摩崖造像,古朴而又景致。云居寺的石经和木经雕刻精美、细致,文化价值极高。至于景泰蓝和根雕、泥雕,在市场上经常见到,可作为居家收藏、摆放的艺术品。

房山十字寺散落的石构件

景点推荐

周口店附近

周口店遗址 AAAA
世界上保存古人类化石最丰富遗址

北京市房山区周口店镇龙骨山
30元　010-69301090

周口店北京人遗址距北京城区西南48千米，因发现北京人头盖骨化石而闻名中外，是世界上材料最丰富、最系统、最有价值的旧石器时代早期的人类遗址。

周口店遗址背靠峰峦起伏的太行山脉，面临着广阔的华北平原，山前一条小河潺潺流过，是50万年前北京猿人、20万—10万年前新洞人、3万—1万年前山顶洞人生活的地方。

周口店遗址分遗址区和博物馆两部分，遗址区有著名的猿人洞、新洞、山顶洞等多个化石地点，其中猿人洞是周口店遗址的重中之重，是最先出土北京人头盖骨的地方；博物馆含序厅和六个展厅，藏有大量珍贵的文化遗物、动物化石、石器，以图文并茂的展示形式向人们诠释了周口店遗址的历史。

▢ 遗址区

遗址区分为26个地点。周口店村西有两座东西并列的山丘，东边的一座有一个大山洞，为周口店第1地点，俗称"猿人洞"，洞东西长约140米，中部最宽处约20米。考据学家在第1地点发现了用火遗迹，包括五个灰烬层、两处保存很好的灰堆遗存，烧骨则见于有人类活动的各层。此外，还发现烧过的朴树子、烧石和烧土块，甚至个别石器有烤灼的痕迹。

博物馆

周口店遗址博物馆前身是中国猿人陈列馆，始建于1953年，是新中国建立的第一座古人类遗址博物馆。第三展厅用实物、图片、图表等多种形式来集中展示"北京人"体质特征、制造石器、用火、采集和狩猎情景。第五展厅主要介绍了山顶洞、第4地点、第15地点、第14地点、第2地点、第13地点、第20地点发掘情况及部分化石展览。

玩家 解说

"北京人"洞穴遗址的发掘始于1921年，在1921年至1927，考古学家先后三次在此发现三枚人类牙齿化石。1929年，又发现了北京人头盖骨化石，以及人工制作的工具和用火遗迹，遂成为震惊世界的重大考古发现。北京人及其文化的发现与研究，解决了19世纪爪哇人发现以来的关于"直立人"是猿还是人的争论。事实证明，"直立人"生活在人类历史的最早期，处于从猿到人进化过程最重要的环节，他们是"南猿"的后代，后来"智人"的祖先。北京人具有"直立人"的典型形态标准，而北京人对火的使用，更加完备了其作为人的特征。

金陵遗址
北京地区第一个皇陵

北京市房山区周口店镇龙门口村　免费

金陵埋葬着金代"始祖"至章宗的17位皇帝、后妃及诸王，比明十三陵早约200年。金陵分帝陵、妃陵及诸王兆域三部分，陵区内还葬有皇子及重要大臣的"诸王兆域"。1985年，文物部门开始对金陵遗址进行调查和试发掘，已发现石雕、碑记、御路和建筑构件、遗址等大量宝贵文物。

链接

沉落的金陵

金陵原在今黑龙江省哈尔滨阿城区，1153年建都燕京（北京）后，于1155年迁来太祖睿陵和太宗陵。1156年又迁来始祖等10个帝陵。后熙宗、世宗、章宗、睿宗、显宗等也陆续葬于此地，金陵故此得名。陵域外有围墙，每隔一定距离建有土堡。金朝以后，陵墓无人守护，地上部分逐渐残毁。

明朝天启年间，因后金政权崛起，明皇惑于术士之说，认为后金兴起与金陵"气脉相关"，遂拆毁了金陵地上建筑。清初对有的陵墓进行了修复，还特设守陵户，春秋至祭。乾隆时又进行修复，但后来遭到严重损坏，金陵地上部分几乎无迹。

上方山
京郊著名的自然风景区

北京市房山区韩村河镇圣水峪村

上方山国家森林公园面积5300多亩，是一座集自然、佛教和溶洞为一体的综合性的国家森林公园。这里森林覆盖率达90%以上，有625种植物，其中有我国特有的独根草、青檀、蚂蚱腿子、知母等植物，以及银杏、省沽油等珍稀植物。山上有9洞、12峰、72座寺庙，著名景点有兜率寺、云水洞、中天之柱、擎天玉柱、一斗泉、望海庵、藏经阁等。这里环境优美，名胜众多，是旅游、休

金陵遗址

闲、健身、度假的理想之地。

玩家 攻略

1. 景区每年4~5月举办"赏牡丹藤萝花"活动；9~10月举办"金秋红螺文化大集"；春节期间举办红螺庙会。

2. 秋季是前往上方山游览的最佳时间，深秋季节的上方山，秋山明净面如妆，山谷中的枫树、橡树、黄栌等有色树种争奇斗艳，娇艳夺目。曾有诗人这样描绘上方山："一林秋叶染天工，夹绿编黄染面红，唯柏不随霜露改，依然翠滴冷霜风。"

□ 兜率宫

兜率宫为隋唐始建，五进殿宇，在香火旺盛的明朝时期有僧众500余人。雕刻于大殿后檐墙的《佛说四十二章经》是佛经中的精髓，极富哲理而且字迹流畅。

□ 云水洞

云水洞洞深630米，洞中布有120余景，有二龙把门、双狮顶头、白菜山、骆驼驮水、老头看瓜、二龙戏水等景观。38米高的钟乳石用木棍敲打能发出钟、鼓、锣、琴等声音，并能演奏乐曲，被誉为"擎天柱"。

□ 天坑

天坑在我国北方首次发现，是一种独特的地质奇观。其口部直径30米，底部直径61米，深70余米，底部呈坡状，生长有多种植被，有很高的科研价值和旅游价值。

云居寺 AAAA
"北京的敦煌"赏三绝

📍 北京市房山区大石窝镇水头村白带山下
💰 40元　📞 010-61389612

云居寺历史悠久，始建于隋大业年间（605—618年）。它位于房山区大石窝镇，占地面积7公顷，由五大院落、六进殿宇组成，是我国佛教文化特色的一大宝库。景区内除了主殿外，还开设了12大专题展览，包括"三经展陈"、文物收藏、佛教文化等。其中，最为著名的展品就是石刻的佛教《大藏经》，全称《房山云居寺石刻佛教大藏经》，共1122部3572卷14 278块。因这部石经历史久远、工程宏伟，所以被誉为"世界之最，北京的敦煌""佛教圣地，石经长城"。此外，每年四月初八（佛祖释迦牟尼诞辰），云居寺都会举行盛大的"浴佛节"庙会，吸引了大量的善男信女前来烧香拜佛。

玩家 解说

云居寺的佛塔也很有名，北塔是辽代砖砌舍利塔，又称"罗汉塔"，始建于辽代天庆年间（1111—1120年），高30多米，塔身集楼阁式、覆钵式和金刚宝座三种形式为一体，造型极为特殊。四座唐塔都有明确的纪年，塔的平面呈正方形，七层，分单檐和密檐式两种，而造型大致相同。

塔身上雕刻着各种佛像，其中唐开元十五年（727年）所建的石塔，内壁雕刻有一个供养人，此人深目高鼻，推断应为外国人形象，这与当时唐代与中西亚交流广泛、大量任用外族为官有直接关系。雕刻的服饰十分华丽，线条细腻流畅，反映了盛唐中外文化交流的繁盛景象。

上方山

云居寺

大悲殿里供着一尊千手千眼观音菩萨,为明代铸造,造像慈眉善目,衣带飘飘,每天都有很多善男信女来此上香祈福。

弥勒殿内部供奉弥勒佛塑像。

北塔是辽代砖砌舍利塔,高30多米,塔身集楼阁式、覆钵式和金刚宝座三种形式为一体,造型极为特殊。

药师殿坐落在长方形的石基之上,典雅古朴,与寺院建筑形制相同。

毗卢殿是云居寺最大的殿宇,面阔七间,进深七间,前出轩,后出刹,接连式歇山顶。

天王殿俗称三门殿,左边是无相门,右边是无作门,中间门为空门,取的是佛教中"四大皆空"之意。

释迦殿周围建有照门、北殿、佛教文化馆、文物收藏馆等建筑,还有一棵年头悠久的古杏树。

更多本旅游区景点

白水寺:又名兴隆寺,俗称大佛寺。由于岁月的剥蚀,目前仅存无梁殿一座和3尊石雕佛像。大殿坐北朝南,重檐房殿顶,砖石结构。殿内有3尊花岗岩石雕站像,中为释迦牟尼,两旁为阿难、伽叶二协侍。✉ 北京市房山区西北6千米歇山岗

云居滑雪场:占地总面积80万平方米,处于群山屏蔽的天然沟谷地带。云居滑雪场拥有高级、中级、初级滑雪道8条,现已开放初、中、高级滑雪道。✉ 北京市房山区张坊镇

中华石雕艺术园:是一座园中之园,是世界上最大一座全部采用汉白玉打造的艺术宫。✉ 北京市房山区大石窝镇大石窝村

玉皇塔:建于辽,为八角七级密檐式砖塔,通高15米,塔形秀丽,塔基为须弥座,塔身正面设券门,塔身之上为仿木砖刻额枋檐椽和砖制的一斗三升斗拱,上边是七级叠涩檐,塔尖为攒尖宝刹。✉ 北京市房山区大石窝镇

磨碑寺:由于石窝采下的汉白玉"荒料"在此地加工磨制成碑形,寺因此得名。磨碑寺创建年代不详,现存为明代建筑。✉ 北京市房山区南尚乐乡岩上村

应公长老寿塔:俗称和尚塔,建于元大德五年(1301年)二月。南向,六角形五级檐式砖塔,通高12米。✉ 北京市房山区岳圣路

景点推荐

十渡风景区 AAAA

十渡风景区位于房山区西南,是国家地质公园,也是中国北方唯一一处大规模喀斯特岩溶地貌。这里距北京市区92千米,因历史上有十个渡口,故而得名"十渡"。十渡景区面积较大,风景种类繁多,其中最主要的有一渡水阔山远、二渡山高水碧、三渡古寨朝晖、四渡水嬉沙滩、五渡群山竞秀、六渡水畔农家、七渡孤山倒影、八渡急流探险、九渡万景峰幻、十渡景沐佛光等。

北京市房山区十渡镇(拒马河中上游)

玩家 攻略

1. 十渡共有18个渡口,所有渡都在一条线上,由北京前往十渡,依次由一渡至十八渡。

2. 四渡的清江九龙潭有沙滩浴场,还有游船可供游玩,山上建有速降项目。

3. 五渡最著名的景点是仙峰谷,山下建有娱乐城,可供午餐和娱乐。水中有游船,岸边有马队,是一处比较清幽的地方。

4. 六渡主要是沙滩浴场,是十渡风景画廊上一处极好的休闲场所,特别适合儿童嬉戏,附近景区有石人嶂峡谷。

5. 九渡是十渡的旅游中心,不仅有整个十渡地区最大的水面,更有十渡地区最多的宾馆、最多的娱乐项目;北京市最早的蹦极跳台建在水面的小山上,水中各种游船(包括香蕉船、水上自行车、电动船等)应有尽有,还可进行篝火、骑马、漂流、攀岩等娱乐活动。

链接

十渡名称的由来

远古时的拒马河水很大，河上不能架桥，每拐一个大弯就有一个村庄就有一个渡口，在一渡至十渡20千米内共有10个弯，也就有10个渡口，十渡也就由此而得名。

另一种说法与佛教有关，"十渡"是佛教的"十方世界，普度众生"的简称。十方世界即东、南、西、北、东南、东北、西南、西北、上、下，为什么十渡的一至五渡没有叫"渡"，而从六渡开始才叫"渡"？因为佛教的信徒要做到五戒（亦称五关），即不杀生、不偷盗、不邪淫、不妄语、不饮酒，只有过了这五关才能得以度化，"十渡"是功圆果满的象征。

张坊古战道
北京地区唯一发现的地下军事古战道

北京市房山区张坊镇　￥20元

张坊古战道发现于1991年。它进深4米，长约1500米，现已修复400多米，是宋辽时期的古战道，也是北京地区发现的唯一一处军事性古战道。战道为青砖结构，岔道分布，形成网状结构，四通八达，可连通4个城门楼及周边村落。里面有藏兵室、兵器室、指挥室和生活设施等，对于研究古代的军事、政治和建筑等，具有较高的价值。这里风光秀丽，环境优美，名胜古迹众多，是观自然风光、赏文物古迹的旅游胜地。

玩家 攻略

采摘：张坊镇土特产十分丰富，尤其是大峪沟村，自古以盛产清汤磨盘柿知名，有"中国磨盘柿第一村"的美誉。张坊镇采摘观光带由蔡家口、北白岱、大峪沟等8个采摘观光点构成，主要集中在周张公路两侧。金秋时节，红彤彤诱人的柿子，甜酸多汁的猕猴桃，粒大饱满的花椒，清脆可口的香酥梨，脆嫩香甜的梨枣，都是采摘不错的选择。

仙栖洞风景区
堪与我国的四大溶洞相媲美

北京市房山区张坊镇东关上村　￥60元
010-61336292

仙栖洞形成于16亿年前的震旦纪早期，是由多个孤立的溶洞体构成溶洞群。它于1998年被发现，是华北地区唯一一个由500米水路进入的溶洞。洞深6000余米，里面支洞遍布，形态各异，有"盘龙玉柱""石瀑飞下""太上楼阁""仙栖大厅""苍天欲倾""神龟随寿""鳄鱼守洞""八仙过海""巨型佛手""玉石莲花"等景观。可以和我国的四大溶洞相媲美，却又独具一格，与众不同之处在于，可以坐在幽荡的小船，通过500米水路泛舟从半山腰中徐徐入洞。

玩家 解说

仙栖洞当时被发现后，对于叫什么名字，村

里人提出很多意见，可都不理想，就在这时候，一位五台山云游僧人至此，想在洞内找一修炼的地方，可他进洞看完却变卦了。他说洞内仙人众多，我辈卑微，在此修炼绝对不成。可以说说者无心，听者有意，根据这位老僧人的意思就取名"仙栖洞"。

红叶大峡谷

红叶大峡谷占地3000多亩，春夏之季，漫山遍野，山花烂漫，鸟语花香。到了金秋十月，满山的原始野生植被，通体披红，笑迎宾客。遍地山珍野果，可以参加到采摘的大潮中，尽享农家民生之乐。

五星峡

五星峡是五座山峰围成一个天井，向天空望去，酷似一颗五角星，因而得名。五星峡谷是由奇特的地貌形成的五角星，是世间绝无仅有的一处奇观，是大自然赋予人类的精美蓝图。

龙仙宫

龙仙宫洞厅面积1万平方米，堪称北国第一大厅。山体为燧石条带白云岩及藻叠层的云岩，生长在约10亿年前的浅海及滨海。洞厅形成于7000年前，经千万年的化学沉积，形成了极富特色的奇景，如龙蛋、生命之源、海狗守洞、莲花宝座、仙水浸珠、金芙蓉园、九天银瀑、金色水母、龙宫水晶等。特别是棕榈状石笋、松鼠化石更为珍贵，为中国北方仅有。房山血松、北国风光，更现龙宫金碧辉煌。

仙栖洞

南方大峡谷
多部影视剧的取景地

📍 北京市房山区十渡镇，三渡南侧

《戏说乾隆》《武则天》《寇老西儿》等几十部影视作品都是在这里拍摄。南方大峡谷峰峦叠嶂，树木成荫，野花飘香，好像一幅美妙的山水画卷。钟磬谷、龟灵石、三指峰惟妙惟肖，活灵活现；莲花峪、灵芝峰、佛经山造型各异，形态逼真。只有身临其境，才能领略大自然的神奇造化。春天，鲜花盛开，山花烂漫，令人陶醉；夏天，泉水叮咚，清溪淙淙，别有情趣；深秋，柿叶如火，满山铺锦，如入仙境。

穆柯寨
传说穆桂英占山为王之地

📍 北京市房山区十渡镇，三渡南方大峡谷西部，拒马河南岸

这里曾是辽宋古战场，传说是女英雄穆桂英当年占山为王时的山寨遗址，也是穆家的后人世代繁衍生息的地方，沿山路进入层层寨门，可想当年雄姿。这里有聚义厅、练武场、点将台、射箭场、迷魂阵、天门镇图等建筑可供观赏。穆柯寨为人们提供了一个回归自然、踏青旅游、休闲度假的理想旅游风景区。景区同时还推出野趣垂钓、竹筏观光、时令采摘、野营烧烤、农家山野风味餐，以及旅游食品、用品、纪念品，供旅游人挑选。

孤山寨
十渡风景区内最著名的大峡谷

📍 北京市房山区十渡镇，七渡村南　💰 75元

孤山寨是十渡景区最著名的一条大峡

谷，深约10千米，因三座孤立的山峰而得名。其中大孤山（爷爷）坐守山寨，小孤山（孙子）守于山门，孤山（儿子）守候在山寨的尽头。步入峡谷，两侧山峰林立，怪石嶙峋，峡谷最窄处仅5米，越向里走植被越丰茂，景致越幽美。千古河床、小孤山、一线天、石中石被誉为孤山寨"四大"奇观。沟中的一线天长300米，高百米，是北京地区迄今为止发现的"一线天"之最。流传千古的"劈山救母"的传说就发生在这里，还有"山门迎客""仙女浴潭""九龙抱石"等景观。

拒马乐园
可以体验蹦极项目
北京市房山区十渡镇九渡

拒马乐园度假区面积达20余平方千米，地界从五渡到十渡，区内河宽水清，山势险峻，步步皆景，四季如画，以"幽、古、秀、谜、惊、险、奇、特"的美景享誉中华。

拒马乐园第一个将勇敢者的游戏——蹦极跳引入中国，使这项惊险、刺激的娱乐项目与十渡的山水完美地结合在一起，引发了全国范围内的蹦极热，被誉为"十渡蹦极，神州第一"，尤其是一处双台蹦极，更是世界第一。乐园内还有观光缆车、峡谷飞人、滑翔飞翼、攀岩、漂流等新奇项目，另外近邻的碧莹水上娱乐场娱乐项目以江南的竹筏为特色，让游客在北方也能亲身感受到江南水乡的风韵。

玩家 攻略

拒马乐园位于九渡，是十渡一座综合性游乐园，中国第一的十渡蹦极就坐落在这里。拒马乐园坐落在麒麟山与拒马河之间，水依山流，麒麟山临河的悬崖上有两个蹦极台。拒马乐园还有峡谷飞人，悬空索道，滑翔飞翼，石馆，九十九级叠瀑，瞰秀亭，归源亭等高品质，高刺激的旅游娱乐项目。

蹦极跳是世界九大极限运动之一。拒马乐园蹦极跳素有"神州第一跳"之称，205元/次。其中A跳台高48米，悬挑24米，B跳台高55米，悬挑26米。参加蹦极的游客可乘跨河索道到达蹦极跳台，胆小者可在河对面的蹦极看台观看。

望佛台
白云岩层的平坦石台
北京市房山区十渡镇

十渡风景区河东岸有一个白云岩层的大

石台，顶上平坦得就像人工开凿一般，这就是著名景点"望佛台"，台上有一亭，叫"望佛亭"，以望见龙山"佛"字而得名，在望佛亭上可饱览八渡、九渡、十渡的风光。在望佛亭上还能看到十渡东北方的蝙蝠山，那里山峰浑圆，山峦屏立，有一座像雄鹰的山峰，直插蓝天，峰顶上的一块巨石像雄鹰展翅。

东湖港、西湖港
以瀑多、潭多著名

北京市房山区十渡镇　东湖港50元

东湖港景区以瀑多、潭多著名，这里的三叠瀑落差高达100多米，非常壮观。除此之外，东湖港景区内也有夫妻峰、嫦娥伴金蝉等很多造型奇特的山峰峭壁，在岩壁上建立的云梯更是陡峭险要，登上之后视野非常开阔。景区内可以竹筏戏水，还有沙滩浴场、沙滩排球等。

西湖港河谷宽阔，流水潺潺，谷壁峭立，山石嶙峋，雄山叠翠，壁溪清清，不是漓江，胜似漓江。西湖港是吴奇隆版《萧十一郎》的外景拍摄地，主要观赏景观有十一郎小木屋、叠翠瀑、清凉世界、双龟闹水潭、西山奶奶庙、千手观音等。西山奶奶庙是当地遗留的老庙，现今还流传着许多关于西山奶奶的神奇故事，一定不可错过。

更多本旅游区景点

皇姑坨：因唐玄宗第十八妹曾在此修行而得名。景区内芦苇园非常壮观，树木茂盛，双龙泉泉水清澈，还有唐代摩崖石刻、古石臼、吹风石、乱石滩等多处景观。北京市房山区张坊镇大峪沟村的东山腰中

一渡：穿过张坊镇片上村，过了一渡桥，就真正开始进入十渡风景区了。过了一渡桥，两侧山峦四合，一水中流，山色秀丽，如入"桃花源"幽境，越往里走，山势会愈浓，一段一景，段段有景。

二渡：在千河口村，过了二渡桥，能看见有石笋峰、驼峰、五指峰、笔架峰，顾名思义，这些都是象形的名称。在河南侧不远处的峭壁当中有一条缝隙，好像巨斧劈开，人进入缝中，只见到蓝天一线，中午时分只有在晴天才有一线阳光，人称"千尺窗"。二渡有岔口去仙栖洞风景区。

五渡：位于西关上村。五渡最著名的景点是仙峰谷，这是由拒马河水在山间冲刷出

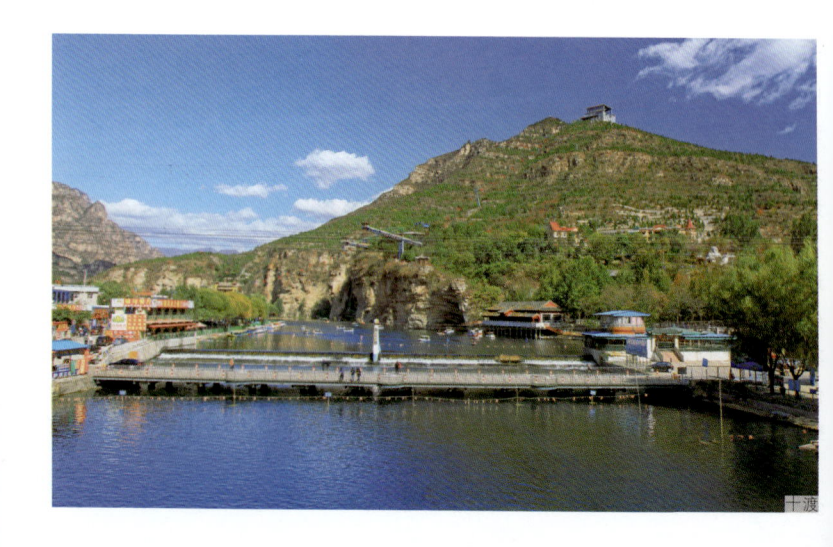

十渡

来的一条小裂缝。山下建有娱乐城,可供午餐和娱乐。水中有游船,岸边有马队,是一处比较清幽的地方。

六渡:主要是沙滩浴场,这里河滩平缓,水清沙细,是十渡风景画廊上一处极好的休闲场所,特别适合儿童嬉戏。有碧波园度假村。

八渡:以奇峰、秀水著称,有滨河公园、石笋峰、望佛堂等景点。金沙乐园位于八渡,园区总面积1500亩,这里山奇水秀、峰林叠翠,河岸绿柳成荫,金沙漫漫,迷人的山野风光让人流连忘返。整个园区分登山游览区、嬉水划船区、沙滩娱乐区和综合服务区。

万景仙沟:是寻幽探秘,消暑度假的胜地,也是游人观景赏花,逍遥放松的极好去处。沟内有"笔架山""古杏劈石""蘑菇石""皇印石",还有"揽月亭""龙山""神仙会场"等美景奇观,登上万景仙沟览秀台,整个万景仙沟大峡谷尽收眼底。

平西抗日战争纪念馆:位于十渡村,是爱国主义教育基地。十渡村曾是北平西部地区著名的抗日根据地——平西抗日根据地。当年许多青年学生、爱国志士和国际友人就是通过这里奔向根据地和延安,很多短缺的军需民用物资,秘密地从敌占区经这里运往边区。为缅怀烈士英灵,先后修建了烈士纪念碑、平西抗日纪念馆和百座烈士碑林。纪念馆展厅共收集、展出实物、诗稿、照片等珍贵史料3000多件。

莲缘峡谷:位于十一渡口处,与仙龙岛为邻。峡谷内分布着天然瀑布、石猴望月、仙人洞、童子山、山神穴、野人居、白马峰、长寿泉等30多处自然景观,并有竹筏、垂钓、游泳、篝火、食宿等服务,普渡山庄位于峡谷口附近,来莲缘峡谷游玩,可选择住在普渡山庄。

狼牙河漂流:位于十八渡,被誉为"京西第一漂",狼牙河漂流全长3.5千米,是拒马河上最长的漂流,以中间所经过的山水风景好著称。划着皮筏悠悠而下,两岸山峰秀美,坐在皮筏中,边吹着河风、边欣赏美景,十分惬意。

景点推荐

石花洞附近

石花洞 AAAA
岩溶沉积物数量居中国之最

- 北京市房山区境内,距市中心约46千米
- 70元   010-60312243

石花洞地处房山区西山深处,形成于7000万年前的造山运动,因洞内有各种各样绚丽多姿的石花而得名,也称潜真洞、十佛洞(石佛洞),与桂林芦笛岩、福建玉华洞、杭州瑶琳仙境并称"中国四大岩溶洞穴"。此洞有7层,层层相连、洞洞相通,洞内钟乳石千姿百态,是北国极为罕见的地下溶洞奇观。经专家考察,石花洞内的岩溶沉积物数量为中国之最,其美学价值和科研价值居世界洞穴前列。石花洞以典型性、多样性、自然性、完整性和稀有性享誉国内外,并于2005年荣获"中国最佳溶洞奇观"称号。石花洞现有20大景区,150多个主要景观,著名的有"瑶池石莲""龙宫竖琴""银旗幔卷""洞天三柱"等。

玩家 攻略

1.体力不佳者可以只选择第一二层游览,在游览时,由于地面多湿滑,需小心慢行。

2.石花洞的入口开凿于山腰,狭长细小,只能容一个人通过,显得非常不起眼,洞口有导游免费带路讲解。

3.入洞之前最好准备好饮用水,爬洞时容易口渴。

4.石花洞内常年保持13℃。夏季前来注意带一件外套以免着凉。

5.半壁店民俗旅游村位于景区内，可以住农家，品尝野菜、农家饭。

玩家 解说

我国四大岩溶洞穴为北京石花洞、桂林芦笛岩、杭州瑶琳洞、福建玉华洞。北京的石花洞是目前国内发现的岩溶洞穴中集规模大、洞层多、沉积类型全、次生化学沉积物数量大等诸多特点于一身的洞穴。其美学价值和科研价值也居世界洞穴前列。

石花洞内的环境优雅，洞内温度常年保持13℃，洞内各式各样的奇景令人目不暇接，眼花缭乱。石花洞的"瑶池石莲"已生长3万多年，洁白丰满，由大片的月奶石沉积而成，世界稀有，在中国是首次发现；还有"黄河瀑泻"，由高十几米，宽20多米的巨大石钟乳形成，气势磅礴，雄伟壮观；"龙宫竖琴"，高近20米，由五百多片石幔折叠布成，堪称国内洞穴第一幔；"银旗幔卷""闪光壁""洞天三柱""后宫仙帐""蓬莱仙境"等。十二大洞穴奇观无不令人流连忘返，赞叹叫绝。

第四层是石花洞的精华——保存有最珍贵的火树银花。那些美丽的石花在灯光辉映下，显得越发晶莹剔透，华彩多姿，五光十色，类型繁多，有的像大海中的珊瑚，有的像洁白的雪花，有的几欲随风轻舞，有的好似海中回旋。

□ 骆驼峰

山峰自然形成，宛若一匹巨驼，四蹄没于苍林翠壑，双驼摩云，仿佛神物，观看骆驼峰每每令人感叹大自然造化的神奇。

□ 擎天柱

云水洞洞内由钟乳石形成的景观千姿百态，惟妙惟肖，美不胜收。在第二厅中竖立的一根石笋，高达38米，居亚洲第一，世界第三，被誉为"擎天柱"。

□ 云梯

云梯始修建于金代，明永乐、弘治、万历年间曾三次重修。依壁随岩，阶阶而上，共有二百六十二级。踏级而升，仿佛直入云霄，故得名"云梯"。

将军坨
春来赏花、秋看红叶
北京市房山区河北镇檀木港村

将军坨是生态型自然风景区，总面积1680亩，其中果园370亩，风景林230亩，果树有杏、桃、苹果、核桃、柿子等，百草园有白菊、柴胡、沙参、野姜、连翘、桔梗等。此外，还有名目繁多的各种山野菜，山鸡、野兔成群出没。

初春，山桃花、地丁、二月兰、栀子花、杏花、桃花、梨花竞相吐艳，把将军坨装扮成花的世界；夏季，林荫蔽日，红杏满枝，山风习习，暑气全消；秋季，红叶似火，各种树木色彩斑斓，构成了将军坨独特自然景观。在景区内还可以游泳、玩保龄球、攀岩、空中"飞降"等项目。

银狐洞
水、旱洞为一体的自然风景溶洞
北京市房山区佛子庄乡下英水村

65元 010-60363236

银狐洞地域海拔200~300米，洞体悠长而曲折迂回，可游览洞体长达4000米。它于1990年开发建设，分为十大岩溶景区共99处

银狐洞

景观，是中国华北地区唯一一开放的、水旱洞为一体的自然风景溶洞。洞内最大的特色是倒挂在洞顶的雪白方解石晶体，长近2米，形似猫头狐身，故称为"银狐"，被赞誉为"中华国宝"。洞内还有1500米的地下暗河，河水清澈见底，由于水中含有人体所必需的多种微量元素，因而具有神奇的医疗作用，此外还可在上面戏水泛舟。2003年，景区利用天然洞体在水洞交接处开辟了北京首家地下溶洞音乐大厅茶座。

玩家 攻略

1. 银狐洞内有5层，总长2000多米，而且有地下河流，乘小舟畅游地下奇观，十分有趣。

2. 中英水北台民俗村地处北京石花洞国家地质公园银狐洞园区内，具有竹乡风韵，南国情调，毛竹支顶的结构和装饰，又有浓郁的北方风格。有大门琉璃瓦及房舍，在这里可享受农家休闲度假、农村田园生活、春种秋收等多项农村乐趣。饭菜主要以当地民俗山野风味为主，各类菜和主食原料均为纯天然绿色食品，其中包括当地小杂粮、山野菜、水果、可食用的绿色中草药等。

水峪村
以"古宅、古碾、古中幡"为代表的深山古村落

北京市房山区南窖乡

村落依山而建，错落有致，形成了独具特色的北方山村四合院民居建筑风格。"古宅、古碾、古中幡"成为具有代表性的珍贵原生态遗产，至今还保存着一百余套六百余间的明清古民居。其最具代表性建筑有杨家大院、瓮门、娘娘庙等。

玩家 解说

数百年的历史积淀还形成了以中幡、大鼓、秧歌等为主的庙会文化。水峪村的中幡可以追溯到明洪武永乐年间，盛于清咸丰年间，每逢庙会，重大民间节日，村民有耍幡祈雨纳福的风俗习惯，后来演化成集体型表演相传至今，村里精通中幡的老艺人组建起了由30人组成的中幡队。

2007年，水峪中幡入选北京市非物质文化遗产名录。2008年，水峪中幡队还代表房山区参加了奥运会开幕式前"京华情韵迎来客"的演出活动，从此声名远播，成为水峪村的文化特色。

更多本旅游区景点

万佛堂·孔水洞：万佛堂位于孔水洞之上，坐西朝东，始建于唐大历五年（770年）。现存建筑为明代重建，建筑是歇山顶的无梁殿。孔水洞是著名的历史名洞，洞口有人工砌成高大的券口和碑记，洞内有泉，水势汹涌，水的源头深不可测。两者现为全国重点文物保护单位。 北京市房山区河北镇万佛堂村西

铁瓦寺：因殿顶满铺铁瓦而得名。山门的额楣上嵌有匾，楷书"铁瓦禅林"。 北京市房山区河北镇政府院内

谷积山：附近山间多古迹，有喇嘛庙、石碑、宝塔等，古朴的历史遗迹和天然的自然风光交相辉映，是外出爬山、休闲和寻古的不错场所。灵鹫禅寺主要建筑在中轴线上。铃铛塔落在第一座山峰上，建于明代。鞭塔在第二座山峰上，建于辽代。 北京市房山区与门头沟区交界处

景点推荐 白草畔附近

白草畔
"京西四大高峰"之一

北京市房山区霞云岭乡四马台村 40元

白草畔位于房山、门头沟和河北省涞水县三地交界处,是百花山的主峰,"京西四大高峰"之一,主峰海拔1983米。这里的森林面积达1万多亩,被称为太行山中的一颗"绿色明珠",是太行山腹地保留的唯一一处以安山岩石林和森林相匹配的生态系统。这里山秀木茂、泉清气爽,集各种景观于一体,包括名山、峰林、野生动物群、避暑胜地、古人类遗址、云海日出等,可谓是"一年四季,季季有景,季季可赏"。在这里,游客可以体验到回归自然、享受绿色生态的情趣,是探险、健身、科考、休闲、度假的绝佳地。

白草畔是北京地区唯一可乘汽车直达2000多米山顶的旅游景点,主要景点有山上八景和山下八景,还有观光农业、五千亩仁用杏基地、万亩松林、赏花园、采摘园等。

四马台民俗旅游村
体验采杏的乐趣

北京市房山区霞云岭乡

这里民风淳朴,山高、林密、谷深、花香,有5500亩的龙王帽仁用杏观光采摘园,步入村内时,映入眼帘的是自然和谐的乡村生活景象，在青山密林间点缀着一栋栋别墅农家小院，可自由选择睡农家火炕或是席梦思床。

玩家 攻略

1. 就餐：四马台民俗村的饮食特色突出，如红腿香椿、木芽菜、花椒芽、茼蒿、椴叶、苦麻菜、马尾豆腐、柴鸡蛋、野蘑菇等特色菜，主食有贴饼子、窝头、馇子粥、豆角焖面、年糕、野菜饭等，使人大饱口福。

2. 游玩：四五月，游人可在霞云岭赏梨花，到黑牛峰顶看日出，观云海，观赏栩栩如生的鳄鱼石、同心石、武士头像、千禧龟等。

圣莲山 AAAA
存有道观和众多民国时期名人别墅群

北京市房山区史家营乡柳林水村

60元　4008087179

圣莲山，即圣米石塘莲花山，位于房山区西北，面积28平方千米，以雄、险、绝、秀著称，自古以来就享有"京西小五岳"的美誉。景区内自然旅游资源丰富，有海相沉积构造、固态流变构造、"圣米"、岩溶地貌、岩溶洞穴等各种地质构造。除了优美的自然景观外，人文景观也多姿多彩，如古星观、圣米石塘、圣母宫、圣水洞、蟠桃宫等佛道建筑群。此外，这里的植被覆盖率高达70%～90%，有700多种野生植物和300多种野生动物。可以说，"道家风骨佛光照，奇峰峻石圣水灵"是圣莲山的真实写照。

玩家 解说

早在明朝时期，佛教便在山上建宫立庙，名为胜泉寺。相传摩诃老祖是在圣米石塘之中，食圣米、饮圣水而得道成仙，所以佛教在当时非常兴旺；随之道教也落脚于此地，后建蟠桃宫于胜泉寺的后山北侧，俗称北庙，观中住持善于医道，又因圣水洞之圣水有调理百病，延年益寿之功效，故此名声大噪，进香朝拜、寻医求药者络绎不绝，在民国时期尤为鼎盛，当时的达官贵人、艺术名家如梨园前辈杨小楼、北洋军阀吴佩孚、曹锟等也慕名而来，而且不惜重金建别墅于观中，至今旧址尚存。

◻ 天下第一老子像

57米高的"天下第一老子像"巍然端坐

圣莲山

老子像

在莲花花瓣似的群山之中,仿似迎接四方宾朋。此老子像以泉州宋代老子造像为基础,经过再创作,用现代工艺塑造而成。雕塑分为基座与老子像两部分,整体高57米,象征《道德经》五千七百字;基座刻《道德经》全文,高18米,为重九之和,八十一之逆数;老子像高39米,象征构成中国传统文化的"三教九流"均从老子哲学中获益,又取吉祥成语"三多九如"之意。

蟠桃宫

圣莲山的标志性建筑群是蟠桃宫,俗称北观,1924年,由一位蔡姓道人主持修建。在那个兵荒马乱的年代,蔡道人精通医术,待人善良,施诊不收费用,因而引来了善缘,进香朝拜、寻医求药者络绎不绝。蔡道人的"粉丝团"既有乡野村民,也不乏社会名人。岁月变迁,当年的道观和名人别墅都已破败不堪,如今人们看到的建筑都是在原址上重修的。

圣莲山佛道两重天

"佛道两重天"意在佛道同处一山,和谐共生的一大特色,倡导尊重生命,敬畏自然的理念。游客到此,观山赏景、参禅悟道、天人合一,与佛道结缘、与史家营结缘、与房山结缘,达到身心升华的境界。

霞云岭国家森林公园
高山草甸风光迷人

北京市房山区霞云岭乡
010-60367128

霞云岭国家森林公园内"南苑、北域、一条观光带":南苑是典型的喀斯特地貌,地上有石林、地下有溶洞;北域可驱车直达山顶的京西南第一峰——白草畔。

这里的森林面积达1万多亩,被称为太行山中的一颗"绿色明珠",是太行山腹地保留的唯一一处以安山岩石林和森林相匹配的生态系统。景区内动植物资源丰富,仅脊椎动物就多达184种，植物有92科、713种。

《没有共产党就没有新中国》纪念馆
爱国主义教育基地

🚩 北京市房山区霞云岭森林公园红歌源自然风景区

《没有共产党就没有新中国》本是曹火星同志于1943年在霞云岭乡地区创作的革命歌曲，初名没有"新"字，中华人民共和国成立后由毛主席加上了"新"字。《没有共产党就没有新中国》纪念馆依山就势而建，占地约6000平方米，展馆建筑面积为1800平方米，传唱大舞台为4000平方米。纪念馆为单层连体建筑形式，造型别致、风格独特，庄严而壮观。馆内的大型主题展览分为3个展厅，即"历史回响人民心声""深山里飞出不朽的歌""让心中的歌代代传唱"，共展出历史图片800幅、油画1幅、浮雕1幅、蜡像1尊、幻影成像1部。2006年，纪念馆正式对外开放，现为北京市红色教育基地之一。

玩家 解说

曹火星同志1943年10月在此创作了脍炙人口的《没有共产党就没有新中国》歌曲，伴随着中国革命的成功唱遍了全中国，唱到大江南北，成了一首家喻户晓的不朽歌曲。1950年的一天，毛泽东同志听到女儿唱这首歌，纠正说："没有共产党时，中国早就有了，应当是'没有共产党就没有新中国'。"

更多本旅游区景点

万顷园：位于百花山脚下，集旅游、度假、登山、打猎于一体。景区地形是典型的喀斯特岩溶地貌，群峰连绵起伏，山高谷深。🚩 北京市房山区大安山乡

蒲洼狩猎场：气候凉爽，空气清新。野生动物有梅花鹿、狍子、野鸡、山羊、野兔等十余种。狩猎场主要特色是坐缆车观山野风光并狩猎，分天然猎区、仿古猎区、封闭式靶台猎区和飞碟区。🚩 北京市房山区蒲洼乡

《没有共产党就没有新中国》纪念馆

良乡附近

景点推荐

姚广孝墓塔

纪念明永乐皇帝最重要的谋士姚广孝

📍 北京市房山区常乐寺村

姚广孝是明永乐皇帝的谋士,墓塔建于明代永乐年间,为八角九级密檐式砖塔,高约33米。须弥座塔基束腰部分雕寿字纹和花卉,四正面雕假门,四侧面雕假窗。塔身往上是九层叠涩檐,各角都悬铜铃。塔前立有明成祖朱棣"敕建姚广孝神道碑"1座。

链接
姚广孝

姚广孝是明初的一位"神"级别人物。可以说永乐帝(朱棣)发动"靖难之役"的幕后高参。从"白帽子"的故事(送燕"王"一顶"白"帽子,白+王=皇)到成功策划了整个造反活动,不仅坚定了燕王造反的信心,更重要的是多次在关键时刻为朱棣选择了正确的道路。造反成功后一不要封二不要赏,继续出家当和尚,在打坐念经的同时,还监修永乐大典、太祖高皇帝实录,甚至在永乐册立太子的事情上,又一次起到了至关重要的作用,可以说这个决定成就了后来的"仁宣盛世"。

周吉祥塔

明代古塔

📍 北京市房山区上方山下孤山口村

周吉祥塔建于明弘治年间,面南向,砖石结构,八角形七级密檐式。塔通高约18米,塔基由汉白玉石砌垒,高1米,须弥座塔基束腰间砖雕花卉、人物故事等。塔身八角形，每角有砖砌圆柱。塔身的其他各面，均雕以假门或者假窗。塔上部的各层檐，均采用正反叠涩做法。每层檐的角梁垂挂方形铜铃。塔前约10米的地方原有碑记两座，1966年一碑被毁。

玩家 解说

北京有两处建于明代的周吉祥和尚塔，一处坐落在房山区上方山脚下的孤山口村北，另一处坐落在海淀区北安河乡大觉寺南1.5千米处的山坡上，称"周云端和尚灵塔"。周吉祥，又名周云端，曾任大觉寺主持，其姊为大明周太后。一般认为位于房山的周吉祥塔是衣冠塔，而位于海淀的周吉祥塔则是墓塔。

青龙湖水上游乐园
集休闲、度假于一体的水上乐园

北京市房山区青龙湖镇　20元

青龙湖水上游乐园是一座以水体文化、娱乐为主题，集休闲、度假、生态环境保护等多功能于一体的现代化水上游乐园。景区既有开阔的主体水面，又有相对封闭的幽静的小水面，湖岸四周分布着成片的油松和杨柳。景区内有众多的水上游乐项目。

西周燕都遗址博物馆
考古类博物馆，北京城的发源地

北京市房山区琉璃河镇董家林村东7区1号
免费

西周燕都遗址博物馆地处琉璃河遗址，是集遗址遗迹、文物标本陈列展览、模拟考古演示三位一体的考古专题性遗址博物馆类人文旅游景区。

西周燕都遗址不仅有西周时期的城垣，还有西周时期的燕侯墓葬，被称为"北京城的发源地"。遗址包括古城遗址、生活区和墓葬区3个部分。遗址中出土通高0.62米，重41.5千克的堇鼎，是北京地区出土的最大的一件青铜器。

青龙湖

西周燕都遗址博物馆文物

韩村河景村

贾公祠
纪念唐代诗人贾岛
📍 房山城南的石楼镇二站村

贾公祠于2005年修复竣工，是为纪念唐代著名诗人贾岛而建。重建的贾公祠由两部分组成，西部是文化接待区，是两重院落。其中陈列了纪念贾岛的文字书画，供人欣赏。东区是贾公祠的重点，前半部是由正殿和东西配殿组成的院落。正殿名为"骚坛异帜殿"，内有贾岛塑像。东区的后半部分为贾岛的衣冠冢。巨大的坟丘被青石所围绕，庄严郑重。新的墓碑昭示了后人的敬仰之情。新碑两侧是康熙年间修建贾公祠和嘉庆年间大修所立石碑。可惜的是其他已无从寻找。

韩村河景村
新农村建设的典范
📍 北京市房山区韩村河镇

韩村河旅游景村距市区40千米，曾先后荣获"京郊双文明第一村""乡村都市"称号。村内道路宽阔平坦，树木成荫，街道干净，是一片美丽的田园风光。这里有完善的基础设施和配套设施，包括别墅楼、建筑小品、现代蔬菜大棚、花卉基地、星级饭店、村办大学、公园、医院等。其中，总面积3万多平方米的韩村河山庄会议中心可同时容纳1000多人就餐，且各种南北风味应有尽有，娱乐设施齐全，是旅游、度假、开会、培训的理想之地。

琉璃河务滋休闲采摘园
京郊梨乡
📍 北京市房山区琉璃河镇

务滋民俗村生产的果品清脆甘美、甜度高、口感好，现已通过安全食品认证，注册了"兴召"商标。每年4月上旬到5月中旬，梨花竞相开放，犹如一片花的海洋；度假村内种植梨树历史悠久，最早可追溯到清朝中叶，素有"京郊梨乡"的美誉。

攻略资讯

- 交通
- 住宿
- 美食
- 购物
- 娱乐

交通

●火车

良各庄站：建于1969年，现为二等车站，有三趟车次，发往北京西、大涧等地。车站位于房山区周口店镇良各庄村。

燕山站：建于1982年，现为四等站，车次基本都发往北京西和大涧。车站位于房山区燕山中路。

●汽车

房山客运站有汽车可通往北京其他区县以及市外各地，车站位于房山区兴房大街。

●区内交通

北京地铁房山线是北京的一条地铁线路，连接北京城区与房山良乡。该线北起丰台区郭公庄站，南至房山区苏庄站。全长24.6千米，设11座车站和1座车辆段。线路标志色为橙红色。

住宿

房山区的住宿选择多种多样，各种档次的酒店、宾馆都有，且周边旅游景点多，是赏景游玩、住宿休闲的佳选。

美食

房山区容纳了众多的北京美食，既有京城风味又有独特的特色。

●八八席

八八席是房山霞云岭乡白草畔内的四马台村的一种特色美食。八八席由八个碗和八个盘构成：八个碗分别是蒸碗五花肉2碗、假鸡肉1碗、炸卤水豆腐2碗、清水素白菜1碗、清炖豆腐1碗、素丸子1碗；八个盘分别是凉菜4盘：三色杏仁、肘花、茼蒿、三珍菜，热菜4盘：白草小炒、焦熘疙炸、宫保山鸡丁、香酥花椒芽。

●房山核桃宴

房山物产丰富，特别是十渡山里的核桃树大、叶厚且枝叶茂盛，结的果实壳薄，味甘，果肉细腻，美味又营养。

●十渡农家菜

来到房山区十渡一定要吃一顿真正的农家饭，亲身体验浓浓的乡土味和返璞归真的感觉。品尝各种野菜馅的水饺，吃锅贴饼子、菜团子，纯天然的绿色食品更是百吃不厌。

购物

房山的大型购物中心如华冠、美廉美、亿客隆、国泰百货等经常人头攒动，其中华冠尤其火爆。房山特产在各大购物中心及商店、特产专卖店多有售卖。

●房山磨盘柿

磨盘柿以果实个头儿大，形状似"磨盘"而得名。

●良乡板栗

良乡板栗主要产于房山西部、西北部山地。其中以佛子庄乡的北窑、南窑乡的中窑、水峪、花港等村最多。

●房山黄金梨

黄金梨品种果实呈圆形，稍扁，果皮金黄色，故称黄金梨。黄金梨售价高，是目前国内外市场售价最高的梨果果品。

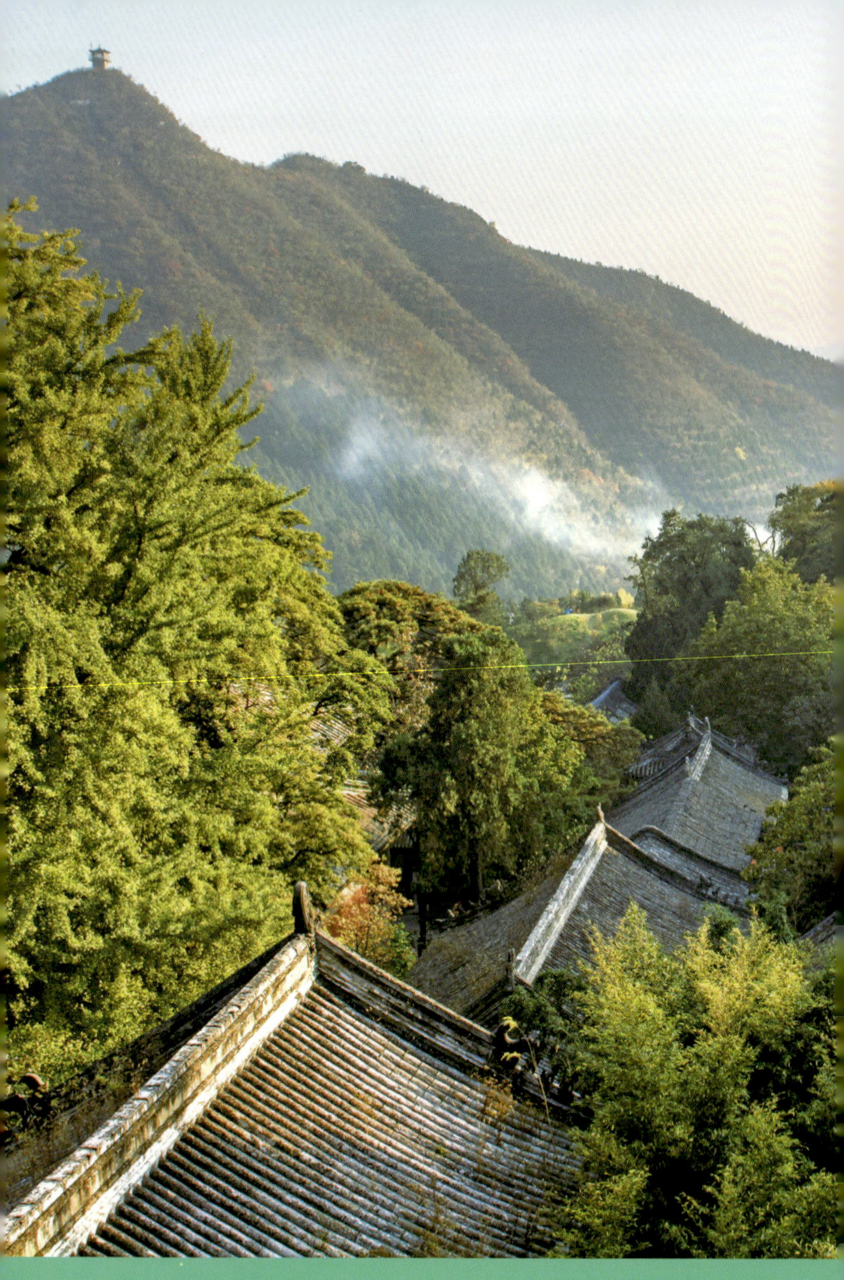

发现者 旅行指南

门头沟

概览

亮点

■ 潭柘寺

潭柘寺距今已有1700多年历史,是北京最古老的古寺。寺庙建筑群庞大,被称为"皇家第一寺院",有"先有潭柘寺,后有北京城"之说。

■ 双龙峡

双龙峡被称为"京西小九寨","十里溪流、百潭瀑布、千亩红杏、万顷林海",一年四季景致如画。

■ 妙峰山

妙峰山属太行山余脉,曾为北方民众信仰的中心,景区以古刹、奇松、怪石、异卉而闻名,每年的玫瑰节热闹非凡。

■ 爨柏景区

爨柏景区村内明清四合院保存完好,是我国首次发现保留比较完整的山村古建筑群,被称为大都市旁的世外桃源。

线路

■ 灵溪、灵山三日游

这是京西一条适合避暑游玩的山水路线,十八潭峡谷内赏花鸟鱼虫,听泉水叮咚,斋堂水库垂钓、野营,徒步灵山观古烽火台。

第一天早餐后前往灵溪游览,随后前往十八潭,午餐后前往慕川富士园,夜宿太子墓村。

第二天早餐后前往京西举人村灵水村。之后到双龙峡游览。午餐后前往斋堂水库,夜宿斋堂镇。

第三天游览灵山。中午在农家院用餐后回市区。

■ 妙峰山周边两日游

第一天上午参观樱桃沟景区,观百年树龄的樱桃树。下午参观历经八百多年的古刹栖隐寺,夜宿妙峰山镇。

第二天游览妙峰山风景区,妙峰山是这条线路的精华,这里不仅有古刹、奇松、怪石和溶洞,还可以欣赏日出、晚霞、雾凇等景观,还有千亩驰名中外的妙峰玫瑰。

■ 门头沟爨底下两日游

第一天早起前往参观爨底下,这里有保存完好的北方古山村民居群,可感受简单原始的生活状态。中午可在村里农家院就餐,下午到龙门涧游览,夜宿清水镇。

第二天早餐后前往黄草梁参观,下午返回北京市区。

概览 209

为何去

门头沟区集自然风光、文物古迹、古老民风为一体，境内峰峦叠嶂，青山秀水构成了京西一幅幅瑰丽的天然画卷，文物古迹记载了门头沟区悠久灿烂的历史文化。多山是门头沟区的一个显著自然特点，山形挺拔高峻、险峰叠嶂。在众多的山峰里，有全市最高峰灵山，有风景秀丽的百花山，还有盛产玫瑰的妙峰山等。

百花山

何时去

去门头沟的最佳旅游时间为春、夏、秋三季。这时天气适宜，风景也很美。春天可观赏百花山的锦绣满山，夏天可以进灵山避暑，秋天可观赏门头沟绚烂的秋景，美不胜收。

潭柘寺玉兰花开

俯瞰爨底下村

区域解读

区号：010
面积：约1447.85km²
人口：约39.6万人

地理 GEOGRAPHY

区划

门头沟下辖4个街道、9个镇。

地形

门头沟位于北京城区正西偏南，地处华北平原向蒙古高原过渡地带，地势西北高，东南低。西北部的灵山海拔2303米，有"京都第一峰"之称，另有百花山、髽髻山、妙峰山等山脉。东部山地处于北京西山边缘，山体较小，山势渐缓，其东南部的兔儿庄海拔仅73米，为境内最低点。境内的主要河流是永定河及其支流清水河，属于海河水系。清水河和永定河呈"入"字形贯穿门头沟区的大部分。

历史 HISTORY

历史大事记

● **先秦时期**

门头沟区地处古冀州。周武王十一年（公元前1046年）设燕、蓟政区，区境属蓟，燕并蓟后，区境属燕。秦并六国后，行郡县制，区境属广阳、上谷二郡。

● **秦至明朝**

250年，魏征北将军刘靖屯兵幽州，为解决军粮和发展农业生产，组织军士1000余人，修建车箱渠（引水渠）和戾陵堰（拦水坝），于境内三家店处引漯水（永定河）入高梁河，使蓟城南北灌田2000顷。这是北京历史上第一个大型水利工程。

西晋佛教盛行，晋愍帝建兴四年（316

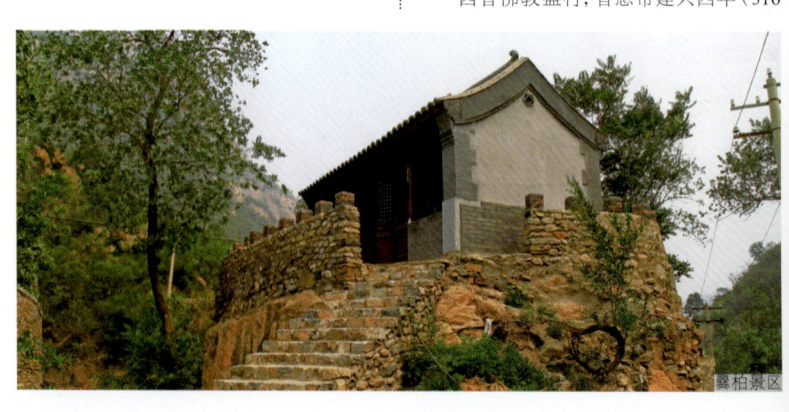

潭柘景区

戒台寺

年）在区境内修建佛教名刹潭柘寺，初建时称嘉福寺，后因寺后有龙潭，寺前有柘树，故称潭柘寺。

隋亡唐兴，建中二年（781年），析蓟县西部与广平县东部置幽都县，境东部属广平县。县治所由原古城（石景山区）迁至区境内辛秤村（今分东、西辛秤），此为境内设县之始。

辽开泰元年（1012年），改幽都县为宛平县，宛平县名始于此。辽、金两代，兴寺拜佛，众多高僧到潭柘寺、戒台寺研习佛法。龙泉务辽瓷器窑遗址中出土的辽代"寿昌五年"款的三彩残片，解开了辽三彩烧造地不明之谜。同时，从瓷窑火塘内发现大量灰渣及未燃尽的煤核，不仅说明门头沟区在辽代已能用煤，而且把用煤历史从记载中的元代提前到辽代，甚至更早。

● 明至近代

明迁都北京后，大兴土木，从而促进了煤炭、建材业的进一步发展。据明代户部《万历会计录》记载，仅乾清宫在门头沟境内就有70余座直属皇宫的煤窑产业。皇宫的扩建，使琉璃烧造业更加发达。自明清以来，北京地区所用的琉璃制品大多出自门头沟区。

明万历年间，戚继光主持修建沿河城长城。

鸦片战争后，随着西方经济势力的侵入，刺激了国内民族工业的发展。1872年，清政府在区境内创办了北京第一家以蒸汽动力为提升设备的近代工业——通兴煤矿（今门头沟煤矿前身）。1883年，又创办了北京第一家近代机械工厂——神机营机器局，制造新式火炮。

七七事变后，八路军邓（华）宋（时轮）支队到斋堂一带开辟平西抗日根据地。1938年3月，在东斋堂村建立了北京地区最早的人民政权——宛平县政府。

沿河城长城

文化 CULTURE

门头沟的鼠文化

"子为地支首，鼠乃生肖先"，绚丽无比、丰富多彩的鼠文化是我国民俗文化的重要组成部分。围绕老鼠的传说在中华大地不胜枚举；俗信中鼠被视为拥有灵气、祈望多子多孙和丰收富足的象征；鼠甚至还被尊崇为拯救人类于天地混沌的神灵广为膜拜。如今门头沟的民间老百姓的口头上还流传着许多与老鼠有关的民间文学作品，反映了人们对老鼠复杂的感情。门头沟民间还认为鼠性通灵，能预知吉凶祸福，尤其在煤窑里，禁止捕鼠。在门头沟古老的乡村寺庙和民居的装饰中就有几处与鼠有关的图案，大多的寓意是子孙满堂。门头沟的民居装饰中，从艺术形象的角度考虑，老鼠的形象多为松鼠所代替。松鼠行动敏捷，形态可爱，同样多子，以松鼠吃葡萄为题材的砖雕也是多子多福的象征。门头沟的砖雕画面不仅构图精美，而且民俗风格十分鲜明。如今这些完好的鼠砖雕画，依托古宅古庙的遗存空间，得以幸运地保留下来，成为门头沟富有特色的鼠文化的体现。

苇子水秧歌戏

苇子水秧歌戏是门头沟区较为古老的民间戏曲剧种，它是由秧歌与其他歌舞、戏曲等艺术形式结合而成。秧歌戏起源于明代嘉庆年间前后，迄今至少有四百年历史。

苇子水秧歌戏伴奏以打击乐为主，主要由有单皮鼓、檀板等，整场戏只用锣鼓、不用丝竹；演出时打一阵"家伙"，唱一段戏文；伴奏铿锵有力，节拍鲜明，唱腔苍劲豪放，高亢激昂。另据考证，秧歌戏很像明清时期盛行的高腔戏（以一人独唱、众人帮腔，只用打击乐伴奏，音调高亢，富朗诵意味的特点），而苇子水村的秧歌戏的唱腔及伴奏均有明代高腔戏的特色，主要唱腔为"摔锣腔""大秧歌调"等，有些近似湖南花鼓调音韵。剧目有《赵云截江》《张飞赶船》等。

苇子水村秧歌戏具有浓郁地方民间戏特色，其剧目内容保留完整，历史悠久，风格古朴，对于研究京西民间戏曲有一定历史价值；同时也为研究历史上京西地区与外界的文化交流、商贸往来提供了历史资料。此外，苇子水的秧歌戏还丰富了当地人民的业余生活，成为一种独特的地方戏种。

门头沟古宅

景点推荐

潭柘寺周边

潭柘寺 AAAA

"先有潭柘寺,后有北京城"

北京市门头沟区潭柘寺镇潭柘山麓

55元　010-60861699

潭柘寺始建于西晋永嘉元年(307年),距今已有1700多年历史,是北京最古老的古寺。寺院坐北朝南,背倚宝珠峰,周围有九座高大的山峰呈马蹄形环护。寺院初名"嘉福寺",清代康熙皇帝赐名为"岫云寺",但因寺后有龙潭,山上有柘树,故民间一直称为"潭柘寺"。

潭柘寺规模宏大,寺内外占地加上周围由潭柘寺所管辖的森林和山场,总面积达121公顷以上。现潭柘寺共有房舍943间,其中古建殿堂638间,建筑保持着明清时期的风貌,是北京郊区最大的一处寺庙古建筑群。

玩家 攻略

1. 戒台寺和潭柘寺可以顺路游览,一天就足够了,自驾比较方便。走西四环在南沙窝桥出口出,左转沿莲石东路,西路西行,再沿108国道(戒台寺和潭柘寺分列108国道两侧)按路标行驶可达。

2. 潭柘寺的二乔玉兰、石鱼和"帝王树"是非常有特色的景观,来潭柘寺游览,这三处景点值

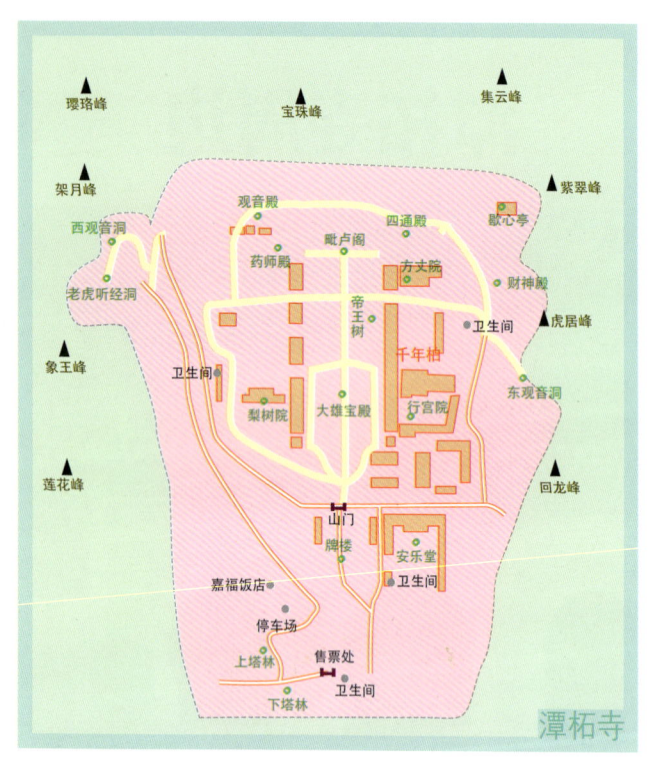

玩家 解说

1. 潭柘寺的整个建筑群是依照中国古建筑的美学原则,以一条中轴线纵贯当中,东西两侧对称。可选择西线—中部—东线的游览顺序。西线:药师殿—梨树院—龙王殿—大悲殿—观音殿—戒坛,中轴线上从北到南依次游览毗卢阁—帝王树、配王树—大雄宝殿,东线:猗轩亭—龙潭。游览完潭柘寺,一般需3~4个小时。

2. 石鱼:潭柘寺观音殿西侧有龙王殿,殿前廊上有一石鱼,看似铜,实为石,击之可发五音,传说是南海龙宫之宝,龙王送给玉帝的。后来人间大旱,玉帝送给潭柘寺消灾,一夜风雨时,石鱼从天而降,掉在院中。据说石鱼身上13个部位代表13个省,哪个省有旱情,敲击该省部位便可降雨。

3. 宝锅:天王殿前有一口铜锅,直径1.85米,深1.1米,是和尚们炒菜所用。此锅原在东跨院北房西次间,现在那里有一口更大的锅,直径4米,深2米,一次煮粥能放米10石,需16个小时才能煮熟。由于锅大底厚,文火慢熬,故而熬的粥又黏又香。关于这两口锅,还有"泼砂不漏米"之说,原来,锅底有"容砂器",随着熬粥时的不断搅动,砂石会沉入锅底的凹陷处。

4. 龙宫大溶洞:位于潭柘寺山下,是新开发的一座规模巨大、构造奇特的大型溶洞,洞内遍布千姿百态的钟乳石、石笋、石花。高达40米的漏厅犹如地下龙王宫殿,故称"龙宫"。

5. 潭柘十景:平原红叶、九龙戏珠、千峰拱翠、万壑堆云、殿阁南薰、御亭流杯、雄峰捧日、层峦架月、锦屏雪浪、飞泉夜雨。

得细细品味。

3. 敲钟:每年新年,除夕夜戒台寺和潭柘寺分别以敲古钟的形式辞旧迎新,祈福国泰民安,场面很是热闹。

戒台寺 AAAA
天下第一佛寺戒坛

- 北京市门头沟区永定镇　¥45元
- 010-69805942

戒台寺海拔300多米，占地面积约4.4公顷。戒台寺始建于唐武德五年（622年），距今已有近1400多年的历史，素以"戒坛、奇松、古洞"闻名于世。戒台寺拥有全国最大的佛寺戒坛，为"全国三大戒坛"之首，故有"天下第一坛"之称，它是中国佛教史上最高等级的受戒之所，虽历尽沧桑，仍保存完好。寺院坐西朝东，中轴线上依次排列山门殿、钟鼓二楼、天王殿、大雄宝殿、千佛阁（遗址）、观音殿和戒台殿，戒台是中心建筑，其建筑格局独特，样式基本是辽代风格。戒台寺是全国重点文物保护单位，它是我国北方目前保存辽代文物最多、最完整的寺院，最特别的是保留了佛塔、经幢、戒坛等辽代佛教中罕见的珍品。

玩家 解说

戒台寺牡丹院将北京四合院形式与江南园林艺术巧妙结合，建筑风格别具特色，戒台寺古树名木甚多，仅国家保护级古树就有88棵；戒台寺后山溶洞由亿万年的雨水侵蚀而成，其中的石钟乳和石笋形状千奇百怪。

戒台寺尤以松树出名，"潭柘以泉胜，戒台以松名，一树具一态，巧与造物争"，活动松、自在松、九龙松、抱塔松和卧龙松，合称戒台五松，寺内九龙松为世界上"古白皮松之最"，每当微风徐来，松涛阵阵，形成了戒台寺特有的"戒台松涛"景观。

◻ 戒坛

戒坛设于西北院，为高3.5米的汉白玉方台，雕刻精美。环坛雕刻113尊一尺多高的戒神，坛上供奉释迦牟尼坐像。像前有十把雕花木椅，即和尚受戒时"三师七证"的座位。该戒坛为明代遗物，与杭州昭庆寺、泉州开元寺戒坛并称中国三大戒坛，戒台寺居首，被誉为"天下第一戒坛"。

戒台寺

- 观音殿位于千佛阁遗址后面的高台上，殿内现供有一尊陶制漆金的白衣观音大士立像。
- 千佛阁原为三层檐楼阁式木结构建筑，庑殿顶。宽27米，进深24米，高30余米。
- 戒台大殿顶部四面呈坡形，殿顶的上下檐之间有风廊环绕，两层檐角均挂有风铃。
- 辽代法均大师塔。
- 五百罗汉堂内原有泥塑彩绘的五百罗汉像，现今塑像已不存。
- 方丈院。
- 大雄宝殿坐落在近两米高的月台上，门额上高悬清乾隆帝手书"莲界香林"雕龙横匾。
- 天王殿顶覆绿色琉璃瓦，殿外正中供奉木质漆金弥勒佛坐像。
- 山门殿为南轴线上的第一座殿堂，面阔三间，单檐庑殿顶。
- 地藏院坐北朝南，为一独立院落。

◻ 大雄宝殿

大雄宝殿在天王殿后面，坐落在近两米高的月台上。门额上高悬清乾隆帝手书"莲界香林"雕龙横匾。殿内屋顶上有三个木雕藻井，上圆下方，井内各雕有一条蟠龙。下方汉白玉石雕的须弥座上供有明代铸造的铜质横三世佛。正中为释迦牟尼佛，南侧为阿弥陀佛，北侧为药师佛。大殿前左右两侧各有三间配殿，左侧为伽蓝殿，右侧为祖师殿。

◻ 牡丹院

牡丹院位于千佛阁北侧，坐北朝南，分内外两重院落，中间以垂花门相连。其建筑风格是北京传统的四合院与江南园林艺术的巧妙结合，既有北方四合院的古朴又有南方园林的秀美。

龙宫大溶洞
构造奇特的大型溶洞
📧 北京市门头沟区潭柘寺镇潭柘寺附近

龙宫大溶洞是潭柘寺附近新开发的一座规模大、构造奇特的大型溶洞。该洞遍布千姿百态的钟乳石、石笋、石花、高达40米的漏厅犹如地下龙王宫殿，故称"龙宫"。洞内20多米深处还有地下河，宽10余米，深20多米。溶柱和奇特的溶石很壮观，在五彩缤纷的灯光照射下非常美丽。

八奇洞
独一无二的褶皱"8"字
📧 北京市门头沟区潭柘寺镇平原村　￥54元

八奇洞全长1350米，以独一无二的褶皱"8"字及八大奇观而著名，因此被誉为"天造地设，神洞奇观"。八奇洞靠近潭柘寺，佛教在我国晋朝刚传入燕国时，许多高僧就是在潭柘寺这一带传经布道，因此洞中有很多神似的佛祖像和众僧修行图，济公像更是栩栩如生。

八奇洞是大自然鬼斧神工和开发商的独运匠心结合形成的神洞奇观。游览八奇洞，沿途曲折多变，空间繁简交替，境界层层深入。全洞景物有序曲，有高潮，有低谷，有尾声，节奏分明，使人产生不同的感受。洞中奇景连连，洞中有洞，龙潭清澈透底，深不可测，永不枯竭。洞中石锅虽未经火，却锅底发黑，置身其中还会感到身子发热。经洞中暗河泛舟出洞，令人感到别有天地。八奇洞内的温度常年保持在13～16℃，冬暖夏凉，四季流水潺潺，适合游玩，若能喝到此处泉水定能心静神怡、诸事不扰，十分适宜休闲、放松。

更多本旅游区景点

北京龙凤山滑雪：场占地面积50万平方米，可春季踏青、夏季避暑、秋季采摘、冬季滑雪。现有初中级滑雪道3条，高级滑雪道3条，其中宽80米，长近300米的初级滑雪道是北京滑雪场最好的初级滑雪道之一。科学的弯道设计和适宜的坡度都誉为"滑雪入门的天堂"。📧 北京市门头沟区永定镇万佛堂村

天门山国家森林公园：拥有优美的自然风光、悠久的佛教文化、丰富的植物资源、独特的地质地貌。景点主要有石窟洞、天然长城、烽火台、蘑菇岭、白虎回首石、天犬吠日、白熊观日等。这里能够观日出、看云海、赏红叶。📧 北京市门头沟区潭柘寺镇

天门山

景点推荐

妙峰山周边

妙峰山
以金顶玫瑰著称

📍 北京市门头沟区妙峰山镇　💰 40元
📞 010-61882936

　　妙峰山风景名胜区距市区55千米，面积20平方千米，景区以古刹、奇松、怪石、异卉而闻名。妙峰山属太行山余脉，主峰海拔1291米，山势峭拔，花草清丽，有日出、晚霞、雾凇、山市等时令景观，有我国品质最好的千亩玫瑰花，有华北地区规模最大的传统朝圣庙会，这里是北京周边最具文化底蕴的风景名胜区之一。

　　妙峰山娘娘庙是景区的重要景点，始建于辽代，三处庙宇群（灵感宫、回香阁、玉皇顶），依山取势，参差错落，高低有致，14座殿宇分别供奉着释、道、儒、俗各路神灵，是明清时期华北地区的民众信仰中心。这里的传统庙会始于明代崇祯年间，距今已有300余年的历史。每年的阴历四月初一至十五，来自全国各地的善男信女、几百档民间花会都齐聚妙峰山，朝顶进香，酬山赛会，施粥布茶，场面十分壮观。

　　妙峰山低天阔，空气清新，灌木群英生机盎然，这里有木本植物600余种，优质药材20余类，各种奇花异卉四季常开，形成了

妙峰山

"四面有山皆如画,一年无日不看花"的特有景致。

玩家 解说

1.妙峰山娘娘庙始建于明朝,每年阴历四月初一到十五,来自全国各地的几十万善男信女,几百档花会前来朝顶进香,形成华北地区规模最大的进香庙会,各种民间香会边走边练,幡旗飘扬,鼓磬齐鸣。妙峰山庙会期,京都万人空巷,其规模堪称华北之首。

采风尝小吃是朝山进香后的另一选择。这儿的特产多且风味独特,有玫瑰饼、玫瑰酒、玫瑰酱、炒红果。

2.玫瑰谷:从谷口至三道壶水库,长约4千米,高山瀑布,森林水库,清泉小溪,庙宇分布其间,是京西著名自然风景区之一。此外,玫瑰谷气温凉爽,夏季三伏需盖棉被,是避暑天堂。

从妙峰山到玫瑰谷的公路是自驾旅游观光的好去处。车可沿109国道西行到上苇甸路口,北行七八千米即达。随后即可观赏玫瑰(采摘玫瑰花10元/斤)。玫瑰节举办时间为5月30日至6月20日。

仰山栖隐寺
辽金时期的皇家寺院
北京市门头沟妙峰山镇樱桃沟村后的莲花峰上

仰山栖隐寺始建于辽,兴盛于金。栖隐寺历经800多年的风雨,现在只剩围墙还基本完好,其他建筑没有保留下来。沿上山的古道旁有近百条古人留下的石刻,是寻古访幽的好去处。

樱桃沟
京郊最近的野山游览景区
北京市门头沟区妙峰山镇樱桃沟村

樱桃沟群山环抱,树密遮荫,溪水潺潺,巨石交错,秀美的山水依然保持着原始状态。景区内有千余棵100多年树龄的樱桃树,盛产的樱桃色泽红润,洁净甜美,曾为皇家贡品。每年5月18日举办樱桃节,游人如织。景区内还生长着许多珍奇药材,四季旅游皆有收获。

玩家 解说

樱桃自古就被叫作"美容果",中医古籍里称它能"滋润皮肤""令人好颜色、美态"。常吃能够让皮肤更加光滑润泽。樱桃很适合女性食用,这主要是因为樱桃中含铁量极其丰富,每百克肉中铁的含量是同等重量的草莓的6倍,枣的10倍,山楂的13倍,苹果的20倍,居各种水果之首。

上苇甸村
北国水乡"泉山之地"
北京市门头沟区上苇甸路附近

上苇甸村是北京市门头沟地区有名的"泉山之地",是少见的北国水乡,昔日以盛产芦苇而得名,现在还建有十三座水塘。上苇甸地区曾经还是妙峰山西面的一条重要古香道,上苇甸是古村落,上苇甸村的历史还和寺庙文化密切相关。上苇甸村依山傍水,残留的老宅、老井、石碾展示着古老的韵味。上苇甸村还有一个美丽名字叫"月亮村"。上苇甸村现还管辖着炭厂、大沟、禅房三个自然村，有大云寺、滴水岩、禅房、岭角等风景和古迹值得游览。

灵溪风景区
学生科教基地

◎ 北京市门头沟区妙峰山镇岭角村

灵溪峡谷位于妙峰山风景区附近，距市区约35千米。这里山峦起伏，峡谷夹于两山之间，峡谷的尽头有一座小型水库，有小河沿峡谷流出。谷中依地势形成一个个水潭、瀑布，两侧的山上绿树成林，山花掩映，怪石密布，草木葱郁，流水潺潺。早春二月，漫步在峡谷里，粉红的桃花遍洒苍山，嫩绿的枝条悄悄发芽，山风轻轻拂面，鸟鸣不绝于耳，置身于一片清新与宁静之中，仿佛踏入了世外桃源。

琉璃渠村
中国琉璃之乡

◎ 北京市门头沟区龙泉镇琉璃渠村 ◎ 免费

琉璃渠村位于镇域北部，背靠九龙山，面临永定河，依山傍水，是经历辽、金、元、明、清五朝的千年古村，琉璃烧造工艺是该村传承千年的技艺。从元代起，朝廷即在此设琉璃局，清乾隆年间北京琉璃厂迁至此地，后又修水渠至此，村子因此得名。

目前，琉璃渠村保存有北京唯一一座黄琉璃顶清代过街天桥、西山大道古道遗址、龙王庙、古戏台、三教庵、白衣庵、五道庙、老君堂、山神庙等传统建筑和文物古迹，这些遗迹大部分骨架尚存，保存完好。

玩家 攻略

1.特产和采摘：琉璃渠村园区既引进了大樱

琉璃渠

桃、薄皮核桃、葡萄等优良品种；还种植独具山野风味的毛桃、盖柿、山杏等果品，此外还套种甜玉米、英国芸豆、南瓜、黑豆、绿豆等优良小杂粮。每到水果采摘季，园区则开展丰富多彩的采摘游园活动，游人可以来采摘、游玩、住宿，体验"吃农家饭、住农家院、观自然景、赏民俗情、享田园乐"的民俗旅游生活。

2.住宿：丑儿岭山庄位于门头沟区琉璃渠村南面的山坡上，种植各类果树2万多棵，是集休闲、娱乐为一体的庄园，其内还有一个小型农家动物园，饲养了鸡、鹅、羊、牛等家禽、家畜，专门供游人尤其是儿童近距离接触，另有一番情趣。

☐ 过街楼

清乾隆二十一年（1756年）创建的过街楼位于琉璃渠村东口，俗称灯阁，亦称三官阁，是琉璃渠村的标志。琉璃饰件皆为本地烧制，是北京地区琉璃烧造业历史悠久的实物见证。

☐ 玻璃厂商宅院

琉璃厂商宅院是清代两进四合院建筑，位于过街楼南，是清代琉璃窑厂主赵家的官宅院。赵家在此主持烧造琉璃达200多年之久，为官廷建筑烧造了大量琉璃制品。

■ 关帝庙

建于明代的关帝庙和过街楼遥遥相对，在琉璃渠村的西口，紧邻古道，俗称老爷庙。这是一座完整的四合院，坐西朝东，有正殿三间。

■ 邓家大院

邓家大院在后街东口，据说是一卖油商人所建，三进院落，临街门为拱形，可走车马，前后院子有穿厅门和过道，砖雕精美，院落静谧，木雕隔扇、地砖、火炕完整，曾有电影镜头以该宅为背景。

■ 万缘同善茶棚

万缘同善茶棚是通往妙峰山香道上最大的茶棚，位于村北，是一座古庙宇式建筑，面向大道，背靠青山，茶棚建造精良，殿院宽敞，有正殿六间，院内方砖铺地，院前部为柏木乌头门和木栅栏。

王平村
水果品种丰富
北京市门头沟区王平镇

王平村地处北京西山中山区向低山区的过渡地带，是永定河官厅山峡下段大拐弯地段的起点。这里有特色鲜美的果实，北京特产京白梨、精品大樱桃，各个品种的葡萄，还有干果核桃、杏仁等特色品种。韭园沟的大樱桃曾经被评为金奖；平平的京白梨是门头沟注册的京白梨产地之一。葡萄、大枣的品种齐全，适合不同季节的采摘，还有核桃、杏仁、香椿等特色农业。

在旅游业的发展上，该镇丰富的旅游资源加强了旅游基础设施建设，特别是十八潭景区和清凉界景区在基础设施方面投入了较大的财力和精力。平整了场地，修筑了道路，铺设了桥梁，做到了水、电、路等基础设施完备，为旅游业的发展以及打造王平旅游品牌铺平了道路。

安家庄
休闲佳地
北京市门头沟区王平镇西侧

安家庄1997年被区政府授予"小康村"称号。安家庄明代成村，以村民姓氏得名。村落居低山南坡，海拔225米。人工植被以杨、槐及核桃、桃、梨等果树为主，山地植被以山杏、荆条灌丛为多。村东南4千米有落坡岭水库。

安家庄村位于王平镇西侧，拥有王平镇1/2的山地，并有很多瀑布，有清澈的永定河，丰富的水产资源，可以野钓。在安家庄游客可以烧烤戏水，是放松休假的好去处。

门头沟区山脉风光

京西十八潭明月潭

三家店湿地
泛舟湿地、纳凉休闲好去处
🚩 北京市门头沟区

三家店湿地就是永定河门头沟段"三家店—落坡岭水库"（总长约25千米），给人的感觉是夏日炎炎、蒲草曼妙、波光粼粼的水库湿地景象。

沿河向西4千米来到陈家庄，陈家庄村附近河两岸，湿地植物蒲草绵延几千米。可以站在有起伏节奏感的铁索木桥上，感受清澈透明的河水从脚下缓缓流过，观赏村庄两岸的片片湿地。

玩家 攻略

1. 观赏时间：一天当中的清晨和傍晚时段，是观湿地鸟类的最好时机（北京秋季观鸟最佳季节为10月中旬至11月中旬），观赏时如使用望远镜效果更佳；但应注意，三家店湿地和其他大部分湿地是不允许游人进入踩踏的。

2. 观赏地点：陈家庄沿河湿地有三处比较理想的观赏点，进入陈家庄村，在村东头的废弃water坝边观赏沿河湿地最精华的一段；在公路边的砂石场高地上观赏沿河湿地全景；在陈家庄村后面的109国道边（高出陈家庄村约60米）观赏湿地精华段和村庄全景。在公路上观赏湿地（注意交通安全）。

京西十八潭
以"谷深、石奇、水特、花异"而著称
🚩 北京市门头沟区王平地区安家庄村

京西十八潭地处海拔1528米的清水尖山北麓，景区以谷深、石奇、水特、花异而著称。在这里，可以观赏到雄伟挺拔的山峰，层峦叠翠的断崖，幽深险峻的峡谷，形态各异的奇峰险石，葱茏茂盛的原始植被，色彩纷呈的奇花异草，四季应景的野果野菜。在这里可以感受到空气的纯净清新，山泉的清洌甘甜，鸟儿的清脆啾鸣，蛐蛐声不断，花儿的香气袭人，鱼儿的悠悠游戏，景致的奇险自然。

景区的水四季长流，有自然形成的三处瀑布，最高的一处瀑布三丈有余，水如雪链般急泻而下，好似巨龙吐珠，飞溅起无数水珠花，在阳光照耀下熠熠生光、晶莹一片。

由于水的冲击和汇积，沟里形成无数个大小深浅形态不同的小潭，有名气的水潭有18个。最为神奇的是潭中有无数不知繁衍生息了多少年代的小针鱼儿，它们清纯至极、灵动异常。

景点推荐

斋堂镇周边

爨柏景区
大都市旁的世外桃源

北京市门头沟区斋堂镇　35元

010-69818988

爨柏景区是以古村落文化为代表的旅游度假休闲胜地,总面积46.6平方千米,涵盖了爨底下村、京西石头村——双石头、军户古乐——柏峪村、百姓人家——黄岭西村等村落。景区具有历史文物、建筑、美学、社会学等多学科研究价值,是北方建筑艺术的瑰宝。

玩家 解说

爨柏景区有丰富的历史文化遗存,有明代的老村遗址,清代的壁画,甲午战争立功捷报,有二战时期被日军烧毁房屋的废墟,抗日哨所遗址,有20世纪50~70年代的标语,有古道、古井、古庙、古戏台等古迹,人们信步其中,可以感悟历史。

爨柏景区现有400余户本地居民在此生活,有市级民俗旅游接待户100余户,当您饱览景区风貌之后,还可在明清古宅小住,体验浓郁的古宅风情和百年民俗文化,尝尝农家饭菜,品品清泉山茶,选购特色商品。入夜时分,仰望满天繁星,穿越心灵时空。清晨,在鸟儿欢唱中醒来的您,迎着晨曦,踏着晶莹的露珠,在山间小路走一走,可以忘却往日的浮躁,恢复心灵的宁静。

■ 中国历史文化名村——爨底下村

爨底下村位于北京西部，距京城90千米。村子始建于明永乐年间，是至今保存最为完整的明清古民居群。古村依山而建，在以龙头山为中心的南北中轴线控制下，将76套精巧玲珑的四合院民居，随山势高低变化，呈扇形向下延展，以放射形态，灵活布局在有限的地基上。村落整体布置严谨和谐，变化有序，俯瞰全貌形似元宝。

爨底下又叫川底下。1958年前叫爨底下，简化地名用字时，为了刻公章好刻，就将"爨底下村"改成"川底下村"，这里的"川"无实际意思，只因与"爨"谐音，现在为了恢复原来的爨底下文化历史，将村名又改回叫"爨底下村"。爨底下"爨"的解释为锅灶之下，篝火旺，意为点火做炊。为了便于识记，当地村民编了个顺口溜：兴（繁体兴）字头，林字腰，大字下边架火烧，火大烧林，越烧越旺。

■ 京西石头村——双石头村

双石头村坐落在京西古道旁，村子整体俯瞰形似凤凰双展翅，由沟内一对巨石而得名，这里处处体现石头文化，正像歌中唱道："石碾、石臼、石头墙，石头顶上盖间房，石开山门迎远客，石头屋里娶新娘。"村内有鸳鸯石、姊妹石、双悬石、恋人石等多处奇石奇景。

灵水村
京西举人村

📍 北京市门头沟区斋堂镇灵水村　🆓 免费

灵水村位于妙峰山的西南方，距北京78千米，始于汉代，形成于辽金，村落古老庞大，并遗有大量的明清三合院、四合院古民居。

灵水村曾出过多名举人和两名进士，民国时期，这个小村庄走出过6名燕京大学的学子，故称京西举人村。众多举人出现在灵水村，构成了世代乡村的"士大夫"风情，灵水村的宅院和民居建筑风格追求"仕者风范"。

2013年，灵水村作为亲子节目《爸爸去哪儿》的第一站而受到广泛关注。

玩家 攻略

1.民俗：为纪念清末刘知府赈灾赊粮之义举，灵水村每年立秋的"秋粥节"传至今日已变成了"金榜节"。立秋时节，闻讯赶来的准备高考的学子们到这里吃"举人粥"，感悟先人的"中举之道"。另外，灵水村的地方小梆子戏别具特色；"九曲黄河灯"远近闻名，每年举办一次转灯活动，届时，桑峪、军响、东胡林、西胡林几个村子的人都喜欢到灵水观看转灯活动，场面煞是热闹。

2.这里的特产有核桃、杏仁、大枣、红杏等干鲜果品，还有举人粥，举人酒，蘑菇味道也不错。村内的几家"农家乐"都是每人每天50元，包括住宿和三餐。另外，村内没有网吧和正规商店，游客需自备充足的胶卷和电池。

链接

灵水村

古村为群山环绕，毗邻莲花山，地势西北高，东南低，略呈长方形。在村子的南岭上观整个村落似龟形，龟为"四神煞"之"玄武"，是主管北方的灵物，是吉祥和长寿的象征。玄武（龟）头朝南，尾朝北，三条

灵水举人村

东西走向街道与南北走向的胡同构成分明的龟纹,龟纹的大小块是由四合院组成的。有人说,灵水村的村名的"灵"字就由村落整体布局而来。古时灵水有72眼水井,井井有水,水源充沛,"灵物"与"水"相配,村子得名为灵水村。

□ 大门楼

位于村落中轴线中部78号宅院的大门楼为砖仿木结构,悬山顶,墙壁磨砖对缝,墙体厚重。顶部为砖仿木双层椽头,两侧悬山出檐,砖雕雕刻精美。整座门楼除大门外,没用一根木料。据说,这是村中现存唯一的一座元代民居建筑。

□ 灵泉禅寺

村西北莲花山下有灵泉禅寺,这座建于汉代的寺庙现在只剩下山门。灵泉寺原名瑞灵寺,是古籍记载的门头沟区境内最早的寺庙,现在是村小学校。

□ 南海火龙王庙

村西有南海火龙王庙、天仙圣母庙、观音堂、二郎庙,这4座庙宇紧紧相邻。南海火龙王庙居于建筑群的中央,相传建于金代,明嘉靖十五年(1536年)重建。现主要殿堂已无存,只存拱券山门。

双龙峡
被誉为"京西小九寨"

- 北京市门头沟区斋堂镇火村
- 60元,含观光小火车

双龙峡位于火村南2.5千米的青山翠谷之中。这里的主要景点有玉龙湖、清幽湖、坐听双琴、仙女潭、第一瀑布(高29.7米、宽5米)、千蛙峰、七音瀑、双龙入水等。在第一瀑布至第二瀑布的山谷内,沿溪流、山径,到处分布有藤蔓植物,它们与灌木、乔木纠缠盘结,形成了一条约5千米长的天然植物走廊,郁郁葱葱,被称为"藤萝谷",是双龙峡

双龙峡玉龙湖

的一大奇观。有人将景区景点概括为"十里溪流、百潭瀑布、千亩红杏、万顷林海",真可谓是青山翠谷,峰峦俊秀。到了夏季,双龙峡山花遍地,溪水潺潺,好一派北国秀色,所以又有"小九寨"之称。

玩家 攻略

双龙峡一年四季景致如画,1—3月可赏百挂冰瀑;3—4月杏花开时花潮如海;4—5月踏青时节赏冰瀑;6—10月可按季采摘火红大红杏;10月后漫山遍野的红叶引人入胜;冬季能够观赏冰瀑、冰河。

珍珠湖
京西小三峡赏杏花、观亚洲第一桥

- 北京市门头沟区斋堂镇

珍珠湖海拔约400米,1958年,珠窝水库在此动工,1961年水库建成,因丰沙铁路在库区北侧设站,名为"55千米",故而此地又被称为"55千米"。1968年这里被辟为旅游风景区,改称为"珍珠湖"。

珍珠湖长9千米,水域面积5平方千米,湖水清澈、平静如镜,蓝天、白云、高山绿树均倒映其中,湖面可荡桨泛舟、网鱼捞虾。湖两岸山势陡峭,峰峦叠嶂,夏秋时节两岸岩崖布满青苔,盛开着群芳争艳的鲜花,色彩美丽;冬季冰封雪飘,一派北国

珍珠湖

风光。

顺湖而上，湖上有一自然村落——杏花村，岛上生长着几百棵杏花树，每年春暖花开时，杏花竞相开放，十分漂亮。著名的亚洲第一铁路拱桥凌空飞架横跨湖上，气势如长虹卧波，成为珍珠湖上的一处独特景观。

玩家 攻略

1. 珍珠湖的娱乐项目有大型电瓶船、自驾艇、快艇、手划船等，还可漂流、垂钓、燃篝火。可住宿在珍珠山庄、云山庄园，有小木屋、蒙古包等特色住宿设施。

2. 云山庄园坐落在半山间，门前是一个天然湖区，可以划船、游泳、撑竹排。白天到各景点参观，晚上下榻云山庄园，组织卡拉OK舞会、篝火晚会、野餐烧烤、烤全羊等各种娱乐活动。

沿河城
明清军事要塞遗址
📍 北京市门头沟区西北山上

门头沟沿河城历来是通往京师的要冲之一，明万历六年(1578年)，副都御史张卤出于守卫京城，防御外族入侵的需要，倡建此城以屯兵，至今已有400多年的历史。

沿河城城门是砖石结构，城墙是利用当地的大块鹅卵石和条石砌成，富有地方特色。

目前尚存《沿河口修城记》《重修真武庙》等石碑（已移至乡政府院内）和清时的戏台一座。到沿河城后一定要到离沿河城1.5千米处的沿河口看看，那里有3座敌楼保存相当完好。

慕川富士园
以苹果采摘和水上游乐为主要特色
📍 北京市门头沟区雁翅镇太子墓村

太子墓是门头沟第一个果树专业村，沿永定河一带是慕川富士园，所产富士苹果久负盛名，个大色艳，口脆香甜，曾被选定为中共十四大、十五大、十六大特用苹果。村中开发有水上游乐园区，称为"富太游乐园"，是在河道上建坝拦截而成的水面，可开展划船、游泳、垂钓、走铁索桥等活动。

黄草梁
古道明珠赏花、看日出
📍 北京市门头沟区斋堂镇北

黄草梁被誉为古道明珠，是京西古道上一个极好的旅游驿站，一年中只有几个月返绿还青，而大部分时间是深黄色，因而得其名。黄草梁上的敌台施工细致，用料讲究，虽经400余年风雨剥蚀，至今仍雄姿依旧。

黄草梁的东南面有一座空中草原——十里坪。这里的草高而茂密，特别柔软。黄草梁上的蘑菇也是出了名的，漫山遍野，处处可寻，信手一采就是一筐，任你烹炒或煲汤，其味鲜美无比。七座楼下来，便是落叶谷，以一年四季都积有落叶而得名。

玩家 攻略

1. 黄草梁赏花：春季有山桃花、山杏花、二月兰；五月有大丁香花、杜鹃花；六月有野玫瑰、山丹花；七月有黄花；八月有绣球；九月有江西腊、红豆；十月有野菊花。

2. 很多人都说选择黄草梁是自虐，因为这里没有任何道路标志，穿越强度很大。不过沿途绝壁、秀峰、幽谷，景色非常不错，踏上京西古道，途经数个深锁在大山里的村子，使得穿越多了些探幽的味道。其中，西涧一灵山穿越是京郊最经典的穿越路线之一，据说常有队伍迷路，所以，一般人不要轻易尝试。

京西古道
交错纵横的商运道、军用道、香道

北京市门头沟区，东起三家店，翻牛角岭，再经桥耳涧、马各庄，到达东石古岩村

京西古道以"西山大路"为主干线，连接着纵横南北的各条支线道路，其中的中道、南道、北道为其主要组成部分。远古的烽烟、民族的交往、宗教的活动、筑城戍边以及古道、西风、瘦马等数不清的神奇故事，散落或留存在古道两侧，它是那个时代经济、文化的具体象征，从中我们可以深刻感受到时代的变迁和历史的足音。京西古道距今有数千年的历史，它所蕴含的厚重文化底蕴和灿烂的永定河流域文化叠聚成辉。

更多本旅游区景点

斋堂水库：是门头沟最大、风景最优美的水库。两岸青山如黛，鸟语花香，与灵山、百花山、龙门涧等都相距不远。 北京市门头沟区斋堂镇西

灵岳寺：朝向为南，在中轴线上有山门、天王殿和释迦佛殿。寺的南部山门两侧为钟鼓楼遗址。 北京市门头沟区斋堂镇北部5千米的白铁山上

冀热察挺进军司令部陈列馆：是冀热察挺进军司令部驻地的旧址，是北京地区第一家由农民集资建立的村级陈列馆。 门头沟斋堂镇马栏村

大寒岭关城：建于明代，是京西古道的重要关隘之一。这里盛夏三伏也无暑气，常年山风强劲，因此得名"大寒岭"。 北京市门头沟区军响乡吕家村东

斋堂水库

景点推荐
清水镇周边

灵山风景区
北京第一高峰

北京市门头沟区西北 45元

灵山风景区是集断层山、褶皱山、花卉草木等风光于一体的自然风景区。主峰海拔2303米,风景区方圆25平方千米。这里自然景观独特,夏季气候变幻莫测,山间云雾缭绕,植被也是随海拔高度的上升而变化,既有暖温带植被又有西伯利亚寒冷地带亲缘植被,生长着杜鹃、丁香、白桦林和榛子、黄花、玫瑰等植物,这里的高山草甸是新疆细毛羊、伊犁马、青藏牦牛在北京唯一的天然繁衍养殖场。

灵山是野生动物的乐园,山林里活跃着松鼠、野兔、山猪、狍子等野生动物,还有可能见到稀世珍禽褐马鸡。灵山景色秀丽,夏季气候宜人,是游人休闲、度假、避暑的良好场所。

小龙门
天然动植物园
北京市门头沟区清水镇境内

小龙门国家森林公园地处北京市与河北省的最高峰东、西灵山之间,平均海拔1330米,总面积32668.5亩,四面群山奇峻,林涛似锦,长城通道纵横,敌台矗立。公园是天然动植物园,有动物700余种,植物844种,是各大院校及小学生动植物实习的理想基地。

公园分为科学试验区、崇山峻秀区、幽谷探秘区和森林浴场区4个部分,有野鸡岭、野猪林、杜鹃山、野菜洼等旅游景点。园内诸多景观使人流连忘返、心旷神怡,从春到秋,彩蝶飞舞,山花璀璨,繁花似锦,野果硕累。公园有着丰富的森林资源,已经形成天然大氧吧,游人至此可以进行"森林浴"。此外,森林中含大量的负氧离子,可促进人体新陈代谢,提高免疫力,恢复青春,延年益寿。盛夏至此,进入清凉世界,犹如天然空调。

龙门涧
以峡谷景观为主要特色
北京市门头沟区清水镇

龙门涧风景区占地约20平方千米,是北京市最大的嶂谷。这里地质构造丰富奇特,被学者誉为"中国北方的地质博物馆"。

整个景区由龙门涧大峡谷、鬼谷、京西悬空寺三个分景区组成。大峡谷怪石嶙峋,奇峰高耸,岩洞星布,碧水涓涓;鬼谷幽谧静穆,奇幻莫测;京西悬空寺清风习习,翠柏林立。景区15千米长的涧谷蜿蜒曲折,曲径通幽,群山叠翠,碧草清泉,尽显大自然之奇妙。谷中涓涓溪水,长年不断,温寒交替,清澈甘洌,山水相映成趣,人称之为"燕京小三峡"。

风景区内还有众多的人文景观,集远古传说、历史史实、宗教文化、神鬼文化于一身。这些景观同龙门涧秀丽的景色相融合,为龙门涧披上了一层神秘的面纱。作为北京市第一批"风景名胜区",龙门涧已成为集旅

小龙门国家森林公园

游观光、休闲度假、寻幽探险、避暑纳凉、专业实习、科学考察、保健疗养、修身养性于一体的旅游胜地。

百花山
以"花"闻名的景区
📍 北京市门头沟区清水镇百花山林场

百花山的风景资源分为百花山主峰景区、百花草甸景区、望海楼景区、百草畔景区四大景区。有"百花草畔""百花山瀑布""万年冰肌""古树擎天""云顶日出""七色玉带""松树长廊"等十八处独特景观。

保护区内的"古石海""冰缘城堡""冰壁岩柱",是地质变迁的历史遗迹,是在晚更新世和全新世早期寒冷条件下形成的。有"天然长城""母子石""震山石—锦簇攒天"东梁的"驼峰"及"文殊像"等典型的地质结构景观、地质剖面景观、火山熔岩景观。

历史人文景观有五代时期后唐李克用作战时曾在此建过的亭子;明代建有龙王庙、瑞云寺等庙宇,庙宇遗址尚存。

百花山素有华北天然动植物园之称,景区以"花"最为著名。三月初山桃花等最先开放,随后月季花、胭脂花、野丁香、蝴蝶花、杜鹃花等争奇斗艳,成为名副其实的百花山。

百花谷
有百花仙子降虎的传说
📍 北京市门头沟区清水镇

百花谷位于百花山北麓,谷深约5千米。相传百花山是因百花仙子帮助当地村民降伏恶虎,村民为感谢百花仙子而得名。

谷中景自天成,春、夏、秋三季山花烂漫,冬季银装素裹。百花谷依次有仙谷桥、奇泉、羡鱼潭、清凉谷(一线天)、老虎嘴、龙潭瀑等12个景点。仙谷桥是百花谷第一景,为一处人文景观;奇泉旱涝不增减,冬暖夏凉,是谷中最奇特的。

攻略资讯

- 交通
- 住宿
- 美食
- 购物
- 娱乐

🚕 交通

●火车

三家店火车站建于1907年,离北京站37千米,隶属北京铁路局管辖,现为二等站。主要有发往北京、天津、张家口的车次。车站在北京市石景山区与门头沟区交界处。

●汽车

北京河滩长途汽车站主要有发往大安山、潭柘寺、南窑等周边市县的车次,车站在北京市门头沟区门头沟路7号。

●区内交通

北京地铁S1线连接北京城区与门头沟区,西起石门营站,向东至苹果园站,与6号线、1号线相接。门头沟线全长10.2千米,全部为高架线,全线设站8座,车辆段设在石门营。

🏠 住宿

门头沟区的住宿种类多样,可根据实际情况自由选择不同档次的住宿场所。

●北京龙泉宾馆

龙泉宾馆地处九龙山麓、永定河畔,于1987年开业,是一家郊外会议、度假型酒店。酒店内景色幽雅别致,曲径通幽,枝繁叶茂。周边有潭柘寺、妙峰山、珍珠湖、黄草梁、龙门涧等景点。✉ 北京市门头沟区水闸北路21号 ☎ 010-69843366

🍴 美食

门头沟美食云集,不仅有当地的特色美食,还有全国各地的有名小吃,一定不会让您失望。

●压肉

压肉即用猪头肉压制而成,做工精细,

勇艳客栈

作料专一，是京西压肉的独到之处。制作时在成品上放一块平板，平板上面放上最少一百斤重的东西重压，压至次日即可食用；如果不急用，多压两天更好。

● **炒麻豆腐**

炒麻豆腐出自旧京的粉房。粉房原来是出产粉皮淀粉的地方，把豆子放在石磨上一碾，随碾随加水，同时这豆子就分成了三种东西。顶细的成了豆浆，是正品，用来做淀粉；顶稀的成了汁儿，即是豆汁；中间一层稠糊凝滞的暗绿色粉浆，装入布袋加热一煮，滤去水分，就是麻豆腐。

● **炸糕**

炸糕是北京人爱吃的面食之一，也常作为早点。炸糕分奶油炸糕、黄米面炸糕、江米面炸糕和烫面炸糕，北京小吃中奶油炸糕是富有营养的小吃。它由元朝蒙古族人的饮食习惯沿袭下来。蒙古人建元朝后，将一些奶制食品带入中原，后逐渐融入北京人的饮食之中。

购物

门头沟的土地肥沃，适宜农作物的种植生长，孕育了众多有本地特色的农副产品，是游客青睐的旅游特产。

● **泗家水红头香椿**

泗家水红头香椿是北京市门头沟区雁翅镇泗家水村的特产。泗家水村香椿标准化生产基地特产的香椿"头大抱拢、红润光亮、椿味香浓、肉质鲜嫩"，是本地名特优品种，系山中珍品。泗家水红头香椿为国家农产品地理标志保护产品。

● **门头沟核桃**

门头沟核桃是北京的土特产，在本区大部分村庄都栽有核桃树。门头沟不仅核桃树多，核桃产量大，而且栽培核桃树的历史也很悠久，据记载大约已有1200多年。这里生产的核桃皮薄、仁满、个大，含脂率高达45%左右。目前，门头沟区已成为我国重要的核桃出口基地之一。

● **太子墓村苹果**

太子墓村为门头沟区第一个果树专业村，主要为红富士苹果。苹果味甘甜，果渣少，色泽鲜艳，形状整齐，曾在远南运动会、党的十五大上被选为专用产品。

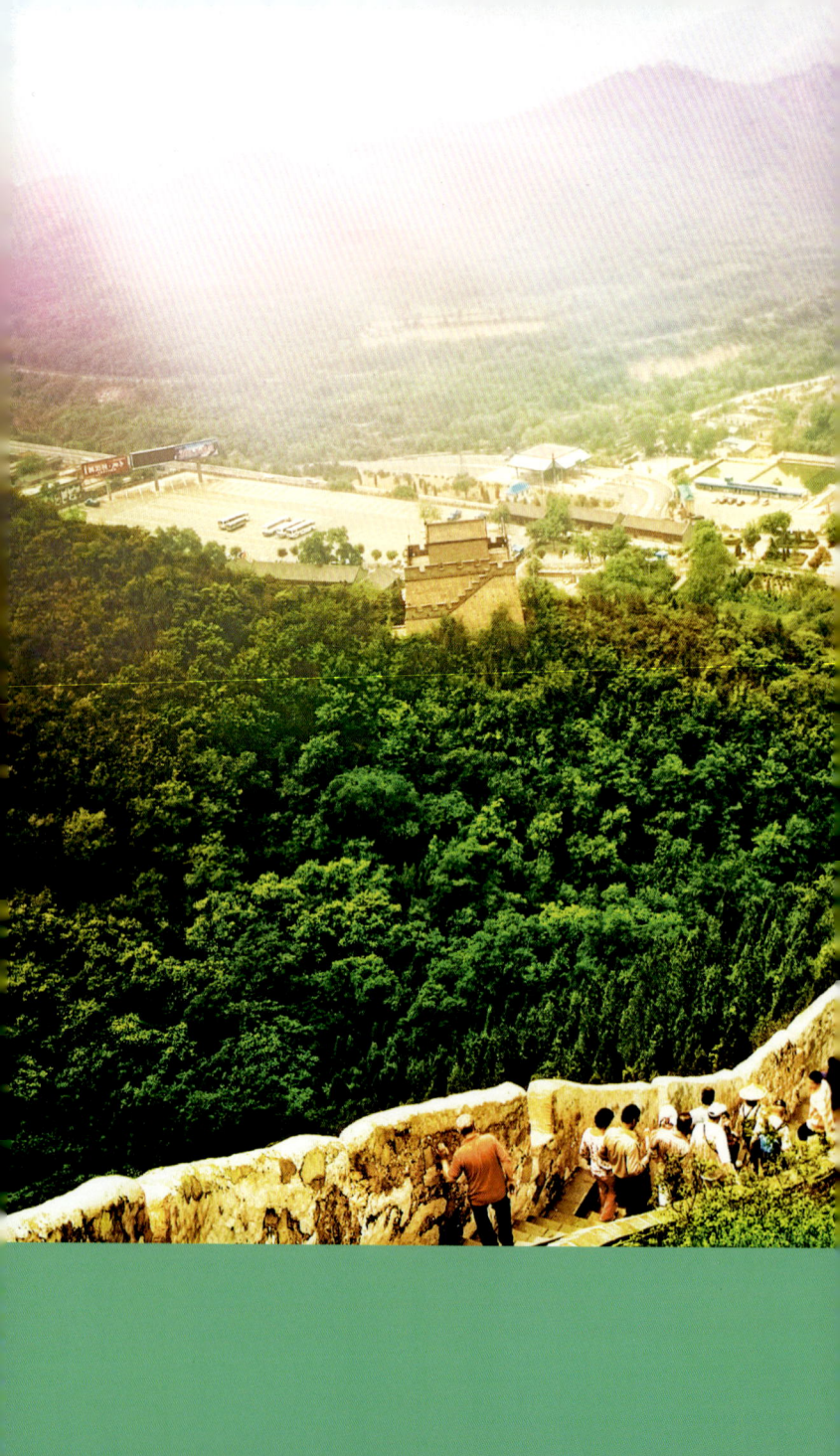

发现者 旅行指南

昌平·延庆

概览

亮点

- **十三陵**

  十三陵位于昌平区,是世界上保存完整、埋葬皇帝最多的墓葬群。

- **居庸关长城**

  居庸关长城号称"天下第一雄关",位于昌平区,是北京长城沿线的著名古关城,也曾是拱卫北京城北边防的军事要塞。

- **银山塔林**

  银山得名于冬季"冰雪厚积,色白如银",又因"麓有石崖,皆成黑色"被称为"铁壁银山"。景区位于昌平区,特点是山美、树美、塔多。

- **龙庆峡**

  龙庆峡位于延庆区,被誉为"塞外小漓江",山奇水秀、气候凉爽,还有诸多时尚的游玩设施。

- **康西草原**

  康西草原位于延庆区,是距离北京最近的生态草原,也是策马扬鞭、享受骑马乐趣的好去处。

- **八达岭长城**

  八达岭长城位于延庆区,号称长城的灵魂,天下九塞之一,是中外游客来北京游玩的首选地之一。

线路

- **昌平·延庆郊区一日游**

  上午早起从北京市区坐车去八达岭长城,中午可在景区内用餐,稍作休息后前往明十三陵。下午游十三陵,明十三陵是明朝最大的陵墓群,历经200余年营建而成。共有十三位明朝皇帝埋葬于此,故称十三陵。如果想找个好的角度拍照的话,可以选在神路。其中长陵、定陵都保存得较为完好,可以重点参观。

- **昌平·延庆郊区两日游**

  第一天上午游玩虎峪。先睹高山湖,再攀百级石阶,穿过崎岖山道到达通天池,越过九潭瀑布再闯原始森林。中午稍作休息,下午前往居庸关。参观居庸关,主要是观赏那高大雄伟的关城和连绵起伏的垛口,以及云台精美的石雕。夜宿南口镇。

  第二天上午游览龙庆峡。这里峡谷曲折蜿蜒,河水悠长碧绿,划船游于此间惬意无比。下午游览龙庆峡附近的玉渡山。

为何去

昌平和延庆地貌丰富，风景秀丽。这里有古韵浓郁的十三陵、巍峨壮观的八达岭、壮丽的硅化木国家地质公园，也有生活气息浓厚的小汤山现代农业科技示范园、温馨的龙脉温泉度假村等。总之，来昌平和延庆旅游，会为您展示一段亮丽的风景。

龙庆峡

何时去

昌平和延庆四季分明，每个季节都有不同的景色，春可踏青，夏可赏花、避暑，秋可登长城，冬可泡温泉，只要你想，每个季节都会呈现给你不同的惊喜。

四季花海

龙庆峡冰灯

区域解读

区号：010
面积：约3338km²
人口：约261.3万人

地理 GEOGRAPHY

区划

昌平下辖8个街道、4个地区、10个镇。
延庆下辖3个街道、11个镇、4个乡。

地形

昌平和延庆的地形多为山地、盆地和丘陵。太行山脉与燕山山脉在昌平交会，全区北部和西部都是丘陵，东南部为低缓的温榆河冲积平原。

延庆是一个北东南三面环山，西临官厅水库的小盆地，即延怀盆地，延庆位于盆地东部。全境平均海拔500米。海坨山为境内最高峰，海拔2241米，也是北京市第二高峰。

气候

昌平和延庆属于大陆性季风气候。昌平春季干旱多风，夏季炎热多雨，秋季凉爽，冬季寒冷干燥，四季分明。

延庆冬冷夏凉，年平均气温8℃。最热月份气温比承德低0.8℃，是著名的避暑胜地。

历史 HISTORY

昌平大事记

昌平历史悠久，早在6000多年前祖先就已在境内雪山、南口等地繁衍生息。

北宋太平兴国四年五月初六（979年6月3日），宋太宗赵炅平定北汉后，欲征服辽国，统一华夏。于是率兵东出太原，杀向幽州—辽国的南京城。宋军在占尽先机的情况下，却在南沙河被辽军偷袭，宋军大败，就连宋太宗都身中数箭。南沙河之战，辽军斩首"万余级"，大获全胜。宋军不但损兵折将，铩羽而归，而且染上了"恐辽症"，数百年间始终惧辽如虎，直至辽亡。

自明永乐七年（1409年）五月，明成祖朱棣选定昌平县天寿山为万年吉壤，开始建造皇帝陵寝，至正德年间，已建有长、献、景、裕、茂、泰等六座陵寝。

鉴于昌平是皇陵的所在地，明正德元年（1506年）四月，遂升昌平县为昌平州，领密云、顺义、怀柔三县。

1905年9月由詹天佑主持设计的京张铁路开工修建，1909年建成，是中国首条不使用外国资金及人员，由中国人自行完成，投入营运的铁路。其中关沟段穿越军都山，也是整条线难度最大的地段，詹天佑巧妙地设

八达岭长城之秋

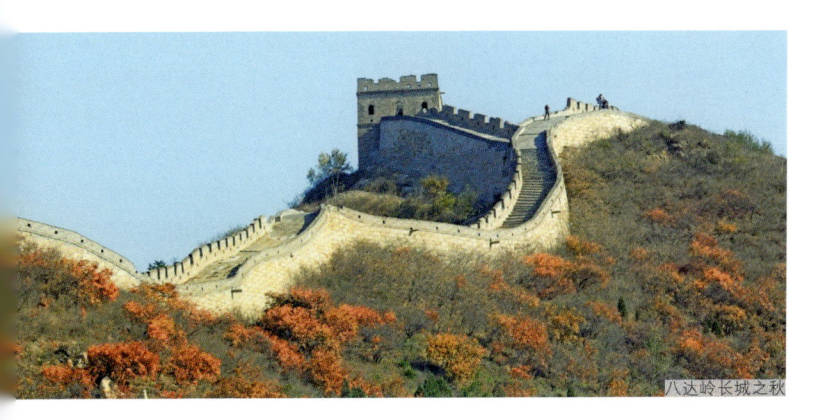

计出"之"字形铁路,最终克服重重困难,创造了历史。

1937年7月下旬,日本侵略军占领平津后,于31日向平绥线推进,在昌平集结重兵,准备进攻南口,进而夺取战略物资——山西的煤炭。以汤恩伯为指挥的近6万中国军队与近7万的日本侵略军展开激战,战斗持续近1个月,中国军队败退。保卫战中,上万名热血男儿为国捐躯,谱写了一曲捍卫中华民族尊严的正气歌,激励当代,垂训后世。

延庆历史大事记

延庆区历史悠久,约在六七千年前就有人类生活。

五千多年前,我国北方黄帝和炎帝之间爆发了华夏第一场大规模战争,阪泉之战遗址就在京郊延庆境内的阪泉村。黄帝在这场战争中,经"三战然后得其志",成为各部落拥戴的天子,而炎帝败得心服口服,甘愿称臣,发誓不再与黄帝抗衡。阪泉之战是部落方国时期双头领导体制向文明时代一元领导的一个转换,是一种政治制度上具有划时代意义的历史变革。

春秋时期,延庆区曾是山戎活动的地区。春秋晚期和战国初期地属燕国。秦统一六国后,属上谷郡。

明初,蒙古族退居漠北,龙庆州属永平府,明成祖朱棣北巡,驻跸团山(今旧县镇团山),以妫川平坦,土地肥沃,设隆庆州。

从明代弘治十八年(1505年)起,明朝对八达岭长城进行了长达80余年的修建,并将抗倭名将戚继光调来北方,指挥长城防务。经过80余年的修建,八达岭长城成为城关相连、墩堡相望、重城护卫、烽火报警的军事防御体系。

1945年9月20日,八路军解放了延庆区城,以青龙桥为界,青龙桥以南为国民党统治区,青龙桥以北为共产党领导的解放区。

文化 CULTURE

明十三陵的龟驮碑

在明十三陵中,除思陵外,每座陵墓前都有一龟驮碑,即神功圣德碑。碑下以龟为趺(底座)。神话传说中龟是龙的儿子。龙生九子,各有所好,其中一子好负重,就是龟。龟以长寿著称,自古受到人们的器重。早在奴隶社会时,奴隶主认为龟的寿命长,知道的事情自然就多,所以问卜时多用龟甲,将其烧裂后看纹向来判断吉凶,然后将问卜内容刻在上面,保存起来,这便是三千多年前的甲骨文字。

皇帝用龟作为碑跌也是有来由的。皇帝自称真龙天子，龟既是龙的儿子，又有负重本领，叫它去驮老子的碑，岂不是理所当然的吗？

在当时的条件下是用什么方法将巨大的石碑立到龟背上的呢？具体方法尚未见书，但有"龟不见碑"的传说。日本刻本《文海披沙》中记载着这样一个故事：当初明成祖为他父亲朱元璋建碑时，因龟跌太高，石碑怎么也立不上去，可把管工程的人急坏了。一天，他梦见神人对他说："想立此碑，必须龟不见碑，碑不见龟。"醒后，他想了想就明白了。到工地后，他叫人往龟背上运土，把龟埋起来，然后顺土坡将碑拉上去，等碑立起后，将土去掉就行了。此段史话虽然带有迷信色彩，然而"龟不见碑"的说法是合乎道理的。这种"堆土法"是古代劳动人民智慧的结晶。

万里长城也是商道

关于长城的作用，过去一直被认为是用于古代军事防御，目的在于封闭。长城在春秋战国时期是诸侯国家相互防御用的；秦始皇统一天下后，主要是用于防御匈奴人的扰掠；以后许多朝代也大都是中原地区的统治者为防御游牧民族统治者的扰掠而修筑的。然而，除此之外，长城还有保护通信和商旅往来的重要的对外开放功用。秦始皇时沿长城12郡有大道相通，传递文书，商旅往来络绎不绝。长城和烽火台正是保证这些交通大道畅通的重要条件。到了汉代，又打通了西域的交通大道，使节交往，商旅来往都是走这条大道。长城烽火台正是沿此道修筑，用以保护被称作"丝绸之路"的中西交通大道。

那么，长城到底是由谁修建的呢？罗哲文说，过去人们认为长城是汉民族用于防御其他少数民族的，这实在又是一个误会。其实，除先秦各诸侯国家修筑的长城外，秦始皇以后属汉族统治的朝代大规模修筑长城的只有汉、隋、明三朝，而属少数民族统治的朝代修筑长城的则有北魏、北齐、北周、辽、金5个朝代。所以，应该说长城是我国各民族共同劳动和智慧的结晶。

八达岭长城

小汤山附近

景点推荐

中国航空博物馆 AAAA
中古航空史的缩影

北京市昌平区小汤山镇大汤山脚下

中国航空博物馆（China Aviation Museum）是中国历史上第一座对外开放的大型航空博物馆、亚洲最大的航空珍品荟萃地。坐落在北京昌平大汤山脚下，1986年建馆，1989年11月正式对外开放。占地70余万平方米，馆藏270余架飞机、99架国家文物飞机、近万件航空文物，是集科技教育、旅游于一体的国家级军事主题博物馆，也是目前亚洲规模最大、跻身世界前5位的航空博物馆。

玩家 攻略

中国航空博物馆内收藏有中外文图书资料数万册，航空科技、历史研讨会常常在这里召开。馆内有导游员讲解，设有航空纪念品商店、礼品店、餐厅等，为参观者提供周到的服务。

中国航空博物馆还经常举办大型展览和有航空特点的夏令营、冬令营、军训等活动，例如女飞行员风采展、二战空战展、航空节、超轻型飞机表演、航模比赛等。展馆还设有航空气炮打靶、登机游览、模拟飞行、毛主席座机等航空体验活动。

玩家 解说

中国航空博物馆自1986年10月开始筹建，1989年11月11日正式对外开放以来，经过近二十年的建设,目前已收藏119个型号的299架飞机,其中符合国家一级文物标准的有47件,符合国家二级文物标准的有47件,属世界航空珍品,极富收藏和研究价值。同时,还收藏有地空导弹、雷达、航空炸弹、航空照相机、飞行服装、航空伞具、航空轮胎等2468件武器装备样品及数万件航空文物,中外航空图书资料2万余册,重要友好往来礼品1021件。被中共中央宣传部评为"全国爱国主义教育示范基地",也是北京市"红色旅游"景区之一。

链接

博物馆的珍贵藏品

中国人冯如自行设计并制造的"冯如二号"飞机。

美国"飞虎队"支援中国抗日战争使用过的P—40战机。

开国大典时接受检阅的P—51"野马"式战斗机、蚊式轰炸机、C—46运输机、PT—19A教练机和L—5联络机。

抗美援朝战争中使用过的米格—15型战斗机、图—2型轰炸机和拉—11型战斗机。

在中国人民解放军首次三军协同作战解放一江山岛战役中使用的伊尔—10型强击机。

1956年新中国研制的第一架喷气式战斗机0101号以及后继研制生产的歼—6、歼—7、歼—8、运—8等系列飞机。

50年代后期毛泽东主席曾多次乘坐过的伊尔—14型运输机(4202号)。

1964年我国第一颗原子弹试爆时,飞入蘑菇云,收集烟尘样品的伊尔—12型运输机。

1972年1月7日,空投中国第一颗氢弹的国产强—5型强击机(11244号)。

1976年将周恩来总理的骨灰撒向祖国的江河大地上的运—5型飞机(7225号)。

国际奥比斯组织使用的眼科飞行医院DC—8—21飞机。

中国航空博物馆(露天展厅)

小汤山温泉
景色宜人的疗养度假区

☺ 北京市昌平区东部小汤山南麓

小汤山镇地热资源以小汤山为中心,方圆二十平方千米内均有地热水,水温不同,大部分在40~50℃。小汤山地热资源可用50~70年,如采用人工回灌,能达随使随蓄,可取之不尽、用之不竭。小汤山如今设有九华山庄、北京小汤山疗养院、北京电信疗养院、锡昌疗养院、小汤山龙脉温泉、富来宫温泉保健俱乐部等。

玩家 攻略

温泉泡法:

1.泡汤前请用温水冲洗身体,仔细清洁脚底、脚趾间和臀部,并仔细清除彩妆。

2.泡汤时身体要缓缓进入池中,先浸泡到腹部的位置,再慢慢浸至胸口。

3.在温池中浸泡10分钟左右,尽量放松心情。

4.上岸坐在池边休息5~6分钟,补充些水分,最好是品一杯茶。

5.尝试不同的温池,充分享受温泉的美妙。

6.泡完汤后躺在那里休憩10~20分钟,此时是按摩和美容的最佳时机。

7.用清水冲洗身体后再穿好衣服。

▢ 九华山庄

九华山庄为园林式度假酒店。有五十多种具有不同功效的温泉药浴,也有泥浴、漂浮、麦饭石蒸浴等多种洗浴方式,与温泉药浴相配套的还有各式中医保健按摩、康体休闲按摩。露天温泉池一年四季都可使用。山庄拥有丰富多彩的保健、娱乐、运动项目,露天温泉主题公园、室内温泉游乐宫、温泉游泳馆、各种SPA和保健养生项目、大型室内嘉年华等。

▢ 北京御林汤泉农庄

成立于2005年,占地350亩,集现代生态

小汤山疗养院

农业观光、餐饮休闲度假、果品采摘、垂钓、种植、养殖、参观旅游于一体。在美丽的山、水、田、园、林、花中，使人产生自然全新的感受。园内一年四季有果，其中御林牌冬枣品质超群，京城闻名。住宿区可同时接待100多人住宿，数十套带室外温泉泡池的高档客房，别具特色的水上餐厅，更具特点的四合院，自然幽雅的水上小屋，格外漂亮。

龙脉温泉度假村

龙脉温泉度假村分为游泳馆、大酒店与别墅区三大区域，是集住宿、餐饮、娱乐、会议、休闲、度假于一体的高档度假村。龙脉温泉水对治疗关节性疾病、代谢性疾病、呼吸道疾病有明显疗效，还有美容养颜的特殊功效。在这里，除了丰富的水上娱乐项目，还可以打保龄球、网球、骑马射箭、采摘、打高尔夫、滑雪等。

玩家 解说

1.室内温泉：龙脉温泉游泳馆占地2万平方米，水上娱乐丰富，有嬉水乐园、3米跳水、桑拿、温泉泡池、人造海浪、特色漂流、高山滑道、高温浴、沙滩浴、石板浴，更有新建成的大型室内温泉理疗池，其中包括各种从欧洲引进过来的针刺浴、鹅颈浴、气浮浴、五位浴、情人浴等。

2.露天温泉：御温泉环境幽雅的30个露天汤池，藏身于苍松翠柏之中，风格独特，置身于山顶的泡池中，更可俯视度假村全貌。露天影院

每晚播放经典大片，伴着夜夜星空，放飞您的心情，无比惬意。现在更有沐浴长廊，更能体会到大自然的美妙。

3.温泉行宫：龙脉温泉豪华行宫是一种以明清建筑为主要风格的建筑，室内装饰豪华，设施设备齐全，空调、电视、电话、书房，等等，值得一提的是有独立车库和独立的温泉游泳池，让贵宾可以足不出户的情况下游泳泡温泉。

4.温泉长廊：温泉长廊采用中国明清古典建筑风格，室内贴有清朝壁画，宫灯等装饰，来点缀室内清朝的气氛。睡觉的地方是日式"榻榻米"形式，床的下面是温泉管道。

北京天野度假村

度假村毗邻风景怡人的居庸关长城、十三陵、航空博物馆，是开会、周末休闲度假的好去处。小汤山独有的无污染地热菜是度假村的特色菜。温泉桑拿浴是度假村的一大特色。

小汤山现代农业科技示范园
国家级农业科技园区

📍 北京市昌平区小汤山镇

小汤山农业示范园是北京市第一家国家级农业科技园区，是国家级农业科技园区、科学实验基地。它分为籽种农业示范区、水产养殖示范区、设施农业示范区、加工农业区、休闲度假区。目前，园区已有国家级北方林木种苗基地、国家淡水渔业工程

技术研究中心、精准农业项目、"台湾"三益兰花基地、中日三菱示范农场等50家最大现代农业高新技术企业入驻,形成了小汤山特菜、林木种苗、花卉、鸵鸟、高档淡水鱼、肉用乳羔羊等一批优势产业。

小汤山农业示范园已建成一条温泉文化、生态农业旅游观光线,成为融自然风光与现代农业为一体的观光胜地。

温都水城 AAAA
以水为特色的休闲旅游胜地

北京市昌平区北七家镇

010-61718645

温都水城即宏福温都水城,位于北京北五环以北6千米处,北枕北京的母亲河——温榆河,是距京城市区和奥运村最近的五星级综合型国际酒店。温都水城集大型水上娱乐、温泉理疗、观光旅游、商务会议于一体,目标是形成以"水"为亮点、以温榆河生态旅游为依托,整体占地面积近万亩的绿色休闲旅游胜地。

温都水城人杰地灵,蕴含着深厚的历史文化资源。这里是清代集康熙行宫、亲王府、城墙和护城河于一体的郑家庄皇城,历史悠久;这里有丰富的地热资源,目前已经开发的6眼温泉井,深度达3000余米,出水温度高达79℃,各种矿物质含量丰富,日出水量均达到10000立方米以上。

玩家 解说

温都水城最主要的特色就是水。这里以水文化为特征,以温泉水的各种功能展示为载体,以水与人类最亲和、最具活力的一面来引入设计理念,汇集了东、西方文化建筑及休闲理念的精华,是中国特色与世界潮流完美结合的产物。温都水城的水无处不在:水城国际酒店,水上报告厅,7千米环城水系,魅力水之贡多拉,温泉水之药膳,蕴含水之精华的各式水城餐等,可以让你感受72项与水有关的项目。

更多本旅游区景点

御生堂中医药博物馆:是由白氏后人创立,为京城首家民办中医药博物馆,文物陈列分为清代御生堂老药铺、历代中医药用具、古代中草药标本等七部分。 北京市昌平区北七家镇王府公寓

凤山温泉度假村:是家四星级度假酒店,坐落于青山绿水之间,加上富含矿物质的温泉水,犹如一个世外桃源。 北京市昌平区水库路东侧

天龙源温泉家园:为4A级旅游景区。药浴是天龙源温泉的招牌,天龙源温泉之药浴底方有平衡阴阳,滋颜健体之效。该温泉适合体质较弱者。另外,这里夜里的歌舞晚会上还引进了欧式水幕电影。 北京市昌平区昌平镇邓庄村西

凤山温泉度假村

景点推荐

明十三陵风景区

明十三陵 AAAAA
明朝十三位皇帝的陵寝

北京市昌平区十三陵镇　旺季：定陵8：00—17：30，长陵8：00—17：00；淡季：定陵8：30—17：00，长陵8：30—16：30　联票旺季135元，淡季100元。

明十三陵坐落于昌平区天寿山麓，总面积120余平方千米，距离北京市区约50千米。陵园建于1409年至1645年，陵区占地面积达40平方千米，是中国乃至世界现存规模最大、帝后陵寝最多的一处皇陵建筑群。自永乐七年（1409年）五月始作长陵，到明朝最后一帝崇祯葬入思陵为止，这里先后修建了13座皇帝陵墓、7座妃子墓、1座太监墓，共埋葬着13位皇帝、23位皇后、2位太子、30余名妃嫔和1名太监。13座皇陵均依山而筑，既是一个统一的整体，又自成一个独立的单位，陵墓规格大同小异。每座陵墓分别建于一座山前，陵与陵之间最少隔至半千米，最多至8千米。除思陵偏在西南一隅外，其余均成扇面形分列于长陵左右。作为中国古代帝陵的杰出代表，明十三陵展示了中国传统文化的丰富内涵。

玩家 攻略

明十三陵景区比较大，可从最北边的泰陵开始游览，也可以长陵为中心选择西线或东线游览。多问当地人最好。徒步游十三陵需用时一天。包车游十三个陵需60元以上。定陵到长陵、昭陵也不远，赶时间的话打车去约10元，都是一站地。

玩家 解说

明十三陵是明朝迁都北京后13位皇帝陵墓的皇家陵寝的总称，依次建有长陵（成祖）、献陵（仁宗）、景陵（宣宗）、裕陵（英宗）、茂陵（宪

十三陵

宗）、泰陵（孝宗）、康陵（武宗）、永陵（世宗）、昭陵（穆宗）、定陵（神宗）、庆陵（光宗）、德陵（熹宗）、思陵（思宗），故称十三陵。景区已开放景点有长陵、定陵、昭陵、神路。

链接
十三陵与明朝历史

十三陵是明朝十三个皇帝的陵墓。明朝历经十六帝，为什么叫十三陵呢？这要追溯一下明朝的历史。明朝开国皇帝朱元璋建都于南京，死后葬于南京钟山之阳称"明孝陵"。

第二帝朱允炆（建文帝）因其叔父朱棣以"靖难"（为皇帝解除危难之意）为名起兵打到南京，建文帝不知所终。有人说他出家当了和尚，总之是下落不明（这在明朝历史上是一个悬案），所以没有陵墓。

第七帝朱祁钰，因其兄英宗皇帝被瓦剌所俘，在太后和大臣的旨意下继了帝位。后英宗被放回，在心腹党羽的策划下，搞了一场"夺门之变"，英宗复辟，又做了皇帝。朱祁钰被害死，一说朱祁钰是得病而死，英宗不承认他是皇帝，将其在天寿山区域内修建的陵

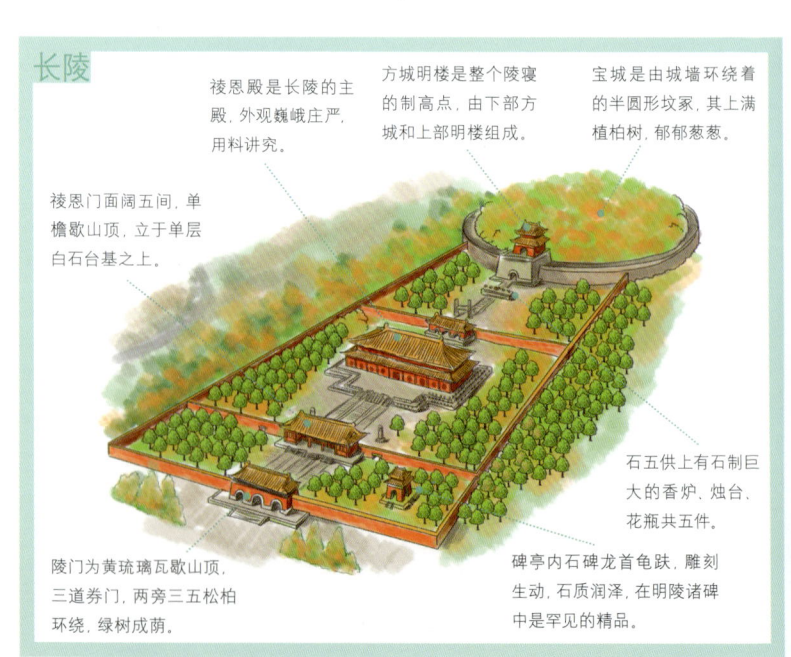

长陵

- 祾恩殿是长陵的主殿，外观巍峨庄严，用料讲究。
- 方城明楼是整个陵寝的制高点，由下部方城和上部明楼组成。
- 宝城是由城墙环绕着的半圆形坟冢，其上满植柏树，郁郁葱葱。
- 祾恩门面阔五间，单檐歇山顶，立于单层白石台基之上。
- 石五供上有石制巨大的香炉、烛台、花瓶共五件。
- 陵门为黄琉璃瓦歇山顶，三道券门，两旁三五松柏环绕，绿树成荫。
- 碑亭内石碑龙首龟趺，雕刻生动，石质润泽，在明陵诸碑中是罕见的精品。

墓给捣毁了。而以"王"的身份将他葬于北京西郊玉泉山。

这样，明朝十六帝有两位葬在别处，一位下落不明，其余十三位都葬在天寿山，所以称"明十三陵"，建文帝最终是自焚还是从秘密隧道中逃走，至今还是个谜。

▢ 神路

神路是十三陵的第一个景点，由石牌坊、大红门、牌楼、石像生、龙凤门等组成。神路也称陵道，纵贯陵园南北，全长7千米，沿线设有一系列建筑物，错落有致，蔚为壮观，这里也是拍摄的最好场所。

▢ 长陵

明长陵位于天寿山主峰南麓，是明朝第三个皇帝成祖文皇帝朱棣和皇后徐氏的合葬陵寝。长陵的陵宫建筑，平面布局呈前方后圆形状，占地约12万平方米，墓前的祾恩殿是我国现存最大的楠木殿。长陵在十三陵中建筑规模最大，营建时间最早，地面建筑也保存得最为完好，它是十三陵中的祖陵，也是陵区内最主要的景点之一。

▢ 定陵

定陵在长陵的西边约2千米处，是明朝万历皇帝和皇后的合葬墓。陵宫的总体布局亦呈前方后圆之形，外罗城内，前有宽阔院落三进，后有高大宝城一座。定陵的地宫已开掘，可以参观。

▢ 昭陵

昭陵埋葬有明朝第十二帝穆宗朱载垕和他的三个皇后，是目前十三陵中第一座大规模复原修葺的陵园，现存有完整的祾恩门、祾恩殿及其东西配殿以及方城、明楼、宝顶等。祾恩殿内举办有"明昭陵秋季复原陈列"，昭陵石桥与新复建的神功圣德碑亭再现了明代秋祭时陵内供品丰富、乐器齐备的隆重场面。左右配殿分别有"明昭陵帝后史料陈列"和"明代皇族墓葬史料陈列"。

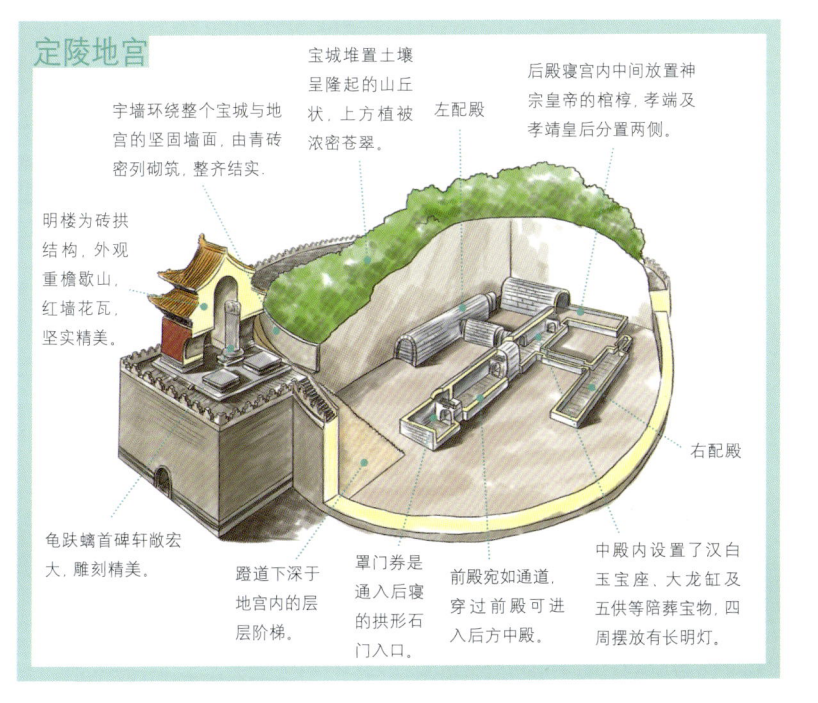

定陵地宫

- 宝城堆置土壤呈隆起的山丘状，上方植被浓密苍翠。
- 宇墙环绕整个宝城与地宫的坚固墙面，由青砖密列砌筑，整齐结实。
- 后殿寝宫内中间放置神宗皇帝的棺椁，孝端及孝靖皇后分置两侧。
- 左配殿
- 明楼为砖拱结构，外观重檐歇山，红墙花瓦，坚实精美。
- 右配殿
- 龟趺螭首碑轩敞宏大，雕刻精美。
- 蹬道下深于地宫内的层层阶梯。
- 罩门券是通入后寝的拱形石门入口。
- 前殿宛如通道，穿过前殿可进入后方中殿。
- 中殿内设置了汉白玉宝座、大龙缸及五供等陪葬宝物，四周摆放有长明灯。

银山塔林 AAAA
中国现存辽塔最多的地方

北京市昌平区城北30千米处　20元

银山塔林又称铁壁银山，位于八达岭——十三陵风景名胜区的东部。银山得名于冬季"冰雪层积，色白如银"，又因"麓有石崖，皆成黑色"称为铁壁，所以合称"铁壁银山"。银山由黑色花岗岩构成，石崖皆呈黑色，峰峦高峻，冬日积雪深厚，银装素裹，黑白相间，反差强烈。

铁壁银山不但风景宜人，还以古塔众多而著称。银山的辽代塔群是我国现存辽塔最多的著名风景区，羊肠小道尽处是大片塔群，塔身高低错落，但布局规整，结构一致，均为八角形平面，造型精美，历经沧桑，年代久远。塔群自金元以来，经明、清至今，已有600多年历史，是研究我国古代佛教和砖石建筑的宝贵遗产。塔群在600年的历史中经年累造，整座银山遍布灵塔，民间有"银山宝塔数不尽"之说，可见昔时浮屠之胜。

玩家 解说

在古代，银山曾是佛家讲经说法及文人隐居之佳地，与镇江金山寺齐名，因而有"南金北银"之说。辽代于山前建有宝岩寺，金天会三年（1125年），该寺被改建为大延圣寺，明正统十三年（1448年）重建，钦赐寺名"法华禅寺"，下领七十二庵，为京郊名刹。寺内有僧瘗骨塔7座，其中金代密檐式砖塔5座，元代喇嘛塔2座，在周围山麓上也建造了许多形制各异的僧塔。现在，寺院已成遗址，但寺内七塔及周围的部分古塔仍保存较好。景区内还保留有说法台、古佛岩、朝阳洞等古迹。

链接

塔林

在著名古建专家罗哲文先生主编的《中国古塔》中有这样一段描述："在许多历史悠久的寺院旁边，有成群的古塔，密集如林，被称为塔林。这些古塔是这一寺院中历代高僧和尚们的墓塔，有的几座，有的几十座，甚至多达几百座。寺院的历史越久，规模越大，塔林也越大，塔的数量也越多。"

塔林和墓塔群的区别主要在于单体数量，一般情况下，数量较多成片的被称为塔林，少林寺塔林、灵岩寺塔林、风穴寺塔林、青铜峡塔林、神通寺塔林、栖岩寺塔林一般被认为是中国六大塔林。

沟崖
以"山高、景美、路险"为主要特色

北京市昌平区德胜口水库附近

沟口南侧为德胜口村，北侧为德胜口水库，是军都山南麓狭窄谷地之一。此处"沟中有崖、崖下有沟、沟沟相通、崖崖相望"，因此又称"沟沟崖"。明清时这里曾是北方著名的道教圣地，成为权贵重臣、文人墨客避暑游览的胜地。

碓臼峪自然风景区
京北小三峡

北京市昌平长陵镇碓臼峪村北

碓臼峪自然风景区位于在明十三陵西北约4千米处，距市区50千米。景区为1亿3千万年前北京地区发生的强烈地壳变动而形成的花岗岩体，总长3千米，峪中遍布奇花异草、峻峰怪石，野趣天成。山峪两侧山石壁立，一水中流，故有京北"小三峡"之称。

沟崖

明十三陵风景区

碓臼峪自然风景区将军石

风景区分"琴曲迎宾""高峡平湖""金峡胜境"和"龙潭幽谷"4个部分、50余个观赏点,令游人应接不暇。峪中清潭瀑布相接,溪水缠绕,穿石越涧,而且这里的水为不冻水,即使是冬季也不会结冰。登上"听琴台",但见水石相击,大珠小珠,直落玉盘,别有一番情趣。

蟒山国家森林公园
北京面积最大的国家森林公园

北京市昌平区蟒山路2号

蟒山国家森林公园因其山势起伏如大蟒,故名蟒山,其山体主要成分是砂页岩。景区内层峦叠嶂,郁郁葱葱,是一座名副其实的"天然氧吧",有树木、花卉170多种,其中油松、侧柏、白皮松等常绿树为主要树种,使蟒山四季常青。公园内还有北京最大的石雕弥勒大佛,高9.9米,名家所制,造像传神,呈现出一派乐天忘形的超拔气象。

玩家 解说

蟒山国家森林公园有人工林12万亩,是北京面积最大的森林公园。景区内层峦叠嶂,郁郁葱葱,森林覆盖率达96%。有树木、花卉176种,其中油松、侧柏、白皮松等常绿树为主要树种,使蟒山四季常青。林区空气清新,当山风吹起,松涛阵阵,游人沐浴在林海中,心旷神怡。园内迎春、山桃、山杏、连翘、丁香、榆叶梅、芍药、月季、樱花等数十种花木争相开放,满园春色;黄栌、元宝枫、火炬树、地锦等树叶到秋天一片火红,层林尽染。

十三陵明皇蜡像宫
以蜡像和仿古仿真再现"东方卢浮宫"

北京市昌平区西关镇西关环岛 40元

十三陵明皇蜡像宫,位于昌平西关环岛,是依托十三陵、采用独特的蜡像艺术和现代影视声光技术、融古今建筑于一体的大型文化旅游景点,整个建筑由明皇蜡像宫、仿明乐舞宫、明膳厅、购物中心和多功能娱乐厅五部分组成。明皇蜡像宫巍峨壮观,宫内被西方称为"超写真雕塑"的蜡像杰作蜚声中外,堪与英国皇家蜡像宫媲美。蜡像宫截取了明朝26个历史横断面,以374尊栩栩如生、形态逼真的蜡像和仿古仿真的场景,辅以现代影视、声光效果,再现了明朝16位皇帝、276年的历史。目前,就蜡像艺术景观而言,其规模之大、蜡像之多、文化品位之高,当属国内首指、亚洲之最、世界一流。

景点推荐 阳坊—流村周边

白羊沟
素有"大自然空调"之美称

北京市昌平区流村镇白羊城以西

白羊沟整个景区遍布奇花异草、泉水瀑布、峻峰怪石,保持着诸多的自然景观,有浓郁的野趣。此外,还有野菜及名贵野生药材百余种,冬暖夏凉,素有"大自然空调"之美称。

沟口两山最窄处,原是明朝修建的白羊城,是保卫京师的重要关口,现存关城遗址和烽墩。

玩家 攻略

长峪城—白羊沟徒步穿越:这条线路集各种景色——高山、密林、草甸、溪水、峡谷、水库、古村、长城、古庙于一体,山清水秀,是北京周边一处不可多得的户外运动资源。

起点是长峪城村,路线全长25千米,需两天才能走完。中间宿营地选在顶峰高楼处。从长峪城村到山脊石碑全部为石板路,很好走。后半程为山脊小路,途中景色宜人。第二天沿长城下降,到垭口处距离2.5千米,长城坍塌严重,有需要绕行小路,路线不明显需仔细辨认。从垭口到黄楼院路口为山间小路,相对好走,距离3.1千米。从黄楼院到白羊城全程为景区公路,距离12.7千米。

摩崖石刻佛像
北京地区罕见的大型摩崖石刻佛像

北京市昌平区流村镇

菩萨山的深处有一座殊胜的摩崖石刻

佛像,有20多米高,这佛像是在2002年被一个砍柴人意外发现。这尊佛像距今有数百年历史,雕刻痕迹早已被岁月的风沙磨成圆润,比乐山大佛更显得慈祥庄重。

白虎涧
素有"神岭千峰"之称
北京市昌平区阳坊镇

白虎涧景区内峰山洞遍布,树木花果茂盛;沟谷曲折蜿蜒,怪石林立,山水秀丽。其中水泉沟、白龙潭、黑龙潭、映月潭等景色绝妙无比,造型各异的番天印、擎天柱、望天吼等象形石惟妙惟肖。此外,还有众多的古迹,石床、石棋盘、十八盘寺、挂而庵、妙峰庵、仙人索等。历史上最著名的就是五云捧上方,即宝云寺、车云寺、石云寺、大云寺、青云寺和上方寺,遗址尚存,引人追思。

中国坦克博物馆
中国唯一的坦克博物馆
北京市昌平区阳坊镇

中国坦克博物馆位于昌平阳坊镇以北2千米处,占地4万多平方米,建筑面积2860平方米,是全国乃至亚洲唯一的坦克博物馆。馆内共设人民装甲部队发展史、坦克装甲车辆、坦克训练模拟器、兵器仿真造型四大部分,共11个展厅。馆内还展出了915幅图片、420件文献资料,反映了我军装甲部队从无到有、从弱到强的成长历程。坦克博物馆展厅除了展示我国新研制的重型坦克外,还展示了战时的功勋坦克、当年苏联援助的坦克、在抗日战争中缴获的日本坦克等,都十分珍贵。

后花园旅游风景度假区
新北京旅游经济发展区
北京市昌平区阳坊镇

北京后花园位于中关村西北,由北京白虎涧森林公园、后花园客栈、原始天体浴场、森林沙滩浴场、延安窑洞伟人居、狩猎射击场、创吉尼斯世界纪录的四岁神童徒手高空走钢丝、神童骑摩托车环球飞车走壁、天下第一车——游客高空骑自行车飞车越极限和筹建中的天下第一桥、千年古城度假区、传媒寨、长寿寨、野外生存寨、滑雪场、古寺庙修复区、猴山、中华大圣、影视基地等三十六个景区和五百余处景观组成。其中"燕平八景"中的"神岭千峰"和"虎峪辉金"二景,迷人的通天八十一洞,奇特的十八神潭等集雄、奇、险、秀、峻、幽于一体的现有自然景观二百余处。

中国坦克博物馆

景点推荐 居庸关—八达岭

八达岭长城 AAAAA
万里长城的精华所在

- 北京市延庆区八达岭镇,距市中心天安门70千米
- 可乘火车或919、游1、游2前往
- 旺季40元;淡季35元。缆车140元
- 010-69122222

　　八达岭长城建于明弘治十八年(1505年),是明长城的一个隘口,也是万里长城的精华段,享有"居庸外镇""北门锁钥"之称。八达岭长城驰名中外、誉满全球,作为最早向游人开放的明长城地段,先后曾有众多的外国首脑和风云人物登临此地,如尼克松、里根、撒切尔夫人、戈尔巴乔夫、伊丽莎白二世、希思等。此外,这里还先后兴建了中国长城博物馆、八达岭饭店、八达岭高速公路等功能齐全的现代化旅游服务设施。1987年,联合国教科文组织将八达岭长城列入《世界文化遗产名录》。2007年,八达岭长城被列为国家5A级旅游景区。

玩家 攻略

　　1.游八达岭长城的陷阱很多,不少一日游路线都是拉着游客到处购物,还有拉到水关长城而不是八达岭的。一定要乘坐正规的旅游专线车前往。

　　2.游览八达岭长城通常以关城为起点,向南侧或者北侧山坡攀登,主要景观有关城、敌楼、烽火台、好汉坡、"不到长城非好汉"碑刻等,长城脚下也有通往南坡的缆车。

　　3.夜游长城:晴天可预约参观夜长城,人数需要达到20人以上,需要提前预约(单人不能

居庸关—八达岭

八达岭

（地图区域，标注：停车场、詹天佑纪念馆、岔道古城、高速出口、滚天沟停车场、长城博物馆、商业街、游客服务中心、售票处、游客集散中心、城铁S2线、高速出口、水关长城、八达岭野生动物园、南楼、缆车、北8楼、索道等）

预约）。

4. 尽量避开假期游览长城。假期间10:00—11:00, 14:00—15:00是游客高峰时段。另外，长城部分地段坡度很大，最好穿防滑的鞋，女士不要穿高跟鞋。

5. 中国长城博物馆背依八达岭长城而建，是一座展示长城的历史和博大精深的专题性博物馆。馆舍外观为长城状，庄严威武，陈列有"历代长城""明代长城"等内容。无门票，9:00—16:30开放，周一闭馆。

6. 观长城自行车骑行线路：健翔桥—昌平—居庸关—八达岭—南口—阳坊—颐和园，沿途平路占大部分，山路主要集中在南口到八达岭，在居庸关附近出现陡坡。沿途的景致有中国坦克博物馆、居庸关、八达岭长城、水关长城。

7. 吃、住在景区：八达岭餐厅、巨龙饭庄等可供应盒饭、快餐。另外，关城附近还有10多家小饭馆、小吃部，位于西门外公路南侧。外宾餐厅西侧的八达岭饭店，是一座小型涉外饭店，适宜旅游结婚和长城考察者、中外旅游者住宿，也可接待小型会议。

玩家 解说

1. 南到七楼北至十二楼，是八达岭长城景区的精华所在。北八楼是八达岭长城所有敌楼中位置最高、最为壮观的一座，海拔888米，楼内两层，一楼迎敌面有6个箭窗，是八达岭长城敌楼中箭窗最多的一个；北五楼券洞最多；北十楼和南六楼建有铺舍；北六楼面积最大。

2. 八达岭外宾餐厅位于西门外公路南侧，是一幢具有民族特色的仿古建筑，餐厅附设旅游商品专柜，吃饭之余，可以买到长城特色的纪念品、金银首饰、珍珠玛瑙、翠石宝玉、牙雕贝雕、文房四宝、名人字画、丝绸刺绣。有趣的是，在厅内休息或用餐，往往会发现地板在颤动，伴有隆隆声响。这不是地震，而是火车在脚下奔驰。餐厅地下20多米，就是京张铁路上的八达岭隧洞。

3. 登上万里长城，你可以看到脚下的长城依山就势，蜿蜒起伏，如一条不见首尾的巨龙在绵绵山岭上翻滚爬动，气势磅礴，雄伟壮观。

链接

八达岭长城的历史

八达岭是峰峦叠嶂的军都山风吹草动的一个山口，明代《长安夜话》说："路从此分，四通八达，故名八达岭，是关山最高者。"可见八达岭的地理战略地位。

八达岭长城

早在春秋战国时期，为防御北方民族的侵扰，就在此修筑了长城，其走向与明长城大体一致。明代弘治十八年（1505年），明朝对八达岭长城进行了长达80余年的修建，并将抗倭名将戚继光调来北方，指挥长城防务。八达岭长城成为关城相连、墩堡相望、重城护卫、烽火报警的严密防御体系。历史上八达岭长城是护卫居庸关的门户，从八达岭长城至今天的南口，中间是一条40里长的峡谷，峡谷中建有关城"居庸关"，这条峡谷因此得名"关沟"，而真正扼住关口的是八达岭长城。古人有"自八达岭下视居庸关，如建瓴，如窥井""居庸之险，不在关城，而在八达岭"之说。

八达岭是历史上许多重大事件的见证。第一帝王秦始皇东临碣石后，从八达岭取道大同，再驾返咸阳。萧太后巡幸、元太祖入关、元代皇帝每年两次往返北京和上都之间、明代帝王北伐、李自成攻陷北京、清代天子亲征……八达岭都是必经之地。近代史上，慈禧西逃泪洒八达岭，詹天佑在八达岭主持修筑中国自力修建的第一条铁路——京张铁路、孙中山先生登临八达岭长城等，留下了许多历史典故和珍贵的历史回忆，是历史名地。

水关长城 AAAA
以险峻著称

- 北京市延庆区八达岭镇石佛寺西侧
- 010-61118002

八达岭水关长城由抗倭名将戚继光督建，距今已有400多年历史，因其箭楼既是敌楼又兼具水门功效，故名"水关长城"。它位于延庆区八达岭镇石佛寺村，西北距北京市40千米，是八达岭长城的东段部分，也是明长城遗址八达岭段中保存得最精固的一段。水关长城西起京张铁路，东到"川字一号"，全长6.8千米，1995年对外开放。在方圆500米的空间内，它汇聚了七十二景，以"奇""险""陡""坚"著称。

玩家 攻略

水关长城并非一般人所熟悉的八达岭长城景区，如果想去的是八达岭长城景区，一定要参加正规团队，并一定提前和导游确认好。

来水关长城除了登长城、赏红叶外，还可以去成吉思汗行宫、滑道、长城碑林、长城文化墙等新修建的游览项目转一转。这里还有众多古迹和自然景观可寻，有"关沟72景"中的石佛寺、骆驼峰，不远处更有闻名遐迩的詹天佑设计的"之"字形铁路。

水关长城最著名景点包括金鱼池、骆驼石、弹琴峡、佛寺庙、五郎像、佛爷台、"川字一号"楼、詹天佑旧居、五桂头山洞、关帝庙、观音阁、"弥勒听音"等几处。

水关长城至目前已接待游客1500余万人次。来此观光游览的名人有篮球巨星乔丹、F1赛车手蒙托亚等，香港歌手刘德华演唱的歌曲《中国人》MV背景就是水关长城。

玩家 解说

水关长城修建于明代，景区特色为古代军事防御工程，是古代战场上罕见的古代建筑。此段长城建于险谷间，自水门箭楼长城呈"V"字形，顺应山势而行，如巨龙似鲲鹏展翅欲飞，箭楼即是敌楼同时兼具水门功效，此种建筑方式在沿线长城中极为罕见，故名水关长城。如果您喜欢爬长城，那么这段以险峻著称的长城则不可不去。山坡奇峰怪石，险岭陡峭，登上长城极目远眺，万里长城犹如一条巨龙，飞舞在秋意盎然的山岭间。

八达岭野生动物世界
大种群散放式猛兽展示园

- 北京市延庆区八达岭镇，长城停车场对面

北京八达岭野生动物世界占地面积6000亩，是中国最大的山地野生动物园。它依山而建，紧邻八达岭高速公路，距市区仅40分钟车程，交通便利。这里拥有上百种近万只（头）野生动物，包括大熊猫、金丝猴、

居庸关—八达岭 253

白脸牛羚、云豹、金钱豹、猕猴、棕熊、狮、虎、狼、角马、斑马、袋鼠、长颈鹿、黑天鹅、丹顶鹤、金刚鹦鹉等。八达岭野生动物世界集动物观赏、休闲度假、科普教育等于一体，共分为30处景区，包括20处动物游览区、2处古迹游览区、4处表演场（馆）、1处植物观赏区和2处健身运动区等，以及一个小型水库。

玩家 攻略

可乘缆车沿着蜿蜒起伏的山路进入山林的海洋，近处观赏狮、熊、虎、豹彪悍凶猛的身姿；也可在步行区欣赏长颈鹿、斑马、猕猴等多种温驯动物，与它们嬉戏。在园中既可以向猛兽投食，又可以与温顺动物亲近；来到方冉广场既可以小憩欣赏山林俊美，又可以观看极具特色的孔雀东南飞，尽享大自然的风光秀色。

八达岭国家森林公园
丁香林的海洋

🌐 北京市延庆区八达岭林场

北京八达岭国家森林公园位于延庆区八达岭镇，地处八达岭和居庸关之间，总面积2940公顷，最高峰海拔1238米。这里的林木绿化率达到96%，分布着539种植物和158种动物，是中国首个通过FSC国际认证的生态公益林区。园内景区主要分为四部分，即红叶岭风景区、青龙谷风景区、丁香谷风景区、石峡风景区。公园境内有詹天佑修建的中国第一条铁路——"人"字形铁路。

链接
"人"字形铁路

詹天佑所发明的"人"字形铁路曾为举世瞩目的伟大工程。京张铁路从南口北上要穿过崇山峻岭，坡度很大，按照国际的一般设计施工方法，铁路每升高1米，就要经过100米的斜坡，这样的坡道长达10多千米。为了缩短线路、降低费用，詹天佑设计了"人"字形铁路线路，为了安全、平稳，北上的火车到了南口以后，就用两个火车头，一个前面拉，另一个在后边推，过了青龙桥，火车向东北方向前进，进入了"人"字形铁路线路的岔道口后，就倒过来，原先推的火车头

八达岭国家森林公园

改成拉，而原先拉的火车头又改成推，使火车向西北前进，这样一来火车上山爬坡就容易多了。在20世纪初如此大胆的设计，在中国铁路建筑史上，算是一个伟大创举。

居庸关长城 AAAA
天下第一雄关

🌐 北京市昌平区南口镇　💰 35元
📞 010-60761005

居庸关地区有南北两个关口，南边的关口名为"南口"，北边的关口被称为"居庸关"。居庸关长城是京北长城沿线上的著名古关城。

现存的居庸关城，始建于明洪武元年（1368年），系大将军徐达、副将军常遇春规划创建，明景泰初年及其后又屡经修缮。关城呈圆周封闭形式，全长4142米，城垣东达翠屏山脊，西至金柜山巅，周长约4千米。关城内外还有衙署、庙宇、儒学等各种相关建筑设施。

玩家 攻略

到景区首先要来到山下的居庸关景区广场，这里有一座叫"云台"的石门，是一座白石结构的藏传佛教建筑珍品。沿石门向前即可到达关城门口，在此处便可看到高高在上的"天下第一雄

关"匾额，可以与之合影。

景区内有关帝庙、叠翠书院等多个景点，可以参观拜访。同时，置身于景区南北关城楼下，可以欣赏到高大雄伟的城楼，与城楼相连的长城在山坡上呈"人"字形，非常特别。景区内的客栈和饭店也在此处。

参观完城楼后即可开始攀爬长城的旅程，爬到最上面的烽火台一般需要两三个小时，登上山顶后即可看到著名的京城八景之一"居庸叠翠"，远处翠山相连，视野开阔令人心胸舒畅。

路上会有公厕和一家售卖零食饮水的小店，如果体力足够可以自备一些高热量的食物及饮用水。这一段的长城比较陡峭，要格外小心脚下。

爬完长城后可以选择原路返回，也可以从长城的另一个方向下山回到景区广场处。

玩家解说

居庸关长城建在一条长达15千米的山谷间，两旁峦山重叠，树木葱郁，山花烂漫，景色瑰丽，远在800年前的金代，就被列为燕京八景之一，称为"居庸叠翠"。居庸关是从北面进入北京的门户，有"一夫当关，万夫莫开"的气势。居庸关的中心至今还保存着一个雕刻精美的汉白玉石台"云台"。在元朝时，台上建有三座石塔，于元末明初被毁。三塔被毁后，在此台上又建一院"泰安寺"，此寺于清康熙年间被火焚毁，只剩下这个基座—云台。云台的券门内，石壁上雕刻有四大天王像，姿态神神，还刻有梵文、藏文、蒙文、维吾尔文、西夏文、汉文六种文字组成的佛经。

居庸关长城

现存的居庸关城内外还有衙署、庙宇、儒学等各种相关建筑。清末以后，居庸关关城建筑逐渐荒废。1992年，昌平县十三陵特区办事处为保护文物，对关城建筑进行了全面修复，再现了昔日的雄姿。

链接

居庸关名字的由来

相传秦始皇修筑长城时，将囚犯、士卒和强征来的民夫徙居于此，后取"徙庸徒居"之意，故名居庸关。居庸关的名字，是取"徙庸徒"的意思。汉代沿称，三国时代名西关，北齐时改纳款关，唐代有居庸关、蓟门关、军都关等名称。此后各代仍称居庸关口。这里山峦间花木郁郁葱葱，仿如碧波翠浪，故有"居庸叠翠"之称。

居庸关长城所在的峡谷属太行余脉军都山地，地形极为险要，自古为兵家必争之地。早在春秋战国时代，燕国就要扼控此口，时称"居庸塞"。汉朝时，居庸关已颇具规模。南北朝时，关城建筑又与长城连在一起。此后历唐、辽、金、元数朝，居庸峡谷都有关城之设。

关沟
历史上京师至塞外的要路

📍 北京市昌平区南口镇北关沟内

居庸关南北两关口之间长达18千米的山涧溪谷就是著名的关沟。景区两侧崇山峻岭，中间关沟河流过。这里山势雄奇、翠嶂如屏、清流萦绕、景色优美，有"居庸叠翠"之称，是"燕京八景"之一。

关沟沟长谷深，有"绝险""天险"之称，自古就是兵家必争之地，历史上许多著名的事件、人物都与这里有关。这一带有许多著名的景点，如居庸关、云台、詹天佑墓、南口城、八达岭关城等，有"关沟七十二景"之说。

玩家解说

关沟七十二景是古今名人骚客对关沟的称颂。关沟七十二景各有说法，也只是一个虚构的数，但其中不乏真实的写照，也有的是附会传奇，更有的是模糊的传说，但这些却更加使人们对关沟中那曾有的清溪潆绕、层峦叠翠、草木葱翠、人文荟萃的向往。关沟沿线也是京郊一条较经典的徒步线路。每年春季都有成批的驴友穿梭其中。

老北京微缩景园
再现明清市井文化
⊙ 北京市昌平区南口镇

老北京微缩景园由微缩景观游览区、京华传统风貌游览区和表演区组成。微缩景观游览区以1:15的比例再现了明清时期古都京城的历史风貌。园内还有八个表演区，在这里可以欣赏到京味儿特浓的曲艺、戏曲、武术、杂技等表演。《雍正王朝》《还珠格格》等许多影视剧都曾在这里选景拍摄。

虎峪
避暑消夏、寻奇探幽的理想去处
⊙ 北京市昌平区南口镇虎峪村

虎峪自然风景区分为虎峪沟景区、雀儿洞风景区和百仙神洞三大部分，区内山峦起伏交错，山谷曲折幽深，最高峰磨盘山海拔1060米。

虎峪的水很美，山间泉水处处可见。山口的水库群峰环拱，湖水碧波荡漾。山谷中的流水时而形成小溪，水草绵绵、游鱼可数，时而潜入山中，销声匿迹。谷中有"羊尾湖"，湖面只有几十平方米。夏季，一道瀑布从30米高的山崖上飞流直下；冬季，山崖上垂悬的冰挂像一个巨大而洁白的羊尾。

"通天池"是虎峪最深的石潭，从这里溯流而上，是一段险峻山谷。在这里，水依山势，翻腾而下，落差数十米，形成一连串的叠水、瀑布，冲击成9个天然的石潭。"老虎嘴"两侧石壁如削，每到雨季，山水喧嚣而下，蔚为壮观。

野鸭湖国家湿地公园
壮观的鸟类栖息地
⊙ 北京市延庆区康庄镇刘浩营村西
¥ 50元（含湿地博物馆） ☎ 010-69131458

野鸭湖国家湿地公园，即野鸭湖湿地自然保护区，位于延庆区西北部。公园北靠燕山山脉，南临太行山脉，总面积6873公顷，湿地面积达3939公顷，是北京唯一的湿地鸟类自然保护区。保护区动植物资源十分丰富，动物中光鸟种总数就达264种，植物中光高等植物就有389种。此外，2007年建成的野鸭湖湿地博物馆是华北地区首座湿地博物馆，建筑面积3650平方米，分为6个厅，即序

虎峪

野鸭湖国家湿地公园

野鸭湖国家湿地公园大门

厅、认识湿地厅、野鸭湖湿地厅(包括鸟类展厅)、保护湿地厅、环幕影厅和临时展厅,共展出图片200余张和各类动植物展示标本约200件。

更多本旅游区景点

岔道古城:作为古兵营遗址的岔道古城,始建于明嘉靖三十年(1551年),素有"八达岭之藩篱"之称,在明清两代都曾作为重要的军事要塞。✉ 北京市延庆区八达岭关城西北

八达岭残长城:位于八达岭西南,这段长城城关由于保存原始,虽已残破不全,但仍能展现当年的雄姿。此地还有两处具有考古价值的遗址:一是当年修建长城的石料场,被劈开的巨岩清晰可见;二是当年烧砖的砖窑群。✉ 北京市延庆区八达岭镇

八达岭滑雪场:拥有18万平方米的造雪面积,8000平方米的综合服务会所,住宿、餐饮、雪具专卖店、健身房等一系列完善的服务设施。✉ 北京市延庆区八达岭镇

和平寺:又名花塔寺,由唐代名将尉迟恭监建,唐太宗李世民御笔亲书"敕赐和平寺"。和平寺现存为清式建筑,分东西两重院落,东院主体建筑有正殿、弥陀殿、菩萨殿。每年阴历四月初五和九月初九都会在此举办庙会。✉ 北京市昌平区南口镇桃洼乡花塔村

八达岭滑雪场

景点推荐

龙庆峡周边

妫河漂流
以清幽秀丽的田园风光著称
📍 北京市延庆区湖南东路

妫河被称为"东方莱茵河",发源于松山自然保护区。早在北魏时期,地理学家郦道元就亲临此地勘察,并在《水经注》对它进行过描述。明清时期,妫河已成了旅游胜地,并被推为"延庆八景"之首。延庆之秀集于妫河,妫河之秀在上游的金牛湖和下游的妫水湖两湖之间。妫河水流迂回婉转,有1.5千米水路和100多道弯,沿途又有金牛山、暖泉口、官营湾、荻花滩、柳林激水等美景,环境清幽、风光秀丽,是乘一叶小舟漂流览胜的绝佳地。此外,在这里还可体验到采摘、垂钓、住农家社、吃农家饭等田园乐趣。

灵照寺
存有八只历史悠久的石狮
📍 北京市延庆区湖北西路

灵照寺是一座始建于金代的古老的寺院,该寺原建有山门、前殿、大殿等建筑,现保存有大殿5间,过殿3间,山门殿3间,东西配殿5间,耳房8间,并收集了县内部分文物。

灵照寺山门天王殿前院东西两侧是一

堆古石狮，这一组8只石刻古狮都是单个的，它们的那一半不知去向。这8只石狮是从周围四乡村里收集到一起的，有唐代的，也有清代的，每个都是形态各异，雕工精细，极富观赏价值。

龙庆峡 AAAA
有"塞外小漓江"之称

北京市延庆区延庆镇古城村　夏季40元，冬季冰灯100元　010-69191020

龙庆峡古称"古城九曲"，享有"北京的小漓江"之称，是"北京十六景"之一。峡谷水源来自海坨山东麓，经玉都山汇入古城水库。龙庆峡山水既有南方的妩媚秀丽，又有北方的雄浑壮观，景区内有许多名胜古迹，如"镇山如来"、石熊跳岩、将军岩、九连洞、百花洞、马蹄潭、鸡冠山、金刚山、玉渡山、金刚寺、神仙院、玉皇顶、棋盘石、魔王树、天池、秋月居农家院以及附近的萧太后宫遗址等。

此外，景区还附设了一些游乐项目，如"魔幻世界""碰碰车""无幕影院"等。自1987年开始，龙庆峡每年都要举办一次冰灯艺术节，现已成为著名的文化旅游名片。

玩家 攻略

1.龙庆峡年平均气温比市区低6.4℃，甚至比承德避暑山庄还低0.8℃，坐船游览的时候也比较冷，最好要多穿些衣服，景区内也可以租大衣。

2.乘船：乘腾龙电梯可直达码头，也可乘游船或划船。乘船游可看到镇山如来（半山腰间一巨石）、凤冠岛（摄影爱好者必拍的秀丽半岛）、钟山（似扣在水里的一口大钟）。

3.游乐：龙庆峡景区有不少游乐项目，如"魔幻世界""碰碰车""无幕影院"、滑道飞降、蹦极等。

4.美食：景区的特色美食有烤全羊、烤兔子、烤虹鳟鱼、烤羊腿、龙庆峡农家香土火盆锅等。

玩家 解说

龙庆峡不仅有优美的自然风光，更有与之相配搭的游乐设施。踏入峡谷口，一条258米长的巨龙头下尾上地悬挂于千仞峭壁，须爪飞扬，这其实是号称亚洲第一的龙形电梯。乘坐电梯可直接抵达百花洞附近的游船码头，景区内还设有惊险刺激的比翼滑道，可从百花洞口高速滑行至湖心的翠岛。在百花洞附近可以乘坐索道，直达半山的神仙院。此外，景区内还设有攀岩场、攀冰基地、蹦极、飞降等惊险刺激的项目，极限运动爱好者可以在这里找到属于自己的那份快乐。

链接

冰灯艺术节

龙庆峡冬季气候寒冷，结冰期较长，龙庆峡利用这独特的自然条件，自1987年开始举办冰灯艺术节，龙庆峡冰灯艺术展已经成为首都冬季旅游的传统项目。冰灯展区位于古城水库巨坝之下，两山峡谷之间，由两山体自然渗水形成的巨大冰柱，构成罕见的冰瀑奇观，成为冰灯展区最佳的自然背景。冰灯艺术节历年有不同的主题，一组组冰灯、彩灯，既蕴含着人们丰富的智慧和创造力，又给游人带来美的享受。加上声、光、电的巧妙设计，更使龙庆峡的冰灯艺术充满魅力。历届冰灯节的主题尽管不同，但顺水库大坝飞流直下的冰瀑奇观却年年保留，70米高的巨坝上垂下巨大冰瀑，下饰冰花、冰柱，形成一座飞流千尺、晶莹剔透的冰雪乐园。

玉渡山
天然避暑胜地

北京市延庆区张山营镇玉皇庙村东

玉渡山风景区位于延庆区城西北，面积约100多平方千米，是国家级生态保护区。玉渡山又称"一垛山"，海拔860米，周围植被茂盛且种类繁多，包括松、桦、椴、山杨、辽东栎、北京丁香、山榆、二色胡枝子、平榛、虎榛、山桃、荆条、山杏等，是天然的植物园。景区内不仅植物资源丰富，山、石、泉、瀑等也一应俱全，山清水秀、景色优美，是观光旅游、回归自然的好选择。

玩家 攻略

玉皇庙村盛产桃、李子、苹果等水果，其中，"玉皇庙李子"为本地特产。村东北200米处有山戎族古墓群，可欣赏春秋时期山戎族文物。村内的特色水豆腐吃起来细腻滑润，非常可口。

松山自然保护区
燕山山脉第一高峰

北京市延庆区张山营镇

松山森林旅游区即松山自然保护区，建于1985年，是华北地区唯一的国家级自然保护区，总面积4660公顷。景区内生态资源丰富，其中，植物资源以药用植物种类为最多，

松山

约300种；动物资源中光鸟类就有125种（亚种）。

旅游区以自然景观为主，山、水、石、林等多种景点各具特色，以古、雄、幽、险、奇、秀而闻名，包括天然油松林、百瀑泉、八仙洞、飞龙壁、松月潭、雄狮饮水、金蟾望月等30余处。这里是旅游度假、避暑疗养、科研考察、教学实习等的理想之地。

景区内的海坨山海拔2241米，为北京市第二高峰。又名"大翮山"。相传大翮山及其南侧小翮山是秦代楷书发明人王次仲变鸟飞走时掉下的两根羽毛变成的。山沟、山脚下到处都有水泉。山下塘子沟原有一座古庙，叫温泉观，俗称塘子庙。庙后有一温泉，水温达42℃。海坨山高峰有三个，分别是大海坨、二海坨、三海坨。

玩家 解说

大海坨山顶是一个长近10千米，宽500米，最窄处不过百米的草甸平缓山顶。海拔1800米以上是大草甸类型的植物带，有金莲花、黄花菜、手掌参、地榆、拳参、山丹等。海坨山景色"海坨飞雨"又名"吞奇吐秀"，为妫川八景之最，每年10月至次年6月可以看到"海坨戴雪"，晴日可看到"海地层曦"的景色。

古崖居
中华第一迷宫

北京市延庆区张山营镇东门营村北2千米处

54元

古崖居是中国目前已发现的规模最大的崖居遗址。它分布在一条山沟两侧陡峭的花岗岩石壁上，共有人工凿刻的石室147间，且各自大小不均、形状不一。有的石室为平行套间，有的为复式两层，有的甚至近似于现代的"三居室"。其中，最大的一间石室分上下两层，并配有耳房、廊柱等。所有石室内，门、窗、炕、灶、马槽、壁橱、烟道等一应俱全，令人叹为观止。但是石室又都没有梁、柱、梯、板，却上下、层层相通，堪称"千古之谜""千古之奇"。所以，古崖居被赞誉为"中华第一迷宫""北京第二个周口店""北京的敦煌"、人文艺术的"哥德巴赫猜想"。

石京龙滑雪场
北京周边规模最大的滑雪场

北京市延庆区张山营镇

石京龙滑雪场占地600亩，于1999年建成，是北京周边地区第一家、规模最大也是全国最先采用人工造雪的滑雪场。雪场布局合理，目前设有高、中、初三个级别的滑雪道共6条，总长4600米，可同时容纳5000人进行雪上娱乐活动。雪场拥有国内外造雪机11台、德国压雪机2部，雪上娱乐器材5000套，并聘请了国家级教练任教。这里不仅空气清新、环境幽雅、景色宜人，而且服务设施齐全、项目丰富多彩。其中，娱乐项目除滑雪外还有滑圈、雪地摩托、马拉爬犁、雪橇、雪地自行车、雪桑拿、温泉浴等，而雪桑拿和温泉浴等新项目在国内是独一无二的。

更多本旅游区景点

野山峡：分为前山和后山两大区域。景点大都分布在前山，如大佛寺、五爷庙、13米高的露天大佛、天柱寨、孔雀开屏等近30个景点；后山是原始森林，可野外露营、嬉水摸鱼等。这里群峰竞举，植被茂盛，各景点都有一段神奇的故事，因此又被称为"神奇野山峡"。北京市延庆区张山营镇

山戎墓葬陈列馆：按原状完整地保存了10座墓葬，其中大型酋长墓2座、中型部落成员墓5座、小型部落成员墓3座。北京市延庆区张山营镇玉皇庙村附近

夏都公园：前身为妫河老河道，被妫水大桥分为东西两个湖区。湖区建有高尔夫球场、水上舞台、动感影院、湖中心的大型激光音乐喷泉等设施。公园内有中外雕塑家创作的50件雕塑作品。北京市延庆区政府附近

延庆地质博物馆：是北京延庆地质公园的重要组成部分，有恐龙足迹化石、岩石标本等展品近300件。博物馆包括序厅、地球科学厅、地质遗迹厅、地质遗迹和文化遗产厅、地质遗迹国际对比厅和今日延庆厅6个部分。北京市延庆区妫水北街72号

石京龙滑雪场

仓米古道

延庆百里山水画廊 AAAA
景点众多的滨河环线旅游区

📍 北京市延庆区千家店镇

百里山水画廊总占地面积371平方千米，包括1环3区12个空间节点，涉及滨河环线112里，"百里山水画廊"因此得名。2007年，它被评为"北京市自驾游10条最佳线路"之首。景区内环境优美，地质科普和自然人文景观丰富多彩，如小昆仑山、书剑峰、白河谷地、黑河峡谷、乌龙峡谷、硅化木群、滴水飞瀑、滴水壶、朝阳寺、龙王庙、关帝庙、文昌碑、大滩原始次生林、海相沉积遗迹、菜木沟旧石器遗址、向日葵海、黄芩茶园、燕山书院写生基地等。此外，这里还有秀水湾、长寿岭、古家窑等18个"山水人家"乡村旅游接待村。

玩家 攻略

旅游区内景点众多，应根据自己的年龄和体力，合理选择旅游的地点和项目，旅游时不要过于劳累，最好定时起床和休息，特别是晚上不要玩得太晚。

夏天去游玩的时候注意防晒，冬天景区气温比较低，一定要多穿衣服，应随身携带一些常用药和急救药，如感冒药、晕车药、肠胃药等。

爱护自然环境，不破坏景观资源，维护旅游区内的环境整洁，不任意丢弃垃圾。

玩家 解说

景区内生态环境优良，旅游资源丰富，风光旖旎的白河谷地和壮美的黑河峡谷孕育了神奇的硅化木群、俊秀的滴水飞瀑、神秘的乌龙峡谷、庄严的朝阳寺、古老的关帝庙和葱郁的大滩原始次生林等丰富的旅游资源。气候属暖温带大陆性季风气候的半湿润区，空气负氧离子丰富，年平均气温8℃，年均降水量477.2毫米，四季景色变幻如画，是名副其实的避暑胜地。

▫ 乌龙峡谷

乌龙峡谷景区原名黑龙潭，位于园区东北部黑河下游与滴水壶景区相距2千米，属距今1.4亿年前的中生代火山熔岩区，全长2千米，是典型的山间河流深切河谷地貌景观，峡谷两侧绝壁陡直、怪石林立，水声轰鸣，浪花飞溅，以青山幽谷、碧水深潭远近闻名。

▫ 滴水壶

滴水壶景区位于黑、白河交汇处，距县城约70千米，是百里山水画廊东部的重要功能节点。滴水壶之名源于道家"方壶洞天"之说，是京北地区典型的喀斯特岩溶景观。景区内石洞凌虚、飞瀑直下、珠帘倒卷、散沫成雨，盛夏水声轰鸣，恰似流金泻玉；冬日冰瀑飞挂，犹如玉树银花。水帘遮挡的洞中，洁白的石笋、倒悬的石钟乳，天幕般的石帘，晶莹剔透的石带，令人目不暇接。

▫ 关帝庙

关帝庙位于千家店镇花盆村西。始建于明末清初，嘉庆二十年（1541年）重修。关帝庙为两进院落，由山门、正殿、后殿、东西配殿、钟鼓楼、戏楼等7个部分组成。殿内雕画栋，各种砖雕饰物造型精美，墙壁绘有栩栩如生的壁画。正殿前建有一亭，亭内放有一个石盆，据说是当年修建庙宇时发现的。传说这个石盆是宝物，一旦倒入清水，盆内便有莲花盛开、金鱼游动。花盆村的村名即由此而来。1985年，关帝庙被确定为县级重点文物保护单位，现为百里山水画廊景区的重要景点之一。

▫ 定山塔

定山塔位于白河大桥南的公路北侧，始建于辽代，修公路时毁坏，于21世纪初重建。塔共7层，底部周长两丈余。底层石砌，二层以上造型各异，二层为坛型，三层为八角形，四层和五层为圆形，六层为花瓣形，七层为葫芦形。辽代古塔在延庆保存下来的极少，此塔显得尤为珍贵。

硅化木国家地质公园
世上少见的木化石群

📍 北京市延庆区千家店镇白河两岸　💰 30元

硅化木国家地质公园是全国唯一以典型、稀有、珍贵硅化木群为主体的国家地质公园。这里的木化石群面积之大、数量之多、形态之奇，不但在国内少见，就是在世界上也是罕见的。

公园内含有5个景区（小昆仑地质科普区、地质公园中心区、乌龙峡谷地质水文游览区、燕山天池休闲度假区、大滩生态示范

滴水壶

区)和诸多地质人文自然景观。在地质公园的中心区，已挖掘出木化石57铢，其分布在白河两岸山坡上的海相沉积沙页岩中。这些木化石是研究华北地区中生代地质历史时期古地理、古气候演化的重要依据。

链接

硅化木的形成

硅化木又称"石树"，是中侏罗纪晚期产物，1.4亿年前，这里气候温暖，高大乔木繁茂，由于火山喷发和地层突然断裂，植物被埋于地下，在隔氧高温的环境下，经过漫长的石化作用，木材中的有机质被地下水中的硅质矿所代替，又经过地层抬升等地壳运动，将这些木化石推出地面，于是形成了硅化木。北宋科学家沈括在《梦溪笔谈》中有"距渤海千里之遥，松化为石"的记载。

齐仙岭
休闲养性的好地方

北京市延庆区珍珠泉乡北部齐仙岭

齐仙岭始建于元朝中期，距今已有600多年，毁于"文化大革命"，重建于1995年。齐仙岭景区因传说明代有一齐姓神医为民治病而在此得道成仙而得名。从山下到齐仙庙共"365"个台阶，称"光阴阶"，代表着一年，从齐仙庙向上走"328"级台阶便到达狐仙庙，这是此岭最高峰，站在上面，即使是夏天，这里也凉风习习，使人精神抖擞。四周苍松古木，远望层层叠叠，是休闲养性的好地方。

九眼楼长城
长城上规模最大、瞭望孔最多的敌楼

北京市延庆区四海镇

九眼楼建于明嘉靖二十年(1541年)，距今已有480多年。九眼楼是万里长城之上建筑规模最大、规格最高的敌楼，为正方双层建筑，因每边有九个瞭望孔而得名，现已开发成自然风景区并对游人开放。景区西起岔道羊头山，东至四海冶，长80千米，山高谷深，植被丰茂，风光旖旎。另外，九眼楼作为

九眼楼长城

一个敌楼，上面有碑刻24通之多，在国内是绝无仅有的。

珍珠泉
避暑疗养的绝佳去处

北京市延庆区东部山区珍珠泉村

珍珠泉因泉涌出地面且有气泡伴水而出，其状如珍珠，故而得名。泉水中因含大量气体，形成气泡，因此，当观赏者拍手、跺脚或是放声大喊时，一串串的气泡就会像珍珠一样从泉水底涌出，吐珠益甚，甚为奇观。

这里的山泉由地下自然涌出，泉水清澈甘洌，富含多种人体所需的矿物质元素。终年流淌的河水更使这里的空气格外清新湿润，从而构成了这里独特的小气候环境，是人们避暑疗养、休闲旅游的绝佳去处。

凤凰驼
手摸白云天，脚踏花草地

北京市延庆区四海镇西南部山区

凤凰驼是北京第三座高峰，在这道陡峻的大山梁之上却有多处舒展平缓的草甸子，其中最大的一块面积达36平方千米，海拔高度在1500多米，坦荡如砥，一望无际，被誉为"空中草原"。空中草原夏季气候温凉，花草茂盛，各色野花次第开放；云雾时常从山下升腾上来，抚地游走。

莲花山
山奇水美、林茂谷幽

北京市延庆区大庄科乡

北京莲花山森林公园是市级森林保护区。景区面积9.75平方千米，植被覆盖率达80%以上，园内还保存有近100公顷的天然原始次生林。这里群峰耸立，植被茂密，环境优美，空气清新，不仅因"莲花"美女传说及汉钟离、吕洞宾曾在此山修炼成仙而闻名，更以山奇、水美、林茂、谷幽而著称，是一处极好的郊游佳地。

更多本旅游区景点

青龙潭：属延庆关沟七十二景之一。潭内有多处泉水，终年流淌，却始终流不出山谷，传说是青龙将水又吸了回去，待天旱时吐水降雨，所以在唐初建有青龙庙。北京市延庆区燕羽山北麓

永宁古城：历史悠久。明代永乐十二年（1414年），明成祖朱棣北巡驻跸，在此置永宁县，之后开始兴建十三陵，故有"先有永宁城，后有十三陵"之说。北京市延庆区城东17千米处

白河堡：水库得名于明代要塞靖安堡，因靖安堡扼守白河峡谷，俗名白河堡。白河堡是北京第三大水库，海拔600米，是北京最高的水库，是典型的高峡平湖。北京市延庆区白河峡谷的最西侧

白河堡水库

攻略资讯

- 交通
- 住宿
- 美食
- 购物
- 娱乐

八达岭长城

🚖 交通

昌平

火车：目前，昌平火车客运站有昌平站、昌平北站、南口站、沙河站。

昌平站位于昌平区马池口镇，是三等站，也是京张高速铁路的中间站。

昌平北站是三等站，2017年12月31日起，昌平北站随市郊铁路怀柔—密云线（S5线）开通而开始承担市郊铁路客运业务。

南口站是二等站，2020年6月1日起，南口站停止办理全国联网售票业务，车站仅发售本站出发S2线代用票。

沙河站位于昌平区境内，是一等站。

汽车：昌平长途汽车站位于北京市昌平区北环路。

公交：目前途经昌平的公交线路有数十条，主要有314、326、345等线。314路公交是连接昌平城区和明十三陵的主要线路。925路从德胜门开往明十三陵的专线公交。昌平的区内公交线路多以"昌"开头，车身基本为淡绿色涂装，可以使用公交一卡通。

地铁：目前连接昌平和北京城区的地铁线路有昌平线、5号线、8号线、13号线、昌8联络线等。

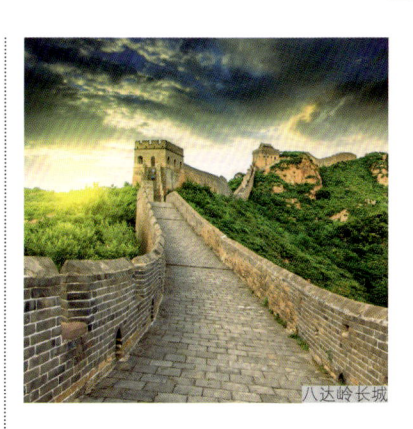

延庆

火车：延庆火车客运站有延庆站、八达岭长城站。

延庆站是康延铁路、康延联络线、延庆铁路的末端交会车站，也是2022年北京冬奥会的重点配套交通设施。

八达岭长城站是京张高速铁路的车站之一，2019年12月30日，随着京张高速铁路建成通车，该站投入运营。

汽车：延庆汽车站位于延庆区妫水南街59号，有发往北京城区及周边各县市的汽车。

公交：北京城区前往延庆的主要公交线路有919路，始发站都在德胜门，其中919路途经居庸关和八达岭长城。延庆区内的公交线路以"延庆"开头，大多只在县城及周边运营，可以使用公交一卡通。

延庆的铁路

地铁：地铁延庆站是北京地铁S2号线支线站点。

🏠 住宿

昌平和延庆环境优美，景色秀丽，为餐饮业、住宿业的发展提供了有利条件。两地住宿业均比较发达，从星级酒店到经济型宾馆，从家庭客栈到青年旅舍一应俱全。

● 九华山庄

北京九华山庄，东距小汤山大柳树环岛500米，环境优美，靠近首都国际机场和温榆河生态走廊。它是一家五星级超大型度假酒店，集住宿、餐饮、娱乐、温泉、保健、会议、购物等多种功能于一体。周边景点有小汤山龙脉温泉、小汤山特菜大观园等。✉ 北京市昌平区北京市昌平区小汤山沙顺路75号 ☎ 010-87069955

● 北京芳草苑国际青年旅舍

北京芳草苑国际青年旅舍，位于昌平区马池口镇的燕山脚下，毗邻京密运河，是离长城和明十三陵最近的旅舍。旅舍占地近20000平方米，周围植被繁茂，拥有果园、苗圃、鱼塘、藏獒及雪橇犬驯养园等多个附属设施。✉ 北京市昌平区马池口镇宏道村 ☎ 010-60773030

九华山庄

九华山庄建筑

● 长城脚下的公社

长城脚下的公社位于长城脚下的山谷中，由12名亚洲建筑师设计建造，是一家豪华型五星级酒店。它是中国第一个荣获威尼斯双年展"建筑艺术推动大奖"的建筑作品，其参展模型也是中国第一件被法国蓬皮杜艺术中心收藏的永久性收藏艺术作品。✉ 北京市延庆区八达岭高速水关长城G53出口 ☎ 010-81181888

🍴 美食

昌平和延庆作为北京的一部分，它们的美食既吸纳了北京美食的特产，又有自己的特色。

● 阳坊涮羊肉

阳坊人民对涮羊肉品质大加改进，形成了独具特色的涮羊肉风味。其独到之处在于，肉质鲜嫩，入口即化，不腻不柴，越食越香，而且调料选用了30多种中药材、香料。

● 水磨炸糕

水磨炸糕皮脆里嫩，甜带香爽。尤为受人青睐的是自种自产的皮馅原料，恰到好处

阳坊涮羊肉

的制作工艺。水磨炸糕名气由来已久，20世纪50年代粮食统购统销前，县城北街是一条食品街。如今唯有水磨的李记炸糕由家人继承下来，成为农家饭中的一道特色。

● 永宁豆腐

永宁豆腐从汉代起就有记载，在清朝时期成为宫廷贡品，曾经有过家家户户做豆腐的历史，永宁古城豆腐以其独特的制作工艺、丰富的营养价值一直流传至今。

购物

昌平和延庆的物产丰富，旅游业带动了当地的经济发展，很多特产都受到游客的青睐。

● 昌平草莓

昌平区的自然禀赋十分适宜草莓生长。草莓产区位于山前暖带，昼夜温差大，草莓生长期光照充足，有利于草莓糖分的积累和风味的形成。这里的草莓个大、水多、味美，销量很好。

昌平草莓

● 昌平苹果

昌平是全国最早引种红富士苹果的地区之一，自古以来就有苹果"福地"的美誉。昌平苹果指产于北京市昌平区的苹果。由于优越的自然条件，昌平苹果含糖量高，着色快，营养丰富。

● 盖柿

昌平是北京市最早种植盖柿的地区之一，十三陵大盖柿更是远近闻名的北京传统名优果品。其个大味甜，冬季放软后，皮软、果汁甜浓，俗称"喝了蜜"。

● 延庆葡萄

葡萄为延庆区一大特产之一。这里的葡萄新鲜味美，均为绿色食品。

● 延庆杏

延庆的鲜杏品种多，有骆驼黄、葫芦、青蜜沙、偏头、红金榛、红荷苞、银白杏、串枝红等160个品种，延庆香营乡新庄堡有鲜杏近万亩，是华北最大的杏树基地。

延庆果脯

昌平果园

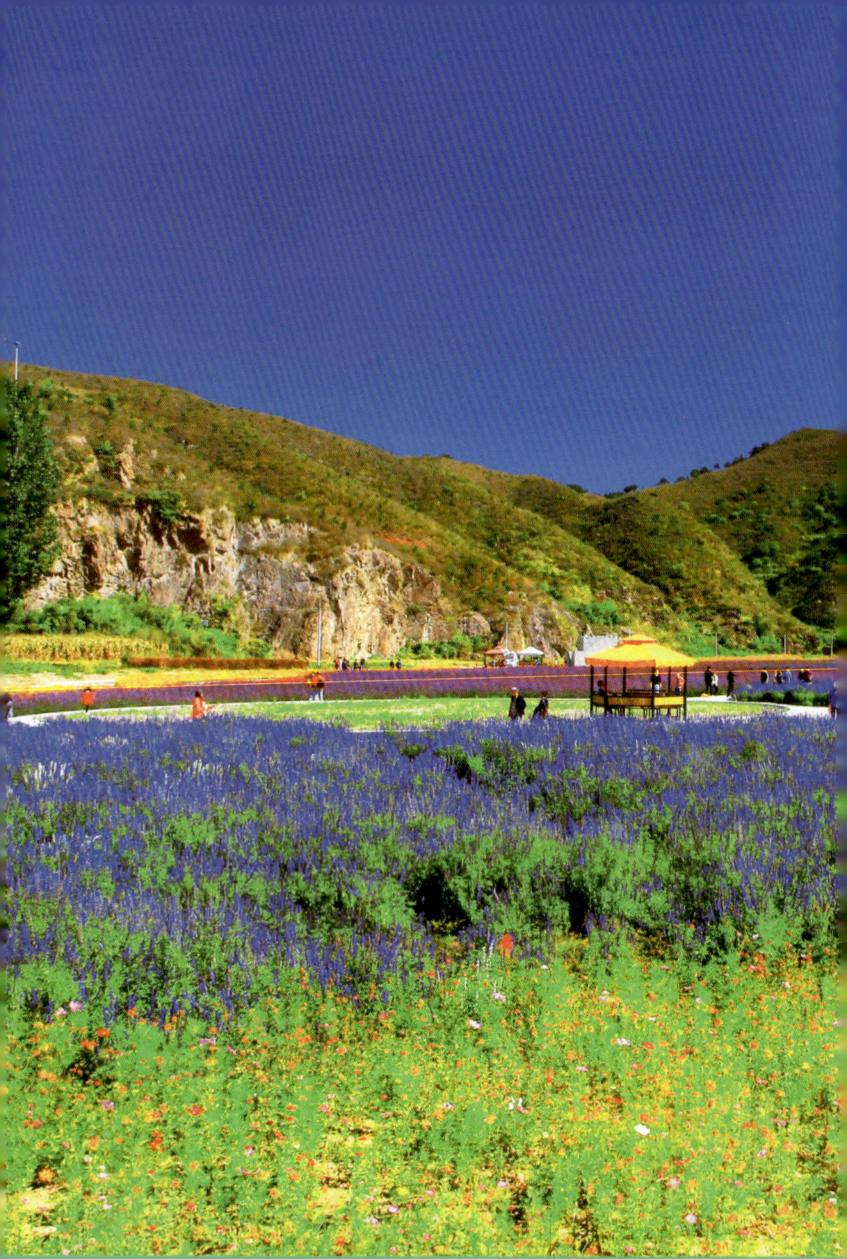

发现者
旅行指南

怀柔·密云

概览

亮点

■ 慕田峪长城

慕田峪长城位于怀柔区,是历史上修建规模最大、质量最高的长城,是万里长城的精华所在,在中外享有"万里长城慕田峪独秀"的美誉。

■ 雁栖湖

雁栖湖位于怀柔区,因每年春秋两季常有成群的大雁来湖中栖息而得名。雁栖湖由东、西两个湖区组成,湖水由上游莲花泉水汇集而成,湖水清纯碧蓝。

■ 青龙峡

青龙峡位于怀柔区,因峡内有青龙潭,故名青龙峡,是一处自然风光优美的休闲、度假旅游地。景区南北狭长五千余米,雄伟的水库大坝将景区分为两部分。

■ 黑龙潭

黑龙潭景区位于密云区,峪谷两壁陡峭奇耸,峰峦叠嶂,以深潭、飞瀑为主,隆冬时节,这里是观冰凌、攀冰的好时机。

■ 司马台长城

司马台长城位于密云区,依险峻山势而筑,以"险、密、奇、巧、全"为特色。

线路

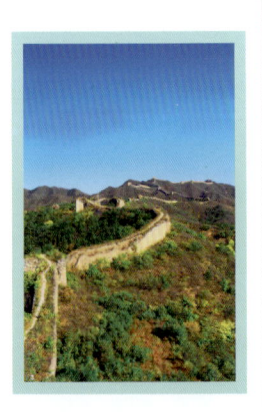

■ 怀柔郊区两日游

这条线路是京郊游山玩水的第一选择。雁栖湖是燕山脚下一处风光秀丽的水上乐园,在这里可以观赏大雁、仙鹤等珍禽;青龙峡山水秀美,有飞瀑流泉、古长城等美景。第一天上午游览雁栖湖景区,下午游览青龙峡,夜宿景区附近。第二天上午游览紫云山风景区,中午可在景区用餐,下午前往附近的幽谷深潭游览。

■ 密云郊区三日游

这是一条集中在密云水库周边线路,汇聚了密云多个纳凉避暑、游山戏水的度假天堂。可以登高远眺的五座楼森林公园,有"一湖六瀑十三潭"的桃源仙谷,京都第一瀑以及世外高人鬼谷子隐居、修道、教徒、授艺的地方云梦仙境。第一天上午参观五座楼森林公园,下午游览桃源仙谷景区,夜宿石城镇。第二天上午到黑龙潭游览,下午参观青菁顶和京都第一瀑,夜宿石城镇。第三天上午游览清凉谷景区,下午游览云梦仙境。

为何去

这里有众多驰名中外的景点,有威武雄壮的长城、肃穆古朴的红螺寺、风光旖旎的雁栖湖、峰峦叠嶂的黑龙潭、惊险刺激的白河湾漂流等,令人流连忘返。密云水库于燕山群峰之中,独开一片天水茫茫的湖面,犹如一幅色彩斑斓的山水画卷。在黑龙潭八里长的深谷里,春花、秋月、平沙、落雁、曲、叠、沉、悬潭等十八个名潭洒落其中,千姿百态。怀柔和密云值得游客前来观光游览。

黄花城水长城

何时去

怀柔区和密云区属暖温带型半湿润气候,四季各有特色。9—10月的秋高气爽,枫叶渐红、银杏铺路,此时旅游最佳。夏季是京郊的避暑胜地,可去游览桃源仙谷、雁栖湖等地;冬季则是滑雪胜地,可去滑雪场游玩。

喇叭沟门秋色

雁栖湖

区域解读

区号：010
面积：约4352.25km²
人口：约96.9万人

地理 GEOGRAPHY

区划

怀柔下辖12个镇、2个乡、2个街道办事处和1个经济技术开发区。

密云下辖2个街道、1个地区办事处、17个镇。

地形

怀柔区和密云区地处北京北部，地形多为山区、平原和丘陵。怀柔区素有"京郊明珠"的美誉，区内地势北高南低，气候凉爽宜人，被誉为"北京最适于人类居住的区域"。

密云区东、北、西三面群山环绕，峰峦起伏，巍峨的古长城绵延在崇山峻岭之上；中部是碧波荡漾的密云水库，西南是洪积—冲积平原，总地形为三面环山，中部低缓，西南开口的簸箕形。

气候

怀柔区和密云区属暖温带型半湿润气候，四季分明，雨热同期，夏季湿润，冬季寒冷少雪。年平均降水在600~700毫米，主要集中在6—8月。早晚温差较大，前去游玩建议携带厚衣物，注意防寒保暖。

历史 HISTORY

怀柔历史大事记

怀柔有着悠久的历史，唐朝以前被称为渔阳，唐太宗贞观年间开始设立怀柔县。

明洪武元年（1368年）明朝设置的怀柔县与今天的怀柔区管辖范围基本相同。渔阳地区长期处于少数民族和汉族交锋的前线，对各民族的文化交流、民族融合也起到了积极作用。在古代汉语中，"怀"是来的意思，"柔"是安抚的意思。"怀柔"这两个字放在一起，就是以德施政,民族团结,交融发展。

怀柔历史遗址中最著名的当数渔阳古城。战国时期，燕昭王二十九年（公元前283年）置上谷、渔阳等五郡。

明万年怀柔县志载："县城东三十里，秦发闾左戍渔阳。"《日下旧闻考》密云区志载："渔阳城在县（密云）南十八里，秦郡治此，秦二世发闾左戍渔阳，即指此城也。"因历史上怀柔、密云曾划为一县，所指渔阳均说一城。所言"秦二世发闾左戍渔阳"就是当年陈胜、吴广等被遣往渔阳戍边一事。

密云历史大事记

密云历史悠久，约10万年前，已有人类活动。

青龙峡

西周和春秋时，密云属燕国，燕昭王设五郡，密云为渔阳郡。

公元前227年，设渔阳县，这是密云地区行政建制最早的记载。陈胜、吴广戍守的渔阳，就是密云。

三国时期密云为魏地，曹操战乌桓，即在密云。

北魏皇始二年（397年）设置密云区，原址在河北丰宁大阁镇南关村。因县城南15千米处有高山，常年云雾缭绕，名为密云山，这就是密云志所载密云得名的由来。随后朝代更迭，密云多被称为檀州。

明隆庆二年（1568年），抗倭名将戚继光从浙江调入密云，驻防石匣古北口一带。戚继光在古北口，重修了金山岭、古北口、司马台长城，并在城楼上修了指挥机关。因此，这一段长城，敌楼密布，敌楼楼顶形式多样。指挥所处，玉石栏杆，旌旗招展，楼上修楼，甚为壮观。

1933年，当日本侵略者把魔爪由东北伸向华北的时候，中国军队进行了著名的长城抗战，为古老的长城谱写了新的悲壮篇章。素有"京师锁钥"之称的长城要塞——古北口，成为长城抗战的主要战场。古北口战役从3月4日开打，只持续了3天，十七军的将士们奋勇杀敌，最终被日军攻占古北口，进而

占领密云区城。

1948年12月北京密云全县得到解放，1958年10月起密云划归北京市。

文化 CULTURE

红螺寺与红螺文化

千年古刹红螺寺选址布局精巧，建筑严谨缜密，松柏掩映下的青砖素瓦与苑林融溶合一，文化氛围庄严深邃，令许多宇厦千间的大寺黯然失色。红螺寺在我国北方久负盛名，形成了丰富多彩的文化圈。

许多名人与红螺寺结下了不解之缘。《红螺寺大明寺碑》上说，怀柔红螺寺与北京圣安寺是同宗同派的佛寺，也就是红螺寺曾是圣安寺的下院。圣安寺是金、元两代皇家的家庙，金太宗完颜晟时，高僧佛觉大师在圣安寺讲经。金世宗完颜雍大定三年（1163年），佛觉把主持圣安寺讲经的任务交给晦堂法师，退隐到怀柔红螺寺。佛觉禅师为红螺寺和北京圣安寺建起了一座同宗同派的桥梁，从而为红螺寺文化的兴起开辟了一条新路。

在佛觉讲经190余年之后，又一位佛学大师云山归隐红螺寺，使红螺文化再一次兴盛。一是融佛学与儒学于一体。云山大师先

后主持元代皇室祠庙圣安寺40年，不仅是元代佛学泰斗，而且是元代皇帝的首席文化顾问。1352年云山谢绝了皇帝的挽留，退隐怀柔红螺寺。云山在"北地严寒不宜竹"的怀柔地区，栽种了大面积的翠竹，为红螺寺的园林艺术培育了新的亮点，为红螺寺文化中竹文化奠定了基础。云山还两次主持红螺寺的修缮工程。

悠久深厚的红螺文化也影响和滋润着周围的村镇百姓。红螺寺附近民风淳朴、祥和，文化氛围浓重，民间自发涌现了小车会、高跷会、舞龙、舞狮、民乐演奏等多样的文化表现形式。

密云鱼文化

密云古为渔阳郡，这是密云鱼文化的最早记录。

新中国成立后，1958年开始修建密云水库，后形成了华北地区第一大水库，目前已经成为北京城唯一的一盆"净水"。同时，密云的捕鱼业也揭开了新的篇章。为了净化水质，从1997年开始，密云水库在每年4月到9月实行休渔制。这期间是密云水库各类鱼的繁殖、生长期，鱼儿在180平方千米的水面下自由生长4个多月，体美膘肥。水库在每年9月成为捕鱼假期，并成为京郊旅游的独有风景，密云的金字招牌。

近几年来，密云水库的鱼种类繁多，繁殖速度快。尤其是一种名为"潮白河鲤鱼"的原生鱼种，又称"潮白河金黄大鲤"，素有"美人鱼"之称。

到密云就一定得尝尝密云水库中的鱼，每到开捕时节，都能成为京郊旅游的一道风景。潮白河鲤鱼生活在水的中下层，适应性强，味道鲜美且刺少，营养价值高，一口铁锅倒入浓浓的酱油汁，小火将鱼炖熟，临出锅前在锅沿儿贴上一圈玉米饼，鱼肉带股浓郁的酱香，再以玉米饼蘸汁，别有一番风味。

密云水库

怀柔城区周边

景点推荐

红螺寺 AAAA
春看花，夏避暑，秋观叶，冬赏三友

- 北京市怀柔区红螺东路2号　54元
- 010-60681175

红螺寺始建于东晋咸康四年（338年），原名"大明寺"，明正统年间改为"护国资福禅寺"，有着红螺仙女的美妙传说，俗称"红螺寺"。红螺寺是历代佛家圣地，也是京华气功的发源地，素有"京北第一古刹"之称。古寺占地100亩，分5处庭院，房244间。红螺寺坐北朝南，背倚红螺山，南照红螺湖，山环水绕，古树参天，建筑布局严谨，气势雄伟。

红螺寺为十方常住寺，是我国北方最大的佛教园林，千年来一直是佛教圣地，寺院内历届主持多由皇家命派，高僧频出，世有"南有普陀，北有红螺"之说。

玩家攻略

1. 游客中心位于寺庙东跨院，提供旅游咨询、医务室、轮椅、担架租赁等服务，游客还可在此观看景区宣传片。

2. 赏花信息：一二月温室花房内的梅花展包括各种梅花、三角梅和其他绿色花卉；三四月赏玉兰、二月兰、杏梅、碧桃等；四五月赏牡丹、紫藤；6—10月可赏各种花草，10月中旬至12月可赏菊花。

3.赏叶信息：红螺山彩叶林面积达300公顷，10下旬至11月中下旬为赏叶期，游客可观赏到元宝枫、五角枫、银杏、橡树、蒙古栗等不同品种的彩叶，尤其是千年银杏"披金挂银"更增加了红螺寺的神秘、祥和的气氛。

4.节庆：红螺寺春节期间会举办庙会，2—5月举办梅花展，秋季还有金秋采摘等活动。

玩家 解说

千年古寺山水环绕依山而建，北倚雄伟的红螺山，南照秀美的红螺湖，寺庙周边林壑荫蔽，古树参天，藏风聚气，为一方风水宝地，"红螺三绝景"——御竹林、雌雄银杏、紫藤寄松远近闻名，百万杆翠竹与千亩古松林环拥着整个寺院，形成了一幅"碧波藏古刹"的优美画卷，山川灵气，造就了这里"独占地里风水之妙，独具自然环境之美"的佛家苑林景观。红螺寺景区现已形成了红螺寺、观音寺、五百罗汉园三个佛教文化区和红螺山、青龙山两个自然观景区"一日游"的观光格局，构成了"春看花、夏避暑、秋观叶、冬赏岁寒三友"的观光特色。游人在这里既可以走进古刹，瞻仰庄严佛仪，焚香顶礼、令悟自身心性，祛除诸多烦恼获得平静的愉悦，也可以漫步林间小憩放松下，或登高望远临风高歌，尽情领略感悟休闲的乐趣。

▢ 御竹林

山门前的竹林为元代云山禅师所栽植，距今已有600多年的历史。在竹林西北角还有一个照原样恢复的"观竹亭"，当年清康熙帝就曾在原亭内设御座赏竹。红螺寺竹林四季常青长势茂盛，有竹百万株，被称为"红螺三绝景"之一。

▢ 雌雄银杏

大雄宝殿前有两棵古银杏树，东边的雌树清秀矮小，西边的雄树高大粗壮，这棵雄银杏树，树龄在1100年以上，树高30多米，整个树的围度达到7米之多。每年春天雄树开满淡黄色的小花，秋天不见果实，而雌树每年春天不见花开秋天却果实累累，人们称它们为夫妻树。

银杏树是孑遗植物，我国特有的植物活化石，是世界上最古老的一个树种，具有很高的研究和欣赏价值，这里的雌雄银杏被称为"红螺三绝景"之一。

▢ 紫藤寄松

在大雄宝殿后三圣殿前的院落西侧，是"红螺三绝景"之一的紫藤寄松。这景由一棵平顶松和两口藤萝构成，平顶松高约6米，枝分九杈，把它有力的臂膀平行地伸向了四面八方，而两棵碗口粗的藤萝又如龙盘玉柱一样爬满了整个树头，为这棵松树增添了妩媚之感，而且松藤并茂形成了一把天然的巨伞，遮阴面积近300平方米。每年5月初，满架的藤萝花就像一串串紫玛瑙挂满整个枝头，如一片紫色的祥云浮在殿宇之间，浓郁的花香飘满整个寺院。

生存岛旅游基地
体验高空移位、松林飞降的惊险

🚇 北京市怀柔区红螺东路6号

生存岛是国内第一个新概念旅游基地，故而成为旅游市场一道亮丽的风景线。它占地50万平方米，以"创造、运动、审美、度假、培训"为宗旨，新概念培训、旅游模式等各方面均具有全新的思维、全新的视角。生存拓展培训、新概念旅游、集体休闲、学生自救

红螺寺

训练、老干部休闲、真人CS是生存岛六类超前而具有震撼力的内容，吸引众多游客不断慕名而来。

生存岛精心设计的活动，使参训者自悟道理，达到挖掘潜能、挑战极限、陶冶情操、磨炼意志、完善人格、锻炼团队意识、团队精神的目的。活动内容往往新颖而独特，充满了趣味性、竞技性、实效性、挑战性，能达到追忆童趣、休闲娱乐的效果。游客们启动自己的智慧，凭借自己的创造力，感受先民创造的灿烂文明，思索现在与未来，在深刻的实践中，感受失败的沮丧与成功的喜悦，品味人生的苦与甜。

雁栖湖 AAAA
水上乐园赏大雁、仙鹤等珍禽

- 北京市怀柔区城北约8千米
- 45元，娱乐活动另算
- 010-69661194

雁栖湖是一处风光旖旎的水上乐园、度假胜地。雁栖湖水面宽阔，湖水清澈，每年春秋两季常有成群的大雁来湖中栖息，故而得名。雁栖湖三面环山，湖内水质清纯，鱼类增多，珍禽候鸟常在湖岸栖息繁衍。雁栖湖游乐园环境优美，景色宜人，是北京郊区著名体育健身、休闲度假的胜地。2014年APEC会议的召开令这片秀美的湖泊更加吸引世人瞩目。如今，雁栖湖已成为旅游观光、娱乐休闲的理想场所。

▫ 核心岛

作为APEC的会议区，雁栖湖核心岛是游客最炙手可热的首要目的地。核心岛即雁栖湖国际会都，面积约65公顷，包括国际会议中心、特色园林、雁栖酒店、12栋精品别墅和雁栖塔。每一座建筑，每一处景观都经过精心设计，绝对是一幅"湖光秋月两相和，潭面无风镜未磨"的美景画卷。

雁栖湖

▫ 雁栖湖湖区

湖区包括望湖亭、银杏林、各种水陆娱乐项目等，吃农家饭、住农家院也别有情趣。雁栖湖水面宽阔、湖水清澈，每年春秋两季常有成群的大雁来湖中栖息，是最好的游玩季节。另外，仙鹤、白天鹅、淡水鸥等珍禽候鸟也常在湖岸栖息繁衍。雁栖湖每年举办"雁栖之春"游园会和"中秋国庆游园会"，此外还有体育比赛、夏日文化活动和地方文艺演出等。

▫ 顶秀美泉小镇

顶秀美泉小镇紧邻APEC会址，是一处原汁原味的欧式风情主题小镇。小镇内拥有欧式风情商业街、12国主题酒吧街、国外进口商品特产专营店和茜茜公主主题酒店等。最不可错过的就是"12国主题酒吧街"，聚集了意式餐厅、英式茶餐厅、德式啤酒屋、美式快餐、西班牙餐厅、东南亚餐厅、戏剧酒吧、书吧等，装修风格也魅力十足。茜茜公主主题酒店即顶秀美泉假日酒店，以19世纪奥匈帝国茜茜公主的传奇故事为文化主题，采用"彼得麦耶尔"装修风格，再现欧洲中世纪的古典、雅致和浪漫。

雁栖风情大道

雁栖风情大道全长11.8千米,南起雁栖镇下庄村,北至怀北镇河防口村,是进出怀柔的必经之路。大道沿线连接了下庄特色精品商街、顶秀美泉欧洲风情街、范各庄村的燕城水运长街、栖彩小镇、巴西风情园和河防口古村落等,都是旅游的不错选择。

玩家 攻略

雁栖湖周围有多家高中低档宾馆饭店,湖区周围建有十几处虹鳟鱼垂钓烘烤园,虹鳟鱼的吃法多种多样,每个人都可按自己的口味进行调试:红烧、伴炖、清蒸,以烧烤、吃生鱼片为最多,用鱼骨做汤别有一番风味。

雁栖湖一年四季有多样的旅游活动,自1996年以来,每年举办"雁栖之春"游园会和"中秋国庆游园会"。游园会上还有各种形式的民间花会、舞狮表演。同时,自1996年起,每年7~8月,暑期配合观赏水幕电影举办为期两个月的晚间夏日文化广场系列活动。

水上飞伞是一项勇者参与的水上娱乐项目。跳伞平台设在湖中,游人在跳伞前,站在平台上穿好救生衣和伞衣,伞衣和快艇相连,在快艇的高速牵引下,伞张开把人带到空中,最高可达50米。随着快艇的方向和速度,伞在空中迂回曲折,展翅翱翔,湖区景色尽收眼底。

玩家 解说

雁栖湖三面环山,北有军都山,海拔1200米;西有红螺山,海拔811米;东有金灯山,海拔186米,山上有枫树、松柏、水炬树及乔灌木,面积达1.5平方千米。湖内水质清澈,有鱼、虾、龟等水生动物几十种,并多次发现金边地龟和娃娃鱼等珍稀动物,对水质要求很高的大雁、仙鹤、白天鹅、淡水鸥等珍禽候鸟常在湖岸栖息繁衍。雁栖湖游乐园环境优美,景色宜人,是北京郊区著名体育健身、休闲度假的胜地。游乐园内各种娱乐设施齐全,现有水上、陆地项目40余个,可供不同年龄的游客选择。其中水上飞伞、水上跑车、水上自驾摩托、水上飞降、水幕电影、火箭式蹦极、空中飞人、激流勇进、攀岩、射箭、戏水池等健身娱乐项目深受广大游客喜爱。游客可乘船游湖,纵横千米湖面,劈波斩浪,尽情领略搏击风浪的情趣。游客还可登临望湖亭,领略湖光山色,尽情回归大自然的惬意,傍晚去还可以砍价,或者多玩一次。

天池峡谷
鸟语花香的风景峡谷

📧 北京市怀柔区怀北镇

天池峡谷以水秀、涛声、谷幽、峰奇为特色。霞松岭林荫树茂,岭奇路险;闻涛谷天池溪水潺潺,四季长流。奇妙的天池紫菲,

天池峡谷

一泓秀水映百丈绝壁，令人赞叹流连。数条溪流顺水而下，汇成1000多平方米的天池，分外清澈明净。神驼峰、福从天降、莲藕双生等奇峰林立。冬日的天池峡谷有当家的绝景——天池冰瀑。

北京香草世界
薰衣草的观赏乐园
北京市怀柔区北房镇新房子村

园区占地300亩，种植了100余万株来自欧洲、"台湾"的名贵香花、异草：薰衣草、迷迭香、洋甘菊、百里香、罗勒等，尤其以多品种的薰衣草种植为一大特色，香草的花期在每年的5月至11月，每年的7、8、9月是观赏香草的最佳季节，也是紫色最动人的时期。

星美今晟影视城
北方大型影视外景和后期制作基地
北京市怀柔区杨宋镇

即原来的飞腾影视城，亦称星美小镇。这里是《大宅门》《倚天屠龙记》《铁齿铜牙纪晓岚》《康熙微服私访记》等影视作品的主要取景地。影视城总面积350余亩，分北区和南区两部分。走进亦真亦幻的影视城，游客不但能饱览明清街景、江南秀色，还可以体会影视文化的内涵和奥妙。

鹅和鸭农庄
美式乡村范儿的农庄
北京市怀柔区桥梓镇北宅村

一面是山，一面是农庄，中间夹着一条清水河；山上栽果，川里种粮，河滩挤满参天白杨，河湾浮着群群花鸭和白鹅。农庄全年开放，季季有特色。花香四溢的春天以植树和赏果花为主题活动；炎炎的夏季，户外泳池里是人们避暑、嬉戏的身影；硕果累累的秋季，可以在果园里亲自体验采摘的乐趣；银装素裹的严冬，吃着农家热乎乎的饭菜，更可以勾起游客对童年的美好回忆。农庄还是一些影视剧拍摄组的拍摄基地，娱乐项目丰富。

景点推荐 慕田峪长城周边

慕田峪长城 AAAAA
历史上修建规模最大、质量最高的长城

- 北京市怀柔区渤海镇
- 60元
- 010-61626022

　　慕田峪长城距北京城73千米,是"北京新十六景"之一。慕田峪长城历史悠久,文化灿烂,在北京乃至全国有一定的知名度和影响力。慕田峪长城西接居庸关长城,东连古北口,其中有2250米的长城段是开放的,它的特点是长城两边都有垛口,敌楼密集,关隘险要,三座敌楼并矗一台的正关台,甚为罕见。慕田峪长城山势险峻,起伏连绵,如蛟龙翻滚飞腾,重峦叠嶂,植被覆盖率达90%以上。慕田峪长城在中外皆享有"万里长城慕田峪独秀"的美誉。

玩家 攻略

　　1.游客服务中心位于慕田峪长城总售票口对面,提供电子导游:中文10元,外文40元,押金100元,团体可预订自动导游服务。

　　2.长城山庄:位于风景秀丽的慕田峪长城脚下,隶属景区管理处。站在庭院内可以眺望到雄伟的万里长城。长城山庄为二星级酒店,设有会议室、台球厅、棋牌室、垂钓等,餐厅以川鲁风味为主,同时还可品尝到农家饭菜、烧烤,用餐方式自由选择。

玩家 解说

　　慕田峪长城敌楼密集,从慕字一台(大角楼)至慕字四台(正关台),不到500米,就设敌楼4座;从慕字一台至慕字二十台,长度仅3000

米,敌楼,敌台,墙台,铺房就25座,这种百米左右就有一座敌楼的长城段也是不多见的。

慕田峪长城拥有双面垛口墙。其他段长城,多为长城外侧一面建垛口墙,而慕田峪段长城却两面都为垛口墙,垛口墙即守城将士对敌作战的掩体。两面垛口墙,即意味着两侧同敌作战,可见慕田峪段长城在历史上的重要战略地位。

慕田峪长城内、外支城并存。支城,即在主长城之外根据战事需要,顺山势又节外生枝修出的长城。慕田峪的外支城,即连接慕字十一台的长城,内支城,即"秃尾巴边"。

链接

怀柔长城文化博物馆

博物馆外观为仿古式建筑,古朴典雅,占地面积200余平方米,布展分为三个主题区"无限沧桑话怀柔""万里长城走怀柔""长城出土文物展",通过模型、图片以及文物的展览向游客介绍怀柔长城文化。

■ 正关台

正关台又称慕田峪关,其三座敌楼并立,为长城建筑史上罕见。此关建于明永乐二年(1404年),战略地位十分重要,一边是塞外匈奴驻地,一边是入京通道,一边又是进入皇陵的捷径。慕田峪关长40米、宽30米、高20米。为上下两层,底层相通,有室多间,可用于囤粮、屯兵。从垛口望长城内外,视野极为开阔。

■ 大角楼

在历史上是蓟镇长城和昌镇长城的分界线。之所以称为大角楼,是因为此楼三面有长城,一条向西与八达岭相连。一条向东,与古北口相连。一条向南,为内支城,因从长城任何一个角度看,都似一个城角,故名大角楼。大角楼在慕田峪长城中是一个较大的敌楼,为东部的制高点,视野开阔,长城内外尽收眼底,向西警戒慕田峪关,向东警戒亓连关,是进退的必经之路。

■ 牛犄角边

长城由山腰直伸山顶,在山顶立一敌楼后,又突然下降,翻身向下返回山腰,又骤然升起，直到海拔940多米的地方，绕了一个大弯，其形状酷似牛犄角，苍劲雄浑，人们把它称为"牛犄角边"。

响水湖
因泉水声声作响而得名

📍 北京市怀柔区渤海镇大榛峪村

响水湖距县城28千米，总面积18平方千米。景区集长城、古洞、山川、泉潭、飞瀑于一身，人们又叫它"天然锦绣谷"，是京郊又一处得天独厚、秀丽多姿的旅游胜地。响水湖因在泉水的源头，泉涌如注、水响如雷，千米之外也能听到流水的响声而得名，它也是怀柔第一大泉，是附近百姓的饮用水源，也是怀柔水库源头之一，水质甘甜、清爽可口。

景区内长城始建于明永乐二年（1404年），为了护守边防而修建。山谷之中，建关筑堡；山谷两侧，峰峦起伏。历尽沧桑而依然宏伟的万里长城，犹如巨龙腾飞，直升云霄，雄城险隘，蔚为壮观。明代的摩崖石刻增添了古老关塞的威严，天然的连云洞和图腾阁，奔腾的山泉，从山顶飞泻而下，瀑布落差达五十余米，甚至可与银河落九天相媲美，高深莫测，趣味无穷，体现了大自然的瑰丽艺术。

响水湖景区内山峰陡峭，泉水淙淙，果

响水湖瀑布

林成荫，花草弥坡，空气清新，风景优美，环境宜人。一年四季各有特色。阳春，春花烂漫，百媚千娇；盛夏，林荫欲滴，满目葱翠；金秋，红叶满山，硕果累累；寒冬，冰川皑皑，银装素裹。

圣泉山
探身仿古、礼佛拜祖

📍 北京市怀柔区桥梓镇口头村

圣泉山旅游景区地理位置优越，东距红螺寺3千米，西距慕田峪长城10千米，紧临怀沙旅游公路，交通便利。景区占地5平方千米，区内九龙山，山势巍峨，植被茂密。山麓至禅林春晓段，海拔落差288米，旅游步道平均坡度25度，沿途风景宜人，凉风习习，既适宜登山健身，又适宜消夏避暑。前峰以北，山峰林立，高岭百转，峰岭之间沟谷星罗棋布。后峰观音顶海拔393米，山端庄饱满，意出云表，别有一番意境，观音顶前，一道迂回峡谷，浑然天成。

圣泉山人文遗迹中，自古以来存在许多无从破解神秘之谜，到访者揣摩猜测，口耳相传，众多神奇的传说故事便在民间应时而生。这些故事使圣泉山观音寺名声远播，也是圣泉山观音寺地处深山却不萧索，远离人烟却香火殷盛的原因之一。

黄花城水长城 AAAA
"山、水、长城"结合的典范

📍 北京市怀柔区九渡河镇西水峪村
💰 60元 ☎ 010-61651818

黄花城水长城旅游区因漫山遍野的黄花而得名黄花城，又因该处三段长城入水而被称为水长城。黄花城水长城以"奇"而著称，以"秀"为特色，青山、碧水、古长城融为一体，是著名的旅游休闲胜地。

水长城有著名的"三绝景"："一绝"是建于明永乐年间（1403—1424年）的长城

盘旋于高耸的山脊之上,环绕在灏明湖畔,景色秀美壮观。"二绝"是湖水将长城自然断开,形成长城戏水、水没古城垣的奇特景观,引人入胜,让人叹为观止。"三绝"是明代板栗园,古树树干粗壮遒劲,树枝盘根错节,形态各异,巨龙戏珠之躯和撑掩苍天之冠,更是令人赞不绝口。

玩家 攻略

水长城基本上一日即可返回,适合各个年龄段的人前去踏青春游。

线路一:强身健体游(适合青年及热爱运动的游客)

景区门口→大台阶→水库大坝→盘山栈道→半岛休闲(观水中长城)→沙滩戏水→碧玉潭→黑龙潭→半岛→跨库桥→长城豁口→上坝路→景区门口

线路二:轻松休闲游(适合携老带幼的家庭游)

景区门口→上坝路→水库大坝→乘游船→半岛休闲(观水中长城)→划船→沙滩戏水→半岛→乘游船原路返回

线路三:寻幽怀古游(适合中老年游客)

景区门口→上坝路→长城豁口→跨库桥→半岛休闲(观水中长城)→沙滩戏水→明代板栗园→半岛→乘游船或原路返回

如果时间不紧,整个周末可以这样安排:早上出发到达月牙湾,赏花,垂钓,吃农家饭,吃完饭后前往西水峪民俗村,找个农家休整半小时,然后前往附近的野长城,晚上宿农家,第二天开始,在水长城景区游玩,下午返京。

玩家 解说

水中长城形成的原因是因大坝截流,导致水位上升,把处于低谷部位的长城淹没在水中。在撞道口东段还可以俯瞰水库,像黄花城这样三段长城入水的景观绝无仅有,因此前来一探究竟的游人众多,这里的"三绝景"更是引人入胜,叹为观止。一绝:建于明永乐年间的长城盘旋于山脊之上,环绕在灏明湖畔,景色秀美壮观;二绝:湖水将长城自然断开,形成长城戏水、水没古城垣的奇特景观;三绝:明代板栗园,古树盘根错节,形态各异。

黄花城水长城

🟢 明长城

明长城指山上盘旋的黄花城长城,因漫山遍野的黄花而得名。此处长城始建于明永乐二年(1404年),具有的特点是:以原始著称,此段长城古朴自然,保持着明朝时期的原始风貌。长城结构以大石条为主,坚固无比,有固若金汤之称。三段长城入水,形成水中长城的景观。黄花城长城就属于内长城,且是怀柔境内长城的最西端,也是明代蓟镇居庸关的最东端。黄花城长城虽然没有八达岭的雄伟壮观,没有慕田峪的清灵俊秀,却保留着一份原始与古朴,给人以沧桑之美。

🟢 灏明湖

灏明湖原名西水峪水库。四面环山,与长城相依,由天然泉水汇集而成,水质达到国家一类标准,是可以直接饮用的水源。湖面18.4公顷,平均水深10余米,最深处30余米。灏明湖水澈域广,是景区开展水上娱乐活动的场所。乘船畅游灏明湖时,就可欣赏到鸳鸯戏水的景观。据国家观鸟协会观察,水长城景区是北京最大的野生鸳鸯繁殖基地。每年"十一"前后,成群成片的野生鸳鸯栖息在灏明湖畔,景色非常壮观。诗云"澄光秀水西湖色,鸳侣双栖不老情"。

湖心半岛

湖心半岛位于景区中心，面积上千平方米。它背靠青山，三面环水，是欣赏长城入水的最佳位置。岛上绿树丛生，花草遍地，环境优美，设有游船码头、垂钓处、商亭等游客娱乐休息中心。由于地势平坦，半岛也是游客露营的最佳位置。

火门洞石塔
元朝道教石塔
北京市怀柔区九渡河镇

火门洞石塔高2.4米，西向，花岗岩石砌成。下部为六棱形须弥座，中部为圆柱形上粗下细的塔身，西面有一方形小龛，内可放祭祀物或长明灯，上部是四法轮的花岗岩塔顶。此塔朴实无华，是元明时期的道教石塔。

塔的北侧，有能容纳十一二人的小山洞，洞内呈圆筒形，洞门朝西，为看守石塔人居住地。由于居住烧火做饭，烟从洞口冒出，将洞门熏得很黑，当地人称此洞为"火门洞"，称此塔为"火门洞石塔"。

鳞龙山
石林挺拔壮观，攀岩活动的不错场所
北京市怀柔区九渡河镇二道关村

鳞龙山山口的鳞龙石雕是山的艺术象征物，汉阙石门继承了汉代建筑风格，创造了"琼阁云檐藏神域，童话奇景入梦乡"的美感。鳞龙山峰崖高耸，花岗岩石林挺拔壮观，堪称华北一绝，也是攀岩活动的最佳场所。

旋升的天梯上边有《山鬼》岩画，是依诗人屈原的作品创作的，渲染着山林的神秘气氛。景区内不但有天生的各具形态、惟妙惟肖的将军峰、神鹞九子峰、神马石、骆驼峰等，而且各存神话传说，听来趣味盎然。

神堂峪
住农家，尝虹鳟鱼美宴
北京市怀柔区雁栖镇

神堂峪自然风景区位置优越，交通便利，环境幽静、景色优美，周边有雁栖湖、慕田峪等著名的景点，是个仙境般的世外桃源。神堂峪原名为鹞子峪，相传有位采药的老人在山上搭建了茅屋，每天上山采药为当地百姓看病。后来，老人转世成仙，人们就把鹞子峪叫作神堂峪。神堂峪曾为京畿要塞，历经沧桑的屯兵城堡修建于明万历年间，虽历风雨，现今遗址仍然保存着原始的风貌。神堂峪境内的古长城东与古北口、司马台相连，西与元连关、慕田峪、八达岭相依，境内有烽火台30余座，全长8127米，最高的那座烽火台即为著名的"望京楼"，历史的雄风犹存。

神堂峪风景区内景色秀丽，浑然天成，毫无人工雕琢。山峰险峻，怪石天成，菩萨帽造型奇特，高耸入云，令人神往；鹰嘴峰、骆驼岭、神龟石、凤凰台、石人群等鬼斧神工，惟妙惟肖，趣味无穷，令游客流连忘返。

鳞龙山自然风景区

玩家 攻略

1.娱乐活动：景区可划船、垂钓，价格不等。登明代古长城、露天游泳池、上山采药、挖野菜、千米沙滩排球及石壁攀岩等项目免费。

2.雁栖不夜谷：是由"虹鳟鱼一条沟"改造而成，内有官地、神堂峪、莲花池等10个民俗村，年接待游客百万人次。这里有几十家经营虹鳟鱼的餐馆。游客可以自己钓鱼或者捞鱼，吃法主要是以烧烤为主，搭配各色农家菜，建议挑人多的餐馆就餐。

箭扣长城
雄奇险峻的野长城

北京市怀柔区八道河乡西栅子村（南坡在渤海镇珍珠泉村）

箭扣长城是一段"野长城"，东连慕田峪长城，西接黄花城水长城，多筑于险峰断崖上，以雄奇险峻而著称。箭扣长城因整段长城蜿蜒呈W状、形如满弓扣箭而得名。箭扣长城是明代万里长城最著名的险段之一。

近年来，箭扣长城是各种长城画册中上镜率最高的一段，逐渐成为长城摄影的热点。"牛犄角边""正北楼""小布达拉""涧口""刀把楼""将军把关""天梯""鹰飞倒仰""北京结""九眼楼"等富于变化和韵律的著名结点都是疯狂摄影家眼中的伊甸园。

玩家 攻略

1.箭扣长城非常险要，而且很多部分已经坍塌，攀爬难度较大，不适合一般游客常规游玩。

箭扣长城

来此最好跟随专业的户外团队，并尽量聘请当地向导。

2.攀爬时一定要穿着登山或运动衣裤，最好准备路绳等装备，方便在陡处通行。

3.箭扣山间气候多变，且天气常和北京市内完全不同，来此游玩时最好准备好一次性雨衣等方便的雨具。

4.晴天时山上阳光较强，且气候干燥，建议备好遮阳帽、墨镜、头巾等防晒防尘用具。

5.山上非常原始，购物不便，游玩前建议备好干粮和饮用水。

6.夜晚时山间气温较低，无论是住在村里还是在山上露营，都需要备好御寒衣物。

濂泉响谷
山谷曲径通幽，灵泉飞瀑随处可见

北京市怀柔区八道河乡

濂泉响谷是集青山绿水、险峰峡谷、灵泉飞瀑、密林幽洞、奇山怪石于一地的自然风景区，常年气温比市区低3℃～5℃。景区内有5000米曲径，可见天宫洞、猫头山、三潭二瀑、神马场、五月冰川、寿龟负重、雁栖源头、原始次生林、间天台等多处景观。这里山回路转，步步有景，濂泉响谷，处处留情。

蓝天牧场
享受扬鞭策马的乐趣

北京市怀柔区雁栖镇北台上村

蓝天牧场景观融山川、河流、森林、草原为一体，农田、果园一望无际，主要景区有福龙山观光区、栖湖观光区等，可在此赛马、漂流和采摘。

景点推荐

喇叭沟门风景区

喇叭沟门
北京唯一原始森林自然生态景区

📍 北京市怀柔区喇叭沟门满族乡

喇叭沟门是北京唯一一处原始森林自然生态景区,分冰川、五龙潭、凤凰台(看白桦树的好地方)三个景区。景区内有充满了神秘色彩的原生原始森林,有北京地区罕见的云海,有保留了大量历史遗迹的凤凰台,有北京地区绝无仅有的暑期冰川,有在西伯利亚才可看到的千亩白桦林,有壁立千仞的百丈崖,有令开车族有惊无险的十八盘道,有流传着神奇传说的壹善松,有具有奇功异效的长寿泉、爱泉、珍珠泉。海拔1700多米的南猴岭,是怀柔区的最高峰。喇叭沟门有"首都后花园"之称,又有"天然大氧吧"之美誉。

玩家 攻略

1. 这里的秋色非常美,能拍到五彩斑斓的彩林。另外,由于这里海拔较高,气温也比市内偏低,所以应多穿一些衣服才行。

2. 住宿:如果赶在旅游旺季(夏秋季),最好提前和当地的农家预订好。

3. 六月冰川(5月至7月收门票15元):6月已是仲夏时节,但在喇叭沟门放马沟内,却有一处冰川溪谷,让人在炎热的天气里感觉沁人心脾。这里夏季气候凉爽,即使每年最热的7月,平均气温也只有22℃，冰川现象每年都可持续到6月底至7月初。

凤凰台

凤凰台以白桦林和枫树林最为人称道，放眼望去，一排排白桦林，银白如漆的树干，好似风景画一般。秋天的时候，红叶、白桦树的白色树干和黄色树叶交错点缀，风景格外迷人。

五龙潭

五龙潭景区的植物以橡树居多，也有很多白桦和枫树，是看红叶的好地方。每年秋天，这里也是色彩斑斓、绚丽多姿。此外，还有一些清澈见底的水潭、小溪，甚至小型的瀑布，斑斓的色彩倒映在清澈的水里，犹如童话世界一般。

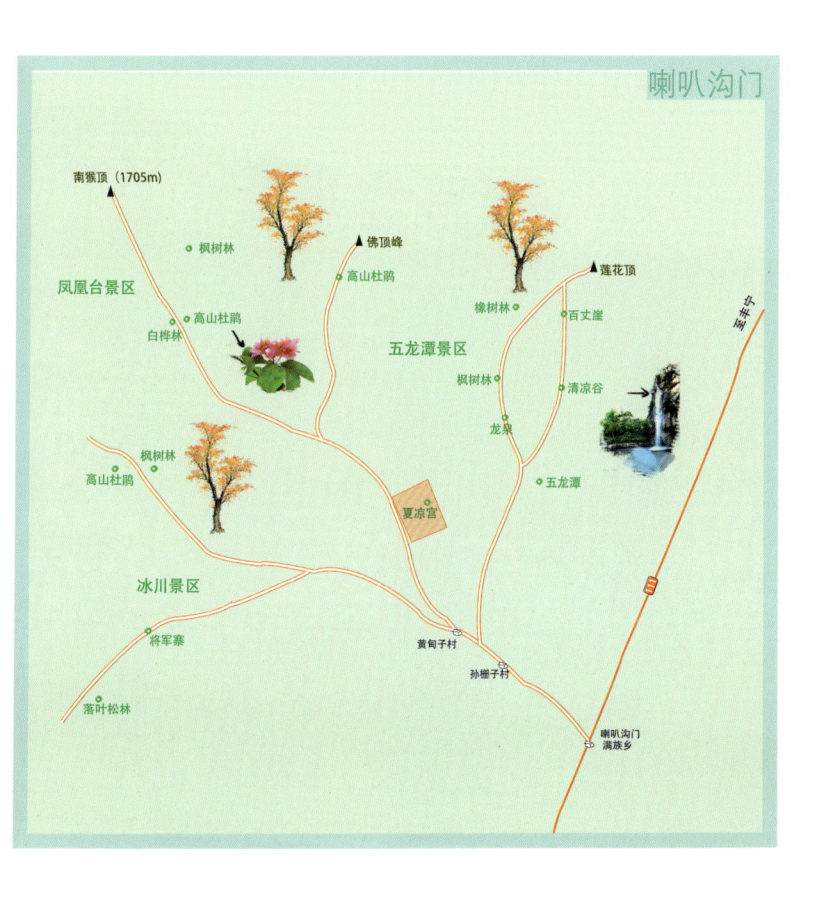

冰川景区

冰川景区位于孙栅子村的缸房沟旁，整个冰川长约30米，最宽的地方有5米，最厚的地方有2米多。冰川现象是由当地的独特小环境造成的，这里的冰川被两侧的山崖夹在中间，再加上山上的树木长得茂盛，使冬季形成的冰长时间见不到太阳，所以即使夏日的热浪来袭，长年累积的厚厚冰层也很难融化，就形成了夏日冰川，有时还会出现八九月没化完十月又重新结冰的奇景。

喇叭沟门满族民俗博物馆

博物馆依山而建，采用了清朝王爷府的建筑风格，傲然中尽显威严庄重的王府风范。整个博物馆分为两大部分，第一部分是满清文化陈列馆，有七个展室，收藏了自汉代以来的各种珍品九百五十多件，其中满族民间实物五百多件，另有二百三十五件为皇侄爱新觉罗·毓岚先生捐赠。第二部分喇叭沟门乡书画艺苑展示了几十位著名书画家作品一百二十余幅。

长哨营
满族特色山货大集

北京市怀柔区长哨营乡

长哨营是个满族村，它的山货大集非常有名。集上300多种特色山货年货、上百种满族特色风味小吃供人选，此外村里还推出了"购绿色山货、看满族文艺、游八旗新村、住民俗农家、品满族饮食"等系列冬日郊游体验项目，为游客购年货、提前体验乡村旅游提供了好去处。

喇叭沟门森林公园

云蒙风情大道

景点推荐

青龙峡 AAAA
玉皇台赏景

- 北京市怀柔区怀北镇大水峪村北
- 54元 010-89696781

青龙峡距北京三元桥75千米。自古以来，青龙峡地区就是兵家必争之地，它是军都山山脉——燕山山脉的分支。向东，青龙峡地区的长城连接着密云的司马台长城、平谷的将军关长城；向西，连接着延庆的居庸关长城、昌平的八达岭长城，守卫着宏伟京师，阻挡着匈奴等少数民族的入侵。

青龙峡景区被雄伟的水库大坝分为两部分，北部是高峡平湖，适宜乘龙舟、画舫或快艇，沿蜿蜒的水路，游客可欣赏两岸的旖旎曼妙风光。夏季，游客可沙滩浴场进行各种娱乐活动，如踢足球、打排球等，更可享受免费的日光浴。东岸也设有蹦极跳、攀岩等健身娱乐项目。另外，保存完好的明代古长城敌楼经历风雨，仍然矗立在山顶。

玩家 攻略

在南部的湖区，景区提供了很多水上运动项目，游客可以在这里乘坐游船或快艇在水面遨游，欣赏两岸风光，也可以在浅水区选择竹筏或手划船，或者去玩玩碰碰船、水上步行球等水上游戏。夏季湖区还有游泳池对外开放。

在青龙峡景区的东岸设有蹦极跳、攀岩、速降等极限娱乐项目。其中蹦极跳台距离水面约60

米，是北京市最高的一处蹦极跳台。

景区内的水上运动和极限娱乐项目都需要另外付费。

可以在青龙峡景区内，沿着登山步道步行而上（或者乘坐观光缆车，单程10分钟），到达景区内的最高峰——玉皇台，沿途可以欣赏到明代古长城在群山峻岭中蜿蜒曲折。天气晴朗时，在山顶还能遥望怀柔城区和密云水库。

玩家 解说

青龙峡景区占地150公顷，南北狭长10余华里，宽30~50米，两侧山脉蜿蜒曲折，山势雄伟，植被茂密，原始古貌的万里长城犹如巨龙环卧在奇峰峻岭之巅，幽深的山涧峡谷，山花绚烂，碧水潺潺。大自然的山山水水与原始古貌的万里长城交相辉映，既蕴含着南方山水之秀美，又显现出北方高山之雄伟。沿着曲径通幽的石阶，穿过松荫蔽日的松林，攀游满目叠翠的青山，有片片的野山葡萄、野榛子和野藤萝等十余种山野自然植物景观，植被覆盖率达97%以上。还有母婴松、一线天、断崖等奇特景观供游人观赏。登上古长城，可尽情饱览塞外的山川绿野秀色，浏览北国大地的秀美风光，美不胜收。

云梦仙境
奇峰、怪石、飞瀑、深潭

📍 北京市怀柔区琉璃庙镇东峪村
📞 010-61618140

云梦仙境自然风景区被誉为北方的"张家界""京北最美的风景区""京郊十佳好去处"。

云梦仙境是两千多年前孙膑、庞涓的师父道教的洞府真仙鬼谷子隐居、修道、授徒的洞天府地。春秋时，鬼谷子隐居于清溪之鬼谷，在当地，鬼谷子被奉为保护神，因而，每逢圣诞之日，善男信女从四处八方来到鬼谷庙上香拜神，祈祷得到明的庇佑。在此地拜鬼谷仙人为师的苏秦、张仪、毛遂、徐福下山后都成了栋梁之材，流芳百世，这些故事都给云梦仙境增添了神秘传奇的色彩。

景区内有著名的"六绝景"，即京北第一漂（白河大峡谷漂流）、龙潭涧、鬼谷庐、千亩原始次生林、雅鲁藏布大峡谷和云海奇观。景区的特色是奇、险、秀、野、清潭连珠。区内奇峰林立、怪石嶙峋、飞瀑百丈、潭深水清，是山野旅游的理想选择。

▫ 京北第一漂

漂流最有名的地段是北京的"雅鲁藏布大峡谷"也就是白河大峡谷。这里的龙潭河在两岸悬崖峭壁，野峰耸立的地方，急急地拐了一个180度的大转弯，此处水流汹汹，其险峻、其美色、其神秘，与雅鲁藏布大峡谷如出一处，使专家都拍手叫绝。这里漂流的感觉，如是著名的三峡之行。漂流沿途古迹

云梦仙境

云蒙山

很多,有巾帼女将穆桂英的上马石遗址,古栈道遗址,石人,石缸等景观。

□ **龙潭涧**

龙潭涧长约4000米,谷深约700米,最窄处25米,全部由花岗岩构成。涧内有36座形状各异的水潭,其中的七星潭是传说中的龙王栖身地。

云蒙山森林公园
被称为北方"小黄山"

🚩 北京市密云区琉璃庙镇后山铺村 💰 78元

云蒙山,又称云梦山,以峰、石、潭、瀑、云、林取胜,以雄、险、奇、秀、幽、旷见长。云蒙山国家森林公园是京郊有名的自然风景区,也是北京市国家级森林公园之一。景区自然景观优美,素有"北方小黄山"的美誉。

景区为典型的山地气候,森林茂密,动植物种类十分丰富,各种植被不胜枚举,如核桃涧、云蒙林海、映山红一面坡、杨树坪、劲松壁等。云蒙山主峰高达1414米,是燕山山脉的第二高峰,山体主要由火山岩构成,群峰叠起,峭壁千仞,林深树密,古树参天。景区云山雾罩,气候凉爽宜人,一年四季,美不胜收。林海、云海、花海形成的三海奇观更是令游人叹为观止,是旅游观光、避暑度假的理想胜地。

玩家 解说

云蒙山是一座具有山岳风光特征的京郊名山,是北京地区特有的中山地貌森林公园,人称云蒙山有四多:奇松怪石多,仙山古洞多,飞瀑流泉多,瑞木瑶草多,它集泰山之雄、华山之险、黄山之奇、峨眉之秀于一体,景观优美著称于世,云蒙山的奇峰、异石、潭瀑、烟云、森林、古迹这六大景观特色构成了一幅动静变化的空间图画,给人以视听感的美学享受,使人心旷神怡,赞叹称绝,流连忘返。每年的特色旅游活动有4—5月的山花观赏,7—8月的云雾漫游,9—10月的山果采收等内容。鬼谷子山寨是您追溯远古历史文化的神秘之地。

黑龙潭 AAAA
三瀑十八潭观冰凌、攀冰

🚩 北京市密云区石城镇大关桥,密云水库西北方向13千米

黑龙潭风景区是山溪在沟壑流动时形成的侵蚀型潭池旅游风景区。景区总面积9平方千米,全长4000米,地势落差220米左右。峡谷蜿蜒曲折,陡峭奇耸,峰峦叠嶂。悬

潭、沉潭、落雁潭、通天瀑、平沙潭、曲潭、滴水潭、苇潭、三叠潭、无底潭、黑龙真潭以及龙门口、龙劈石、刺猬石等30多个景观，如颗颗明珠镶嵌在峡谷之中。

玩家 攻略

1. 黑龙秘径：是位于黑龙潭和京都第一瀑间的一条小路。从这条路派生出其他许多徒步线路。因此路内沟谷多，树木密，山中的小路不是很清晰，建议结伴出行，最好有熟悉道路的领队。

2. 攀冰：黑龙潭是京郊六大攀冰地之一，冰壁坡度60~75度，高度30多米的冰壁距景区门口约800米。难度不大，适合初学者。

玩家 解说

黑龙潭所在峡谷俗称轱辘峪，窈窕狭长蜿蜒曲折，峪谷两壁陡峭奇耸，峰峦叠嶂。三瀑十八潭贯穿其中，人们对黑龙潭的评价是新、奇、险。通天瀑垂直陡峭，壁如刀削，五十多米高的瀑布仿佛从天而降，烟霭升腾，弥漫山谷，冷气扑面。其中，龙卷身潭深潭光滑，水从潭中翻卷而出，三潭相连，变成一串，又名"珍珠串"；落雁潭因初春或冬临时有大雁到此栖身落脚而得名，潭阔水深，周围山峰环抱，山清水秀；黑龙真潭为十八潭之冠，四壁光滑口圆，肚大底平，水呈墨绿色，深不可测。

链 接
黑龙潭的传说

黑龙潭至今还流传着一个动人的传说：古时候，有两条龙，长大分家时，性格憨厚的黑龙主动把白龙潭让给弟弟白龙，独自一人来到了古楼峪。那时候，这里没有一滴水，没有一棵草，黑龙变成了小伙子，没日没夜地拼命干，大西山的云蒙老祖看着黑龙又憨厚又勤快，就送给他1条彩带和18颗珍珠，黑龙把珍珠撒在了古楼峪内，因此形成了现在的18个奇潭。

▢ 黑龙头潭

它是三瀑十八潭的门户，坐落在大关桥西侧一百米处，沿溪走三分钟就到了头潭瀑布之下。瀑布高达三十多米，中间有130厘米高的崖坎，水在急流中击起水浪，再翻转直下跌入深潭，潭水面积约有50平方米，最深处有3米左右，瀑布口呈月亮门形，南侧岩石呈弓字形，光似刀旋，上有龙头岩，北侧的崖壁蹲着一只老虎石，故有"龙守门虎把关"的传说。

▢ 平沙潭

潭水从5米外30度斜坡的石片上，缓缓流入一口大锅似的潭中，白沙铺底。水面约有8平方米，最深不过3米。因为水面平稳，清澈透底，故称为"平沙潭"。平沙潭南侧有一狭窄山沟，仅容一人通过，人称"一线天"。北峰是千米峭壁，刀削斧劈一般，黑如锅底，人称其为"黑半天"。

通天瀑、落雁潭

云蒙风情大道 293

捧河湾
京都三大峡谷之一
📍 北京市密云区石城镇捧河岩村

也叫白云峡或白河峡谷，指从白河堡水库流向密云水库的河流大峡谷，与永定河官厅峡谷和拒马河峡谷并称"京都三大峡谷"，是一处原始风貌保留相当完整的自然峡谷。景区内崖壁如刀削斧凿，树影幢幢，千尺白云瀑陡然跌落绝壁之中，飞流直下，是一处集历史文化、自然生态、人文景观于一体的休闲、度假胜地。

青菁顶
幽深、神秘的奇特景观
📍 北京市密云区石城镇黑龙潭北1千米

青菁顶自然风景区处于青菁顶和横岭之间的大峡谷中。景区东临白河，西至青菁顶主峰，全程4000米，落差400米。风景区处于云蒙山地貌的第三阶梯，山体以花岗岩、片麻岩为主。由于落差大，构成了奇峰、怪石、深潭、幽谷的奇特景观。景区奇峰耸立，怪石嶙峋；山间小溪在嶙峋的山石间斗折蛇行，幽深潭水碧绿清澈，一眼见底；山谷绝壁巨石斜挂，古木倒悬，云茫茫、雾雾蒙，远远望去，幽深而神秘。

景区一年四季各有特色：春天，山花盛开，千娇百媚，游客可以踏青赏花；夏天，大峡谷内水量充足，潭潭皆溢，泉声叮咚，溪水奔淌，树木葱郁，游客满目皆绿，尽享夏日风情；秋天，漫山遍野硕果累累，一片丰收的景象，游人可享受采摘的乐趣；冬天，白雪皑皑，冰川万丈，游人可观赏冰河、冰凌、冰瀑，观赏千里冰封、万里雪飘的北国风光。

天门山
亿万年前形成的天然石洞
📍 北京市密云区石城镇柳棵峪

天门山自然风景区地处云蒙山东侧、西邻怀柔。景区全长4千米，占地面积15公顷，有景点40余处。主景"天门"又称"扁担眼"，海拔800余米，相传是二郎神担山填海时用来穿扁担用的扁担眼，南面的扁担眼在湖南张家界，北面的扁担眼就在柳棵峪村。该洞嵌于绝壁之中，豁然通透，浑然天成，宛如通往天庭的一座城门，因而得名天门山，因它在北方，亦称"北天门山"。

天门山景区开阔壮观，景色如画，是不可多得的自然旅游胜地和科普教育基地。山内植被茂盛，地形地貌奇特，动植物种类繁多，还有不同种类的中草药千余种。野果沟长2000米，金秋时节，山梨树、百年栗树、野枣、山核桃、猕猴桃硕果压枝头。占地约67公顷的橡树林，到了深秋，树叶变红，场面盛大，令游人叹为观止。

青菁顶

天门奇观

每天初生红日的霞光从天门射出，一年四季位置各不相同，形成了壮观的"日出天门"，阴历每月的十三日至十七日，月亮仿佛一面银镜悬挂于天门中间，犹如二郎神的一只神眼注视人间，称为"天门悬月"，这两个奇特景象全国罕见。

天台观景

穿过"天门"，登上"天台"，眼前豁然开朗，"一览众山小"的感觉油然而生。眺远山，雄伟的鹿皮关长城宛如一条巨龙盘旋于群峰之巅，云雾缭绕时或隐或现，中华民族的智慧、古代战争的场面似乎尽现眼前。

枫林溪水

枫林溪水即扁担溪，全长3千米，由天门山泉水汇聚而成，蜿蜒于北京地区唯一一片野生枫杨林间。沿"扁担溪"婉转而上，一路枫林幽幽、溪水潺潺，垂流成瀑，溪水四季不断。溪内绿树成荫，赏心悦目、怡情逸意，仿佛进入桃源境地。

乡村风情游

景区内的石头房、大火炕、石碾子、石磨，淳朴的民风民俗，农家饭菜，果实采摘，都能让您流连忘返。

京都第一瀑
京郊水量最大的瀑布
北京市密云区石城镇柳棵峪村

京都第一瀑，景区全长3千米，原名柳棵峪瀑布，落差62.5米，是华北地区最大的瀑布。瀑水源于云蒙山清泉，诸泉汇集入谷，终年不断，形成瀑布。分季开花的映山红、桃树、山杏树、秀战菊等，使景色壮观的京都第一瀑自然风景区更加美丽诱人。

从第一个"古尊迎客"到最后一个"六潭连珠"，全程3千米，落差200米。造型奇特的龙潭有10个，最大的为青龙潭，涛声轰鸣，水光潋滟，湖光山色，异彩夺目，游人到此，无不情思飞扬，击掌称绝。

桃源仙谷
以湖、瀑、潭、洞多而著称
北京市密云区石城镇南石城村

桃源仙谷自然风景区坐落在云蒙山地域，东起密云水库，西至观峰台之巅，总面积16平方千米，被评为"北京市风景名胜区"。

景区峡谷森林融溪、潭、瀑、石、洞、峰、峡、林、果、花于一体，环境优美，风光旖旎。世外桃源区、观潭望瀑金龟奇景、天画八峰神仙界、远望云海碧水天等70余处景观镶嵌其中，其中以一湖六瀑十三潭最为著名，构成了世外桃源的一幅天然风景画。

桃源仙谷一年四季景色各异，活动也不同。春可看桃花绽放、郁金香迎春，举办桃杏花观赏活动；夏可看百合、宝莲、爱情花、火山情人大理花尽情绽放，举办保护水

桃源仙谷

源活动；秋可看漫山黄叶、硕果累累，进行金秋采摘活动；冬可看银装素裹，举办冰雪活动。

玩家 攻略

由于游玩桃源仙谷全部景点所需时间较长，推荐游玩的前夜在景区附近住宿。景区入口处有多家农家院，一般标准间价格100元左右，条件还不错。

用餐也多是在所居住的农家里，游玩时的午餐则推荐自带。景区内虽有农家可以用餐和购买零食等，不过价格都比较高，推荐在游玩之前备好干粮和饮用水。

每年1—2月谷内举办攀冰活动，不过这里冰瀑高度较大，只适合专业团队。普通游客切莫私自行动，以免发生危险。

桃源仙谷每年举办活动的时间是：1—2月举办冰雪活动；3—4月举办桃杏花观赏活动；6—8月举办保护水源活动；9—10月举办金秋采摘活动；11—12月举办红叶观赏活动。

玩家 解说

主要景观有许多，其中桃源瀑：由云蒙山系峡谷断层形成。雨季时，瀑布飞泻66米，水声如雷，震撼峡谷。瀑下有水深3米、面积200平方米的青龙潭。瀑旁的绝壁上有青龙天梯，天梯上人可以体验瀑水在身旁飞流直下的磅礴气势。神古洞：为一裂隙水侵蚀而成的岩洞。面积近300平方米。上有龙泉潭，下有戏水潭，构成了潭、瀑、洞相依相偎的奇特景观。观峰台：位于景区终点峰峦上，海拔808米，为一巨石堆积而成的平台式山体。观峰台上可西眺云蒙山群峰，东望密云水库，天高云淡，令人心旷神怡。

鹿皮关长城
欣赏长城的残缺美
北京市密云区石城镇

鹿皮关关门东西两侧悬崖峭壁，山色似鹿皮斑纹，鹿皮关由此而得名。鹿皮关长城是明代长城的重要关口之一，白河便流经鹿皮关下，关近河流，易守难攻。城墙部分大都坍塌，但还依稀可见，靠近关口的几个烽火台也保存得很完整。

鹿皮关长城

玩家 攻略

景区位于北京密云石城，西直门乘公交车到密云鼓楼站下车，换乘专车即达乡村新居，双休日、节假日987直达。自驾车沿三元桥—京密路—密溪路—黑龙潭—乡村新居。

食宿可以选择在附近的乡村农家院，体味老北京的传统习俗与特色美食。

鹿皮关长城最佳旅游时间是每年的9—10月，但其他时间也有不同的特点，随时都可以去游览，体会别样的心境。

鹿皮关长城地势险要，游玩者尽量穿着运动鞋，夏季带好避暑和防晒物品，踏上鹿皮关长城之旅体验巍峨的壮观和残缺的美丽。

玩家 解说

鹿皮关的名字来源于两种传说，一说白河两岸悬崖峭壁山色斑驳，好似鹿皮斑纹，故名；还有一说是居高临下观看峡谷中有大石如花鹿安卧，故名鹿皮关。

清凉谷
水量足、潭瀑密度大、瀑布高
北京市密云区石城镇

清凉谷景区地处塞外、云蒙山阴坡，地理位置独特，气候凉爽，由清凉谷、水帘洞两部分组成。清凉谷以"云蒙三绝"著称：其一，水量充足，即使是干旱时节，清潭飞瀑也一直水流不断；其二，潭瀑密集度大，4000米的路段内分布的五瀑十三潭，形状各异、大小不一，潭瀑密集度为京郊罕见；其三，瀑布高且奇特，呈水帘状，宽10余米、高80多米，降落时水雾弥漫，游客在数米以外都可感到阵阵凉风。此外，清凉谷水上娱乐活动别出心裁，新颖独特。水上拓展项目丰富多彩。玩竹筏戏水、走水上钢丝、爬水上网格等活动，极具趣味性、挑战性，可以使游客放松心情，愉悦身心。

五座楼森林公园
俯瞰密云水库、远眺云蒙群峰
北京市密云区石城镇

五座楼森林公园属于云蒙山系的东端，东连密云水库，北接黑龙潭，是密云水库环湖西路旅游线上的第一站。公园总面积2.05万亩，以山岳高峻、峡谷幽深、森林茂密、溪流飞潭、森林植物种类繁多而著称，春碧夏黛、秋红冬白。登高可俯瞰密云水库、远眺云蒙群峰，可饱览长城关楼、五楼雄峙、气贯长虹。

云蒙峡
一条峡深溪清的风景走廊
北京市密云区石城乡水堡子村西

峡谷雄险而曲折，串联着数十个不同特色的风景小区。而且越深入云蒙峡腹地，那些奇峰、怪石、清潭、飞瀑、野花、密林等胜景也越来越多、越来越优美。其中水门景区可观赏坠石劈成的水门清溪和含碧潭、骆驼峰奇景。在这里登高峰，纵览密云水库风光，攀山岭观奇峰、瀑布，越林海探植物世界。这里是许多户外爱好者的天然基地。景区内没有一点人工雕琢的痕迹，有穿越峡谷、攀岩、攀冰、野外宿营、野炊、烧烤等项目。

九道湾大峡谷
瀑、石、洞各具一格
北京市密云区石城镇北石城

九道湾大峡谷蜿蜒于高山之间。景区

云蒙峡骆驼峰

内，奇石嶙峋，各种象形石栩栩如生，有卧龙石、令箭石，惟妙惟肖；夫妻石两石相偎，濡沫与共，锁溪石雄踞河中；而高耸的福石、神石又体现了人们对幸福平安的期盼。景区内的岩洞别具一格，飞水洞洞内瀑水飞溅，别有洞天；由巨石跌落而成的叠石洞，更令人惊叹不已。每年9月至10月30日举办采摘油栗、苹果、柿子、梨、核桃、野菜、野果等活动。

云龙涧
原生态山水景致
北京市密云区溪翁庄镇北白岩村村北

云龙涧自然风景区是密云区距北京最近的自然风景区，深潭、瀑布、奇峰、怪石、林海等众多景观布满整个大峡谷，有"天赐云龙涧，野生植物园"的美誉。

景区有五大主题风景走廊："深涧透云峡""登高好汉坡""幽林十八盘""怀古览胜景""摩崖石刻"。第一主题区瀑布轰鸣，深潭相连，峡谷两侧，绝壁耸立；第二主题区浪穿石，石抱水，一幅山水风景画浑然天成；第三主题区原始次生林蓊蓊郁郁，遮天蔽日、仙门、神门、南天门,指引游客直上山巅;第四主题区由数十处文物古迹组成,老道洞、小道房、古碾、古窑使人如临桃花源;第五主题区是"摩崖石刻",中国印摩崖石刻在海拔968米的云龙涧主峰,是博大精深的中华文化与奥运精神的完美结合。云龙涧自然风景区,既气势磅礴又温文尔雅,似诗如画,使游客享受到畅游在大自然怀抱之中的惬意与轻松。

云蒙三峪
由牛盆峪、石塘峪、葫芦峪三峪组成

北京市密云区西田各庄镇牛盆峪村

云蒙三峪自然风景区地处云蒙山南麓。景区西与青龙峡相邻,东与密云水库相望,北起白河谷地,南止山前平原,距北京市区70千米,距密云城区15千米,因处于西至小水峪、东有白道峪、中间牛盆峪的小山村边,故名为"云蒙三峪"。

景区青山水秀,景色如画。区内有水龙宫、百丈崖、二潭飞瀑、神眼、天书、千层崖、养神床、神船、天然空调、石笋山、千层岩、金佛浴池、玉瑶池、盘龙石等三十余处景点。一年四季景色各有特色:春天满目新绿,百鸟争啼,生机盎然;夏季绿树成荫,山花遍野,争奇斗艳;晚秋丛林尽染,硕果累累;严冬岩洞晶莹洁白,银装素裹。

更多本旅游区景点

九谷口:因望城谷、银河谷、响泉谷等9条山谷汇聚而得名。景区内的人文景观有明代古长城,自然景观有九条山谷——望城谷、银河谷、白杨谷、响泉谷、一线天、鲸石谷、桃园谷、牛蹄谷、藤萝谷。北京市怀柔区怀北镇

云蒙三峪自然风景区

幽谷神潭:由于其特殊的地理位置、奇特的山体构造、丰富的矿泉资源、美丽的神话传说,构成了这里得天独厚的自然旅游景观。北京市怀柔区怀北镇

紫云山:山景集黄山之奇、华山之险、峨眉之神于一体,一条通天河如银丝带般串起了88个碧潭。北京市怀柔区怀北镇椴树岭村

百泉山:是以自然山水为主的景区。这里百泉争涌、溪流奔急、山秀峰奇、谷幽林密,颇具江南风韵。北京市怀柔区怀北镇北台子

黄峪口:是一处青少年考察基地。森林葱郁、山谷奇峻、生物丰富。还有一条全长万余米的大峡谷即智慧谷,谷内溪水潺潺,山峰耸奇叠翠。北京市密云区石城乡

天仙瀑:以峰、石、潭、瀑、林、花、溪为特色,一年三季开花。景区内潭瀑密集,共有大小瀑布8处,潭水12处,大部分瀑布落差在20米以上,空气中富含氧离子,十分清新,堪称天然的氧吧。北京市密云区石城乡

景点推荐 密云城区周边

密云水库
亚洲最大的人工湖

📍 北京市密云区西北约13千米处

密云水库是亚洲最大的人工湖,也是京津唐地区第一大水库,华北地区第二大水库。总面积达188平方千米,水域面积约91万平方千米,是北京市民用水和工业用水的主要来源,哺育着北京的子民,有"燕山明珠"之称。密云水库坐落于燕山群峰之中,横接潮、白两河,分白河、潮河、内湖三个库区,有着烟波浩渺、天水茫茫的湖面,给人豁然开朗之感。被誉为"燕山明珠、避暑胜地",以山灵水秀、景象万千而吸引游人。

玩家 攻略

1. 密云水库水很深,水深处活动的鸟类少,而在浅滩处长有水草的地方鸟类较多,它们通常在此觅食、繁殖、活动嬉戏等。

2. 日出日落时,在太阳的映照下,飞翔的鸟群是很好的拍摄对象,作品会很有意境。

3. 密云水库库区及大坝是不让游人参观游览的,只有周边一些景点对外开放。若想进入库区,可以联系库区的农家院,他们可以将你带进去,或找到当地的黑车带你进去,平均30元/人,但是不能上大坝。

4. 密云水库观景台是纵览水景的最佳地点,位于水库中间地带,矗立于水面之上,前后左右皆空,视野极其开阔。

玩家 解说

水库迎面而来的就是巍峨的大坝,登临坝顶,顿时豁然开朗,烟波浩渺,天水茫茫的湖面渔船点点,一眼望不到尽头;库旁的各式建筑隐现在青山绿水之中,恰似仙宫琼阁。围绕水库还建成了一条110千米长的环湖公路,沿环湖公路

密云城区周边

绕行,可以看到整个密云水库犹如一幅色彩斑斓的山水画卷。以密云水库为中心,有东西环线景观带。东线是由长城古岛到古北口,60余千米长的公路两侧茂盛的彩叶林木婆娑;西线由密云区城上密溪路到黑龙潭,五座依次矗立的森林公园(五座楼森林公园)鸟声婉转。

瑞海姆田园度假村
英国19世纪乡间别墅风格度假村

🏠 北京市密云区西大桥路2号

瑞海姆田园度假村依照英国19世纪乡间别墅的风格兴建,是北京唯一的一家五星度假村。度假村的仿天然海滨造浪游泳馆,造浪的时候能造出6种不同浪形,最高浪可达1.2米,喜欢冲浪的人可以尽情玩耍;蝴蝶泉SPA可进行桑拿、保健按摩等水疗保健;也可以在富丽堂皇的大堂,观赏如同博物馆似的装饰、陈设。

张裕爱斐堡国际酒庄 AAAA
城堡中品美酒

🏠 北京市密云区巨各庄镇东白岩

北京张裕爱斐堡国际酒庄由烟台张裕集团融合美国、意大利、葡萄牙等多国资本于2007年6月全力打造完成。酒庄大门为巨大的复古式拱门,门顶上气吞山河的双麒麟环抱地球雕塑是张裕葡萄酒100年前最早的葡萄酒标志。爱斐堡酒庄的主体建筑群——城堡主楼是经典的欧洲城堡式建筑。

爱斐堡三面环山,地理位置得天独厚,自然风景秀丽,空气清新怡人,集住宿、餐饮、会议、娱乐、休闲、旅游度假为一体。酒庄城堡地下为大酒窖,二楼是张裕百年葡萄酒文化博物馆,三楼是爱斐堡酒庄的品鉴中心。酒庄建筑装修风格多样而独特,美丽而优雅。乡村田园风格、中产阶级风格、乡绅风格、骑士风格,精雕细琢,塑造经典。酒庄在原有葡萄种植及葡萄酒酿造的基础上,配备葡萄酒主题旅游、专业品鉴培训、休闲度假三大创新功能,这种"四位一体"的经营模式,开启了中国酒庄新时代。

玩家 解说

爱斐堡呈欧式风格,有法桐大道、鲜食葡萄采摘园、哥特式城堡、地下大酒窖、欧洲小镇、张裕百年历史博物馆以及山水景观休闲区,使游人可以尽情体验葡萄酒文化所带来的乐趣,与大自然亲密接触,彻底地放松身心。爱斐堡品鉴中心与OIV等国际著名葡萄酒组织精诚合作,专门为国人设计了多项课程,集中介绍国际通行的葡萄酒文化和葡萄酒礼仪知识体系。在这里,可以在风格各异、优美典雅的葡萄酒主题餐厅中品尝到极富葡萄酒文化特色的中、西菜肴,也可以在以法国小镇为蓝本建造的欧洲小镇里畅游,小镇内有西式教堂、雪茄吧、葡萄酒SPA。

链 接

张裕集团

烟台张裕集团有限公司其前身是1892年由我国近代爱国华侨张弼士先生创办的烟台张裕酿酒公司,至今已有100多年的历史。张裕集团是中国第一个工业化生产葡萄酒的厂家,也是目前中国乃至亚洲最大的葡萄酒生产经营企业。集团公司现为国家大型企业,有职工4000余人,主要产品有葡萄酒、白兰地、香槟酒、保健酒、中成药、鲜食白酒、矿泉水和玻璃制瓶八大系列几十个品种,年生产能力8万余吨,产品畅销全国并远销马来西亚、美国、荷兰、比利时、韩国、泰国、新加坡、中国香港等世界二十多个国家和地区。

瑞海姆田园度假村

云佛山滑雪场

云佛山滑雪场
滑雪胜地
北京市密云区溪翁庄镇

北京云佛山滑雪场坐落于密云水库的南岸，三面环山，环境优美，是集住宿、餐饮、会议、娱乐、健身为一体的现代化的绿色精品滑雪场。滑雪场总占地面积为45万平方米，长800米、落差130米的高级滑雪道，300～600米长的中级滑雪道，为初级滑雪者设计长100～380米的初级滑雪道完全符合国际标准，保证了滑雪的安全和质量，让游客放心娱乐。另外，为满足广大滑雪爱好者的乐趣，雪场还推出雪地摩托车、冰车、滑雪圈、雪雕等多种娱乐滑雪项目，游客可尽情参与滑雪项目，驰骋奔越，体会雪上运动的新奇与刺激。

北京巴蜀文化园
再现巴蜀历史文化
北京市密云区溪翁庄镇马头山村密云水库白河主坝脚下

北京巴蜀文化园掩映在苍松翠柏之中，占地30公顷，主要有屈原祠、白帝城、武穆祠、昭君故里、太白岩和丰都鬼文化城等18个景点。园内石阶路贯穿各个景观，漫步在林荫树下的石台阶路上，既可体验大自然的风光，又可游览各个景观。

景区移植和再现了巴蜀历史文化，其中古代名人撰写的碑文、楹联突出了文化、文物特点。整个园中不同景点各有不同的典故。殿内的泥雕塑像各具神态，栩栩如生。鬼谷村是根据民间鬼神传说，用现代手法表现出来，形象各异，趣味横生。

金叵罗迷宫种植园
"玉米迷宫"主题农业公园
北京市密云区溪翁庄镇金叵罗村

金叵罗迷宫种植园位于北京隆源农嘉禾食品有限公司基地内，总占地面积500亩。迷宫种植园是将玉米按照迷宫的方式种植形成迷宫阵，利用玉米高秆的遮蔽性，在玉米地中留出通道，种植出适宜人们旅游观光的"迷宫阵"，整个迷宫被设计成中国地图形状，占地面积270亩。从空中鸟瞰，大片的玉米地中"勾画"出一幅中国地图，线条清晰，像精编的地毯。此外，还有观光台、商业街、烧烤一条街、水吧等，可在观光台俯瞰迷宫的全景。

白龙潭
环境超好的疗养区
📍 北京市密云区太师屯镇庙梁村龙潭山中

白龙潭风景区地处燕山长城脚下，位于距密云区城东北30千米的龙潭山中，1986年被选入"北京十六景"之一。白龙潭文化底蕴厚重，出自汉室以"应龙能致雨"之说。一白龙久居深潭，广布细雨，为庶民耕云造福。北宋苏辙曾留诗句："白龙昼饮潭，修尾挂石壁。"从元代至明清，白龙潭古建林立，香火旺盛。在其鼎盛时期，乾隆帝从派官祭龙、为民祈雨到亲临祭潭，进而形成了每年二八月祭龙的皇家典制。历代帝王将相、文人墨客，年年临此游览避暑，这里所设的"行官"，是北京往来承德避暑山庄御道途中的必经之地。

白龙潭景色秀美，风光旖旎。登上白龙宝塔，极目远眺，密云水库，烟波浩渺，水天一色；京师雄关，司马台长城举足可攀；燕山最高峰雾灵山尽收眼底。风景区每年阴历"三月三"为传统的白龙潭庙会，极其热闹，庙会活动有少林会、走高跷、唱大戏、耍中幡等。

云峰山
有北京规模最大的摩崖石刻群
📍 北京市密云区不老屯镇

云峰山巍峨挺拔，奇峰俊秀，文物荟萃。该山集富丽风光、文物古迹及动人传说于一体，有摩崖石刻群、超胜庵，还有朝阳洞（洞壁上天然形成了一条青色巨龙）等景观。

自山麓至山顶，分布历代刻石37处，闻名于海内外的北魏光州刺史、著名书法家郑道昭于永平四年（公元511年），在此山留下了宝贵题刻17处，均刻在山内险峻的摩崖之上。

南山滑雪场
规模最大的四季度假区
📍 北京市密云区河南寨镇圣水头村

南山滑雪场占地面积4000余亩，是集滑雪、滑水、滑草、滑道以及滑翔等动感旅游项目为一体的四季度假村。度假村内景色优美，项目内容可概括为"冬季滑雪、春季踏青、夏季戏水、秋季采摘"，在冬季，南山滑雪场是目前华北地区规模最大、设施最先进、雪道种类最齐全的滑雪度假区。项目特点为：动感旅游为主，观光旅游为辅，动静结合、冷暖兼容、四季经营。

玩家 攻略

如果想滑一天，可在官网上提前预订滑雪票，会比现场购买便宜很多。

可以在滑雪场服务大厅租雪服，也可租用雪镜、头盔、手套等。

除了滑雪之外，场内还有许多娱乐项目，如旱地雪橇（德国滑道）、观光缆车、加拿大雪地飞碟、雪地摩托等。

滑雪场内有滑雪学校，分为双板和单板，价格也不尽相同，可以在其官网上查询，也可在滑雪场的服务中心咨询。

滑雪场内有多家餐厅，既有休闲的咖啡厅，也有简易的快餐店，还有正宗的东北菜，另外景区内还有露天小吃广场，供应各种风味小吃。

白龙潭

景点推荐：司马台长城附近

司马台长城 AAAA
中国唯一保留着明代原貌的古长城

- 北京市密云区古北口镇
- 40元
- 010-81009999

司马台长城位于金山岭长城东部，东起望京楼，西至后川口，全长54000米，整段长城构思精巧、结构新颖、造型各异，堪称万里长城的精华。著名长城专家罗哲文教授这样称赞司马台长城："中国长城为世界之最，司马台长城堪称中国长城之最。"

司马台长城依险峻山势而筑，以"险、密、奇、巧、全"为特色。司马台水库将该长城分为东西两段。东段、西段各有敌楼16、18座。敌楼密集、形式多变、结构各异，楼的间距平均仅140米，雄奇壮丽，令人叹为观止。屹立于东段长城峰巅的仙女楼与望京楼最为著名。尤其是望京楼，位于海拔千米的陡峭峰顶，风光秀丽。

1987年，司马台长城被列入世界遗产名录，属国家级重点文物保护单位，是我国唯一保留明代原貌的古建筑遗址。历经战火硝烟，司马台长城仍然雄风犹存，是十大爱国主义教育基地之一，荣获过"北京旅游世界之最""北京市优秀景区""京郊十佳好去处"等荣誉称号。

玩家攻略

1. 由于司马台长城山路险峻，攀登时请一定注意安全，若遇到困难，可拨打电话69031051向景区求助。

2. 司马台长城东区险峻，到东12楼以后就是未开放区域，即通常所说的野长城。西区可以直接穿越到河北境内的金山岭长城。从司马台售票口进去，直接爬司马台的东段，可以通过16座敌楼，一直爬到最高的望京楼处。望京楼向东有一条小路下山，路很好走，下去以后是巴各庄，可以从那里坐小巴回密云，或者就住在司马边寨小木屋。

3.徒步古北口—金山岭—司马台长城是一个非常有挑战性的长城旅游，要有足够的体力和力量。在古北口—金山岭长城之间有一段军事禁区，必须爬下城墙沿长城外侧而行走。过一个小山村后重新爬上长城，如果想尝试，最好结伴同行，途中经常看不到人烟，整个徒步行大约需要两天时间，要做好充分的准备。另外，也可从金山岭进入，徒步司马台（需6~8小时），但因司马台分属北京管理，金山岭属河北管理，所以此段长城徒步需要购买两次门票。

玩家 解说

司马台长城以险、密、奇、巧、全著称。险是指它建在刀削斧劈的山脊之上，惊险无比；"密"是指敌楼间的距离，两敌楼相距最近几十米，最远不过300米，平均间距仅140米；"奇"是指司马台长城山势险陡，雄奇壮丽，且山下有鸳鸯湖（冷泉与温泉交汇而成），碧波荡漾，构成湖光山色的绮丽美景；"巧"体现在步步为营的障墙上，进可攻退可守；"全"是指城楼和敌楼的建筑风格形式奇特多样。

链接

奇妙的长城

司马台长城始建于明洪武初年，又经蓟镇总兵戚继光和总督谭伦加固。整段长城的构思精巧、设计奇特、构思新颖、形态各异，它集万里长城众多特色于一地，形成了一段"奇妙的长城"。这里长城的墙体，既有人所常见的"城墙类型"，也有适应悬崖峭壁的山势而建的"半边墙类型"；既有随缓坡而舒展的马道，也有陡坡上以大阶梯叠进的"天梯"。空心敌台形式多样，同样令建筑史家叹为观止。仅敌台上的望亭，就有一间房、三间房、三间房加前后廊、三间房加周围廊等几种，屋顶有歇山、悬山、硬山、卷棚和重檐悬山式多种。在很短的距离里，城墙和敌楼形式之多、变化之大，在万里长城中极为罕见。

古北口长城
京都锁钥重地

📧 北京市密云区古北口镇河西村

古北口长城由卧虎山长城、蟠龙山长城、金山岭长城和司马台长城组成。它是一段未经修缮的古长城，非常具有沧桑感，透过残缺的城墙，能真切感受到长城特有的雄壮与悲凉。古北口长城蜿蜒曲折，起伏跌宕，敌楼众多，形式各异。享誉中外的司马台长城就是古北口长城中的一段。

玩家 攻略

1.东直门乘980、970路至密云长途汽车站，换乘至司马台景区的车辆，在古北口隧道洞前下车即达。

2.乘承德、滦平、围场、丰宁方向的长途车至古北口隧洞古北口收费站处下即达。

司马台长城

3.北京宣武门、前门旅游集散中心乘专线车(周末及节假日)直达景区。

玩家 解说

古北口自古为燕京门户,京都重镇,是北京通往松辽平原和内蒙古大草原的重要孔道,历来为兵家必争之地,战事不断。1933年举世瞩目的古北口抗战也发生在这里,因此长城的作用突显得尤为重要。

古北口地势险要,在山海关与居庸关中段,山陡路险,但山奇水丽,古迹名胜众多,是清帝王去东北祭祖、狩猎、巡视必经之处,康熙曾在这避暑,乾隆曾在这阅兵,长城周边有旧时行宫、杨令公庙、蟠龙山、古北口抗战遗址等景点。

◻ 古北口明长城

古北口明长城是古北口北部的第一道军事防线,是明万里长城中最坚固最雄伟的一段,更是今天唯一完整保留了明长城最精华部分原貌的一段。从西边至东边依次为八大楼子长城、黄峪沟长城、卧虎山长城、万寿山长城、蟠龙山长城、五里坨长城、金山岭长城和司马台长城。

◻ 古北口北齐长城

古北口北齐长城位于明长城南面,从西八大楼子至东司马台长城全长20千米构成古北口的第二道军事防线。明朝洪武十一年(1378年)朱元璋派开国大将徐达重修明长城时建古北口关城,设置东、南、北三门防守,并在北齐长城基础上砌石块,增强长城的防御能力。明朝1569年戚继光在古北口修复长城时,保留了北齐长城并在墙外贴长城墙砖,形成了古北口著名的双长城。

◻ 将军楼

将军楼为二层楼,高10米,四边各宽10米,东西各有三个箭窗,南北各有四个箭窗,四个方向各有一门。此楼曾经受了抗日战争的猛烈炮火,如今仍很坚固。顶部的垛口已

古北口长城抗战纪念馆

完全被当初的炮火击毁,除中部已塌毁的直径约一米的圆孔外,楼顶的圆拱均已裸露在外。著名的长城抗战中敌我双方争夺最激烈的就是将军楼。

◻ 二十四眼楼

二十四眼楼是古北口长城段的尽头,是一座建筑奇特的敌楼,它的西北部已塌毁,只有东部和西南向的墙还在那里坚固地挺立着,因为原来四面共有二十四个箭窗而得名。此楼地势高耸,东接金山岭,西望卧虎山,由于战略地位重要,因此修得特别高大独特。

古北水镇
长城下的燕京门户

北京市密云区古北口镇司马台村

古北水镇背靠司马台长城,是一座集山水城于一体的古村落。景区总占地面积9平方千米,目前已经开放有民国街区、水街风情区、卧龙堡民俗文化区、汤河古寨区等特色景点。古北口自古以雄险著称,有着优越的军事地理位置,以其独特的军事文化吸引了无数文人雅士,苏辙、刘敞、纳兰性德等文词大家在此留下了许多名文佳句,更有康熙、乾隆皇帝多次赞颂。

而今，古北水镇依托司马台遗留的历史文化，进行深度发掘，将9平方千米的度假区整体规划为"六区三谷"，分别为老营区、民国街区、水街风情区、卧龙堡民俗文化区、汤河古寨区、民宿餐饮区与后川禅谷、伊甸谷、云峰翠谷。古北水镇是集观光游览、休闲度假、商务会展、创意文化等旅游业态为一体，服务与设施一流、参与性和体验性极高的综合性特色休闲国际旅游度假目的地。

玩家 攻略

古北水镇是中国历史文化名镇，多民族是民俗旅游的特点，主要有回、满及汉等民族，可接待不同习惯要求的游客，令人有返璞归真之感。您还可以参与跑旱船、登高跷、骑马、坐轿、篝火等传统文化娱乐活动，尽享乡情乡趣。

玩家 解说

在古北水镇，游客们不仅可以游览目前保持最完好的司马台长城，还可以在长城脚下参与体验感受当地独特的民情民俗，住进农家小院，徜徉在繁华的北方商业街，品尝烧肉馆等地道的北国美食和小吃，参观永顺染坊、镇远镖局、司马小烧、八旗会馆等众多古镇景点。作为开放式小镇，镇区配有银行、邮局、书店等一系列配套设施。同时，还配有目前国内面积最大、设施设备最完善的游客服务中心及星级酒店、精品酒店、特色主题的北方民宿等。

古北口镇民俗馆

九龙十八潭
春踏青，夏避暑，秋采摘，冬赏冰

北京市密云区太师屯镇石岩井村

九龙十八潭景区山高林密，峰奇石怪，潭、瀑、泉密集相连，有"六泉九瀑十八潭"，大小景观40余处。龙头潭，四壁光滑如磨，溪流自上激下，潭水急旋，清澈见底，四周刀削斧劈，崖壁古柏交柯，清风自谷口徐徐吹入，在当地有"风敬潭门"之称。地涌金莲，为神龙倒挂的源头，为该景区六处泉水最大的一处，泉眼三寸粗细，清澈甘洌，矿物质丰富，绝对没有污染。

仙居谷
万花山山花争艳、三清宫香火旺盛

北京市密云区太师屯镇

仙居谷古称万花山，群峰环绕，潭瀑众多，从沟谷到山巅，在不同的季节先后成片地盛开着杜鹃、桃李、绣线菊、山樱桃、山菊花、映山红等各色野花，山花争艳，景色迷人。景区内的万花湖水面宽阔，三清宫是有800多年的历史的道观，香火旺盛，上香者长年不断。

云岫谷
华北最大国际狩猎场

北京市密云区新城子镇遥桥峪村，司马台长城东侧

云岫谷游猎风景区东临国家一级森林公园——雾灵山，西临司马台长城，是北京地区独一无二的集狩猎、度假、娱乐、科考于一体的多功能旅游区。

景区最高海拔2116米，山场面积广阔，植被覆盖率达95%以上，年平均气温12℃。景区自然人文环境优越。奇峰、怪石、洞穴、峡谷、溪流、潭瀑、森林、花草、野生动植物众多，是避暑消夏的好去处；水秀石红的地

雾灵山

质现象和第四纪的冰川潭砾巨石群在全国尚属罕见，具有很高的科考价值；长城、古堡、茅庐、人工湖等人文景观资源丰富；游猎区为多功能旅游区，分为密云国际狩猎场、现代化飞碟射击场和蒙古风俗村等部分，吸引游客慕名而来，堪称人们游赏度假之佳境。

雾灵山龙潭景区
京东第一高峰赏冰瀑

北门位于密云区曹家路村与兴隆县大沟村交界处；西门位于密云区曹家路村南

雾灵山位于北京、天津、唐山、承德四城市之间，地理位置优越，交通十分便利。雾灵山海拔2188米，为燕山山脉主峰，素有"北方黄山"之称，被称为"京东第一山"。雾灵山名伏凌山，至明代时因大乘天真圆顿教第三代祖天真古佛将此山作为"求道灵山"，加之此山常年有云雾缭绕其上，始称雾灵山。雾灵山有4个景区，以雄、奇、秀、美为特色。其中龙潭景区在公园西北侧，与密云曹家路村相邻，生物资源丰富，有"华北物种基因库"的美誉。

玩家 攻略

1.5月前去雾灵山，有冰瀑可赏。顶峰住宿更需防寒保暖，山顶有大衣出租，夏季的瀑布水量不大，但很凉爽，可以避暑。

2.雾灵山自然保护区生态保护良好，但时常有小动物出没，谨防虫叮蛇咬。

3.公园里有通往各个景点的中巴，建议步行。这里风景很好，空气新鲜，还可以体验走小路抄近道的感觉，不过，要想把所有景点一次性逛完应该是不大可能，所以要在行前确定好路线。

玩家 解说

此山分为仙人塔景区、五龙头景区、龙潭景区、清凉界景区四大景区，并形成了多种著名景观：

一为山体岩石景观。特殊的地貌造就了雾灵山雄伟的山势，层峦叠嶂，千姿百态，以"奇、险、秀、美"为特色，如三象石、泼墨峰、双猿峰等。二为水体景观。奇特的地貌，茂密的森林植被使雾灵山形成了"森林满山，遍地涌泉"的壮丽景观，如龙潭景区的龙潭瀑布、小壶口瀑布。三为动、植物景观。茂密的森林，丰富的植被，形成了许多以动植物集群地为名称的自然景观，如金雕崖、杜鹃峰、落松台、百草洼、天然猕猴园。四为气象景观。雾灵山山体高大，地形复杂，内部森林茂密，成为南北气流交汇地，湿润多雨，气候多变，形成许多壮丽的气象景观，如雾灵云海、雾灵晚霞、雾灵佛光。五为人文景观。因雾灵山被长时间封禁，人文景观得到良好保存，如金牛洞、七盘井。

攻略资讯

- 交通
- 住宿
- 美食
- 购物
- 娱乐

人间花海

🚗 交通

怀柔

火车: 怀柔火车站有怀柔站、怀柔南站、怀柔北站。

怀柔站,三等站,2020年6月30日,市郊铁路通密线开通,在本站可乘坐市郊铁路通密线前往通州西站、密云北站和怀柔北站。

怀柔南站,怀柔南站位于怀柔区杨宋镇花园村,是京哈高速铁路的中间站。

怀柔北站,位于怀柔区怀北镇,是京通铁路、怀范铁路上的一个二等站。

汽车: 怀柔长途汽车站发车方向为丰宁、北辛店、琉璃庙、慕田峪、黄花城、喇叭沟门等地。车站位于北京市怀柔区府前街2号,乘916路车到汽车总站下可到。

地铁: 乘怀密线可达。

密云

火车: 密云火车站有密云站和密云北站。

密云站,密云站直通京承高速密云出入口,也是京哈高速铁路的中间站,2021年1月22日通车运营。

密云北站,三等站,2020年6月30日,市郊铁路通密线开通后,本站成为其主线的终到站。

北京地铁

北站有开往北京、承德、阜新、丹东等地的列车。车站位于北京市密云区车站路1号,密云区可乘坐6、10路以及四合堂专线到达火车站。

汽车: 密云长途汽车站是密云区主要的长途客运站,承担密云区至北京周边及部分省份的长途客运。车站位于密云区旧密古路,可乘17路公交到达。

地铁: 乘怀密线可达。

住宿

怀柔和密云住宿条件不错,可选择性也多,很多宾馆、度假村等都有特色菜,是住宿、就餐的理想场所。

●瑞海姆田园度假村

瑞海姆田园度假村是北京第一家五星级度假村,以"新、奇、特"的风格构成了西方园林景观。度假村多选用天然原材料,配套设施风格各异,房屋造型多种多样,装饰色彩五颜六色,让人能体验到回归自然、返璞归真的情趣。周边景点有密云清真寺、宾虹公园、太扬公园等。 北京市密云水库内湖

东方凯宾斯基酒店

☎ 010-61021991

美食

怀柔特色美食有烤虹鳟、酥鱼头等,美味可口。密云水资源丰富,水库鱼深得游客欢迎。

●烤虹鳟

怀柔虹鳟鱼是一种体表修长且无刺的鱼,物美价廉、新鲜美味,是京城地区宴会

密云水库宾馆

烤虹鳟

常用的佳肴极品，其营养价值不亚于海参、燕窝。

推荐店铺：渔家傲。🏠 北京怀柔区怀黄路 📞 010-61621468

●油栗红烧肉

怀柔是有名的板栗之乡，这里的栗子甜糯香软，并且好剥皮。油栗红烧肉，油栗与五花肉相互结合、互相吸收，整个味道也有些微甜。

油栗红烧肉

●家乡肠

怀柔大水峪村家乡肠，其产品是几代人的家传配方，已有百余年历史，选料精致，制作规范，主要特点是其味芳香、清爽可口、回味无穷，是餐桌上一道理想的菜肴。

家乡肠

●水库鱼

密云水库的水质非常好，是国家一级保护区，鱼都是活鱼，新鲜是肯定的。主打是垮炖鱼，然后是油浸鱼、酱炖鱼、氽花鲢。

●小锅饽饽

在密云，小锅饽饽一般蘸着炖鱼的汤汁吃。饽饽外焦里嫩，稻香十足。

🛒 购物

怀柔和密云地理环境优越，特产种类也多种多样。

●板栗

怀柔素有"中国板栗之乡"的美誉，是燕山板栗的主产区之一。咬开一个，露出金黄色的果仁，吃到嘴里，甜香满口，回味无穷。

●榛子

榛子，又称榛栗、山板栗、尖栗、槌子等，榛子属桦木科植物，为野生灌木榛子树的种子。榛子果形似栗子，外壳坚硬，果仁肥白而圆，有香气，含油脂量很大，吃起来特别香美。

●红香酥梨

红香酥梨有"百果之宗"的美誉，鲜甜可口、香脆多汁、富含维生素，且耐贮藏。想吃的游客可在梨成熟之际去村里采摘。

●坟庄核桃

坟庄村位于燕山脚下，土层深厚，含核桃所需钙、铁、锌等元素较高，生产出的核桃个大、皮薄，且味道纯正。核桃果品在清代年间是皇家清宫贡品，近两年远销日本和韩国等地。

坟庄核桃

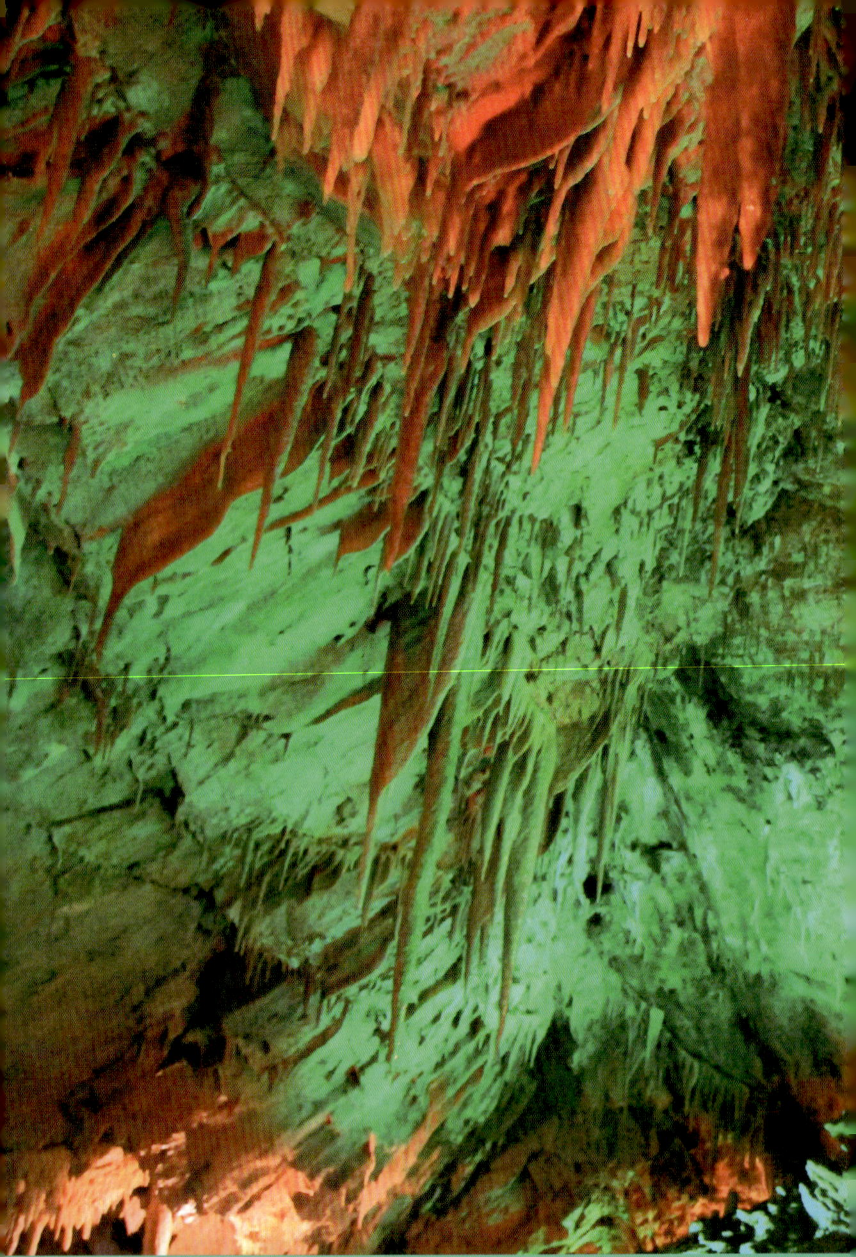

发现者 旅行指南

顺义·平谷

概览

♡ 亮点

■ **奥林匹克水上公园**

奥林匹克水上公园位于顺义区，曾是2008年北京奥运会赛艇、皮划艇的比赛场地，功能布局分为静水区和动水区。

■ **焦庄户地道战遗址**

焦庄户地道战遗址位于顺义区，是抗战时期的大型地道战遗址，游客可住抗战民居、吃抗战饭，体验抗战生活。

■ **京东大峡谷**

京东大峡谷位于平谷区，由大峡谷与井台山两大游览区组成。大峡谷狭险幽深、壁立万仞，井台山平阔如台、高耸入云。

京东大峡谷

■ **京东大溶洞**

京东大溶洞位于平谷区，由八大景区组成，有世界上首次发现的"龙绘天书"。

平谷桃花

线路

■ **顺义·平谷一日游**

这是京东一日休闲度假游。上午游览青龙山，山谷中岚光笼罩，开阔敞亮，四周如同莲花瓣簇拥着佛座。放眼望去，平谷区景色尽收眼底，让人心旷神怡。下午前往顺鑫绿色度假村，游森林浴场，洗天然温泉，住木质别墅，吃绿色食品，冬季游玩还可以在此享受滑雪的乐趣。

■ **顺义·平谷两日游**

这条线路主要适合假期、周末郊游休闲。唐指山和焦庄户地道战遗址是此线的两个亮点，在唐指山风

汉石桥湿地

景区登高远望，湖光山色尽收眼底；在焦庄户地道战遗址，通向坑洞、锅台、猪圈、墙柜等出入口的设计精妙无比，令人感叹。

第一天上午游览唐指山风景区，下午参观焦庄户地道战遗址。夜宿焦庄户村。

第二天上午参观奥林匹克水上公园，感受奥运赛场。下午游览顺义三高科技农业试验示范区。

为何去

这里有美丽的奥林匹克水上公园，垂钓爱好者还可以去垂钓的乐园——马坡垂钓官享受钓鱼的乐趣。潮白河畔风景秀美的顺鑫绿色度假村、美丽的平谷百里桃花走廊、雄伟的京东大峡谷也是不容错过的风景。

奥林匹克水上乐园

何时去

顺义和平谷四季分明，每个季节去都有不同的风景。春季百花盛开，可去国际鲜花港赏花踏青；夏季可去马坡垂钓官享受垂钓乐趣，到乔波室内滑雪场体验滑雪的刺激；秋季到丫髻山、青龙山登高望远；冬季可去金海湖周边景区观壮丽雪景。

顺义国际鲜花港

焦庄户地道战遗址纪念馆

区域解读

区号：010
面积：约1969.24km²
人口：约176.6万人

地理 GEOGRAPHY

区划

顺义辖12个镇、7个地区办事处（加挂镇牌）和6个街道办事处。

平谷下辖2个街道、12个镇、2个乡和1个经济技术开发区。

地形

顺义区位于北京市东部，城区距市中心30千米。境内除东北部有少量低山外，大部分为潮白河冲积扇平原，属华北平原北端，平均海拔35米。

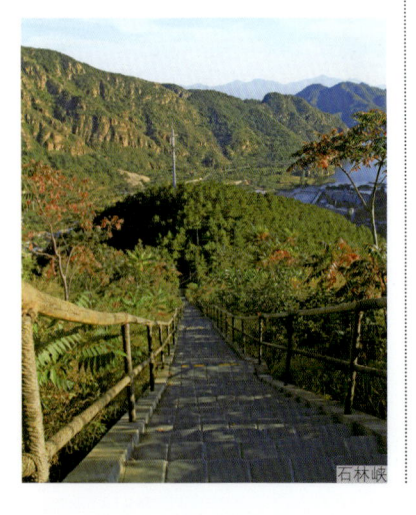

平谷区位于北京市东部，距城区70千米。地处燕山南麓与华北平原北端的相交地带，地势东北高，西南低，中部、南部为冲积、洪积平原。明代长城沿北部山区蜿蜒经过。境内有河流20余条，属海河流域蓟运河水系，自东、北流向西南。

气候

顺义和平谷气候属暖温带半湿润大陆性季风性气候，冬夏长，春秋短。春季干旱多风，夏季炎热多雨，秋季凉爽湿润，冬季寒冷干燥。四季分明，日照充足。平谷东北部山区有地区性小气候。

历史 HISTORY

顺义历史大事记

顺义历史悠久，春秋战国时地属燕国，汉时属渔阳郡，唐初于此置顺州，明初改为顺义县。

1958年3月2日位于顺义天竺镇的首都机场正式投入使用，是国内首个投入使用的民用机场。

新中国成立后属河北省通州专区，1958年3月划归北京市。

石林峡

金海湖水上运动场

1998年3月经国务院批准，顺义撤县设区，称顺义区。

改革开放后，随着经济的发展，航空运输量越来越大，首都机场又分别在1980年、1999年和2008年，建成T1、T2和T3航站楼。

平谷历史大事记

平谷历史悠久，源远流长。早在10万年前的旧石器时代，在平谷这块土地上，便有人类繁衍生息。

夏商时期平谷属古燕国。

西汉时，汉高祖十二年（公元前195年）始建平谷县，属渔阳郡，县沿在今山东庄镇大、小北关村南。平谷县自汉高祖十二年设县以来，历经2000余载，期间，县有撤并，境域多变，然县名一直延续至今。

抗日战争时期，平谷是冀东著名的抗日根据地，八路军第四纵队挺进冀东，解放平谷县城，包森领导的13团和勇敢的平谷人民用自己的生命和鲜血打击了日本侵略者，建立鱼子山、盘山抗日游击根据地。

文化 CULTURE

传统酿造工艺——牛栏山二锅头

牛栏山镇地处土地肥沃的华北平原，东临潮、白二河汇合处，地下水资源丰富，水质好，适宜酿酒。300年前牛栏山镇的酿酒业就已十分发达，据康熙五十八年的《顺义县志》卷二"集镇"载，牛栏山酒肆茶坊等"铺店亦数百家"；其"黄酒、烧酒"为远近闻名之"物产"。这里所说的"烧酒"即现在所称的二锅头。清末民初，牛栏山地区有烧锅四家，所产的酒运往京城及山西、山东、河南、内蒙古、天津等地。

牛栏山二锅头具有自己独特的传统酿酒工艺，包括对原料、水源、发酵工艺和勾调工艺的认识和掌握，通过师承关系数代相传得以传承至今，确保了牛栏山二锅头酒的风味特点和优良品质。

牛栏山二锅头

传统的酿造工艺有对原料的控制，对水源的控制和制曲、立米查、发酵等一系列传统的二锅头酿造工序。原料为顺义本地区的优质高粱；水源为区域性优质地下水；酿造工序的各项技艺为历代酿酒师总结、积累、沉淀的丰富经验及得心应手的熟练掌握。因此，所生产的二锅头其酒液无色清亮透明、清香芬芳、清雅柔和、口味醇厚、酒体谐调、余味长，颇受消费者的喜爱。

牛栏山地区得天独厚的水源优势和气候条件，加之丰富的酿酒经验和传统的、独特的酿酒技艺，使得牛栏山二锅头酒独具特色，自成一体，体现并见证了我国缤彩纷呈的酿酒文化，具有重要的历史文化保护价值。

人面桃花相映红——平谷桃花节

一年一度的平谷桃花节是京津冀春季旅游的著名品牌，是中国十大地方节庆之一，平谷是游客春季出游的首选目的地。春天的平谷，百里桃花争奇斗艳，云蒸霞蔚，画意天成，人与自然和谐共生，形成一道亮丽的风景线。

平谷和桃的历史渊源，大约可推溯到一千年前，20世纪70年代形成区域种植，80年代开始步入规模发展，90年代以后形成产业化格局。"人间四月芳菲尽，山寺桃花始盛开"。地处山区的平谷，每到4月，一地桃花，漫山红遍。从1999年开始，平谷区开始举办桃花节，经过10多年的发展，已成长为中国十大地方节庆之一。

桃花海是平谷桃花最集中的地区，桃花海之景，不在一方一隅，而是遍及平谷村村镇镇、山山水水、沟沟壑壑，总面积达22万亩之巨，世界"吉尼斯"榜上有名。观赏桃花海，以每年四月中旬为最佳时期，最集中观赏区在平谷区峪口镇、刘家店镇、大华山镇、山东庄镇、南独乐河镇、金海湖镇一带。

平谷桃花节

潮白河沿线景点

景点推荐

奥林匹克水上公园 AAAA
奥运会赛艇、皮划艇比赛场地

- 北京市顺义区白马路19号
- 010-89482008

奥林匹克水上公园自南向北由灯塔广场、世帆赛基地、万平口生态广场和水上运动基地四部分组成。在北京奥运会和残奥会期间,这里举行了赛艇、皮划艇、激流回旋、马拉松游泳等水上项目的比赛,产生了32枚金牌。目前,奥林匹克水上公园已经建立了夏日戏水系列的水上项目,吸引了众多游客。在不久的将来,这里将会被建成一个以水上公园为核心、以顺义新城为背景、以奥运大道为引导、以潮白河为装点,方圆15平方千米,具有国际品质、风光秀丽、集文化、娱乐、体育休闲于一体的北京东北部最大的旅游休闲度假基地,并成为引领顺义新城发展方向的原动力。

玩家 解说

公园功能布局分静水区、动水区两个赛区。静水赛场有2500个座席,1200个永久座席。动水区是激流皮划艇比赛场地,位于赛场的西南角,赛场设12 000个临时座席。奥林匹克水上公园充分体现绿色奥运的理念,采用了节能、能源综合利用以及绿化、水处理和水资源综合利用方式。

为了解决大面积水体的保洁问题，水上公园还设置了水处理站，将处理后的中水作为绿化灌溉使用。

☐ 欢乐水世界

奥林匹克欢乐水世界利用世界一流的移动泳池设备向广大游客提供大型卡通滑梯、水上蹦床、水上排球等休闲娱乐设施，是暑期度假消暑的好去处。该项目镶嵌在水上公园宜人的环境中，一次性注水后可通过自身循环过滤系统保持水质，让游客尽享节水戏水的乐趣。

☐ 龙舟竞技

龙舟运动是一项集众多划手依靠单片桨叶的划桨作为推进方式，运用肌肉力量向船后划水，推动舟船前进的运动。赛龙舟不仅是一种体育娱乐活动，能体现出人们心中的爱国主义精神，更能体现出同舟共济的团队合作精神。奥林匹克水上公园龙舟竞渡项目制定了一套完整的龙首点睛仪式及龙舟活动的整体方案，满足团体人员游玩需要。

☐ 城市漂流

漂流项目以"城市漂流"为主题，旨在为游客提供一处紧邻市区、刺激程度高、可操控性强、配套服务完善的漂流场地。场馆激流回旋赛道是国际上难度最大的人工赛道之一，全长235米，由于采用了先进的泵送系统，漂流过程中水流速度可在自由变换，惊险刺激。

☐ 天然氧吧森林浴

森林浴是由桑拿浴、日光浴等派生出来的一种时尚流行语。就是人们到森林中去或到绿树成荫的公园里，呼吸清新的自然空气，沐浴阳光，放松精神，同时通过如林中步行、做操、太极拳等适当活动，充分感受森林的气息。北京奥林匹克水上公园让游客充分体验森林浴的完美享受。

乔波室内滑雪馆
北方可四季滑雪的室内滑雪场

北京市顺义区顺安路6号

乔波室内滑雪馆是距离北京最近的滑雪运动休闲场所，采用了国际上先进的人工造雪和制冷技术，即使在烈日炎炎的盛夏，场内积雪仍将超过半米厚，环境温度则始终维持在 $-3{}^\circ\!C$ 左右。场馆设有儿童戏雪乐园、单板公园、初级滑雪道、中高级滑雪道四项设施，先进的电子收费系统、合理的计时方式、优质体贴的全方位服务，让滑雪者享受到更多的人性化关怀。滑雪馆拥有强大的专业滑雪教练阵容，为您在动作和技术上提供规范、细致的指导。散落在乔波冰雪世界内的餐饮点丰富多彩，快餐厅主要为客人供应中西式套餐自助；中餐厅经营粤菜等中式点餐；拥有落地观景窗的运动酒吧则让客人在欣赏滑雪现场表演的同

奥林匹克水上公园

时, 细品现调咖啡的芳香以及各类西式小吃。

马坡垂钓宫
垂钓的乐园
北京市顺义区马坡镇

垂钓宫占地面积为110亩, 室外鱼塘占地70亩, 室内鱼池面积6700平方米。垂钓宫有丰富的鱼种, 如鲫鱼、鲇鱼、红鲫鱼、白昌鱼、武昌鱼、罗非鱼、虹鳟鱼等。每个鱼池有600平方米, 共10个鱼池, 内有鱼量1万多斤。此外, 还有娱乐、健身、餐饮、住宿等服务设施, 尤其是在严寒的冬季, 还可在全封闭室内鱼池享受垂钓的乐趣, 池水由锅炉注入热

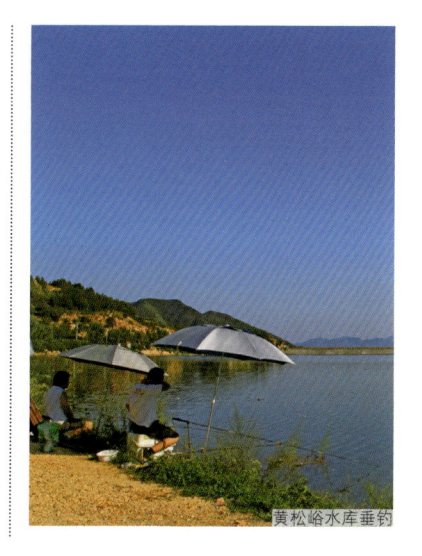

黄松峪水库垂钓

北京郊外垂钓去处

● 野鸭湖
野鸭湖可谓最具原生态的垂钓去处, 此处黑鱼较多, 同时野鸭湖是华北最大、北京唯一的湿地鸟类自然保护区。据说这里聚集鸟类最多时达三四十万只, 近250种。而即将到来的11月中旬, 也正是去野鸭湖观鸟赏景的最佳时节。自驾车可沿G1在康庄口下, 再直行沿路标走可达。

● 雁栖镇虹鳟鱼一条沟
位于怀柔区雁栖镇的莲花泉虹鳟鱼养殖垂钓一条沟, 泉水清澈。雁栖河20余千米沿岸, 百余家集虹鳟鱼观赏、垂钓、烧烤、食宿、娱乐于一体的垂钓园、度假山庄, 可同时接待上万人食宿。著名的神堂峪自然风景区就位于虹鳟鱼一条沟内, 风景区内有百余家民俗旅游接待户和30余家垂钓度假山庄, 可同时接待上千人食宿。从宣武门乘神堂峪旅游专车可直达。

● 上庄水库
上庄水库坐落在北京西北郊, 距离城区30千米。上庄水库是由旧河道筑拦水而成的, 全长约4千米, 库区弯弯曲曲、宽窄不一。上庄水库与稻香湖本是一桥之隔的同一水道, 水体相连。由于上游湖段水较浅, 下游库段水较深, 因而常年有鱼从上游艺机来到库区蜗居繁衍,

鱼的密度较其他大型水库自然也大些。库中鱼种类繁多, 有鲫、鲤、草、鲢、鳙、鲇、黑和鳜鱼等, 其中最大的鲤鱼可达5千克以上, 500克左右的鲤鱼也不少见。从颐和园北宫门乘303路公交可直达。

● 后河
交通方便, 柏油路一直延伸到山根, 很多去过后河的人都会上瘾, 在后河的峡谷绝壁之中, 保存着较原始的自然景观。趁秋天, 去那里洗肺绝对美事一桩。秋日里去后河钓鱼烧烤, 绝对是美好的一天。呼吸着湿润、凉爽的空气, 四周一片寂静, 水库里大鱼拍打着水花的声音, 使人体会到大自然的恬静。

● 金海湖
金海湖原名海子水库, 是北京市继密云、官厅之后的第三大水库。金海湖相比于其他水库, 无论是环境还是水中鱼类资源都算保护得比较好。这里鱼种丰富, 鲇鱼、鳜鱼、翘嘴鲌等鱼种都能钓到, 所以被北京的野钓爱好者视为野钓胜地。此外, 金海湖三面环山, 峰峦叠嶂, 风景秀丽, 有自然景观、人文景观数十处。乘918路公交车到平谷城区后转乘9路城乡风景小公共汽车可直达。

水，室温与水温都恰到好处，人、鱼共享其乐。

意大利农场
意大利文化的度假农场
📍 北京市顺义区马坡镇

意大利农场是北京首家全面体现意大利文化的度假农场。园林建筑充分体现意大利风情。农场拥有农庄风格的酒店、主题餐厅、会议中心、特色购物商店、高标准的户外足球场、篮球场、综合娱乐场所、迷你动物园等设施。农场从意大利进口了60多个品种的果树，分别有杏、李子、苹果、樱桃、西洋梨、葡萄等，采用一园一景的景观园、科普园、生态园的建设方法，辅以大棚水果和蔬菜的种植。在农场内既可以游泳、垂钓、采摘或放马奔腾，还可以采摘许多意大利果树和蔬菜，并酿制各种果酒。别具一格的意大利式餐厅能让游客体验浓郁的异域风情，餐厅的比萨和意大利面都是典型的意大利口味。

北京乡村赛马场
全国大型现代化赛马场
📍 北京市顺义区马坡镇政府旁

马场是按国际标准设计兴建的全国大型现代赛马场，占地400亩，设有两条椭圆形跑道，外圈为竞赛用跑道，全长1200米，宽25米；内圈为训练跑道，全长1100米，宽15米。场地一侧建有可容纳3万观众的防雨看台。一层设有能容纳1500人席位的大厅，二层、三层设有中厅和中西式包房。赛马场最多时拥有200匹马。人们可在场内骑马游乐，也可绕高尔夫球场及潮白河畔游览，穿越树林、河流、草地，领略大自然的风光。现在几乎每月都会有马协主办的速度赛马。有时也会有业余选手、马主选手参加的赛马比赛。

北京乡村高尔夫俱乐部
国内唯一一家自行设计建造的球场
📍 北京市顺义区马坡潮白河西侧

北京乡村高尔夫俱乐部，占地3600亩，

北京乡村赛马场

距市中心35千米。俱乐部始建于1988年年底，1990年投入运营，现有规模54洞，由A（河流）、B（阳光）、C（森林）、D（湖泊）、E（沙滩）、F（果林）组成，球道全长21016码，是目前北京地区规模最大的球场。球场环境优美、林木茂盛，超过3万棵的高大树木环绕其间。球道绿草如茵，美丽的人工湖、钓鱼岛点缀其中，分布于球场内的各种果树为球场的四季增添更多情趣，使整个球场处处散发着迷人的乡村气息。球场中还有建筑面积达8000平方米的中式风格会所，设施齐全，装修考究，为球友提供中式、韩式、日式等风味料理。会所内附有游泳池、保龄球馆、健身房及酒吧、咖啡厅、球具店、桑拿、冲浪池、足底按摩等设施。球场还建有全封闭双层42打位的多功能练习场及600平方米的室外练习果岭，为球手提供舒适的热身空间。

春晖园温泉度假村
温榆河畔的"世外桃源"
🌀 北京市顺义区高丽营镇于庄

春晖园温泉度假村地处北郊美丽的温榆河畔，占地600多亩。这里环境优雅、山清水秀、空气清新，使宾客有如临世外桃源的感觉。度假村内的温泉独具特色，温泉采自地下深层1800米，与北京著名的小汤山温泉一脉相承。泉眼水温常年保持60度，属弱碱性碳酸氢钠温矿泉，即使是数九寒冬也可尽享水疗的乐趣。这里还是北京首座拥有结合温泉美容保养和活水疗养复合式SPA的温泉度假村。

花水湾磁化温泉度假村
翠竹掩映的天然磁化温泉
🌀 北京市顺义区高丽营镇北路99号

花水湾磁化温泉度假村周边千亩果林环绕，环境优美、景色宜人，是北京唯一一个天然磁化温泉度假村。以"人间瑶池"的磁泉著称，磁化温泉水形成于远古北京海陆地质变迁时期，位于断层磁化地带，水质经天然磁化，出水温度达60℃，富含硫黄、碘、锂、氟、偏硼酸及氯化钠（古海水）等珍稀矿物质，不仅水质清澈，且对风湿、关节炎、心脏病等有显著的辅助治疗效果，对于女性的皮肤保养更显磁化水疗的独特魅力。

顺鑫绿色度假村
理想的吸氧健身休闲度假区
🌀 北京市顺义区李遂镇西

北京顺鑫绿色度假村坐落在风景秀美的潮白河畔，是大型平原森林生态旅游景区。这里依林傍水、气候宜人，周围丛林环抱、松杨叠翠、浓荫蔽日、青草连连，潮白河穿流而过，林水相映、水沙交融，构成了一幅独特的田园画卷。度假村的服务接待设施齐全，目前主要有度假别墅区、商务会议区（森林温泉酒店）、健身和拓展训练区。度假别墅区有风格自然淳朴的日式、欧陆木质别墅，还有奢华高贵的贵宾楼客房及大众消费的普通套房。此外，还有风味餐厅、烧烤苑、听雪轩中餐厅、翠云轩纯木质多功能厅。

北京国际鲜花港
京城唯一的专业花卉产业园区
🌀 北京市顺义区杨镇鲜花港南路9号

北京国际鲜花港总体规划4平方千米，是北京市唯一的专业花卉产业园区，是顺义区东部发展带上的重要节点以及首都现代观光农业发展的重要典范。北京国际鲜花港是北京市主办的2009年第七届中国花卉博览会的重要功能组团，是北京市花卉产业发展的窗口，负责宣传、弘扬首都的花卉文化。鲜花港正逐步发展成为北京市花卉的生产、研发、展示和交易中心，以及花卉的休闲观光和文化交流中心。

玩家 攻略

鲜花港位置优越，交通便利，距北京国际机场20千米，距北京奥运会水上项目赛场仅5分钟车程。

四五月的京城已经完全沉浸在一派春色中，百花争艳，百鸟争鸣，在这草长莺飞的美丽季节，北京国际鲜花港正值郁金香文化节，300万株郁金香也将悄然盛放，为京城再添亮丽色彩，使游客不出国门，也能领略到来自荷兰的异域风情。

10月是菊花的盛开季节，由于菊花的花期很长，所以一般从9月到10月底，鲜花港的菊花都是非常漂亮的，所以游客在这段时间内游玩观赏菊花最佳。

汉石桥湿地
有"小白洋淀"之称的湿地
📧 北京市顺义区杨镇

汉石桥湿地自然保护区，位于京东平原地带，总面积1900公顷，其中核心区面积约200公顷，是北京市平原地区唯一的大型芦苇沼泽湿地。保护区内记录到鸟类153种，野生植物292种，是许多珍稀濒危鸟类迁徙的栖息地和中转站。为更有效地保护典型的芦苇沼泽湿地生态系统和野生动植物，北京市于2005年4月批准成立了汉石桥湿地自然保护区，同年6月顺义区成立了保护区管理办公室，主要负责湿地的保护、科研科普、开发利用等工作。

保护区主要划分为核心区和实验区，核心区面积163.5公顷，是保护区的核心和精华，实行全封闭保护，控制人员进入；实验区面积1724.4公顷，保护区未来主要针对这一区进行开发利用，开展生态旅游、科研、科普等活动。

玩家 攻略

1. 趣味自行车：双子湖公园码头南侧，有情侣自行车和观光车逾百辆，植物园区（东线）可欣赏到荷花、睡莲、芦苇等水生植物，森林公园（南线）可欣赏到东、西湖及森林景观风貌；环湖路区（西线）可欣赏到湿地核心区大面积芦苇景观。

2. 探索湿地：该项目位于双子湖公园码头，现有大型游船2条、电瓶船、脚踏船100条，船只特殊设计，颜色古朴，与大自然完美融合。游览区域面积1000亩，包括大水面，群岛水域，植物园。乘船可欣赏到芡实、香蒲、鸢尾、荷花、睡莲等多

顺义国际鲜花港

汉石桥湿地

焦庄户地道战遗址

种水生植物，更有苍鹭、白鹭、黑水鸡等与您同行，使您与大自然零距离接触。

3.住宿：顺鑫绿色度假村，四星级度假酒店，位于汉石桥湿地自然保护区西南，距湿地约10分钟车程，电话：010-56138199。瑞麟湾温泉度假酒店，五星级度假酒店，位于汉石桥湿地自然保护区西北，距湿地约10分钟车程，电话：010-61728862。

焦庄户地道战遗址纪念馆
地道战遗址

北京市顺义区龙湾屯镇焦庄户村　免费，提前预约、现场领票　010-60461906

焦庄户地道战遗址纪念馆，位于顺义区东北燕山余脉歪坨山下，距北京60千米，现属龙湾屯镇。纪念馆始建于1964年秋，当时定名为"焦庄户民兵斗争史陈列室"。1979年北京市政府将其列为市级重点文物保护单位，并改名为"北京焦庄户地道战遗址纪念馆"。

纪念馆展馆采用了我国北方农村传统的四合院设计风格，以青色为主色调。展馆参观区是于2005年8月正式落成对外开放的，占地近9000平方米，建筑面积2000余平方米，馆内展出面积1000平方米。纪念馆展览共分为三部分：分别是冀东抗战燃烽火、人民战争建奇功、今日顺义更美好。展示内容以照片、图片和实物为主，馆内还修建了以抗战历史人物为造型的浮雕群以及大型立体三维沙盘。

玩家 解说

地道战是发生在抗日战争时期，在共产党领导下，抗日军民在华北平原上利用地道打击日本侵略者的作战方式。地道战方式多样，集广大军民的智慧创新，从单一的躲藏成了能打能躲、防水防火防毒的地下工事，并逐渐形成了房连房、街连街、村连村的地道网，形成了内外联防、互相配合、打击敌人。

1965年，电影《地道战》上映，至今仍是观众心目中的红色经典，经久不衰，创造出共18亿人次观看的纪录。

樱桃幽谷观光采摘园
市级观光采摘示范园

北京市顺义区龙湾屯镇山里辛庄村

龙湾屯镇樱桃幽谷又称"千亩樱桃园"，总占地1000亩。因其三面环山，独特的山前小气候使得这里樱桃的成熟时间较其他采摘园提前一周左右，"北京露天第一熟"的评价也由此得来。独特的地理位置加之优质的矿泉水资源、肥沃的土壤和农家肥的滋养，使得这里的樱桃肉厚、汁浓、色泽艳丽、品质上乘。幽谷内的硬件设施建设也很到位，全部道路均铺设为柏油路面，停车场、洗手间齐全。采摘园区统一配备遮阳伞、桌椅等设施供游客休息，还修建了人工湖供游客嬉玩。怡人的景色、优质的果品和完善的配套设施使樱桃幽谷远近闻名，还被评为北京市"市级观光采摘示范园"。

唐指山
三潭六洞十八景

北京市顺义区木林镇北部，距市区50千米

唐指山由神唐湖、神唐谷、唐指山及周边地区组成，以山、水、林为主题。景区包括神唐谷、鞑子沟和十二洞组成的唐指山大峡谷，唐指山、神唐湖及周围地区。

神唐湖水面达1200亩，湖水清澈，风光迷人；神唐谷内流泉飞瀑，怪石林立，鸟语花香，谷内有锁风洞、蛤蟆石、八棱碑矿泉等三潭六洞十八景，每一处都有一段美丽动人的历史传说。景区内登高远望，田野似锦，湖光山色尽收眼底，蔚为壮观，俨然一幅天然画卷。

更多本旅游区景点

森鑫森林公园：景色秀丽，有滑沙场、旱冰场、游泳场等游乐场所。北京市顺义区马坡镇潮白河西侧

于地民俗旅游村：可采摘、垂钓、观看表演，尤以龙狮舞享誉国内外，曾多次参加国际的大型演出。北京市顺义区北务镇

大龙世界水上游乐场：水域宽阔，碧波荡漾，四季皆宜旅游。北京市顺义区潮白河河南村

顺义三高科技示范区：集现代农业展示、农业科技成果转化、高新技术企业孵化、青少年科普教育和农业旅游观光等多种功能于一身，主要展示农业高科技产品，有高档花卉、转基因羊、特色菜、特色养殖及高档苗木等。潮白河东岸，毗邻奥林匹克水上公园

神笛陶艺村：是北京的一个袖珍型的景德镇。村内设拉坯间、利坯间、泥塑间、彩绘间、烧炼间、烤花间等，聚集了一批来自景德镇的能工巧匠。北京市顺义区南彩镇白马路北侧三高农业示范区内

月亮湾开心农场：是一个集休闲采摘、耕种体验、中草药种植、家禽养殖、有机蔬果供应基地于一体四季都能种植的都市农耕园。游客在这里可以享用有机蔬菜，品尝最原始的味道，享受健康生活的逸趣。北京市顺义区南彩镇九王庄村东900米

顺义公园：是顺义区面积最大、设施最完备、以古典建筑和自然山水为特色的综合性公园，始建于1990年。公园设西门、北门、东南门三个主入口，有诗园、棋苑、碑林等文化景点，有紫薇园、桃花源、竹园等植物专类园，还有露天舞场、老年活动区、儿童游乐场、水幕电影等休闲娱乐场地，是市民休闲娱乐的好去处。北京顺义区光明南大街26号

顺翔卡丁车俱乐部：赛车场占地面积25000平方米，赛场跑道全长800米、宽10米，最长直线跑道距离120米。俱乐部还会定期举办会员制卡丁车比赛和社会性的卡丁车大赛。北京市顺义区滨河南路附近

顺义北京国际鲜花港

景点推荐：平谷百里桃花走廊

阳春四月，平谷22万亩桃花竞相开放，争芳斗艳。沿百里桃花走廊，置身火红桃花海，登上桃花海观景台，放眼望去，漫山桃红，百卉飘香，到处是花的海洋、花的世界，洋溢着春天的气息。

从官庄路口北上大华山镇，过了峪口镇，就是"百里桃花观赏走廊"。挂甲峪村，四周都是山坡，满坡满山的桃花非常养眼。小峪子村的桃花海景区是平谷地区最大的赏桃基地。小金山在桃花海附近，站在山顶能看见桃花全景，拍摄角度和效果堪称最佳。

玩家攻略

1. 百里桃花走廊这条线上民俗村较多，比如东山下村、挂甲峪村、琉璃台村内的农家乐都很正规。

2. 挂甲峪村：坐落在半山腰上的小木屋最受欢迎，它们麻雀虽小，却五脏俱全，木屋内很干净，房价在桃花盛开之时约为60元/间（需提前预订）。

3. 玻璃台村：玻璃台新村是专业民俗旅游村，几乎家家户户都是农家乐，村口有个旅游接待中心，初次来这里可以通过他们安排食宿，推荐农家院，一般一个人住宿加三餐是100元。

桃花海
北京赏桃花最佳地点

📍 北京市平谷区大华山镇小峪子村南

小峪子桃花海主景区占地面积达2万余亩，是平谷发展大桃产业最早、面积最大、品种最多的生态桃基地。每年的四月中旬，这里满山遍野盛开的桃花，如云如霞如海如潮，吸引了大量游客置身于桃花海中游览，极具观赏价值。

挂甲峪村
体验安逸的田园生活
🏠 北京市平谷区大华山镇

挂甲峪村地处平谷北部山区，全村百余户。八百多年前，大宋抗辽名将杨六郎杀敌归来，铁枪掷地，卸铠甲挂桂树，歇在此地山岭，后人始称这个地方为"挂甲峪"。一到桃子成熟的季节，挂甲峪蔬菜水果采摘园便迎来了一拨又一拨游客。游客进入采摘区，自己挑选，过程中还可以照相、摘野花，体验淳朴、安逸的田园生活。

玻璃台村
具有桃花源记的美景
🏠 北京市平谷区罗营镇东南部

玻璃台村因神奇的玻璃叶子而得名。玻璃叶有两大功效，一是保存水果，二是加工食物。村子四周群山环绕，一条7千米的小路伴随着弯弯的小溪与外界相通，近似原始的生态环境吸引了来过的游人反复前来探访。村子里的山口古隘遗址、山脊蜿蜒的长城、川下台上散落的民居、夕阳西下、炊烟袅袅，构成了一幅《桃花源记》中的美景。

玻璃台

丫髻山 AAAA
集自然风光和道教文化于一体
🏠 北京市平谷区刘家店镇

丫髻山因山巅的两块巨石状若古代的丫髻而得名。丫髻山海拔363米，山上有玉皇阁、碧霞元君祠等十多座著名道观，山下有紫霄宫，这一建筑群被称为"京都名胜大观"。其中，碧霞元君祠始建于唐代，是京东最有名的古刹。景区内有石门、石经道、御坐石、双松迎客、碑林怀旧、碧霞夕照、观音望海、回香揽古、万寿柏抱松等众多景点。此外，附设的吊床、木屋是为游客准备的休憩场所。

玩家 攻略

丫髻山春、夏、秋气候凉爽宜人，空气清新，山色秀美，鸟语花香，风景秀丽，为游人提供了登山赏景、避暑纳凉的好去处；袅袅香火，晨钟暮鼓，使游人倍感千年古观之恬静。

景区每年阴历四月初一至十五举办"丫髻山庙会"和9月12日至10月2日举办"金秋金果碧霞蟠桃采摘节"。在原始森林中的另类生活，山顶往南是一片平谷桃海，平谷区最大的桃园基地，时值桃子上市的季节，可以趁此机会大饱桃福。

玩家 解说

丫髻山作为道家的仙宫深受皇家恩宠，明成化年间，山上大兴土木，建碧霞元君祠等庙宇。清朝时，皇帝多次驾幸丫髻山，并御封其为"金顶"、"畿东泰岱"、"近畿福地"、"灵应宫"。康熙年间又建玉皇阁。现在山下有紫霄宫，山上有迥香亭，黄花岭，"敕赐护国天佩宫"的碧霞元君祠，玉皇阁等建筑十余处；诸多帝王在此立碑记事，碑有立形，有卧形，有集团碑也有御碑，所以有"卢沟桥的狮子，丫髻山的碑"数不清之说。丫髻山庙会始于唐贞观年间，1300余年来，其庙会之盛一直冠盖京师，是著名的华北四大庙会之一。

链接

平谷十六景

神桃峰—天降神桃桃花海—桃花漫舞金海湖—金海碧波大溶洞—溶洞卷帘大峡谷—峡谷潭石林峡—石林飞瀑湖洞水—湖洞溪水飞龙谷—飞龙

卧海轩辕台—轩辕求古丫髻山—丫髻祈福挂甲峪—挂甲山庄将军关—将军守关玻璃台—玻璃凌峰老象峰—老象双成文峰塔—文峰宝塔青龙山—青龙飞雪

老象峰
原始自然风光迷人
北京市平谷区大华山镇小峪子村区

老象峰风景区因景区内有老象峰而得名。景区总面积40多平方千米，森林茂密，百花争艳，是平谷旅游"西线"上的重要景区。这里有五大特色：一是老象天成。"老象"身高51.8米、体长76米，天造地设般自成一峰，形态逼真，堪称一绝。二是密林幽深。老象峰树种多样、树形各异，密林悠长而深远，散发着令人心旷神怡的原始古韵。三是崖壁古城。老象峰山崖高而陡、美而奇，形似块垒，恰如城墙。四是菊花仙谷。夏秋季节，山谷内的野菊花争芳斗艳，风韵无限。五是千亩大果园。这里有数十万株果树，每年秋季果品成熟时，会举办采摘活动，游人可自采自摘，品种有大桃、蟠桃、核桃、盖柿、苹果、梨、山楂、酸枣等。

老泉山野公园
自然景观与人文色彩景观交相辉映
北京市平谷区熊儿寨乡老泉村

公园总占地面积约1000亩，以保护和提升原生态的自然景观、山地植被为特色，着重突出低碳环保、生态休闲的理念。园内6个核心景区包括：擎天门、老泉池、期盼园、福寿岭、民俗艺术雕园、百花沟；另有8个辅助景区包括：彩叶谷、山崖观景、采摘谷、音乐广场、老民居、老北京民俗园、婚纱摄影基地、非物质文化遗产保护婚庆礼俗基地，这十几个景点融合了老泉口村独特的民风民俗，散发着浓厚的老北京人文色彩；园内葱郁葱绿的油松林生长旺盛，遮天蔽日。

四合院
四合院坐落在风景优美的景区内，四面环山，溪水潺潺，郁郁葱葱的橡树林，这里是天然的氧吧，空气非常好，非常宁静，放下手中的工作，带着家人静静地享受那份独一无二的美景，是北京京郊不多见的旅游胜地。

擎天门
擎天门是京东老泉山野公园的第一个景区亮点，由六根柱式石材浮雕组成，以"六根""六律""六行"为主题，反映人与自然，人与人，情感与心灵的感悟和升华，强调了老泉公园主题，是老泉公园的标志性景观区。

彩叶园
在自然原有景观中密植花草，营造人工与自然植物的有机结合，与百花沟一道，形成老泉公园春季山花烂漫、夏季郁郁葱葱、秋季满山红叶、冬季苍绿雄浑，强调景区的祥和富贵。

三羊古火山景区
华北地区最大的古火山口群
北京市平谷区熊儿寨乡境内

北京三羊古火山景区位于风景秀丽的百里画廊沿线，是目前北京市唯一的一家以火山地质科普为主题的旅游景区。面积约26平方千米，火山喷发时代为15亿年前，是北京乃至全国最古老的火山之一。景区不仅分布有华北地区最大的古火山口群和褶皱、断裂带等内容丰富的地质遗迹，也是一个名副其实的绿色王国，景区内的植物品种达40余种，其中的火山红果林、火山野玉兰的面积之广，品质之优，为华北地区罕见。北京三羊古火山景区景色秀丽、山清水秀。景区内洞水清流、连升三级、神龟祈福、狮吼峰、水帘洞、火山喷气孔、火山口群、天生桥八大景观令游客叹为观止，流连忘返。

千佛崖
依山傍水，被称作"青衣绝佳处"

北京市平谷区黄松峪乡黄土梁国家森林公园内千佛崖景区

千佛崖风景区群峰耸立，壁立千仞，明长城横贯乡域中部山上。1998年，该村村民上山偶尔发现石壁上刻有佛像，数量达到千尊副，还有一座古寺庙观音阁，当地村民就给他命名为"千佛崖"。千佛崖景区现发现千余尊浮雕佛像，大部分保存完好，后经专家初步考证为宋辽时代雕刻。这也是华北地区目前发现的唯一一处石刻佛像群，数量之多、雕工之精美为世界罕见。最大的1尊佛像隐身在松林之中，高5.3米、宽3.5米，仅头部就高0.8米、宽0.5米。阔面方耳，神态安详，双手屈至胸前呈花瓣状，盘坐在莲花台上，衣纹刻画得极其繁缛华丽，仪态万方，岩石和石壁上还雕刻着佛教用语。据专家称，千佛崖景区的发现对中国古代雕刻艺术和北方佛教文化有其重要的研究价值。

该景区的生态环境良好，植被茂盛，山花烂漫，森林覆盖率达到90%，野花点缀其间，青山着意化为诗，溪水长流，时而舒缓，漫步于翠谷之间，时而湍急，自峭壁飞流而下，抑扬顿挫，弹拨着高山流水之音，不时的鸟鸣为空谷平添些许的灵性。这里空气清新，负氧离子含量高，徜徉于山水之间，洗去了一身的浊气。夏季，该风景区的气温比北京城里低5℃，虽是炎炎烈日，这里却凉爽宜人，是集观光、休闲、避暑、探险、登山、健身于一体的理想去处。

盘龙瀑
历来以庙多、石多、洞多而著称

北京市平谷区南独乐河镇南山村

盘龙瀑自然风景区紧邻中国十五大名山之一的"盘山"景区南麓，风光秀丽，景色宜人。盘龙瀑有九沟十八洞，尤以神龙洞、老虎洞、仙人洞等闻名。曾有七十二寺，其中的龙泉寺、安静寺、报国寺等寺庙，在佛教圣地中占有重要的一席之地。南部为花岗岩、北部为石灰岩，两岩的接合部150米以下储存着丰富的矿泉水。

千佛崖风景区

金海湖周边景点

景点推荐

金海湖 AAAA
北京水域面积最大的玩水场所

- 北京市平谷区金海湖镇上宅村
- 40元 010-69991356

金海湖风景区是北京地区水域面积最大的综合性水上娱乐场所，水域面积6.5平方千米。风景区集吃、住、行、游、购、乐于一体，是休闲、度假的旅游胜地。这里有湖光塔、观景堂、金花公主墓、"驼峰夕照"、鸽子洞、董葛洞、通天洞、望海亭、锯齿崖等自然、人文景观数十处。

金海湖是北京第三大水库，三面环山，水域宽阔，碧波万顷，素有"小北戴河"之称。这里是开展水上运动的理想之所，有30多种丰富多彩的娱乐项目，包括游船、快艇、速降、自驾艇、水上飞、脚踏船、手划船、肥仔船、赛龙舟、香蕉船、橡皮艇、皮划艇、水上飞伞、大型水滑梯、甲壳虫跑车等。这里先后举办过1990年第十一届亚运会赛艇、皮划艇比赛和两届"全国青年皮划艇、赛艇锦标赛"，以及2002年"高空王子"阿迪力在此创下了"高空生存25天"的世界纪录。

玩家 攻略

食宿推荐金海宾馆、盖利普宾馆、碧海山庄、金海湖水上运动场，尤其金海湖水上运动场（金海湖度假村）是1990年第十一届亚运会水上项目比赛场地。现今成为休闲会议、旅游观光、鹅管、石人、石兽、石笋、石塔、石幔、石花、石珍珠、石钟乳等，其中最为壮观的是"龙绘天书"，它是世界上首次发现的具有浮雕特色的沉积岩。景区右侧为黑豆峪旅游村，餐饮种类丰富、风味独特，有新鲜野菜、柴鸡、"烤全羊""烤鱼"等特色菜肴。此外，游客还能尽情享受到在桃园、杏园、葡萄园等果品种植区的采摘乐趣。

链接

京东大溶洞之"五奇"

京东大溶洞有"五奇"之美称：一是洞龄奇，二是寻洞奇，三是钟乳奇，四是壁奇，五是石奇。"天下第一古洞"便是指五奇之一的洞龄奇。虽然与桂林的喀斯特地貌溶洞还有差距，但各有千秋。在洞内游走，能亲手触摸距今15亿年的地质的远古时代时期海洋环境生成的岩层；看到300万年前~7000万年第二世纪时期被流水溶蚀、侵蚀、冲刷形成的溶洞空间及残留的沉积行迹；更观赏到大溶洞中100万年以来，由多种化学沉积方式塑造的千姿百态、栩栩如生的景观，在距洞口的第一观赏区内，尽可领略五奇之一"壁奇"的美妙景观。京东大溶洞第一绝妙景观非"飞天壁画"莫属。五位仙女在祥云中追逐嬉闹，一派祥和之气，众仙女身后的花园奇花异草，美不胜收。在第二观赏区内，一个名曰"神兽迎宾"的怪异雄伟的景点彰显了京东大溶洞第三奇——钟乳奇的特色。在京东大溶洞，石珍珠、石葡萄随处可见，和弹球一般大小，还有大片的"石花"。除此之外，大片石幔呈布帐状悬挂于洞顶和侧壁，整齐罗列着。用手指敲叩之，每片石幔会发出不同的声音（源于密度不同），便可演奏一支完整的曲子，酷似编钟，十分有趣。展现了京东大溶洞"石奇"的华彩。世界上的溶洞很多，可是没有洞口却能凿出溶洞，恐怕在世界上

水上运动理想场所。服务特色有湖产鱼虾、野味野菜、大型篝火烧烤、烟花晚会等。

金海湖观光采摘园：位于金海湖畔，占地350亩，有20户农家果园。种植有水蜜桃、苹果、葡萄等20多个品种。每年5月中旬至10月中旬可以在这里采摘各种水果，不但能享受采摘带来的乐趣，还可以享受爬山带来的快乐。

玩家 解说

金海湖原是在1679年大地震中断裂出来的峡谷，后经过诸多改造，形成了如今北京市的第三大水库，建于1985年。因公园北有大金山，南有海子村，故取名金海公园。以金海湖为中心，周围峰峦叠翠，野卉生香，云影波光，美景如画。金海湖，原名海子水库，是北京市的三大水库之一，水库位于洵河流经山区的最后一段。这里湖面开阔，有近万亩水域。

京东大溶洞 AAAA
天下第一古洞、龙绘天书

北京市平谷区金海湖镇黑豆峪村
80元　010-60971708

京东大溶洞西距北京城区90千米，因这种地质形态为京东地区首次发现而得名。大溶洞发育于距今大约十五亿年前，号称"天下第一古洞"。洞内全长2500多米，有100米为水路，以深洞旅游为主。京东大溶洞共分为八大景区，包括众仙聚会、德道善缘、水帘洞等，有数十处景观如圣火银珠、相思泉、鲲鹏傲雪等。洞内沉积种类繁多，包括

也是寥寥无几的，所以这一开挖过程和精神也足可以成为京东大溶洞的又一奇——寻洞奇。

兴善寺
平谷八景之一

北京市平谷区南独乐河镇峨嵋山村东1千米

兴善寺始建于唐咸通三年（862年），明正统十二年（1447年）重修。兴善寺东有灵泉涌出，又名灵泉寺，俗称水峪寺。自上而下，最高处为大悲阁，内奉千手千眼佛，高10米余，左右立像高3米多，东西墙壁塑诸天神像。北面建悬山十八洞，每洞各塑一座二层罗汉阁，四壁皆塑小金佛，高7寸，三面皆满，名佛山。此外，峨嵋山还建有卧佛殿、真武殿、药王殿、四大金刚殿等。

寺东有一眼灵泉，因泉水比地面高出数尺，从上而下，所溅水花似玉，从而得名"灵泉漱玉"，成为平谷八景之一。1942年4月11日，兴善寺被日本侵略者一把火烧成瓦砾堆，佛像经文无一遗存，只剩下几通石碑及摩崖石刻"三生石"。诗文碑曾寄存在平谷文庙，现收藏在县文物管理所。

京东石林峡 AAAA
探原始地质，寻石林三绝

北京市平谷区黄松峪乡雕窝村

68元 010-60987678

京东石林峡风景区位于平谷城区东北20千米处，因峡谷内有4座挺拔的石林峰群而得名。景区占地面积12平方千米，有大小景观50余处，是黄松峪地质公园的核心景区。这里有"三绝四大游览特色五大特点"。其中，"石林三绝"是华夏第一鼓、奥运第一锣、古今第一钟；四大游览特色是赏九天飞瀑、观北国石林、游险峰风光、寻石林三绝；五大浏览特色是：赏北国石林、观九天飞瀑、游峡谷险峰、探原始地质、寻石林三绝。

玩家 攻略

1.景区门口附近有卖零食和饮用水的小店，但进入景区深处就买不到了，所以登山前要备足饮用水和零食。景区内用餐不便，可以在门外的农家用餐，价格也还算实惠。山野菜、柴锅水库鱼、松蘑、柴鸡等特产都比较不错。每到十月时，当地还会有原生态的柿子成熟，可以品尝一下。

2.夏季登山时阳光较强，要准备遮阳帽、墨镜等装备。

3.在景区的大门外，有景区官方的石林峡度假村，标间200~300元每间，条件较好。另外，门口的雕窝村里还有很多农家乐，可以品尝到地道的农家菜肴，房间约100元每晚（周末会涨价几十元），可以选择入住。

玩家 解说

石林峡内景观秀丽奇伟，以"六大景"被人们广为称道。一曰石林。谷内山峰峭拔，根根直立，如座座石林，有诗赞曰："早知石林生南国，至此方知读书浅。"二曰立崖悬柏。石林峡内崖高壁陡。高崖上横生出不计其数的柏树和其他树种，树干于崖壁上斜出，树根抓附于岩壁，无论风雨都奈何它们不得，令人称奇。三曰巨石。石林峡内遍布巨石，有的达1000多吨，这些巨石或竖于高崖之上，令人心惊胆战，或立于斜坡，如倒如悬，或伏谷底，如伏牛似巨犀，或于路中，闲坐其上，奇趣盎然。四曰峡险。峡谷最窄处只有6~7米，如天开一线，行于其下，令人心惊。五曰九天飞瀑。为四级瀑布，最高一级瀑布落差达40余米；瀑布总落差达80余米，飞泻而下，气势宏

石林峡

伟。六曰灵潭。谷中有潭水10余处，其水四季不竭，如一串秀丽的珠链，为石林峡增添了无尽的秀色。

🔲 原始地质

在距今约18.5亿年前，地质学上称为中元古代长城纪早期，整个燕山地区的地壳沿东西方向裂开，下沉形成一种裂陷槽，石林峡景区就处于这个裂陷槽中。随着时间的推移，这个裂陷槽不断地加深扩大，海水由东向西侵入，淹没了整个地质公园所在区域，黄松峪地质公园成了一片汪洋大海。海水携带的泥沙物质和碳酸盐类物质在园区滨海—浅海区域沉积下来，随着时间的推进，这些沉积物形成了石英砂岩、页岩和白云岩。

🔲 峡谷险峰

这里峡险幽深，全长6千米，峡谷两侧植被丛生、林荫密布，陡峭的崖壁、多姿的石林山峰若隐若现，郁郁葱葱的峡谷林裹峡弯、曲折迂回，忽而宽敞明快、忽而狭窄幽谧，最窄处名为"通幽"，宽度不足3米。置身峡谷之中，绕山路、过小桥、渡溪流，步移景换，原始、古朴的自然生态环境使人身心舒畅。

🔲 九天飞瀑

九天飞瀑是石林峡谷最深处的景观。飞流的瀑布、深幽的潭水、寂寥的峡谷，被人们赞赏为别有洞天的世界。望着飞流直下的飞瀑之水，常常有游客心生疑惑，这水从何而来，瀑布只有这么高吗？当然不只如此。九天飞瀑只是石林飞瀑的第一级，如果沿水潭右侧山脚边的窄道前行，抬首左望，便可看到隐没于林木间的第二级瀑布。第三级瀑布则是藏在深山人难知，第四级瀑布的壮观景象，也只有攀登上天梯才能一睹雄姿。

飞龙谷
称为"北方的张家界"
📍 北京市平谷区黄松峪乡

飞龙谷位于平谷城区东北16千米处，拥有平谷区第一高峰——海拔1253米的狗背岭东山。此谷从北而南由高向低，蜿蜒而下，状如飞龙自天而降。故名"飞龙谷"。著名景观有神龟旭日、鹰峰素练、陡壁飞廉、高崖泻玉、碧落天浆等。景区南侧是六角形仿古建筑中华百帝宫。

谷内有一曲清溪，是发源于北峰半山之"北高泉"。游人于溪边观瀑，但感烟雾飞腾、寒气袭人，冬季来此，更可观赏数丈之大的冰瀑奇观。联合国生态环境资源考察团于1986年、1988年两次考察，深为峡谷中绮丽风光所打动，而誉之为北方的张家界。

百帝宫院中大殿，塑有自远古有巢氏至虞舜帝十像，突出炎黄两尊始于由洪荒进入文明的时代。

石林峡

金海湖周边景点 333

玩家 攻略

1.每年8—10月举办果品采摘活动。采摘节期间，游客可免费采摘到板栗、核桃、苹果、花椒等各类纯天然干鲜果品。另外，6月初，在长达3千米的山谷中，红、白、黑三种颜色的桑葚挂满枝头，可免费采摘。

2.住宿可下榻于峻岭山庄、颐松宾馆、云林酒家，这几家宾馆设施齐全，价格面向工薪阶层，标准间价格均在180元左右。在这里，不但可以享受到温馨周到的服务，又可品尝到具有乡野风味的农家小吃。

链接

天云山

天云山旅游风景区于2014年劳动节正式对外开放。它位于北京市唯一享有三大国家级公园（国家矿山公园、国家森林公园、国家地质公园）的平谷区黄松峪乡，距离京东大溶洞10千米。景区已建成真露寺、天合宫、七夕庙、观景亭、大型瀑布、水潭等景点和游客服务中心、游路、索道等基础设施。

这里峰峦叠嶂，怪石嶙峋，山林茂密，空谷鸟鸣，既有流泉飞瀑的灵性，又有古藤野花的烂漫，山峰奇秀，如诗如画，鬼斧神工。

湖洞水自然风景区
谷中有湖，山中有洞，溪水长流

◎ 北京市平谷区黄松峪乡黑豆峪村

湖洞水自然风景区因谷中有湖、山中有洞、溪水长流而得名。景区内山林茂密，水秀洞奇，四季景色分明：春季山花怒放，百鸟啼鸣；夏季幽幽绿水，遍山水帘；秋季山果累累，草木金黄；冬季银装素裹，冰川横卧。景区其实是一条大峡谷，长约6千米，由峡谷、峰、石、水潭、林木及庙宇构成，包括虎头峰、三佛洞、回音洞、将军洞、罗汉洞、天梯、娘娘庙、一线天、燕翅崖、"怀天揽月"牌楼等20余处景观。景区内设有避暑山寨、客房、娱乐场所、餐厅、会议室等设施，土特产品有十里香、柿子、核桃、杏及多种野菜。

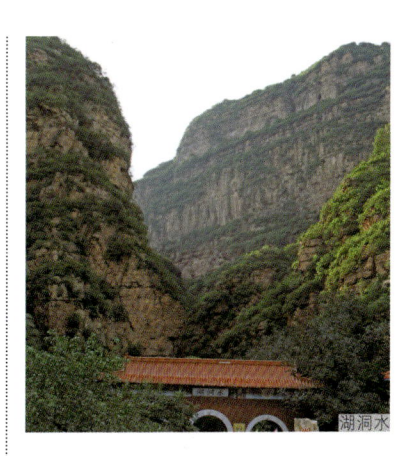

湖洞水

京东大峡谷 AAAA
峡谷纵深清幽

◎ 北京市平谷区山东庄镇鱼子山

¥ 78元　☎ 010-60968317

京东大峡谷旅游区距市区85千米，是镶嵌在京、津、唐交会处的一颗光彩夺目的明珠。旅游区总面积20平方千米，分为大峡谷与井台山两大游览区，大峡谷纵深幽深，井台山平阔如台，有联赞道："探峡谷感受神秘清幽，登高峰尽揽千山万壑。"景区内主要景观有龙门湖、丹凤双龙厅、环翠厅、五龙潭（惊潭、险潭、怪潭、灵潭、响潭）、万丈崖、龙首崖、卧龙洞、通天峡、铁索吊桥、冷魂谷、景台山、抗日战争纪念馆、峡谷度假村、冰山、冰瀑、冰川、冰挂、冰花等。京东大峡谷在每年的7—10月举办采摘活动，在这里可亲手采摘到杏、苹果、梨、山楂等干鲜果品。

玩家 攻略

鱼子山民俗村紧挨京东大峡谷景区，在村内可举行篝火晚会，燃放烟花，登山观景，采摘时令水果。农家美食有蒸白薯、贴饼子、玉米粥、炖柴鸡、四季野菜、香菇炒鸡蛋、炖小鱼儿等。

大峡谷并不大，纵深只有3千米，3小时就可以走个来回。检票进门，首先要挑战的便是200多级又陡又险的青石台阶。

过了石阶，继续前行，路边巨石嶙峋，壁立千仞。第一个景点是龙门湖，接着可以领略大峡谷的主要景点——五潭。

五潭是大峡谷的终点，从这里可以乘缆车登上另一个景点——井台山。来大峡谷游览，不妨体验下这里的缆车。

玩家解说

大峡谷景有五奇：一曰飞流直下。有瀑布高30余米，飞流直下，令人叹为观止，其声于谷中轰响不绝。二曰崖高万丈。谷内高崖，形如壁立，直刺青天，行于其下，直疑其欲倾即倒，心惊胆战。三曰明潭连珠。谷内有五潭，或清可观鱼，或深不可测，或静若处子，或湍泄奔流，连成一串，为大峡谷添不尽之灵气。四曰栈道悬空。大峡谷狭而曲，陡而险，游览栈道悬于半空，行于其上，顿觉峡谷之险，且增无边情趣。五曰湖明镜清。龙门湖4万平方米，群峰倒映水中，鸥鸭栖身水上，又是一番别样景致，游人嬉水踏浪，泛舟垂钓，好一番归隐之情。

链接

五龙潭

天然形成的五个潭，别出心裁，绝不雷同。一叫惊潭，即山谷两侧均为绝壁，游人需走峭壁上的栈道才可前进，十分刺激惊人。二名险潭，栈道设于高耸的崖中，下临深渊，更令人险象骤生。三称怪潭，即潭水、瀑布挡住去路，犹如走入绝境，但当从悬崖梯道爬上半山腰时，却是一派豁然畅达的景象。或清可驳岸鱼，或深不可测，或静若处子，或湍泄奔流，连成一串，为大峡谷添不尽之灵气。四道灵潭，有潭无水，因水入潭后即被痛快地流失走了。五道响水潭，瀑布入潭，水声悦耳而故名。五潭之水均来自峡谷顶部高山出平湖的天池。水盛时，涛声不绝于耳，水落时潭潭盈满，流水潺潺，潭潭惊险，游人无不观之而称奇，有诗赞曰："苍天造化五龙潭，龙湖瀑水历万千，千峰万壑疑无路，路在潺潺一水间。"

🟩 凤凰台

凤凰台四季景致各有不同，春时山花烂漫，杏花弥香；夏时清风和煦，爽利畅怀；秋时万山红遍，层林尽染；冬时白雪皑皑，踏雪寻梅。四季所见所闻所感迥然不同，又各有其妙。

🟩 景台山

景台山是京东大峡谷的第二大风景区，又称龙凤岭，海拔775.4千米，是整个景区的制高点。这里是树的海洋，区内有百亩杏林、万亩松林和千亩橡树林，在这里不仅能得到森林沐浴、高空览胜、丛林漫步、避暑度假等多种美的享受，还会真正了解"横看成岭侧成峰，远近高低各不同，不识庐山真面目，只缘身在此山中"这首古诗的真正含义。

🟩 通天峡

通天峡像一座齐天高的山峰被震裂形成的很长狭缝，远观夹缝在两边青苔杂草、灌木的掩映下，似裂似连，若走近观看，狭缝最窄处也有1米宽，在其高而似连。抗战时期这里生产军需品，小型兵工厂遗址就在它的旁边。

🟩 栈道

跨四潭的栈道标新立异，各不相同，成为大峡谷的又一奇观，一、二栈道依崖而成，似长龙卧坡，四潭栈道由数十根钢索相连而成，攀崖而上，跨潭而过，似卧顶长虹，走在上面摇摇晃晃，险象环生，难免不让人想起红军强渡"大渡河"、勇过铁索桥的壮举，游客们身临其境，其感觉自当终生难忘。

京东大峡谷

青龙山 AAAA
山峰形似手掌

北京市平谷区东高村镇大旺务村

青龙山风景区山脚下有一座小山，因为既像农家常用的簸箕，又像人的一只手掌，故名"簸箕掌"。进入山中，风景变得开阔敞亮，放眼望去，平谷区景色可尽收眼底。景区内最大亮点是北京渔阳国际滑雪场，它将竞技与娱乐相结合，规模、设施堪与国际接轨，是集滑雪、旅游、酒店、住宿、会议、度假为一体的旅游度假综合体。此外，滑雪场内还有生态餐厅等配套设施。

玩家 解说

青龙山传说故事：平谷区东高村镇东南4千米，大旺务村有一座青龙山，绵延起伏，向东北方金海湖延伸，像一条游龙，大有龙得水生之势。山脚下有一座小山，中间宽敞，后方左右凸起，像农家常用的簸箕一样，又似人的一只手掌，故此地人称为"簸箕掌"。

□ 青龙山风景

多少次，飞舞在山中。白雪晶莹如玉带，翠衣环抱掩行踪，谁道是严冬？春夏有花的海洋，令你感到心怡，还有爬山的过程，在自然中感受快乐！四月之美，尽在桃花；桃花壮美，独在平谷。平谷的春天春意盎然、平谷的春天春色撩人、平谷的春天鸟语花香，平谷的春天桃红柳绿。十里桃花，百里画廊，走进神люd巨峰之林，与春风共舞，漫山桃红，百卉飘香，到处是花的海洋、花的世界，洋溢着春天的气息。景色优美，空气清新，放松身心，体验大自然的美好，带给游客愉悦的精神享受！

□ 渔阳国际滑雪场

渔阳国际滑雪场雪道占地面积30余万平方米，已建成1600米的高级道2条，700米的中级道3条，600米的初级道3条，并配备

北京渔阳国际滑雪场

了4人缆车1条，大小拖牵6条，魔毯3条。秉承"品质滑雪在渔阳"的宗旨，滑雪场设施全部采用国际化统一标准，星级化管理，将竞技与娱乐相结合。娱雪方面，配有惊险刺激的雪圈道2条、雪地摩托道1条，儿童乐园1个，以完全开放的形式让孩子充分体验大自然的纯真与美好，在玩乐中愉悦身心增长知识。雪地摩托：对于速度的追求始终是运动中撼动人心的一幕，在与时间的对抗中，雪地摩托手飞驰过的是一片雪白和雪地柔软的质感。让游客充分领略在林海雪原中风驰电掣、呼啸而过的快感，亲身感受以前只能在电影电视中见到的惊险刺激。雪地飞碟：是与雪地拖牵配套使用的，用拖牵可以自动将雪圈拖到雪圈场上端然后自动滑下，老少皆宜。

□ 生态餐厅

平谷青龙山生态餐厅是一个以绿色为主题的生态餐厅，营业面积18 000平方米，可同时容纳2000人就餐，园区136种2.8万株珍贵植被构成了"天然氧吧"。我们这里夏有高尔夫，冬有北京最大的滑雪场：渔阳国际滑雪场。一年四季伴随您的是我们的生态餐厅，这里菜系丰富，有粤菜、上海菜、川菜、

湘菜、东北菜、大连海鲜、日式料理等菜系来满足不同餐饮需求。

渔阳国际滑雪场
北京地区最大滑雪场

🚍 北京市平谷区东高村镇大旺务村

渔阳国际滑雪场将娱乐与竞技相结合，规模设施与国际接轨。坡度在30度以上，长达1800米的高级滑道堪称北京最壮观、最刺激的雪山赛道。滑雪场内15 000平方米的绿色生态厅提供各种特色地方菜系，可接待1500人同时就餐。

更多本旅游区景点

东方石窟：以石刻艺术生动再现中国古典神话传说以及近现代国内著名艺术家的书画作品。其中，展现中国石刻石像400尊。🚍 北京市平谷区黑豆峪村

刘家河商墓：是商代晚期墓葬。墓内共出随葬品40余件。墓中所出铜器的形制、风格近似中原商文化，但所出的金器，迄今未见于中原地区的商代遗址，具有较强的地方色彩。🚍 北京市平谷区刘家河村

将军石关：东靠茅山，东南临黄崖关，西北近墙子路关，是平谷东北的重要隘口。此关建于明永乐年间。关口东部城墙至今犹存，有一敌楼，当地称之为"正北楼"，只残留高约6米的基座。🚍 北京市平谷区东北约40千米的明长城线上

文峰塔：是平谷现在保存下来的唯一古塔，该塔始建于明代，为六角楼阁式塔。塔身为三层，全高8米。原塔基，塔身部分新修。🚍 北京市平谷区东高村乡东高村东山上

西峪水上乐园：原名西峪山庄，与老象峰和丫髻山旅游区相连一线，这里山清水秀，四面环山，其水上项目有手划船、摩托艇、游船和垂钓等项目。🚍 北京市平谷区大华山镇北

轩辕黄帝陵：轩辕山自西北而东南，九峰连珠，如巨龙横卧，有九沟自北而下，形成这里九水归一的景象，素有"九龙口"之称。轩辕陵居渔子山的中心。墓陵山上，建有轩辕庙。当地流传着许多有关轩辕黄帝的美丽故事。🚍 北京市平谷城区东北7.5千米的渔子山上

黄松峪地质公园：以中国北方典型的砂岩峰丛、峰林地貌为主要特色，伴之以距今15亿年左右形成的古火山遗迹、中元古界底砾岩等。🚍 北京市平谷区黄松峪乡

黄松峪地质公园

攻略资讯　337

攻略资讯

- 交通
- 住宿
- 美食
- 购物
- 娱乐

京东大溶洞

🚖 交通

顺义

火车： 顺义火车站有顺义站、顺义西站。

顺义站，位于顺义区站前北街17号，三等站。

顺义西站，位于顺义区境内，2021年1月22日，顺义西站随京哈高速铁路投入使用。

公路： 顺义的公路交通便捷，京承高速、京平高速、京沈路等组成了发达的交通网络，六环路东北段贯穿顺义区西南部。顺义汽车站位于顺义区顺平东路（南彩镇）。

地铁： 乘地铁15号线可达顺义区俸伯站。

平谷

公路： 平谷境内交通以公路为主，铁路较少，京平高速是连接平谷和北京城区的重要干道。此外，密三路和蓟平路是平谷的主要交通干道，沿密三路可前往百里桃花走廊，走蓟平路可到达金海湖风景区。

地铁： 22号线又称平谷线，是北京城市副中心与中心城区、河北北三县轨道交通联系的重要通道，预计2025年通车。

北京地铁

🏠 住宿

顺义和平谷的旅游业近年来发展很快，各档次宾馆、酒店等住宿场所也一应俱全。

● 金宝花园酒店

酒店远离都市，环境幽雅，景色宜人，是会议、商谈、学术研讨、专业培训及休闲度假的好去处。周边景点有顺义奥林匹克水上公园、高尔夫球场、乔波室内滑雪馆乔波滑雪馆等。✉ 北京市顺义区马坡顺安北路 ☎ 010-69406060

● 中信金陵酒店

酒店邻近西峪水库，环境优美，景色宜人。酒店主楼高6层，服务设施完备，包括各类豪华客房、独栋别墅、餐厅、宴会大厅及康体娱乐中心等。周边景点有胜泉庵、平谷西峪水上乐园、西河场公园等。✉ 北京市平谷区大华山镇西峪甲1号 ☎ 010-58435533

🍴 美食

顺义和平谷位于北京城区的东北侧，因此在饮食上与京城美食基本一致，有许多北京风味小吃。但由于接近承德地区，因此有一些满族的小吃十分地道。

平谷的度假酒店

海子民俗村

顺义美食小吃

● 清酱肉

北京清酱肉与金华火腿、广东腊肉并称为中国三大名肉，是我国传统食品，是北京著名特产。这种肉制品创制于明代，至今已有400多年的历史。

● 炒肝儿

炒肝儿是清末由前门外鲜鱼口"会仙居"的"白水杂碎"改进而成的，白水杂碎以切成段的猪肠、肝、心、肺加调料用白汤煮就，由于不讲究佐料、制作简单，日久便不受欢迎。于是店主将心、肺去掉，易名"炒肝儿"，一时间在京味小吃中别树一帜。

炒肝儿

平谷美食小吃

● 将军栗子宴

平谷将军栗子宴据传起源于明代以栗子做菜，后经多年发展形成如今的宴席形式。将军栗子宴以栗子或为主料，或为辅料，精心烹制，色香味俱佳，并有健胃、健脾、益气、补肾、强心的作用。

● 烤全羊

在平谷农家院可品尝到蒙式风味的烤全羊，应该说是比较惬意的一件事。自然放牧的山羊羔，肉质鲜嫩、纤维含量高、无膻味、脂肪低，经常食之能滋补养颜、强身健体。烤熟的全羊外焦里嫩、味道鲜美。

● 水库鲜鱼

金海湖水面宽阔、水质清澈，鱼的肉质非常鲜美洁净。金海湖内有人工网箱饲养和有大面积放养的10余种鱼类，而用这些鲜鱼烹饪出的鲜鱼宴更是色香味俱全。其中值得一提的是海子民俗村的烤炖湖鱼和炖鱼头，营养丰富。

水库鲜鱼

● 四平八稳玻璃宴

玻璃台村因山上盛产玻璃树而得名。玻璃叶具有一种独特的香味，尤其是经过熏蒸之后香气更加浓郁清新。而且，玻璃叶具有清心、润肺、明目的功效，玻璃叶中含有丰富的氨基酸和对人体有益的物质。聪明的平谷人将这些传统挖掘出来，向广大游客推出了蕴涵吉庆祥和之意的"四平八稳玻璃宴"。

购物

顺义和平谷土地肥沃、气候适宜，孕育了众多特产。其中顺义的商业区集中在潮白河两岸，尤其县地铁15号线顺义站附近，光明北街、府前西街一带。

顺义特产

● 顺义砀山酥梨

砀山酥梨又称砀山梨，原产于我国安徽省砀山县，该梨具有果个大、品质优、适应性广、丰产性好等优点。此外，顺义区还建有砀山酥梨生产基地。

● 顺义中华圣桃

中华圣桃原产山东莱西，其特点为超晚熟，果大质优，平均单果重300克，最大果700克，抗逆性强、丰产、耐贮藏，北京地区成熟在10月左右。

平谷特产

● 平谷鲜桃

平谷大桃久负盛名，作为地理标志保护产品，其具有种植面积大、品种多、上市时间长、出口量多等特点。经过多年的科技研发，形成了白桃、蟠桃、油桃、黄桃四大系列200多个品种。

● 北寨红杏

北寨红杏产于平谷区南独乐河镇北寨村，这里独特的地理位置、土壤条件和气候环境造就了北寨红杏特有的品质：果大形圆、色泽艳丽、黄里透红、皮薄肉厚核小、味美汁多、甜酸可口。

平谷鲜桃

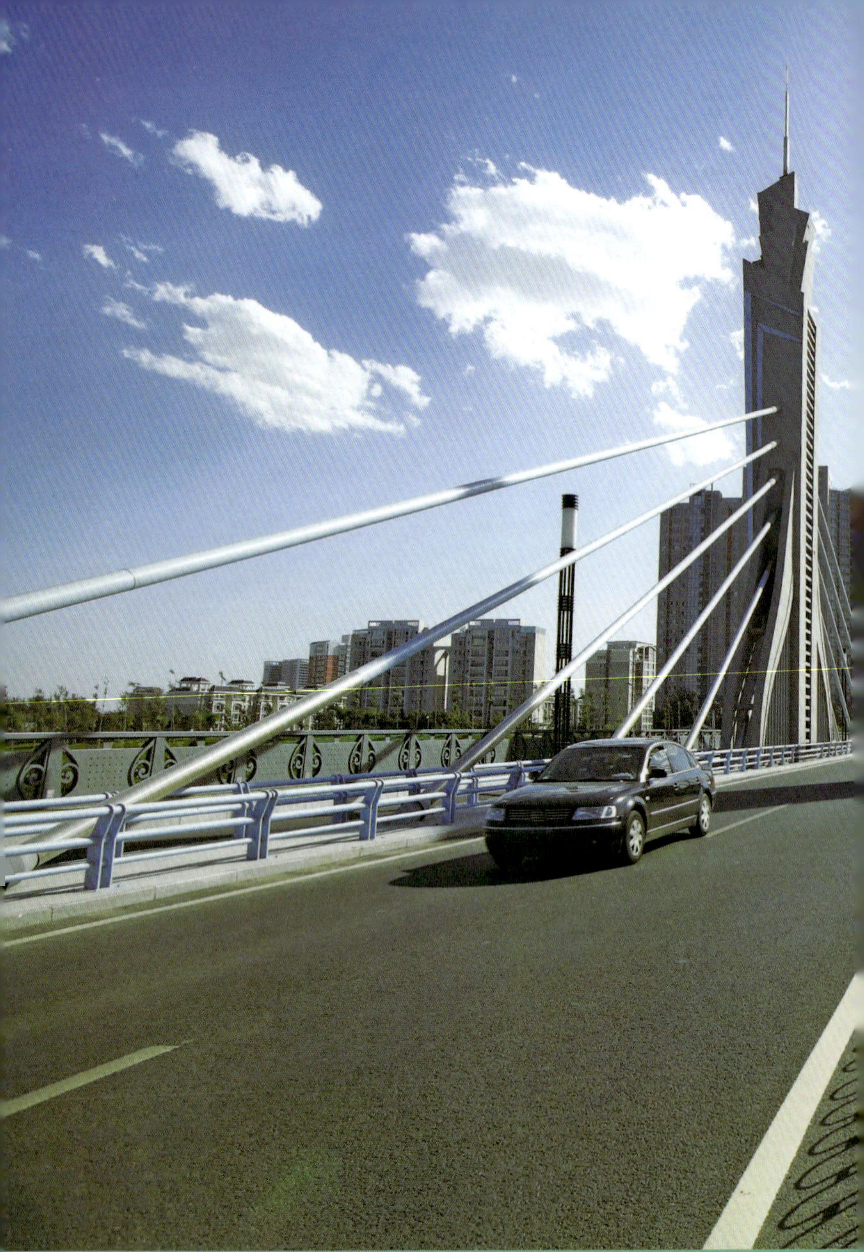

发现者旅行指南

通州·大兴

概览

亮点

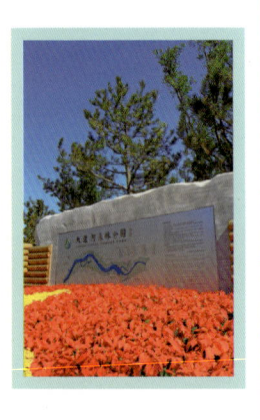

■ 大运河森林公园

大运河森林公园位于通州区温榆河两侧,"一河、两岸、六大景区、十八景点"的美景与运河公园交相辉映,是北京独特的滨水城市景观。

■ 大运河水梦园

大运河水梦园位于通州区,以古朴自然、恬静和谐的布局构成了一幅淡彩的水乡画卷,形成了"一园三分水、六区二十景"的景观。

■ 南海子麋鹿苑

南海子麋鹿苑位于大兴区,是我国第一座散养麋鹿自然保护区。这里有丰美的苇草、湿润的沼泽、清澈的池塘,全封闭的生态系统为麋鹿的栖息繁衍创造了良好的环境。

■ 北京野生动物园

野生动物园位于大兴区,汇集了世界各地珍稀野生动物两百多种,以野生散养、混养方式展示动物,分为散放观赏区和步行观赏区。

■ 北京环球度假区

位于北京市通州区,是亚洲的第三座、全球的第五座环球影城主题乐园。

线路

■ 通州运河风光两日游

此线以运河风光为主,运河公园依托京杭大运河,建有完善的娱乐休闲设施,特别是水上娱乐观光。

第一天上午西海子公园游玩,下午游览运河公园。

第二天上午参观中国民兵武器装备陈列馆,可以看到各个时期、各个国家品种繁多的武器装备;下午到北京最大的室内温泉馆运河苑温泉度假村泡温泉。

■ 大兴科教两日游

第一天早餐后前往大兴庞各庄,途中参观中国印刷博物馆,随后参观庞各庄的西瓜博物馆,看"飞翔的西瓜"。夜宿庞各庄。

第二天早餐后在万亩梨园稍做游玩,之后前往野生动物园,看各种珍稀动物以及动物表演。

为何去

这里有江南园林式的建筑——通州孝庄文化园、中国大运河北京段的珍贵遗迹，还有世界第二大麋鹿苑南海子麋鹿苑、皇都第一行宫——团河行宫遗址。无论是怀古还是赏景，都会得到意想不到的收获。

大运河森林公园

何时去

通州和大兴四季分明，春节、夏季和秋季温度较适宜，是不错的旅游时间。春天可以看运河两岸的美丽花海，夏天可感受山水的清凉，秋季可观赏漫山红叶、层林尽染的景致。

布拉格农场

通州大运河森林公园

区域解读

区号：010
面积：约1942.3km²
人口：约383.7万人

地理 GEOGRAPHY

区划

通州辖11个街道、10个镇、1个乡；大兴辖8个街道办事处、5个地区办事处、9个镇。

地形

通州和大兴位于北京市东南部，地处永定河、潮白河冲积洪积平原，地势平坦，地势自西北向东南倾斜。通州是京杭大运河的北起点、首都北京的东大门。大兴区境内有永定河、凉水河、天堂河等共六条河道穿过。

历史 HISTORY

通州历史大事记

通州区历史悠久，早在新石器时期，境域内就有人类活动。

金天德三年（1151年），于潞县（今区城北）置通州，取"漕运通济"之义命名。1914年，改为通县。

通州在金、元、明、清四代均为首都漕运仓储重地，水路门户，为别于江苏省之通州（南通州，即南通），俗称"北通州"。

至元二十九年（1292年）作为漕运河道的通惠河开工，至元三十年（1293年）完工，由郭守敬主持修建。通惠河的东边起始点便是通州高丽庄（今张家湾村）潞河。通惠河开挖后，行船漕运可以到达积水潭，这条河道在明朝和清朝一直得到维护，一直沿用到20世纪初叶。

1958年3月县市由河北省划归北京市后，合并为北京市通州区。

大兴历史大事记

大兴区最早前身为古蓟县，以建于蓟城地区得名。

金代，贞元二年（1154年），开始更为大兴。

元至清代，大兴属于北京城的依郭京县。

1948年12月，大兴解放。改革后，大兴得到了长足发展，2001年大兴升为大兴区，大兴发展成为北京市唯一一个拥有两座新城（大兴新城和亦庄新城）的郊区县。

文化 CULTURE

通州的运河文化

通州是京杭大运河孕育的一座历史名镇，是大运河北端璀璨明珠，向称京门，水

通州大运河岸

陆要会，为都城之左辅雄藩，经济命脉，为首都建设、繁荣、稳定曾发挥重要作用。

"扬波之橹，多于东溟之鱼；驰风之樯，繁于南山之笋"，此景即为当年真实写照。乾隆四十五年（1780年）朝鲜为清高宗（乾隆皇帝）70寿辰祝寿团的成员朴趾源，在通州城东门外临渡运河时写出"舟楫之胜可敌长城之雄"的神笔，将通州运河的情景描述得淋漓尽致。大运河是中华民族的灵魂，是国家统一强盛的命脉，而大运河北端的通州运河文化则是这种命脉和文化的集中体现。

通州有着历史悠久的京杭大运河，深厚的运河文化在这里积淀，有着享誉中外的中国·宋庄文化创意产业集聚区，有着正在建设中的北京通州文化旅游区，有着新城核心区的高端商务休闲水乡区，有着文化科技内涵丰富的现代都市型农业园。根据通州区"十二五"发展规划，通州旅游产业发展定位为现代文化旅游，力争用5~10年的时间，把通州建设成为"现代文化旅游国际新城"，打造"白天因商务而繁荣、夜晚因娱乐休闲而繁华"的"不夜水城"。

大兴烧锅，酒韵飘香

烧锅，即民间酿造烧酒的作坊。

金代大兴地区酿酒业已十分发达，境内的广阳镇（今庞各庄一带）设有专职管理商酒的官员。清代，酿酒烧锅遍布农村集镇，知名的老字号烧锅有：青云店镇的德兴勇、庞各庄镇的北裕丰、隆兴号、永和号等。民国时期，大兴地区的烧酒有"南路烧酒"之名，享誉北京地区。1928年大兴县有烧锅10家，知名的老字号有采育镇的同泉茂、同益泉，青云店的大德兴等。1949年以黄村镇海子角的裕兴烧锅为基础，建立大兴县第一家国有工业企业黄村酒厂。

50年代中期以后，烧锅不复存在。大兴县曾出现的主要老字号烧锅有：同益泉烧锅。存在于清末民初（1910—1920），在采育镇二南门里路西，为前店后厂，五重院落，依傍凤河。生产规模较大，日用高粱约20石，产80度以上白酒约800斤。北裕丰烧锅，1869年开业，在庞各庄镇北栅栏里路东，占地约20亩，有房200余间。在清光绪年间（1875—1908）和1921—1926年较为兴盛。此间每日用原粮5000余斤，出纯酒1600斤，每年要到张家口购买大批大麦，到东北购买数千石高粱。雇工百余人，仅制曲就要用四五十人。1943年关闭。大德兴烧锅，1924年开业，在青云店镇。雇工30余人。每日酿酒用粮3500余斤，出酒千余斤，生意一直比较兴盛。1956年转为公私合营。

景点推荐 通州旅游区

大运河森林公园 AAAA
滨水休闲、户外野营的理想场所

北京市通州区以京杭大运河为主线,北起六环路潞通桥、南至武窑桥

大运河森林公园,位于通州新城北运河、温榆河两侧,分南北两区,总建筑面积10700亩。项目南区北起六环路潞通桥,南至武窑桥,河道全长8.6千米,构建起了"一河、两岸、六大景区、十八景点"。项目北区北起潞苑大街,南至通顺路,河道全长3.2千米。公园是人们滨水休闲、户外野营、文化娱乐的理想场所,也是通州特有的、北京市唯一的一所运河生态天然大氧吧。古桥、杨柳、画舫、碧波、蓝天、舟影等美景与运河公园交相辉映,是北京独特的滨水城市景观。园内设计有华北树木园、印象森林、湿地森林、动感森林、创意森林5个特色景观区域,值得一看。

玩家 解说

六大景区:分布在河道两侧,有潞河桃柳景区、月岛闻莺景区、银枫秋实景区、丛林活力景区、明镜移舟景区、高台平林景区。

十八景点:分布于六大景区之中,有桃柳映岸、榆桥春色、茶棚话夕、皇木古渡、长虹花雨、月岛画境、湿地蛙声、半山人家、银枫秋实、枫林茗香、大棚围贮、风行芦荡、丛林欢歌、双锦天成、明镜移舟、平林烟树、枣红若涂、高台浩渺。

> **链接**
>
> **大运河北京段的历史**
>
> 　　隋大业四年(608年)，隋炀帝下令开凿永济渠。它以涿郡蓟(今北京)为最北，上游为桑干水，在蓟约长25千米，由当时蓟城城南取道今凉水河，南折至大红门街道石榴庄公园，向东至成寿寺路南流，在丰台区亦庄镇东南，过通州区台湖镇、马驹桥镇、永乐店镇及于家务乡，向东南出市界。
>
> 　　辽统和二十二年至二十七年(1004—1009年)，在萧太后的主持下，在通州、辽南京间，开凿了一条运河，称为萧太后运粮河。
>
> 　　金世宗大定十一年(1171年)，开凿金口河。西接永定河东岸，利用高梁河的西梁故道东行，至八宝山入车箱渠，到西郊半壁店附近转西南，入中都北护城河，后出东郊，与萧太后河相连，入通州北潞水。
>
> 　　现存的京杭运河北京段主要是元、明、清时期开凿、疏浚的。元代至元十六年(1279年)开凿坝河，是大都至通州的北线运río。坝河西起大都光熙门(今北京东直门北面)，向东到通州城北，接温榆河。江南漕粮可北至通州，再由坝河运抵大都城中。
>
> 　　至元二十八年(1291年)开凿通惠河。明永乐十九年(1421年)迁都北京，宣德七年(1432年)改建北京城，通惠河圈入皇城，城内不通航，遂改大通桥(东便门外)为起点，通惠河改称大运河。嘉靖七年(1528年)改建五闸和通州石坝。
>
> 　　清顺治年间，修治石坝及通惠河上五闸，恢复漕运。咸丰五年(1855年)黄河大改道，运河由盛转衰。京津铁路通车后，光绪二十六年(1900年)起，漕粮由铁路运输，北京段运河漕运功能递停。
>
> 　　新中国成立以后，经多次整治，北运河如今已成为首都的重要排水系统及景观河。

▢ 高台平林景区

　　高台平林景区位于武兴路以南，占地面积1500余亩，以植物景观为主体，利用自然简约的手法，突出大色块、大景观，形成运河田原风光向郊野风光的自然过渡，为运河下游绿化工程做好铺垫。

▢ 明镜移舟景区

　　明镜移舟景区占地面积千余亩，位于甘棠橡胶坝附近，是水上游运河的终点，也是项目区水面最宽阔的地方，水面最宽处达360米。水面平静如镜，站在坝头半岛眺望运河宽阔平静的水面给人无限遐想；景墙上的《潞河督运图》，向游人述说着运河繁荣昌盛的历史画面。

▢ 银枫秋实景区

　　银枫秋实景区占地面积千余亩，以漕运码头为背景，以漕粮屯贮为主题，用现代化的形式再现运河两岸漕粮满囤、秋收归仓的喜悦景象。在借鉴历史图文的基础上，在漕运码头周边设计了粮仓形式的大棚，既可作为"温室"种植四季植物，也可成为展示漕运文化、反映百姓生活的展示基地。

运河公园
京东大型绿色生态公园

📍 北京市通州区通胡大街70号
🚇 地铁6号线到北运河西站下　💰 免费

　　运河公园总面积368万平方米，集休闲娱乐教育、体育竞技健身、水上游乐观光为一体，也是目前京东最大的绿色生态公园。据史书记载，通州历来为京东交通要道，漕运、仓储重地。运河漕运，国脉所系，历朝视

大运河森林公园

通州为肘腋,于是通州有了"乃九重肘腋之上流,六国咽喉之雄镇"的美誉。游人可乘船观赏运河两岸风光,参观奥运圣火水上传递所用仿古漕船,到电视剧《漕运码头》外景地追忆漕运历史。

链接

北运河

北运河是7世纪初隋朝开凿的南北大运河的最北段,流经北京北部和东部地区。其上游为温榆河,源于军都山南麓,自西北而东南,至通州区与通惠河相汇合后始称北运河。北京城近郊区的河流,如北面的清河、南面的凉水河等几乎全注入北运河,是北京最主要的排水河道。

北运河历史上对北京的建设与发展、南北物资的交流,中外文化的沟通,都起过极大作用。柳荫龙舟、二水会流、万舟骈集、古塔凌云都曾列入著名的"通州八景"。

如今,为建设北京通州新城,通州将约5亿立方米的北运河水充分利用,用于景观用水、回补地下水以及农业用水等。经过北运河水系治理,通州段的水质也将进一步改善。

三教庙
水域广阔,湖水碧波荡漾

- 北京市通州区市区大成街1号
- 乘地铁6号线在通州北关站下
- 免费

三教庙是国内唯一的一处三教合一建筑群,占地约12000平方米。"三庙一塔"分别指的是:文庙、佑胜教寺、紫清宫及燃灯佛舍利塔。儒、佛、道三教在这里互为紧邻而又相互独立,这三座独立存在的庙宇,近距离呈"品"字形布局,和谐共存了400余年。今人概括简称之为"三教庙",是通州运河文化景区的重要组成部分。

▢ 燃灯佛舍利塔

燃灯佛舍利塔始建于南北朝北周宇文氏时期,距今已有1300多年的历史。塔高56米,砖木结构,密檐实心,八面八角十三层,塔上共有2232枚铜铃,清风吹来悦耳动听。

三教庙

塔由须弥座、十三层塔身与二层莲台塔刹三大部分构成,塔身挺拔陡峻,层层砖雕斗拱合度精细

紫清宫为道教宫观,供奉的是太上老君,为道教天神,教主,三清之第三位。

佑胜教寺早期规模宏大,经历代岁月,如今只剩下了一个大光明殿、一棵古树和一座燃灯佛塔。

燃灯塔共13层,呈八角形,砖木结构,密檐式实心砖塔。

通州文庙目前是北京市最古老的孔庙,也是仅存的州县级孔庙。

通州旅游区 349

玩家 解说

佛教有三世佛:过去、现在、未来三世的一切佛,谓过去佛为迦叶佛等过去七佛,或特指燃灯佛,现在佛是释迦牟尼佛,未来佛为弥勒佛三者。

燃灯佛因其出生时身边一切光明如灯,故称为燃灯佛或定光佛。释迦牟尼佛因行中第二阿僧祇劫满时逢此佛出世,佛经中说释迦牟尼佛成佛之前得燃灯佛受记,将在九十一劫后的贤劫成佛,在佛经中所记载的许多佛、菩萨都曾是他座下的弟子。阴历八月二十二日是燃灯佛圣诞。

西海子公园
水域广阔,湖水碧波荡漾

北京市通州区西海子西街12号(近老商业街)
乘地铁6号线在通州北关站下 免费

西海子公园水域面积广阔,一条百米仿古建筑的彩色长廊横跨南北两湖之间,湖水碧波荡漾,游人可乘各种动物造型船在湖中游览观景。公园环境优美、空气清新。园中共有60多种万余株花草树木,姿态苍劲的古槐已有500多年的树龄。登高眺望,园中美景尽收眼底。其公园不仅有现代化的娱乐设施,还有保存完好的文物古迹。

李卓吾先生墓位于西海子公园西北角,掩映在苍松翠柏中,李卓吾是明代著名思想家。他博览群书,熟读诸子百家,他敢于揭露道学的伪善,抨击孔孟之道并以独到的见解评价从战国到明末的800多名历史人物,他曾先后出版了《藏书》《焚书》等巨著。1602年他被迫入狱,以死抗争,他的朋友马经纶将其安葬在通州北马场,为使后人凭吊观瞻,1985年扩建公园时将此墓迁至园中。

北京韩美林艺术馆 AAAA
目前全国规模最大的个人艺术馆

北京市通州区梨园镇九棵树东路68号 乘地铁八通线到临河里下西行50米

韩美林先生是中国当代极具影响力的实力派画家,才华横溢,他不仅擅长书画,在陶艺、雕塑等诸多艺术门类都有很高的造诣。先

通州西海子公园

生长年力耕艺田,硕果累累,创作蔚为壮观,蜚声海内外,为了保存其艺术作品,特建造了这座艺术馆。艺术馆是一座具有静谧与明朗、古朴与现代、严谨与变换、注重人与自然相结合的建筑,馆内设有基本陈列、专题展览等多个展厅,馆藏韩美林先生绘画、书法、雕塑、陶瓷、民间工艺品等2000余件艺术作品,是目前全国最大的以个人名义命名的艺术馆。它是艺术的殿堂,时空交错无限延展的感知空间,表现出特有的东方艺术魅力。馆内最为出名的作品是韩美林先生亲手创作的"奥运福娃",游客们不要错过。

玩家 解说

馆内展示的作品种类丰富而且数量繁多,有精美的陶器瓷器,工艺精湛的雕塑、造诣深厚的书法国画等展览,其中有一大批包括奥运福娃、国航标志、动物邮票、各大城市地标雕塑微缩等经典之作,无不十分精彩,因此艺术馆也有"一个人的敦煌"的美誉。艺术馆是一座灰白色的建筑,风格简约,整个艺术馆分为三层,有序厅、陶艺工艺品厅、设计装饰绘画厅、雕塑厅、国画书法厅等几个主要展厅,还有影视展厅用多媒体的方式展示韩美林大师的创作经历。参观完几个展馆简单需要1~2小时。馆内有免费的导游讲解,可以帮助游客了解展览背后的寓意和艺术价值。馆内还有艺术品商店,可以选购自己喜欢的艺术作品。

链接

韩美林

韩美林是中国当代极具影响力的实力派画家,才华横溢,不仅擅长书画,在陶艺、雕塑等诸多艺术门类都有很高的造诣。在北京奥运会的吉祥物"福娃"设计过程中,韩美林起到了关键的作用。韩美林的绘画和雕塑作品,以动物和人物为主,把写实、夸张、

抽象、写意、工笔、印象等诸手法的东方、西方艺术巧妙地融为一体。在水墨动物画中，韩美林喜欢用流畅的弧线和直线来概括形体结构的关键部位以及他们之间的关系，然后辅以墨色，画出动物皮毛的质感。在水墨人物画中，则多用更为复杂多变的曲线来完成。

宋庄画家村
画家云集的原创艺术创作基地

北京市通州区宋庄镇小堡村

宋庄画家村又叫小堡画家村。这里原是一个普通农村，但是从1994年起，著名画家方力钧、岳敏君等几位艺术家作为首批拓荒者来到这里，使这里获得了新的生机。宋庄画家村接纳着来自五湖四海的文化艺术人士，目前已经有2500多名艺术家在画家村进行艺术创作，形成了以小堡画家村为核心的原创艺术创作基地。画家村内有小堡画家村文化艺术产业投资推广中心、宋庄小堡画家村文化旅游接待中心、宋庄画库、宋庄美术馆、AS艺术中心、国际名家真迹馆、万盛园国际艺术交流中心、联合国美术家协会、拍卖公司、多元化工作室、艺术家沙龙、原创艺术培训基地等机构和单位。

运河苑温泉水世界
地下两千米的地热水

北京通州区宋庄镇白庙村园

运河苑温泉水世界占地面积8万余平方米，外观宏大壮丽，室内古朴典雅，上下两层的杉木结构布局散发着原木淡淡的清香。目光所之处仙雾缭绕，假山飞瀑，树影婆娑中奇花异木争奇斗艳。

温泉沐浴不仅是身体肌肤的放松，更是一种理想和感性的有机融合，置身于鬼斧神工般的自然环境中会惊奇自然界神奇的造化，感悟芸芸众生的大千世界。放眼望去，远处鸟语虫鸣，耳畔流水淙淙，超凡脱俗。温泉用水采自地下两千米深处的天然地热水，出水口温度近60℃，含丰富的矿物质和微量元素。

玩家 解说

温泉水世界所在地同时也是一处度假村，拥有251套不同类型的豪华客房，11栋风格各异的欧式别墅，备有享有盛誉的府膳佳肴，鲜活生猛的海鲜大餐和南北风味的家常菜。度假村内有功能齐全的会议室，以及游泳、台球、保龄球、棋牌、室内羽毛球场、乒乓球场及其他健身设备和各种综合娱乐项目。空气清新,是一个集商务、娱乐、休闲、度假、美食、会议、会展、旅游等多种功能于一体的理想的商务和休养场所。

CKC国际宠物公园
以纯种犬文化为主题的专业宠物公园

北京市通州区宋庄镇大邓各庄村

CKC国际宠物公园,坐落在艺术名镇——宋庄南部,紧邻运潮减河,公园占地200余亩,配套设施齐全,园内环境优美、空气清新、自然恬静,是目前国内规模最大、功能最全的以宠物为主题的休闲娱乐场所。公园提供的宠物服务包括纯种犬繁育、训练、美容、寄养、宠物泳池、宠物尸体的无公害处理等,是宠物爱好者和宠物的天然家园。

公园倡导科学喂养、善待犬只、优化繁育品种等理念,为国内引进并提高纯种犬品质和对动物疾病的免疫与预防做出了突出的贡献,确保了每个犬只品种的优化。公园内的美容师、驯犬师、牵犬师培训学校,可以为顾客提供专业技能培训。公园还是京东研究犬业文化的基地,是我国北方地区宠物养殖示范基地,努力为宠物爱好者打造一个交流的平台,给宠物提供一个自由、闲适的生活空间。公园可承办国际宠物赛事或以宠物为主题的大型活动。

中国民兵武器装备陈列馆
世界兵器陈列之大观

北京市通州区永顺镇焦王庄

中国民兵武器装备陈列馆位于通州区京杭大运河源头,占地10余万平方米,建筑面积12 000多平方米。1998年10月,陈列馆建成并正式向社会开放,同年被北京市人民政府命名为"北京市国防教育基地"。该馆由兵器博览中心、人民战争史馆、山地野战炮阵、仿真射击场等14部分组成。

馆内共收藏各种文物10 000余件,其中包括来自23个国家的枪炮刀剑等各种兵器5000余件。其中有十几厘米长的钢笔手枪、刻花镀金的工艺手枪、历经第一二次世

中国民兵武器装备陈列馆

界大战的各国著名枪械,还有近百吨重的亚洲现存最大口径的日式300毫米榴弹炮,以及日本500多年前的皇家武士战刀等,展品数量之多、品种之繁堪称世界兵器陈列之大观。

馆内有长城垛口嵌顶的主馆建筑、野战工事构筑的山地炮阵、模拟仿真的各种武器系统和多种兵器实弹射击场所,也有碧波荡漾的鱼塘与葳蕤生机的草坪,是广大兵器爱好者学习、研究、鉴赏各种兵器的最佳去处和进行全民国防教育的理想场所。

北京环球度假区
备受孩子喜欢的主题乐园

北京市通州区　乘地铁7号线或八通线皆可到达　4008778899

位于通州区的北京环球度假区有7个主题园区,包括哈利·波特的魔法世界、变形金刚基地、功夫熊猫盖世之地、好莱坞、未来水世界、小黄人乐园、侏罗纪世界努布拉岛,还有各类美食餐厅与购物商店齐聚的北京环球城市大道。

在许多人心中,这里不仅是《哈利·波特》《变形金刚》《功夫熊猫》等IP的聚集地,更是内心深处的美好回忆,那段在霍格沃茨中神秘的"哈利·波特与禁忌之旅",那趋驶向塞伯坦的紧张又刺激的"霸天虎过山车",都能带着我们逃离生活中的纷纷扰扰……

更多本旅游区景点

花仙子万花园:是以家庭园艺花卉种子产品生产为基础、品种展示为重点、家庭园艺教学为特色、休闲拍摄为延伸项目,花园占地600亩。品种展示区是园区的最大亮点,每年有几百种花卉在此陆续开,花期从早春的4月到夏末10月。北京市通州区于家务国际种业科技园区

佑民观:佑民观俗称天妃庙,素有"京东道教第一观"的称号。佑民观现为区级文物保护单位。2009年8月,佑民观依法登记开放,成为北京市的第八处道教活动场所,这也是北京市登记开放的第二处坤道宫观。北京市通州区张家湾镇

快乐源农庄:占地300余亩,是集餐饮、KTV、婚宴、休闲、度假、采摘、真人CS、拓展培训、会议、住宿等功能为一体的休闲农庄。农庄被绿树所环抱,绿色覆盖面积高达90%,是个天然的绿色氧吧。北京市通州区潞城镇东堡村北

北京环球度假区

大兴旅游区

景点推荐

北京野生动物园 AAAA
散养混养世界各地稀有野生动物

- 北京市大兴区榆垡镇东胡林
- 150元
- 010-89216606

北京野生动物园是经国家林业局批准的集动物保护、野生动物驯养繁殖及科普教育为一体的大型自然生态公园。动物园以散养、混养方式展示野生动物,有散放观赏区、步行观赏区、动物表演娱乐区、科普教育区和儿童动物园等。

玩家 攻略

在散养区里观光,就像在森林里看动物一样,各种动物的自然生活状态一览无余。散养区观光要坐专门的大巴,出示门票后,就可以免费乘坐观光车游览。观光时可以喂动物,收费为10元。在观光时一定要注意安全,不要使用闪光灯对动物进行拍照,以免动物受惊。此外,园内还有动物表演场,黑猴子、山羊和狮子的表演较多。

玩家 解说

园区以"保护动物,保护森林"为宗旨,以"动物与人、动物与森林"为主题,突出体现"野生"和"爱护"。园内共饲养了动物200余种,其中有54种国家一级保护种类、62种国家二级保护种类、42种国外引进种类,里面有国宝级的大熊猫、金丝猴,也有世界各国几乎没有展出过的绿尾虹雉、白尾梢虹雉、棕尾虹雉,还有长颈鹿、东北虎、黑猩猩、鬼狒狒、丹顶鹤、孔雀、鸿雁、狮子、斑马、大象、天鹅等。

百兽山表演场

百兽山表演场建成于1996年11月，能容纳观众3000人左右同时观看表演，整个表演场三面为观众席，一面为大型实体置景，根据每次节目主题的不同，置景内容也做相应的调整。每天，百兽山表演场都将上演一场由大象、狮子、羊驼、斑马、狗熊、獭猴、贵妇犬等近30多头(只)动物参加的大型节目。

猛兽竞技场

竞技场占地约1000平方米，为圆形半开放场馆。整个场馆分为饲养区、表演中心区和观众席三大部分。中央为动物表演舞台，其可容纳观众约1000人。饲养、工作区现饲养东北虎、非洲狮、非洲猎豹和珍稀的白虎，并配有专业饲养、驯化和表演的工作人员。场馆每日定时演出精彩的猛兽表演，包括群狮群虎、猎豹群舞、狗熊体操等。

海狮馆

海狮馆建于1996年，观众席呈半圆弧形梯级看台，中央是五百平方米的水池和舞台，可容纳1500人同时观看表演。海狮馆发展到今天已有二十多人、二十多头海狮的庞大演出阵容，是中国国内最高水平、最大规模的海狮表演种群。

狮虎混放区

在北京野生动物园的狮虎混养区，幼狮和幼虎成功地在一起和睦相处，在国内外是少见的景观。狮虎混养的目的主要有二：一是增加观赏性，感受狮虎同群的奇异景观；二是提高繁殖狮虎兽或虎狮兽的概率。狮虎兽或虎狮兽是异种交配的产物，在中国国内动物园极为罕见。

南海子麋鹿苑
世界第二大麋鹿苑

- 北京市大兴区南海子麋鹿苑
- 乘兴15路公交可到

北京南海子麋鹿苑曾是清朝皇家猎苑的核心地区，距北京城区14千米。它占地60公顷，于1985年建成，是我国第一座以散养方式为主的麋鹿自然保护区。麋鹿是一种典型的湿地动物，俗称"四不像"，体长2米多，肩高1米多。南海子有泥泞的沼泽，再加上莘草丰美，为麋鹿的栖息繁衍创造了良好的环境。这里现有麋鹿200余头，仅次于英国乌邦寺公园，为世界第二大麋鹿养殖基地。此外，这里还引进了豚鹿、梅花鹿、白唇鹿、马鹿、水鹿和狍等鹿科动物，已逐渐成为中国鹿科动物的研究地和博物馆。

玩家 解说

麋鹿是一种典型的湿地动物，俗称"四不像"，即似鹿非鹿，似驼非驼，似牛非牛，似马非马，是中国特有的珍稀鹿种，古时称麋，仅产于中国东部，已濒临灭绝。麋鹿体长2米多，肩高1米多，毛色淡褐，背部较浅，腹部略浅。因其外形稀奇、性情温良，很早就成为"鹿囿"中的观赏物。

南海子公园
北京最大的湿地公园

- 北京市大兴区东北部南五环南侧、大兴新城与亦庄新城之间
- 免费

南海子公园是"北京四大郊野公园"之一，也是北京最大的湿地公园。历史上，南海子曾为明清两朝皇家苑囿，而"南囿

秋风"早在明朝时就被列为"燕京十景"之一。这里主要分为湿地景观、皇家文化、麋鹿保护、生态休闲等功能区，景点有观鹿台、宣教广场、"南囿秋风"石碑、中山纪念林等。

◻ 朱雀迎宾

在公园南主门入口廊道，首先映入眼帘的是朱雀迎宾景观。大兴区地处京南，位居皇城南中轴线起点。属传统文化的朱雀位，是守护南城的神灵，也是热情好客的象征。朱雀迎宾大道两侧配以悬铃木（法国梧桐），寓意"栽桐引凤"，象征着郊野公园，喜迎五湖宾朋、笑纳四海游客。

◻ 观鹿台

在公园建设一期西北侧丛林中建一观鹿台，与放养我国珍稀动物的"麋鹿苑"一栏之隔。成为公园内登高观鹿的最佳位置。从台上向北远望，成群的麋鹿，在上千亩"麋鹿苑"的湿地水泽中悠闲生活，或临池赏角或追逐嬉戏。使游客亲身体验在自然郊野的环境下，人与动物相融共生、和谐相处。

◻ 国色天香

公园东区南门，是一处国花牡丹园。园状似元宝，面积百亩，把牡丹系列、名贵品种集于一园，一朵朵、一簇簇，白似雪、粉似霞、红似火，象征国家繁花似锦、民族富贵吉祥。景区北侧设一"牡丹亭"。

梦幻紫海香草庄园
具有欧洲风情的百花园

北京市大兴区榆垡镇汇贤街南

梦幻紫海香草庄园始建于2010年3月，是北京市永定河绿色生态发展带，大兴区域内的重要节点之一。庄园占地面积600亩，其中薰衣草种植面积200亩。在突出香草主题的同时，园内还匠心独运、巧妙搭配了百里香、鼠尾草、马鞭草、波斯菊、藿香、假龙头、海索草、香蜂草、留兰香等40余种名贵花草，使园区植物景观色彩纷呈、相映成趣。

园区规划及建设主要以欧洲风情为主，层叠起伏的绚烂花海与罗马愿望、波尔多印象、鹿特丹风车、枫丹白露园、普罗旺斯情缘、威尼斯岛屿、米兰摄影棚、巴黎郊外八大景观融为一体。移步换景，园内流淌着浪漫、复古、神秘的异域音符；终集大成，汇聚了种植示范、休闲娱乐、旅游观光、科普教育等多重功能。

团河行宫遗址
皇都第一行宫

北京市大兴区黄村门内团河一带

团河行宫修建于乾隆年间，在清代南苑四大行宫中，以规模最宏丽、景致最秀美而被后人誉为"皇都第一行宫"。团河行宫吸收了江南园林以景取胜的建筑布局，行宫内掘土成湖，积土筑山，被自然地划分为东西湖两大区域。东西湖以两座木桥相连，东湖以南则为庞大的宫殿群。这些宫殿均自成院落，但又多有游廊相连，移步换景，错落有

团河行宫遗址公园

致。清末后，行宫的建筑相继被毁。1985年以后，先后修复御碑亭、云随亭、翠润轩、十字房等建筑。

链接

清代四大行宫

顺治十五年（1658年）和康熙年间先后将明代在南海子附近的两座提督衙门改建为行宫，分别称"旧衙门行宫"（旧宫）和"新衙门行宫"（新宫）。随后，康熙和乾隆两朝又分别在南红门内和黄村门内团河一带修建行宫，即南红门行宫（简称"南宫"）和团河行宫。

清末，四大行宫均遭毁损，并长期被军阀盘踞。至新中国成立前夕，团河行宫尚有少量遗存，其他三座行宫旧迹难寻，只余下"新宫""旧宫"和"南宫"等村名。

中华文化园
弘扬中华民族历史文化

📍 北京市大兴区黄村镇明春苑

中华文化园以弘扬中华民族悠久的历史文化为理念，毗邻世界公园与西汉古墓，是集文化、教育、娱乐、休闲于一体的主题公园。园区占地面积500亩，由"一魂三园四中心"组成。"一魂"即"中华魂"艺术墙，三园即静园、动园和忆贤园，"四中心"即景观四中心、中华食府中心、中华商品中心和教育培训中心。其中，最具特色的是堪称"二绝"的"中华魂"艺术墙和"文元殿"。中华文化园凸显了中华文化的象征意义以及它的共有

性、多元性，从而形成了一个完整统一的精神文化空间，是真正意义上的中华民族的文化之城、心灵之城和精神之城。

▢ 五福捧寿图

广场的正中央是一个硕大的寿字，在它的周围有五只蝙蝠各方盘旋，构成了一幅民俗之图——"五福捧寿图"。所谓的五福是指福、禄、寿、禧、财，而寿字居中，则反映了人们对健康的重视。以前中国很多大宅院的大门上，一般都镌刻有5只蝙蝠，寓意五福临门，象征着吉祥长寿。

▢ 文元殿

文元殿高22米，是仿清西陵泰陵的"隆恩殿"建造的，取"隆福齐天，恩泽万世"之意。文元殿内设有一个舞台，配有现代化的音响、灯光设备。

▢ 龙字墙

龙字墙背面全长800余米，它撷取了从甲骨文到现代的999个龙字绵延于墙面，是由数百位历代的书法家、艺术家所撰写的。

▢ 三国长廊

长廊在古建中又称"画廊"，该长廊在每根梁坊上都绘有中国传统建筑中的苏式彩绘。内容包括三国人物典故、山水风景和百鸟花卉等，特色分明。其中浓墨重彩，重点描绘的是关公的故事："桃园三结义""刮骨疗毒""过五关斩六将"，等等。建筑风格为廊亭结合，圆亭和方亭寓意为"天圆地方"。

中国印刷博物馆
世界上最大的印刷专业博物馆

📍 北京市大兴区兴华北路25号

中国印刷博物馆1996年建成开馆，2001

中国印刷博物馆

年进行了改造，是目前世界规模最大的印刷专业博物馆。博物馆建筑面积达8100平方米，展厅共分为源头古代馆、近现代馆、印刷设备馆和综合馆4层，同时附设钱币印刷、邮票印刷、欧洲早期印刷、港澳台印刷、印刷精品等专题展馆。馆内珍品主要有：唐武则天年间的《妙法莲华经》《分别功德品第十七》全卷，《如来佛寿品第十六》残卷，《无垢净光大陀罗尼经》雕版印刷品、《陀罗尼经咒》刻品、《金刚经》等。馆前建有中国印刷博物馆落成纪念碑，碑文由著名书法家启功先生书写。

御林古桑园
千年古桑林采摘桑葚
北京市大兴区安采路

御林古桑园北距京城30千米，相传这里自东汉时期就已种植桑树了，曾在这里留下了"桑葚窖汁救刘秀，感恩图报树封王"的千古佳话，现在已是华北地区面积最大的古桑林。桑园中树龄最老的桑树达500年以上，而明清时期所产的桑葚曾一度作为贡品进献皇宫。古桑园作为集旅游、观光、采摘于一体的综合性园区，是旅游、观光、农事体验的理想场所。每年5月中旬举办桑文化采摘节。

半壁店森林公园
纪念林中栽种同心树、成材树
北京市大兴区黄村南

半壁店森林公园拥有目前北京面积最大的一片森林，园内有野味餐厅、狩猎场等10余处游乐场所，植有杨、柳、槐、桑、松、柏等，并且种植了苹果、梨、桃等果树。特别是在公园西北部的"纪念林"，对市民完全开放，新婚夫妇可以在这里栽上"同心树"，或是家长和孩子一起合种"成材树"，也可种一棵以自己名字命名的树，种下之后亲手培植。

留民营生态庄园
中国生态农业第一村
北京市大兴区长子营镇境内

留民营生态农场占地面积13万多平方米，是北京市首批农业观光游示范点。这里功能完备、设施齐全，园内有31栋新型日光温室、1栋全自动连栋式大棚，以及生态农业区、生态庄园旅游度假村、无公害有机蔬菜高科技示范区、无污染旅游制品工业区、民俗旅游观光区、沼气太阳能综合应用示范区、北京娃娃农庄、北京青少年绿色文明素质教育基地、全国蒲公英农村儿童文化园等。这里是有机食品生产基地，对蔬菜不喷洒农药，全部施用有机肥，所以产品为绿色无污染蔬菜。在观光园，游客可体验到生态农业观光游、农家游、民俗田园采风游的乐趣，以及参加有机食品讲座等多项活动。

中国西瓜博物馆
飞翔的西瓜
北京市大兴区庞各庄镇政府院内
乘55路公交即达
010-89281181

中国西瓜博物馆于2002年建造完成，总占地面积22000平方米，是一座极具时代特征和鲜明特色主题的标志性建筑物。主建筑分上下两层。一层中间为序厅，通顶21米，是状似巨型西瓜的圆顶式建筑形式；东西两侧为主展厅，展线全长400多米，顶层状似西瓜叶片，主要陈列板块为关于西瓜的历史、种植、科技、文化等，展出图片近900幅，具有科学性、专业性、知识性、文化性、趣味性等陈列特征。二层东侧为功能厅，面积1000多平方米，主要开展电教、培训、中小型颁奖、会议、演出等活动；西侧为1000平方米的展览大厅，可举办各类中小型临时展览。东西两个展厅展线全长400多米，以西瓜历史、西瓜种植、西瓜科技、西瓜文化、北京大兴西瓜节为主要的陈列板块。博物馆馆前是西瓜文化广场，中心为大型音乐喷泉。

北京航天科普教育基地
全面介绍航天发展历程
📍 北京市大兴区庞各庄镇

　　北京航天科普教育基地是一个以梨文化为底蕴、以航天科技为主题的综合性园区，也是国内第一家以电影、图文展览、实物模型展示、电子触摸互动、航天农业观光采摘等形式全面介绍中国航天及世界航天发展历程的综合性教育基地。这里的固定陈列有航天科普图文展、火箭导弹模型展、各类卫星飞船展和古代农具馆。整个园区分成12大区域，100多项活动，上万幅图片，几十种展品模型。

更多本旅游区景点

北普陀影视城：是继中央电视台无锡、涿州影视城之后崛起，以明清建筑风格为主调的第三大影视城。城中有红楼梦园、北普陀寺等古色古香的建筑，拥有20多个景区，50多处景观，还有国内外唯一纪念《红楼梦》作者曹雪芹的雪芹寺庙。每年4月初，影视城都会举办盛大的花会大赛。📍 北京市大兴区瀛海乡南宫

中国影视大乐园：集互动影视体验、拍摄、娱乐、高科技观赏互动于一体的影视大乐园。它具有丰富的电影文化和创意文化内涵，以影视节目为载体，揭开电影制作的神秘面纱，让观众充分感受影视大片的特效效果与神奇之处，并参与互动拍摄制作各种影视大片等。📍 北京市大兴区南五环西红门北兴路东段2号星光影视园内

北京雪都滑雪场：雪场设施采用国际化标准、星级化管理，雪道占地面积约10万平方米，能够满足初、中、高级不同滑雪水平人群的选择。📍 北京市大兴区榆垡镇刘家铺

北京雪都滑雪场

攻略资讯

- 交通
- 住宿
- 美食
- 购物
- 娱乐

宋庄画家村

🚗 交通

通州

火车：通州站是京哈铁路上的一座中间站，位于通州区西营前街与车站路交会处，三等站。2017年12月31日因北京市郊铁路副中心线开通，经站房及站台改造，通州站恢复办理客运业务。

区内交通：途经通州的公交线路有数十条。地铁八通线、6号线均在区内运行。

大兴

火车：黄村火车站建于1895年，提供短途客运业务，主要发往廊坊天津方向、衡水石家庄北方向。车站位于北京市大兴区黄村镇，乘地铁4号大兴线可到。

汽车：黄村长途汽车站位于大兴县黄村，发车方向为大礼、凤河营、长子营、向阳、固安、赵村、石佛寺、南各庄、榆垡、半壁店、庞各庄、六合庄等地。乘地铁4号大兴线可到。

区内交通：大兴至北京城区的公交线路有二三十条。地铁大兴线，北起公益西桥（连接4号线），南至天宫院，途经西红门、高米店、黄村的重要地点，是连接大兴和北京城区的快速通道。

通州的酒店

住宿

通州和大兴住宿条件完善，游客可按照自身需求选择星级酒店或快捷旅舍。住宿在景区更能感受秀丽风景，但价格较贵；住宿在市区可选空间较大，体验商业区的繁华。

● 北京锦江富园大酒店

北京锦江富园大酒店，毗邻北京经济技术开发区，靠近东、南四环快速路，距市中心约20分钟车程，包括客房、餐厅、会议厅、商务中心等，餐厅提供中西各式菜肴。 北京市大兴区亦庄经济技术开发区荣华中路11号 ☎ 010-67800888

月亮河温泉假日酒店

美食

通州和大兴历史文化底蕴深厚，特色美食众多，烧、烤、炸、炒、涮吃法多样，可以满足不同口味客人的需求。通州的车站路餐饮一条街以美食著称，聚集着20多家餐饮企业及全国连锁店铺。

● 大顺斋糖火烧

大顺斋始创于1637年（明崇祯末年），距今已有三百七十多年历史，是京城享有盛誉的老字号，全国清真食品用品定点生产企业。公司主要生产传统风味的中西式糕点，尤以桂花糖火烧而闻名。大顺斋的糖火烧在选料制作上是相当讲究的，面要用纯净的标准粉，油要用通州的小磨香油，桂花一定要用天津产的甜桂花，必不可缺的红糖和芝麻酱，也是专购一地，绝不含糊。 通州新华大街 ☎ 010-69542105

锦江富园大酒店

大顺斋糖火烧

● 小楼烧鲇鱼

建于1900年，历经百年沧桑的小楼饭店是京东著名清真老字号。小楼饭店的烧鲇鱼为通州三宝之一，工艺考究，享誉京城，其制作工艺已列入区级非物质文化遗产。小楼烧鲇鱼只用鲇鱼中段，或连刀，或切块，用纯绿豆淀粉包裹，经过三炖三烤，然后拌入作料，熘炒勾芡后出勺。此菜品色泽金黄，外焦里

嫩，味美可口，独具风味。通州区通州南大街12号 ☎ 010-69553752

小楼烧鲇鱼

● **桑叶宴**

"桑叶宴"是以桑叶为原料，采取煎炸、凉拌、做馅等多种做法，烹调别具特色又具有健康价值的菜肴。其中又尤以桑叶做馅儿的味道最佳，如桑叶馅饺子、包子、菜团子等。取桑树上的鲜嫩桑叶，经过热水焯熟，用精肉拌馅儿，现包现煮，口感鲜香，味道天然。

桑叶

桑叶馅饺子

购物

通州特产

● **通州大樱桃**

通州大樱桃植根于永定河、潮白河冲积平原，浇灌以千年运河水，集先进技术大成精心栽培，珠圆玉润，红艳饱满。

● **通州腐乳**

通州腐乳，质地细腻，芳香扑鼻，别具风味，从20年代起就享誉京畿，畅销京东八县。"通州腐乳"不仅是南货北植第一家，更是南北风味嫁接之精品。

大兴特产

● **大兴西瓜**

大兴为著名的西瓜主产地和集散地。大约400年前，明万历年间，大兴西瓜即有入贡的记载。它的特点是外观光洁，果形圆正。皮薄而坚韧，瓤色鲜红柔和，肉质脆且沙，纤维少，无空洞，不倒瓤。

大兴西瓜

● **八宝葫芦鸭**

将鸭脱骨去内脏，不能弄破鸭皮。再将脱去骨的鸭子抹上糖稀，晾一天。然后将虾仁丁、海参丁、五花肉丁等，用特制调料找好口，喂馅装入鸭内。用八成酎油炸至枣红色。放在容器里加入酱料，上屉蒸熟即可。形似葫芦，色泽枣红，清香咸鲜，鸭肉软烂。

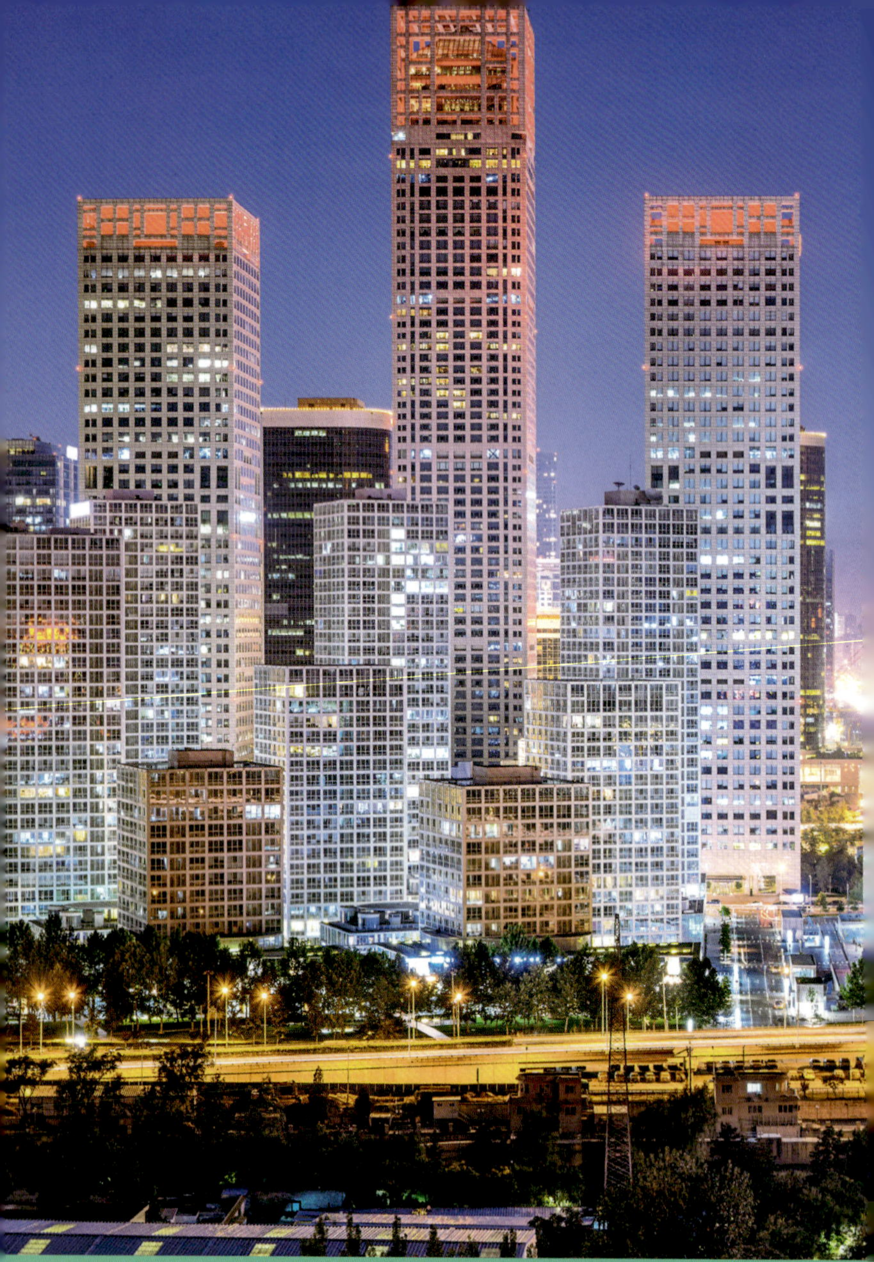

旅游资讯

发现者旅行指南

北京交通

北京是中国北方的交通枢纽中心,交通系统十分发达。首都国际机场不仅是对外交往的窗口,而且是中国民用航空网络的辐射中心。中国主要铁路干线都汇集北京,它是中国北方最大的铁路枢纽。北京市内的公共交通四通八达,地铁和城市铁路是最快捷的市内交通工具,出租车随处可见,公共汽车更是贯通城市的东西南北,是最经济的交通工具。

飞机

北京主要有首都国际机场和大兴国际机场两大机场,有多趟国际和国内航班。

首都国际机场

北京首都国际机场是"中国第一国门",是中国最重要、规模最大、设备最先进、运输生产最繁忙的大型国际航空港,属于民用4F级机场。它建于1985年,是亚太地区首个,也是唯一一家拥有3个航站楼、3条跑道、双塔台同时运行的机场。机场位于北京市东北郊,距东直门约26千米。

大兴国际机场

北京大兴国际机场,位于北京市大兴区榆垡镇、礼贤镇和河北省廊坊市广阳区之间,北距天安门46千米、距首都国际机场67千米,南距雄安新区55千米,2019年9月25

大兴国际机场内景

北京交通 365

东长安街

日，正式通航，为大型国际航空枢纽、国家发展新的动力源、支撑雄安新区建设的京津冀区域综合交通枢纽。

火车

北京市区主要有11个客运火车站，如北京站、北京西站、北京南站、北京北站、北京东站、丰台站、北京朝阳站、大兴机场站、北京大兴站、清河站、北京城市副中心站。简单介绍以下4站。

北京站

北京站是北京铁路枢纽的一个重要部分，一直以来北京站始发的旅客列车发往全国各地。目前，北京站主要负责接发经由京沪线、京哈线往华东、东北方向的列车。另外，北京站也负担接发往俄罗斯莫斯科、蒙古乌兰巴托和朝鲜平壤的国际联运旅客列车。

北京站位于北京市东城区北京站街，乘地铁2号线可到达。

北京西站

北京西站是亚洲规模最大的现代化铁路客运站之一，是京广线的起始站，承担京广高铁列车的发车和到达任务。北京西站主要运行中国中南、华南、西南与西北等地区的客运列车，到达广州、西安、乌鲁木齐、郑州等城市。

北京西站位于北京市丰台区莲花池东路，乘地铁7号线、9号线可到达。

北京站

北京南站

北京南站是北京铁路枢纽规划中"四主三辅"七大客运站中的主要客运站之一，京沪高速铁路和京津城际铁路的始发站。是中国第一座高标准现代化的客运专线大型客

站、客流量名列世界第三，被誉为"亚洲第一站"。

北京南站位于北京市丰台区永外车站路12号，乘地铁4号线可到达。

北京北站

北京北站是京包、京通线和S2市郊铁路的始发站和终点站，有大量发往八达岭长城和延庆的市郊列车，还有部分发往河北、内蒙古和东北的列车。

北京北站位于北京市西城区西直门外，乘地铁2号线可到达。

汽车

北京城八区有十多个长途汽车站，班次极多。六里桥客运主枢纽是最主要的长途汽车站。

六里桥客运主枢纽

六里桥客运主枢纽是集省际客运、公交、出租、社会车辆、地铁等多种换乘方式于一体的综合客运枢纽，首创在站内实现无缝接驳模式。目前客运主枢纽的车次可通达吉林、河南、山东、山西、江苏、浙江、安徽等多个省市自治区。地址位于北京市丰台区六里桥南里甲19号（六里桥立交桥西南侧），乘地铁10号线可到达。

四惠长途汽车站

四惠长途客运站运营线路覆盖九省一市，主要发往东北三省、河北省唐山地区、天津地区和南方部分地区；现有运营线路77条，进站运营车辆371部，平均日发班次310班，全年旅客发送量达190余万人次，是北京市主要客运站之一。车站位于北京市朝阳区建国路68号，乘地铁1号线可到达。

祥龙赵公口长途汽车站

祥龙赵公口长途客运站创建于1992年，是全民所有制企业。客运站现有运营线路120余条，日发400班左右，通达上海、山东、江苏、浙江、河南等省市。车站位于北京市丰台区永外南三环中路34号，乘2路、50路等公交到赵公口站下。

其他长途汽车站

长途车站	位置
永定门长途汽车站	东城区永外彭庄37号
木樨园长途汽车站	丰台区海户屯199号
丽泽长途汽车站	丰台区西三环丽泽桥东

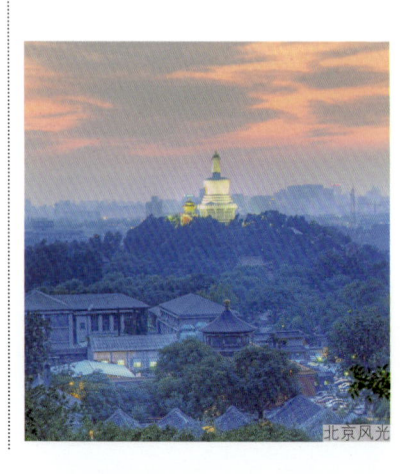

莲花池长途汽车站	丰台区西三环六里桥东北
阿尔萨八王坟长途汽车站	朝阳区西大望路17号
北郊长途汽车站	朝阳区华严北里甲30号
新发地长途汽车站	丰台区丰台南路

市内交通

北京市市区交通工具多样化，有四通八达的公交车、出行方便的出租车、方便快捷的地铁，而穿行在胡同小巷里的自行车、人力三轮车等非机动车，也给人们出行带来了方便。

市内地铁

截至2023年3月，北京地铁运营的线路包括1号线、2号线、5号线、6号线、8号线、9号线、10号线、13号线、15号线、八通线、机场线、房山线、昌平线、亦庄线等27条，运营总里程807千米。四通八达的地铁交通极大地便利了民众的出行。

地铁服务热线：96165

北京地铁

北京地铁网：www.bjsubway.com

三轮车

在北京旧城区的什刹海区域，有合法运营并贴有统一标示的人力三轮车，可以乘坐这些车穿胡同、看街景。在东直门、西直门、天坛等市中心的交通枢纽和旅游景区，也有拉客的人力三轮车，在一些大的交通枢纽、住宅区，还有载客的电动三轮车。

地铁前门站

北京人力三轮车

北京住宿

北京饭店

　　北京住宿可选择性多,价格较国内其他城市普遍要高,所以要综合考虑交通、旅游景点、购物区域、住宿条件、消费水平等问题进行选择。除了各档次的星级酒店、度假村,也可以选择价格实惠的青年旅舍或民居四合院。此外,机场、火车站都有酒店订房和推荐服务,可以咨询价位和区位情况。

　　来北京旅游,住在前门附近比较方便,天安门广场、故宫和前门大街等景点和北京旅游集散中心都位于此处,去往八达岭长城、十三陵以及其他郊县热点景区的旅游巴士都在此处发车。因此这里的住宿价格稍贵,可根据个人情况来定。5—10月是北京的旅游旺季,尤其是7—8月,热门景点住宿比较紧张,所以来京前可以在旅行社或专业旅游网上提前预订,还能享受折扣优惠。

北京四合院

北京美食

北京作为六朝古都，吸收了满汉饮食文化精粹，皇家与市井味在此共存，不仅有独具京城特色的官府菜、清真菜、私家菜，也有名目繁多的京味儿传统小吃。

北京菜由地方菜、清真菜、宫廷菜、官府菜等融合而成，菜肴原料天南地北，山珍海味、时令蔬菜应有尽有，选料讲究，刀工精湛，调味多变，火候严谨，讲究时令，注重佐膳。北京烤鸭、酱爆鸡丁、糟熘三白、黄焖鱼翅、贵妃鸡等都是耳熟能详的名菜。

北京小吃历史悠久，分为汉民风味、回民风味和宫廷风味三种。在烹制方式上有蒸、炸、煎、烙、爆、烤、涮、冲、煎、煨、熬等各种做法，共计百余种。京味小吃的代表有豆汁儿、酸梅汤、冰糖葫芦、豌豆黄、驴打滚等，令人目不暇接，叹为观止。

美食小吃

● 涮羊肉

涮羊肉在北京有着悠久的历史，有两大特点：其一，选料精、肉片薄；其二，调料精美、调配适当。在挑选羊肉时，一要选用阉过的羊，二要选用瘦肉多但间有肥肉的部位。涮羊肉的酱料可以自己调制，在"点酱台"上，二十多种酱料列阵在前，可由您选择。

推荐店铺：东来顺（王府井店）。⊙ 北京市东城区王府井大街

● 仿膳宫廷菜

仿膳宫廷菜特别讲究"色、香、味、形"和菜肴的名称。比如"罗汉大虾""凤凰趴窝"等，不仅取名形象、味道佳美，而且将色彩、形状有机地结合起来。还有许多菜，为了做到色彩绚丽、形象生动，要用小镊子夹着各种颜色的配料拼摆。

推荐店铺：漪澜堂仿膳饭庄。⊙ 北京市西城区北海公园内

● 驴打滚

驴打滚又称豆面糕，是北京小吃中的古老品种之一。它的原料是用黄米面加水蒸熟，另将黄豆炒熟后，轧成粉面。制作时将蒸熟的黄米面外面蘸上黄豆粉面擀成片，然后抹上赤豆沙馅（也可用红糖）卷起来，切成100克左右的小块，撒上白糖就做成了。

推荐店铺：护国寺小吃店。⊙ 北京市西城区护国寺大街

● 炸酱面

炸酱面是北京富有特色的食物，由菜码、炸酱拌面条而成。将黄瓜、香椿、豆芽、青豆、黄豆切好或煮好，做成菜码备用。然后做炸酱，将肉丁及葱姜等放在油里炒，再加入黄豆制作的黄酱或甜面酱炸炒，即成炸酱。面条煮熟后，捞出，浇上炸酱，拌以菜码，即成炸酱面。

推荐店铺：海碗居（增光路总店）。
北京市海淀区增光路11号　010-88374993

● 爆肚

爆肚是北京风味小吃中的名吃。爆肚是把鲜牛肚或鲜羊肚洗净整理后，切成条块状，用沸水爆熟，蘸油、芝麻酱、醋、辣椒油、酱豆腐汤、香菜末、葱花等拌制的调料吃，质地鲜嫩、口感香脆。

推荐店铺：北平楼酒楼（牡丹园店）。
北京市海淀区花园路街道牡丹园西里16号　010-68989660

● 豆汁

豆汁是北京久负盛名的传统风味小吃。具有色泽灰绿、豆汁浓醇、味酸且微甜的特色，它将绿豆浸泡到可捻去皮后捞出，加水磨成细浆，倒入大缸内发酵，沉入缸底者为淀粉，上层飘浮者即为豆汁，有祛暑、清热、温阳、健脾、开胃、祛毒、除燥等功效。

推荐店铺：老磁器口豆汁店（天坛店）。
北京市东城区天坛北门对面　010-67035725

● 焦圈

焦圈是一种北京特有的炸制食品，碗口大小，形似西方的炸面包圈，但口感更酥脆。可贮存十天半月，质不变，酥脆不皮。焦圈常作为另一种北京特有小吃豆汁儿的配菜食用。

推荐店铺：护国寺小吃店。北京市西城区护国寺大街93号

● 炒肝

炒肝是北京特色风味小吃，其历史悠久，具有汤汁油亮酱红、肝香肠肥、味浓不腻、稀而不澥的特色。最初吃炒肝时讲究沿碗周围抿并要求搭配小包子一块吃，但现在吃炒肝早已没有那么多讲究了。

推荐店铺：姚记炒肝店。北京市东城区鼓楼东大街311号　010-84010570

● 卤煮火烧

卤煮火烧是老北京纯粹的东西，土生土长，比京剧还要纯粹。最初的卤煮出自宫廷的"苏造肉"。据说光绪年间因为用五花肉煮制的苏造肉价格昂贵，所以人们就用猪头肉和猪下水代替，经过民间烹饪高手的传播，久而久之，造就了卤煮火烧。

推荐店铺：南来顺饭庄。北京市西城区南菜园街12号　010-63534720

● 烧卖

烧卖又称烧麦、肖米，是北京的传统特色小吃，它是一种以烫面为皮裹馅上笼蒸熟的面食。烧卖源起元大都，在中国土生土长，历史相当悠久。烧卖喷香可口，兼有小笼包与锅贴之优点，民间常作为宴席佳肴。京城烧卖以老字号都一处烧麦馆为著名，此店开业于清乾隆三年（1738年），主营各种烧卖、炸三角、马莲肉和山东风味炒菜。

推荐店铺：都一处烧麦馆。北京市前门大街38号　010-67021555

● 豌豆黄

豌豆黄是北京春夏季节一种应时佳品。清宫的豌豆黄，用上等白豌豆为原料，做出成品色泽浅黄、细腻、纯净，入口即化，味道香甜，清凉爽口。其制法是，将豌豆磨碎、去皮、洗净、煮烂、糖炒、凝结、切块而成。

推荐店铺：清真隆福寺小吃店。北京市东城区东四北大街145号　010-64060668

北京烤鸭

北京烤鸭以色泽红艳、肉质鲜嫩、味道

北京烤鸭

醇厚、肥而不腻的特色，被誉为"天下美味"而驰名中外。它是采用挂炉明火烧的方法烤制而成，其皮质酥脆肉质鲜嫩，飘逸着清香，再配以荷叶饼、葱、酱食之，腴美醇厚，回味不尽。

● 全聚德烤鸭店

全聚德，中华著名老字号，创建于清朝同治三年（1864年），历经几代人的创业拼

全聚德烤鸭

北京烤鸭的流派和吃法

北京烤鸭是具有世界声誉的北京著名菜式，用料为优质肉食鸭北京鸭，果木炭火烤制，色泽红润，肉质肥而不腻。北京烤鸭分为挂炉和焖炉两大流派，而北京最著名的烤鸭店全聚德和便宜坊也是两派的代表。它以色泽红艳、肉质细嫩、味道醇厚、肥而不腻的特色，被誉为"天下美味"。

● 流派分类

北京烤鸭起先是宫廷美食，后逐步由皇宫传到民间。烤鸭家族中最辉煌的要算全聚德了，是它确立了烤鸭家族的北京形象大使地位。"全聚德"的创始人杨全仁早先是个经营生鸡生鸭生意的小商，积累资本后开创了全聚德烤鸭店，聘请了曾在清宫御膳房当差的一位烤鸭师傅，用宫廷的"挂炉烤鸭"技术精致烤鸭，使得"挂炉烤鸭"在民间繁衍开来。全聚德采取的是挂炉烤法，不给鸭子开膛，只在鸭子身上开个小洞，把内脏取出来，然后往鸭肚子里面灌开水，再把小洞系上后挂在火上烤，这种方法既不让鸭子因被烤而失水，又可以让鸭子的皮胀开不被烤软，烤出的鸭子皮很薄脆，成了烤鸭最好吃的部分。

创始于明永乐年间的便宜坊焖炉烤鸭，相对于全聚德的名气，其实历史更早，至今已近600年历史。焖炉烤鸭技艺申请了"国家级非物质文化遗产"。焖炉是一种地炉，炉身用砖砌成，大小约1米见方。其制作方法最早是从南方传入北京的，特点是"鸭子不见明火"，是由炉内炭火和烧热的炉壁焖烤而成。因需用暗火，所以要具有很高的技术，掌炉人必须掌好炉内的温度，温度过高，鸭子会被烤煳，反之则不熟。焖炉烤鸭外皮油亮酥脆，肉质洁白、细嫩，口味鲜美。焖炉烤鸭是便宜坊的招牌，只是烧秫秸的焖炉早已改成了电焖炉。如今，使用焖炉的烤鸭店很少，大部分烤鸭店采用的是全聚德挂炉的烤制方法。焖炉烤鸭口感更嫩一些，鸭皮的汁也明显更丰盈饱满些。而挂炉烤鸭带有的果木清香，似乎更能让人体会到人类最早掌握的"烤"的烹饪方法的智慧。

如今挂炉烤鸭和焖炉烤鸭是北京的烤鸭两大流派，现在很多做烤鸭的餐厅，也分别对传统上的这两大流派，做了适合现代口味和消费思想的改进，比如对烤鸭吃皮的重点演绎，小王府对鸭子品种的特别精选，甚至包括很多地方将葱丝换成了黄瓜条，这些形变而不失神的改良都不错。

● 吃法三则

北京烤鸭第一种吃法：据说是由大宅门里的太太小姐们兴起的。她们既不吃葱，也不吃蒜，却喜欢将鸭皮蘸了白糖来吃。以后，全聚德跑堂一见到女客来了，便必然跟着烤鸭，上一小碟白糖。

北京烤鸭第二种吃法：甜面酱加葱条，可配黄瓜条、萝卜条，用筷子挑一点甜面酱，抹在荷叶饼上，放几片烤鸭盖在上面，再放上几根葱条、黄瓜条或萝卜条，将荷叶饼卷起，真是好吃无比。

北京烤鸭第三种吃法：蒜泥加甜面酱，也可配萝卜条等，用荷叶饼卷食鸭肉也是早年受欢迎的一种佐料。蒜泥可以解油腻，将片好的烤鸭蘸着蒜泥、甜面酱吃，在鲜香中更增添了一丝辣意，风味更为独特。

搏获得了长足发展。全聚德前门店是全聚德的起源店,至今已有141年的历史。由于该店的特殊意义,建店初期的全聚德铺面老墙被原样移至大厅内,并在老墙后面依照旧式摆设恢复了老铺的风貌,同时采用京味跑堂服务方式。店内有传统的八仙桌、青色地砖、木制阁楼、老式的留声机、黑漆柜台,传统怀旧的文化风貌尽收眼底。饭店现可同时接待1500人就餐,是亚洲最大的单种菜餐馆。特别推荐:烤鸭、芥末鸭掌、盐水鸭肝、火燎鸭心。

北京市东城区前门大街 乘地铁2号线到前门下 010-67011379

● 大董烤鸭店

大董烤鸭店在京广中心的斜对面,菜式非常讲究,真正用苹果木烤制,味道、口感没得说。大董先生就出身于全聚德。一定要试试在荷叶饼里加些蒜泥的吃法,异常鲜美。

● 便宜坊烤鸭店

便宜坊烤鸭店,是中华老字号企业,隶属于北京市哈德门饭店,创业于清咸丰五年(1855年)。饭店现有各类技师62人,技术力量雄厚,保持了百年老店的传统风味。饭店面积3000多平方米,拥有各式餐厅24个,可同时接待1000人就餐,能承接不同规模的宴会、庆典。这里经营的"焖炉烤鸭"是北京烤鸭两大流派之一,皮酥肉嫩、口味鲜美,又因其烤制过程鸭子不见明火,鸭膛内灌入特制老汤,形成外烤内煮之势,故而减少了明火烤制易产生致癌物的现象,有绿色食品之美称。

官府菜

官府菜又称官僚士大夫菜,包括一些出自豪门之家的名菜。官府菜在规格上一般不得超过宫廷菜,而又与庶民菜有极大的差别。以清淡、精致、用料讲究闻名,过去北京官府多,府中讲求美食,并各有拿手好菜,以招待同僚或比自己职位高的官员。北京这个具有3000余年的建城史和800余年的建都史的古老城市,有着许许多多坐落于四面八方的建筑和宅邸,或是正经四合院,或依傍园林,也有后来仿制的皇家范的建筑。有的走

便宜坊烤鸭店

北京美食 373

了一套菜谱，这就是厉家菜的渊源。厉家菜在最初时每周只开一桌，后来放宽为每周两桌（周六和周日），现在又改为每天一桌。

✉ 北京市德胜门内大街羊房胡同11号 ☎ 010-66180107

北京小吃去处

● 王府井小吃街

王府井小吃街的创意和设计十分丰富，颇具新意，融汇了古都北京传统的建筑特色和市井文化。从传统名吃糖葫芦、臭豆腐，到西式糕点、沙拉，从海南的椰子，到北京的爆羊肚、新疆的羊肉串，风味不同的各地小吃连成一条长街。

● 前门大街

前门大街上汇集着京城的许多家老字号饭店，有全聚德烤鸭店、都一处烧卖、开封第一楼灌汤包、老正兴饭庄和壹条龙饭庄等，全都是百年以上的老字号，且口味也是相当正宗。尽管这里的人气顶不上其他美食街那样火爆，但是，却代表着京城的食文化。

● 九门小吃

九门小吃坐落于北京著名的风景区什刹

官府菜路线，有的走特色高端私房菜路线，有的走身份画圈的会所路线。

● 厉家菜

厉家菜位于北京后海的羊房胡同里，这里除了有一个门牌号（羊房11号）外，没有任何标志，厉家菜的菜品都是清朝同治、光绪年间的内务府大臣厉子嘉后裔的私房菜。厉子嘉是清朝的内务府都统，深受慈禧信任。御膳房每天的菜单都由他审批，慈禧、皇上吃的菜他都品尝过。每次看过菜谱，他都牢记在心，回家后一一记下，晚年整理出海内。在老式四合院中，囊括京城传统的12家老字号小吃：小肠陈、褡裢火烧、奶酪魏、茶汤李、月盛斋等。让人足不出户便可品尝京城均有百年历史的具有代表性的十多家传统老字号小吃。

● 护国寺小吃

护国寺小吃是北京地方小吃的代表之一，以其品种丰富、特色突出、具有深厚的历史文化底蕴而著称。小吃品种包括艾窝窝、驴打滚、豌豆黄等八十余种，聚集了京味小吃之精华，深受京城及全国各地宾客的喜爱和国外友人的赞誉。

传统老字号小吃

北京老字号不仅是一种商贸景观，更重要的是一种历史传统文化现象。老北京的传统小吃不仅数量众多，美味可口，而且从视觉上也给人以赏心悦目的感觉，美食给食客以味蕾享受的同时，传递着源远流长的历史文化情结。

● 茶汤李

在北京小吃五花八门的品种里，北京的茶汤算得上是绵远流长的一支。清嘉庆年间的《都门竹枝词》中有"清晨一碗甜浆粥，才吃茶汤又面茶"。北京的茶汤里最出名的莫过于茶汤李。而李家的茶汤之所以色香味醇，归根结底就是八个字"选料考究，做工独特"。

● 年糕钱

"年糕黏，豆馅甜"是当时群众给的评价，真有点老味，给了钱老很大的鼓励和信心，生意非常兴旺，干劲十足的钱老开发了许多新品种，形成了北京小吃系列，能按不同节气供应不同的品种，例如：豌豆黄、芸豆卷、山药卷、黄米面炸糕、茶菜、糖卷果、栗子糕等，供不应求。国务院前副总理田纪云曾给钱家亲笔题词"年糕世家"。

● 羊头马

始于清道光年间，迄今已有160多年的历史，创始人马纪元最初只是挑筐沿街叫卖，经过了几代人的不断摸索，发扬光大。到了第六代马玉昆时，开始定点设摊儿，并在制作工艺和作料配制上逐步改进。当年，"羊头马"卖羊头，每天只卖20个，多了不卖，上午煮好了，下午推着一个轱辘的小车出门，腰间挎着一个牛角，白帽白褂一尘不染，售叫喝，老主顾们一准踩着钟点在老地方等他。当时，经常光顾马家的知名人士有尚小云、张君秋、谭富英、马连良、梁实秋等。

● 豆腐脑白

豆腐脑好吃不好吃，卤是关键所在。一般的卤里有黄花、木耳、鸡蛋，但是白家的卤里还加了羊肉和口蘑渣。正是多年来一直坚持融合最佳配料，才能保证始终如一绝佳口味。

豆腐脑之所以被为健身豆腐，是因为将豆浆全部浓缩并加以凝固制作，不会随丢弃的废水丢失掉豆浆中的营养素。因其钙的含量多于豆浆，豆腐脑性质平和，具有补虚润燥、清肺化痰的功效。豆腐脑中含有氧化剂、矿物质和维生素，还含有一种牛奶所没有的植物雌激素"黄豆苷原"，尤其适合儿童及女性食用。

● 奶酪魏

奶酪的最大特点是乳香和米酒香合在一起，香甜醇厚。奶酪魏家的奶酪吃起来，奶香与淡雅的酒香相互缭绕，细腻滑嫩的酪儿入口甘沁而醇厚，那一点点酒香使整个味道都高贵了起来，号称"宫廷奶酪"一点也不假，每碗酪上再嵌着几粒瓜子仁、葡萄干和金糕屑，滑润入口的同时多了些嚼的东西。

● 爆肚冯

爆肚儿之所以称之为"爆"，是因其速度快而得名。其实就是把牛羊肚子切成韭菜叶儿宽窄的横丝，放入滚烫的水中涮一下而已。可就这一涮最见功夫，因为肚儿分肚仁儿、肚领儿、散丹、蘑菇头等各个部位，所需火候各不相同。时间短了肚儿生，时间长了肚儿老，要的就是不早不晚不温不火不生不老的"恰到好处"，吃起来又脆又嫩又筋道儿又不硌牙，越嚼越起劲儿，越品越有味儿，吃过之后还余香在口。

北京购物

西单夜景

北京商业一向繁荣。北京的工艺品比较集中地体现了中华民族之精华。被称为北京工艺品"经典"的景泰蓝、玉器、雕漆、内画壶等高级工艺品；极具"老北京"民俗风味的面人、宫灯、风筝、剪纸等民间工艺品；刚劲有力的毛笔字、艺韵浓厚的传统国画、巧夺天工的雕刻印章，无不体现着北京精彩之作的多姿多彩。主要的购物商圈有以下几个地点：王府井商业圈、西单商业圈、前门大街、大栅栏。

北京特产

● 景泰蓝

景泰蓝又名珐琅，起源于元朝时的古老京都，盛行于明朝景泰年间，因其釉料颜色主要以蓝色为主，古称为景泰蓝。北京人喜欢用景泰蓝工艺品装饰居室，时髦的女郎们有时也用俏丽的景泰蓝手镯、耳环等装扮自己。

● 北京面人

面人也称面塑，是一种制作简单但艺术性很高的民间工艺品。它用面粉、糯米粉为主要原料，经捏、搓、揉，并用小竹刀灵巧地点、切、刻、划，不一会儿，各式各样的人物或动物形象便脱手而成。面塑体积小、便于携带、不易变形和褪色，是馈赠亲友的纪念佳品。

● 北京玉器雕刻

中国人数千年一直把玉器看成礼器和装饰品，把玉器看成地位的象征，随身佩戴。北京玉器按大小可分作两类，一类是玉炉、玉瓶、茶具、人物、鸟兽等大件玉器，另一类是戒指、项链、烟斗等小型玉器。

● 北京雕漆

雕漆这种工艺历史相当悠久，以铜为胎并烧衬珐琅里，口边还有镀金，胎上需用红、绿、黄等色漆敷涂。

● 琉璃料器

琉璃的原料是一种彩色半透明的矿质材料，工艺的关键就在一个"吹"字，所以北京人都把干这一行的称作"吹料活的"。北京的著名器家曾吹制过一串葡萄，形象逼真、晶莹欲滴，绝对可以以假乱真。

● 北京牙雕

牙雕旧时又被称为"皇家工艺"，产品主要作为皇家贡品。北京牙雕以仕女、老人、佛像、器物、花卉等见长。早期的牙雕仕女，人物动态变化不大，被叫作"棍子人"。北京牙雕在继承传统技艺的基础上，不断创新发展，作品出现了组雕或群雕等形式，雕刻技法上也吸取了多种表现形式，综合运用圆雕、浮雕和镂空雕等技法。

● 金漆镶嵌

北京漆器主要有雕漆和金漆镶嵌，这两种漆器都具有古朴沉稳、做工精细的特点，是北京漆器的代表。金漆镶嵌分为彩漆勾金、螺钿镶嵌、金银平脱以及刻灰和磨漆画等品种，以镶嵌作品最多，主要有车马、仪仗、皇家器具、屏风、牌匾、桌椅和盘盒等上千个种类。镶嵌工艺从材质上划分，有玉石镶嵌、彩石镶嵌、螺钿镶嵌、百宝镶嵌之分。金漆镶嵌所表现出的珠光宝气、雍容华贵，体现了皇家的大气，是带有浓厚"京味儿"的工艺精品。

● 北京布鞋

俗话说"千里之行，始于足下"，老北京布鞋是您最好的选择，老北京布鞋承载着中华的历史传承，其工艺制作也相当考究，有十余道工序：制袼褙、裁剪鞋样、圈边、填制鞋底、纳鞋底、闷底、裁剪鞋帮、沿口、绱鞋、绱鞋楦、烘烤。

● 丝绸

丝绸是一种纺织品，用蚕丝或合成纤维、人造纤维、长丝织成。中国丝绸以其卓越的品质、精美的花色和丰富的文化内涵闻名于世。其特点有：一、舒适感；二、透气好；三、吸音、吸尘、耐热性等。

● 御食园果脯

果脯是用新鲜水果经过去皮、取核、糖水煮制、浸泡、烘干和整理包装等主要工序制成的食品，鲜亮透明，表面干燥，稍有黏性，含水量在20%以下。按照在北京的习惯，把含水分低并不带汁的称为果脯。著名的御食园产品源自传统风味并不断开发创新，品味十分丰富，至今已经形成三大主题，多系列、多品类，达500多个品种。

● 稻香村糕点

北京稻香村始建于清光绪二十一年（1895年），位于前门外观音寺，南店北开，前店后厂，很有特色，是京城生产经营南味食品的第一家。当年鲁迅先生寓居北京时经常前往购物，《鲁迅日记》中有多次记载。后因故歇业，但稻香村开创的北京南味食品派系代代相传，绵延不断。

老北京布鞋

北京购物场所

王府井大街

王府井是举世闻名的百年金街,历史与现代在这里对话,商业与文化在这里交融,涌动着的人流中,闪现着游客寻访老北京、老字号的热情。王府井大街,南起东长安街,北至中国美术馆,全长约1600米,是北京最有名的商业区,全国最著名的商业步行街之一。王府井以享有"金街"美誉的王府井步行街为核心,向东延伸到东单、北京站、建国门,这块区域内分布着大量的高档购物场所和诸多大品牌、老字号店铺。

● 北京市百货大楼

它可谓见证了王府井商业圈的兴起与繁荣。古色的建筑用材和具有民族特色的雕花图案等印证了老北京20世纪50年代的经典建筑,古朴而典雅。2007年年底,新馆开始营业,总营业面积超过3万平方米。新馆与老馆层层连通,突出了"青春、靓丽"的时尚元素,引进了许多一线品牌,许多批年轻人喜爱的服装、饰品品牌,走在消费潮流的前端。

● 东方广场

东方广场是香港首富李嘉诚在北京投资的一个集购物、餐饮、娱乐为一体的"城中之城",其中东方新天地是亚洲最大的购物中心之一,分为地铁层、首层及平台层三层,面积逾12万平方米,为长廊式设计,拥有约250家租户,汇集了众多国内外知名品牌。这里有全亚洲最大的钻饰店和SONY展览馆索尼探梦,有各种品牌的服饰精品店,还有诱人的水晶店、琉璃店、锡制品店。

西单商圈

西单是北京三大传统商业圈之一,以西单北大街为核心,向西延伸到复兴门、金融街,这块区域融文化、休闲和购物于一体,成为京城购物首选地。这里是北京具有活力的商业街区,是年轻人购物的天堂,时下流行的新兴货品,在这里都能找到。体验新鲜购物,不妨来此一逛。

● 西单商场

西单商场是历史悠久的北京老百货商店,可以说是北京最早的百货商场之一。原来的受众群体是平民,现如今服务对象也转向了中上层阶级的百姓。其中一般以中外知名品牌为主,价格偏高。

● 大悦城

大型购物场所,西单最新一面的象征。

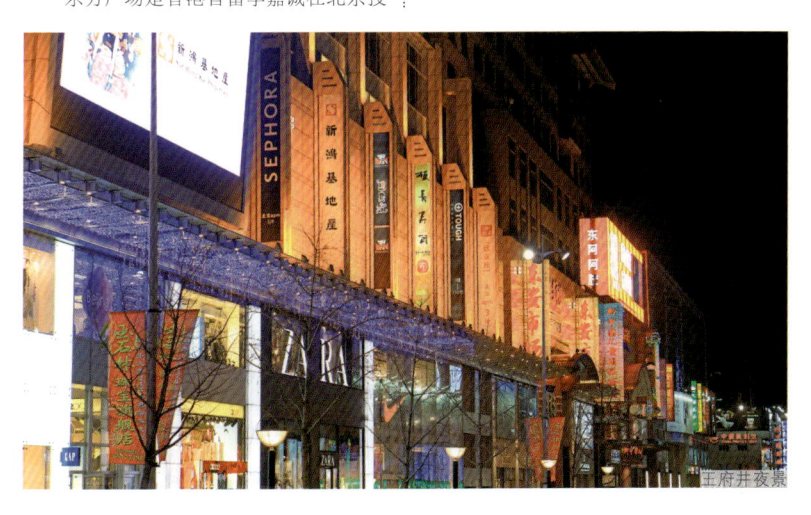

王府井夜景

档次十足，云集各路品牌汇聚到此地，是消费购物的好去处。各种各样的品牌专卖店应有尽有，数不胜数。

● 君太百货、中友百货

都是同类型的商店性质，也都是国内外知名品牌落脚的商店。如果来北京游玩的旅客建议到这里逛逛，过年前去购物，折扣较多，超级实惠。不过双休日人特别多。

大栅栏商圈

前门大街北起正阳门箭楼，南至天坛路，众多北京老字号云集在此，如便宜坊烤鸭、六必居酱菜园、月盛斋熟食、瑞蚨祥绸布、内联升布鞋等。前门大街西侧的"大栅栏"是北京数一数二的古老街市，在这里你可以买到传统古朴的手工艺品，感受北京旧时的市井特色。

● 前门大街

这里是全新而传统的商业街，北起正阳门五牌楼，南至珠市口，全长845米。80余个京城老字号及国际知名品牌店在路两旁一字排开。乘地铁2号线到前门下D出口，或乘12、126等路公交车到前门下。

百年老店：大北照相馆、全聚德烤鸭、六必居酱园、同仁堂药店、张一元茶庄、北京景泰蓝，还有月盛斋的酱肉店、正明斋的京味糕点、都一处的烧卖，都享有很高的声誉。

● 大栅栏商业街

大栅栏商业街东起珠宝市街，西至煤市街，长约300米，街两侧有40余家店面。乘2、20等路公交到大栅栏下，或乘12、126等路公交车到前门下，逛过前门大街后再去大栅栏。

CBD商圈

CBD商圈是后起之秀，但自诞生以来就与白领、高档、时尚紧密相连。以国贸为核心，西到永安里、建国门，北到日坛、光华路，东到大望路，偌大的中央商务区汇聚了大量的国际名牌商品、京城一流商场。

● 世贸天阶

为CBD内中高收入的白领提供流行时尚零售业态及商业服务设施。世贸天阶的南北两翼商业廊上空，长250米（全球第二大规模）的电子梦幻天幕凌空而起，成为一座吸引人潮的世界级奇观。

● 国贸商城

在北京率先引进品牌专卖店经营模式，是北京著名的以提供高档商品和服务为主的现代化购物场所。商场以循环式的结构布局展示出流畅的弧线曲线，近200家特色专卖店分布其中，集国际顶尖品牌、服装服饰、中西餐饮、娱乐健身、礼品玩具等于一体。

● 秀水街

秀水街曾经是一条近三百米的狭窄小巷内的个体小店特色街，经营的多为服装饰品和丝织品，外国朋友常到此游逛。如今的新秀水街紧邻原市场建设，地下三层，地上五层，保持了原市场的商品结构、街的风格以及砍价特色。

● 嘉里商场

客户群定位明显而单纯，只面对白领和外国人士两类客户群。嘉里商场汇聚了风尚时装服饰、精美珠宝首饰，还有各式餐馆、超

世贸天阶

市、个人护理、运动服饰等多元化服务项目。

● **贵友大厦**

一家主要经营中高档名优商品的中外合资商业零售企业,创立并实施了独具特色的"购物零风险"管理体系。经营项目和经营品种极具特色,引进国际品牌,集购物、餐饮为一体。

北京的古玩

● **潘家园旧货市场**

北京潘家园旧货市场位于北京三环路的东南角,是全国最大的旧货市场,经营各种文物书画、文房四宝、瓷器及木器家具等。潘家园旧货市场,号称全国人气最旺的古旧物品市场,很少有人不知道大名鼎鼎的潘家园旧货市场,周末拥挤热闹,一笔笔交易在买卖双方的斗争和兴奋中完成。

● **北京古玩城**

北京古玩城是亚洲乃至世界上最大的室内古玩商店、古玩市场。这里不仅有传世的各类古董,也有自产自销、风格独特的新工艺品,徜徉其间,鉴史、购物、赏珍,其乐融融。

● **琉璃厂文化街**

乾隆年间,琉璃厂成为古玩字画、古籍碑帖及文房四宝的集散地。如今街道两旁铺面店堂青砖灰瓦、砖雕彩绘古色古香,更具有浓厚的古代街市色彩。

琉璃厂

北京娱乐

天安门广场的升降旗仪式、长安街的夜景、什刹海的游船、三里屯的酒吧、老茶馆的京剧等，都是北京不可错过的精彩。到北京，不可不听戏聆曲。就传统艺术而言，可以去当红的德云社和嘻哈包袱铺看相声，在正乙祠听正宗梅派传人的京戏，在朝阳剧场看天桥杂技。就时尚艺术而言，798、草场地和宋庄常常是北漂艺人的首选。最后，还有国家大剧院，这里有着来自世界各地顶级剧团的演出。入夜之后，北京的生活更加精彩，工体、后海、三里屯、南锣鼓巷酒吧街都是很好的去处。冬天的北京虽然寒冷，怀北国际滑雪场、渔阳滑雪场、各种冰雪项目却开展得如火如荼。

德云社相声

德云社由著名相声演员郭德纲先生于1995年创建，其宗旨为"让相声回归剧场"，做"真正的相声"。2011年7月3日，德云社在北展剧场开辟新形式，用话剧和相声混搭的方式，为观众演绎从清朝、民国到新中国成立后各种风格的相声。

北京市西城区北纬路甲1号（北纬路东口、天桥剧场斜对面）

老舍茶馆

老舍茶馆已经成为一家汇聚中国戏曲文化、饮食文化、茶文化、京味文化于一身，集老北京清茶馆、餐茶馆、野茶摊、书茶馆等多种形式为一体的综合性文化企业。茶馆分为三层，营业面积2600多平方米。位于二层

的"前门四合茶院"以古老经典的北京传统建筑四合院为形制；在保留老北京四合院正房原貌的同时，又体现出"北方庄重、南方素雅"的特色，各厢房错落有致、变化多端，是传统艺术与现代技术的结合。

北京市西城区前门西大街正阳市场3号楼

乘地铁2号线在前门站下C口出，往西走300米即到

010-63021717

首都剧场（北京人民艺术剧院）

首都剧场是隶属于北京人民艺术剧院的专业剧场，是新中国成立后建造的第一座以演出话剧为主的专业剧场，同时可供大型歌舞、戏剧演出和放映电影之用。

首都剧场前厅中央为方形大厅，两侧有存衣厅、厕所及主楼梯。大厅二层为环形跑马廊，三层设有音乐台的宴会厅，经屋顶平台可与台后相通。座席分上下两层，共可容纳1200人。

北京市东城区王府井大街22号

010-85116622

节日和重大活动

● 民俗活动

名称	举办地	时间
地坛庙会	地坛公园	春节期间
卢沟晓月中秋庙会	丰台区卢沟桥	中秋节
厂甸文化庙会	厂甸	春节期间
元宵灯会	厂甸	阴历正月初六至正月十七
东岳庙庙会（祈福）	东岳庙	阴历大年三十至正月初七
五显财神庙会	广安门外五显财神庙	阴历正月初二至正月十六
北京迎春洋庙会	石景山游乐园	春节期间
北京重阳登高节	石景山区	重阳节

● 景区节庆

名称	举办地	时间
大观园迎春会	大观园	春节期间
南宫地热科普节	南宫旅游区	3—5月
世界名花博览月	国家植物园	4月
平谷国际桃花节	平谷区	4—5月初
圆明园荷花节	圆明园	7月1日至8月31日
颐和秋韵桂花展	颐和园	9—10月
香山红叶文化节	香山公园	10—11月
龙庆峡冰灯艺术节	延庆区龙庆峡	冬季
国际冰雪风情节	密云区各滑雪场	冬季

● 其他重大活动

名称	举办地	时间
北京大兴西瓜节	大兴区	5月至6月
北京国际旅游文化节	地点不定	秋季
朝阳国际旅游文化节	朝阳公园	国庆节
北京音乐节	地点不定	10月15日至11月5日
国际虹鳟鱼美食节	怀柔区	7月至10月

京剧

景点索引

A

安家庄	220
奥林匹克公园网球场	139
奥林匹克森林公园	138
奥林匹克水上公园	317

B

八达岭国家森林公园	253
八达岭野生动物世界	252
八达岭长城	250
八大处公园	168
八奇洞	216
白草畔	197
白虎涧	249
白龙潭	301
白羊沟	248
白云观	119
百花谷	229
百花山	229
百望山森林公园	164
柏林寺	112
半壁店森林公园	357
北宫国家森林公园	171
北海公园	102
北京CBD	134
北京巴蜀文化园	300
北京大学	147
北京动物园	115
北京工人体育场	135
北京古观象台	83
北京国际雕塑公园	169
北京国际鲜花港	321
北京海洋馆	115
北京韩美林艺术馆	349
北京航天科普教育基地	358
北京欢乐谷	149
北京环球度假区	352
北京乡村高尔夫俱乐部	320
北京乡村赛马场	320
北京香草世界	279
北京野生动物园	353
北京园博园	171
碧云寺	164
玻璃台村	326

C

长安街	81
长哨营	288
长辛店二七纪念馆	174
CKC国际宠物公园	351
曹雪芹纪念馆	164
朝阳公园	133
春晖园温泉度假村	321
慈宁宫	93
雾柏景区	222

D

大葆台西汉墓博物馆	177
大观园	125
大觉寺	165
大运河森林公园	346
大钟寺	117
地坛公园	112
东湖港、西湖港	192
端门	87
碓臼峪自然风景区	246

E

鹅和鸭农庄	279

F

法海寺	169
法源寺	124
飞龙谷	332
凤凰岭	165
凤凰驼	264

G

恭王府及花园	97
沟崖	246
孤山寨	190
古北口长城	303
古北水镇	304

古崖居	260	黄草梁	225	军事博物馆	118
鼓楼	98	黄花城水长城	282		
挂甲峪村	326	火门洞石塔	284	**K**	
关沟	254			孔庙·国子监博物馆	110
官府菜	372	**J**			
妫河漂流	257	贾公祠	203	**L**	
硅化木国家地质公园	262	鉴园	104	喇叭沟门	286
国家奥林匹克体育中心	140	箭扣长城	285	蓝天牧场	285
国家大剧院	81	将军坨	195	老北京微缩景园	255
国家体育场(鸟巢)	137	焦庄户地道战遗址纪念馆		老泉山野公园	327
国家体育馆	138		323	老舍故居	108
国家游泳中心(水立方)		角楼、城墙和筒子河	94	老象峰	327
	137	戒台寺	215	李大钊烈士陵园	147
国家植物园	163	金海湖	329	历代帝王庙	103
国家自然博物馆	130	金陵遗址	185	莲花山	264
		金巨罗迷宫种植园	300	濂泉响谷	285
H		金中都水关遗址	123	鳞龙山	284
韩村河景村	203	京东大溶洞	330	灵山风景区	227
汉石桥湿地	322	京东大峡谷	333	灵水村	223
黑龙潭	291	京东石林峡	331	灵溪风景区	219
红领巾公园	135	京都第一瀑	294	灵照寺	257
红螺寺	275	京西古道	226	留民营生态庄园	357
后花园旅游风景度假区	249	京西十八潭	221	琉璃河务滋休闲采摘园	
后三宫	90	景山公园	95		203
湖洞水自然风景区	333	九道湾大峡谷	296	琉璃渠村	219
湖广会馆	125	九龙十八潭	305	龙宫大溶洞	216
虎峪	255	九眼楼长城	263	龙门洞	228
花水湾磁化温泉度假村		居庸关长城	253	龙庆峡	258
	321	拒马乐园	191	龙潭湖公园	130

龙潭西湖公园	131	南山滑雪场	301	**S**	
隆福寺文化旅游休闲街区	109	宁寿宫(珍宝馆)	93	三大殿	89
卢沟桥文化旅游区	172	牛街礼拜寺	126	三家店湿地	221
鹿皮关长城	295			三教庙	348
		P		三里屯酒吧街	134
M		潘家园	152	三羊古火山景区	327
《没有共产党就没有新中国》纪念馆	200	盘龙瀑	328	上方山	185
马坡垂钓宫	319	捧河湾	293	上苇甸村	218
蟒山国家森林公园	247			神堂峪	284
茅盾故居	101	**Q**		生存岛旅游基地	276
梅兰芳纪念馆	100	798艺术区	153	圣莲山	198
梦幻紫海香草庄园	355	齐仙岭	263	圣泉山	282
密云水库	298	千佛崖	328	十三陵明皇蜡像宫	247
妙峰山	217	千灵山	175	石花洞	194
明城墙遗址公园	84	前门大街	74	石京龙滑雪场	260
明十三陵	243	乔波室内滑雪馆	318	石景山游乐园	167
摩崖石刻佛像	248	青菁顶	293	史家胡同	108
慕川富士园	225	青龙湖公园	172	世界公园	175
慕田峪长城	280	青龙湖水上游乐园	202	世界花卉大观园	176
穆柯寨	190	青龙山	335	首都博物馆	119
		青龙峡	289	首钢园	170
N		清华大学	146	双龙峡	224
南方大峡谷	190	清凉谷	295	水关长城	252
南宫旅游区	174			水峪村	196
南海子公园	354	**R**		顺鑫绿色度假村	321
南海子麋鹿苑	354	人民大会堂	80	司马台长城	302
南锣鼓巷	101	瑞海姆田园度假村	299	四马台民俗旅游村	197
				松山自然保护区	259
				宋庆龄同志故居	100

宋庄画家村	350

T

太和门	88
潭柘寺	213
唐指山	324
桃花海	325
桃源仙谷	294
陶然亭公园	124
天安门城楼	80
天安门广场	75
天池峡谷	278
天门山	293
天桥	131
天坛公园	127
田义墓	170
团河行宫遗址	355

W

王府井天主教堂	108
王平村	220
望佛台	191
温都水城	242
卧佛寺	162
五道营胡同	113
五座楼森林公园	296
午门	87
武英殿和文华殿	88
雾灵山龙潭景区	306

X

西海子公园	349
西周燕都遗址博物馆	202
霞云岭国家森林公园	199
仙居谷	305
仙栖洞风景区	189
先农坛	130
香山公园	160
响水湖	282
小龙门	228
小汤山温泉	240
小汤山现代农业科技示范园	241
蟹岛度假村	154
星美今晟影视城	279
兴善寺	331
徐悲鸿纪念馆	105

Y

丫髻山	326
烟袋斜街	99
延庆百里山水画廊	261
沿河城	225
雁栖湖	277
仰山栖隐寺	218
养心殿	92
姚广孝墓塔	201
野鸭湖国家湿地公园	255
颐和园	143

意大利农场	320
银锭桥	99
银狐洞	195
银山塔林	246
樱桃沟	218
樱桃幽谷观光采摘园	323
雍和宫	110
渔阳国际滑雪场	336
玉渡山	259
玉泉山	148
玉渊潭公园	121
御花园	94
御林古桑园	357
元大都城垣遗址公园	142
圆明园遗址公园	146
云峰山	301
云佛山滑雪场	300
云居寺	186
云龙洞	296
云蒙三峪	297
云蒙山森林公园	291
云蒙峡	296
云梦仙境	290
云岫谷	305
运河公园	347
运河苑温泉水世界	350

Z

张坊古战道	189

张裕爱斐堡国际酒庄	299	中国民兵武器装备陈列馆		中华文化园	356
珍珠湖	224		351	中山公园	82
珍珠泉	263	中国坦克博物馆	249	中央电视塔	121
中国电影博物馆	154	中国铁道博物馆	153	钟表馆	93
中国古动物馆	117	中国西瓜博物馆	357	钟楼	98
中国国家博物馆	79	中国印刷博物馆	356	周吉祥塔	201
中国航空博物馆	239	中国紫檀博物馆	151	周口店遗址	184
中国科技馆新馆	140	中华民族博物院	141	紫竹院公园	114
中国美术馆	107	中华世纪坛	120		

我们的理念

做发现者，才能走得更远。发现秀美景色、探寻历史痕迹、体验文化脉络、寻找地理起源等深层次的旅行知识，是我们不停脚步的动力。我们不仅是在做一本旅行指南，能为旅途中的行者编写一部内容丰富、态度严谨、值得边走边读的行囊书，是我们永恒不变的追求。

《发现者旅行指南》编辑部

总 策 划	丁海秀
执行策划	李荣强
项目统筹	周国宝　龚道军
内容编辑	刘　挺　王叶青　方明杨
	刘秀红　丁天丰　张文齐
	商子微　张亚飞　苏雪莹
	沈　皓　魏建飞　张灵燕
	许晨晨　杨康健　张　鑫
	刘晓璐　刘慧慧　王春雪
	刘智勇　李荣强　刘雁琪
	陈昱霖　贾　宁
美术总监	左小文
美术编辑	侯心如　王春晓
图片编辑	朱盼盼　马志鹏
插图绘制	尚祖山　李秋红
排　　版	闫　旭　田雪子
	北京旅教文化传播有限公司
图片提供	微图网　汇图网　图虫创意
	中国图库网　全景网
	锐景创意　集成图像
	站酷海洛　shutterstock
	fotoe　dreamstime
	孙西国　马林宏　徐　行
	高应胜　薛　冬
	西部老马　钱多多

出炉过程

在编辑部成员的共同努力下，这套旅行指南终得以付梓。其间，我们亲历景点，翻遍资料，只为确保撰写的内容准确有效；我们实地考察，联系景区，只求绘得一幅精美的景区图；我们花尽心思，几易版式，只为呈现出前所未有的阅读体验。如今，这套精心打造的旅行指南，能放到您的行囊或书架，我们深感荣幸。我们期待与您一起走向远方，重新发现旅行的价值。

联系我们

我们的成长需要您的支持。您对本书的每一条意见我们都会珍视。同时也欢迎您与我们一起分享旅游体验，稿件一旦被采用，您将会获取相应稿酬。您可以将意见和稿件投递到我们的邮箱（975179855@qq.com）。

总 策 划　丁海秀
责任编辑　李姝彦

图书在版编目（CIP）数据

北京 /《发现者旅行指南》编辑部编. -- 3版. -- 北京：旅游教育出版社，2025.1
（发现者旅行指南）
ISBN 978-7-5637-4667-5

Ⅰ. ①北… Ⅱ. ①发… Ⅲ. ①旅游指南－北京 Ⅳ. ①K928.91

中国国家版本馆CIP数据核字(2024)第029319号

北　京（第3版）
《发现者旅行指南》编辑部 / 编

出版单位	旅游教育出版社
地　　址	北京市朝阳区定福庄南里1号
邮　　编	100024
发行电话	（010）65778403　65728372　65767462（传真）
本社网址	www.tepcb.com
E-mail	tepfx@163.com
印刷单位	文畅阁印刷有限公司
经销单位	新华书店
开　　本	889毫米×1070毫米　1/32
印　　张	12.125
字　　数	492千字
版　　次	2025年1月第3版
印　　次	2025年1月第1次印刷
定　　价	79.80元

图书如有装订差错，请与发行部联系

特别提醒

　　本书信息在出版前已经认真核实过。但由于现实发展太快，旅游信息随时可能发生变化，我们无法承诺保证本书信息的准确性和完整性，并只能在法律规定范围内承担责任。如因此给读者带来不便，我们深表遗憾。